本书是国家社会科学基金项目《当代伊斯兰人权理论发展研究》(12XZJ011) 的阶段性研究成果,得到宁夏大学提升综合实力建设项目资金、国家社科基金的资助。

伊斯兰和世俗国家
——伊斯兰法的未来议定

〔美〕阿卜杜拉·艾赫迈德·安那伊姆 著
吕耀军 韩永静 张红娟 译

中国社会科学出版社

图书在版编目(CIP)数据

伊斯兰和世俗国家／（美）阿卜杜拉·艾赫迈德·安那伊姆著；吕耀军，韩永静，张红娟译．—北京：中国社会科学出版社，2015.12（2018.9重印）

ISBN 978-7-5161-5429-8

Ⅰ.①伊… Ⅱ.①阿…②吕…③韩…④张… Ⅲ.①伊斯兰国家—研究 Ⅳ.①D501

中国版本图书馆 CIP 数据核字（2014）第 307984 号

出 版 人	赵剑英	
责任编辑	朱华彬	
责任校对	林福国	
责任印制	张雪娇	
出　版	中国社会科学出版社	
社　址	北京鼓楼西大街甲 158 号	
邮　编	100720	
网　址	http://www.csspw.cn	
发行部	010-84083685	
门市部	010-84029450	
经　销	新华书店及其他书店	
印　刷	北京君升印刷有限公司	
装　订	廊坊市广阳区广增装订厂	
版　次	2015 年 12 月第 1 版	
印　次	2018 年 9 月第 2 次印刷	
开　本	710×1000　1/16	
印　张	19.25	
插　页	2	
字　数	350 千字	
定　价	68.00 元	

凡购买中国社会科学出版社图书，如有质量问题请与本社营销中心联系调换

电话：010-84083683

版权所有　侵权必究

目 录

序言 …………………………………………………………… （1）

第一章 为何穆斯林需要一个世俗国家 ………………………… （1）
    一 伊斯兰、沙里亚和国家 ………………………………… （8）
    二 社会转型的框架和流程 ………………………………… （18）
    三 伊斯兰、国家和社会关系理论的要素 ………………… （24）

第二章 历史视角下的伊斯兰、国家和政治 …………………… （39）
    一 历史和权威 ……………………………………………… （41）
    二 理想远景和实际现实的早期调解 ……………………… （48）
    三 埃及的法蒂玛和马木鲁克王朝 ………………………… （58）
    四 不同制度中的协商 ……………………………………… （69）

第三章 宪政主义、人权和公民权 ……………………………… （75）
    一 国家、政治和公民理性 ………………………………… （76）
    二 伊斯兰观点中的宪政主义 ……………………………… （90）
    三 伊斯兰和人权 …………………………………………… （98）
    四 公民权 …………………………………………………… （110）

第四章 印度：国家世俗主义与公共暴力 ……………………… （123）
    一 前殖民时期的伊斯兰教、国家和政治 ………………… （124）
    二 殖民时期的伊斯兰教、国家和政治（1750—1947年） …… （129）
    三 独立之后的宗教、国家和政治 ………………………… （140）
    四 印度国家世俗主义和社群关系 ………………………… （145）
    五 印度不同社群中世俗主义的合法化 …………………… （157）

第五章 土耳其：威权世俗主义的矛盾 ………………………… （161）
    一 实用的奥斯曼世俗主义 ………………………………… （163）

  二 理想的共和国世俗主义 …………………………（173）
  三 真实的或感知到的困境 ……………………………（177）
  四 伊斯兰政治的挑战和前景 …………………………（189）
第六章 印度尼西亚：多样性现实和多元主义前景 ………（197）
  一 当前辩论的背景和环境 ……………………………（202）
  二 印尼群岛宗教多样性的现实 ………………………（205）
  三 来自各省的观点 ……………………………………（212）
  四 中心话语 ……………………………………………（218）
  五 错误的二分法和不必要的困境 ……………………（231）
第七章 结语：沙里亚的未来议定 …………………………（237）
  一 伊斯兰、国家和社会 ………………………………（244）
  二 殖民的转化和后殖民的抑制 ………………………（253）
  三 恢复沙里亚的解放角色 ……………………………（257）
附录：阿拉伯世界人权：一个地区性的视角 ………………（262）
  一 阿拉伯人权运动概略 ………………………………（262）
  二 对阿拉伯人权运动的评估 …………………………（269）
  三 结 语 ………………………………………………（274）
参考文献 …………………………………………………………（276）
译者后记 …………………………………………………………（299）

序　言

　　这本书是我学术生涯中的巅峰之作，是我自进入苏丹喀土穆大学求学时起，就开始致力其中，并经过长期研究所获得的最终成果。在这本书中，我作为一个穆斯林来探讨这个问题，是因为我应该对自己宗教生活中的这些观念，承担一部分责任，而不仅仅是作为一种学术争论的假设。但是我关注的焦点是伊斯兰教法（沙里亚，Shari'a）公共角色，而不是私人的、个人领域内的宗教教义和宗教实践方面的事务。当穆斯林成为我的主要读者时，非穆斯林也应该参与到伊斯兰教法公共角色的讨论中来。因为穆斯林对这些问题的所想所做，影响到各地其他人的生活。然而，跨文化的和跨宗教间彼此对话的伦理性和合理性，要求各方彼此要努力学习和理解另一方的处境，尊重和敏感于彼此所忧虑和关注的事情。这种社会思潮应该适用于穆斯林内部以及穆斯林和非穆斯林之间。否则，争论将堕落为一种无益的和适得其反的对抗。

　　我所做出的关于世俗国家的伊斯兰论点，是基于一种考虑问题的范例或框架，而不是依据一种伊斯兰根源解释学或注释学的分析。对这个问题的讨论，需要基于一种一致同意的，具有说服力的阐释框架之上。一个没有一致认可的阐释框架的解释学观点，可以简单地被一种基于另一个框架之上的相左解释所反对。正如我在本书的不同地方所强调的，我们总是依据自己特定的地点和环境条件来理解伊斯兰教根源学，以判定我们是谁。为了便于形成未来一种一致认可的解释框架，这本书是关于当代伊斯兰社会自我感知、定位和环境问题的讨论，这个基本思路首先必须被阐明。另外因为在目前发展阶段的不成熟，对于在这个讨论当中，我寻求影响的穆斯林和非穆斯林的普通读者来说，一种解释学的论点也将是过于专业和狭窄的。包括穆斯林和非穆斯林在内的这种更广泛的读者，对于促进和维护一种解释框架之上的一致意见是必要的。如果所提出的范例被接受，通过解释学或注释学的论点，来为那些希望参与到此种分析的人所持有的基本主张或特定含义提供支持，那么这种范例能够进一步被巩固和发展。

在这本书中，我也强调我所倡导框架的一般性陈述，并不包括所提出理论的全部或实践的方面。以伊斯兰教法在穆斯林占多数，或者穆斯林在重要的少数民族地方的公共生活领域中真正发挥作用，作为阐述开始的前提。在这里我首先要关注的是，为伊斯兰教法在公共领域的未来协商，努力阐明和促进一种最有利的环境。既然这个领域由穆斯林和非穆斯林在地方的和全球的层面所共同享有。伊斯兰教法的未来协商必须包括所有受它影响的人。我意识到我所提议的所有方面需要进一步阐明和发展，但是对所有可能的问题，试图做出详尽的讨论则既无可能也无必要。讨论将主要关注于世俗国家的本性，宗教在公共生活中的角色，宪政主义和人权的含义和运用，公民权的发展和有活力的理解，以及其他相关问题。我提出的框架目的是为了促进和阐明伊斯兰、国家和社会的关系，以期抛砖引玉，带动穆斯林在这些讨论中更积极地参与。

我提议问题当中出现的许多要素，曾经在其他穆斯林学者的著作中已做过探讨，我发现这些讨论是非常鼓舞人心的，因为它表明我的提议能够吸收这种洞察力和争论。既然我关注于理论的说服性，而不是关注于强调理论的原创性，因此，当我发现并非我独自探讨这些问题时，我则感到欣慰。正如我将在这本书各个部分所讨论的，国家从来不是伊斯兰的，尽管在这里我所提的意义上的国家也并不是彻底世俗的。在这个方面，通过追溯历史现实如何能够发展到一种用于未来能生存的框架，我将尽力澄清从伊斯兰社会的最初现实是什么的方面做出贡献，我意图在其中把不同的因素汇集起来，特别是宪政主义、人权和公民权的方面，以促进为调停伊斯兰、国家和社会关系所预设框架中实际方法的运用。

为了达到此目的，这本书中所展示的我构想和所做的研究，相对于穆斯林学者和社团领袖所做的讨论，我将给予我所做出的尝试性观点以特殊优先权。用这种方法，我寻求强调理论自身发展和构思中说服的需要。而不是简单地试图仅仅在发表之后才尝试这么做。因此，无论从理论前提和所要求结果的层面来看，研究的公开辩论维度对于初始计划是不可缺少的。一方面，我从洞悉和反映最流行的和面向未来的思想主题，寻求发展我的论点及其内涵，这些思想主题以一种出版的形式或许是不可取得的。我也计划尽可能地从一开始在这一过程的早期，把我的分析与公共政策以及真正的实践联系起来。

另一方面，在检验我自己观点的合理性和前景的时候，我寻求对当前思想做出贡献的方式。另外，提高和改进我与那些思想的有效沟通能力。换句话说，在研究和写作的过程中，我按照所提出的理论尽力强调实现这种改变的真正主张，通过审慎考虑可能遇到的反对，并对它们做出适当反应，而不是意图建立一种学术上孤立的最终陈述。我同时关注于我的说服力，关注于理论的完整性和这项研究结果的凝聚力。

因此，作为这个研究过程的开始，我起草了一个最初的"概念性的纲要"。在2004年1月到2006年9月期间，我分别拜访了土耳其的伊斯坦布尔、埃及的开罗、苏丹的喀士穆、乌兹别克斯坦的塔什干和撒马尔罕，印度的新德里、阿里格尔、孟买和科饮，印度尼西亚的雅加达和日惹，尼日利亚的阿布贾、乔斯、卡诺和扎里亚的许多学者和相关领导者时，这个"概念性的纲要"被分送和讨论。在当地研究者的帮助下，我能够进行个人访谈、圆桌会议讨论和研讨会。我也在上述所有参观地方，以及在欧洲和美国的不同地方，给穆斯林观众做公共讲座。在这个过程的不同阶段，我修订和扩展初始的"概念性纲要"，以对通过对这些活动所获得和发展的关键性意见和建议做出反应。

这种宣传导向过程的另一个重要方面，是英文原稿的草稿被翻译成阿拉伯语、印度尼西亚语、孟加拉语、法语、波斯语、俄语、土耳其语和乌尔都语。所有这些原稿在2006年7月以来，由艾默尔大学法学院逐步上传到网站（www.law.emory.edu/fs），以便在穆斯林当中，他们能够用自己的语言对这个研究中所展示的观点进行讨论。读者能够使用他们自己的语言接触到这本书的原稿，并且通过由译者指定的电子邮件地址，与他们用这种语言所可能产生的任何反应做出沟通。强调以伊斯兰社会的本地语言翻译这本书的原稿和对相关研究结果和结论的互动，对于整个研究的目标有着明显实际和象征性的重要性。然而，这种对本地语言的强调，不应该被用来减弱这个手稿的英文版本的价值。比起其他语言，英语很可能会被世界上更多的穆斯林所读到。那些懂英语的人虽然多是中等阶层和专业人员，但这些人是改变整个社会的一股强大力量。

在这个过程中，我有幸获得了很多人和机构的援助和协作，在这里表示诚挚的谢意，但是下列人员和机构应该做出特别的感谢。首先，我感谢福特基金会经济上的慷慨资助，以及艾默尔法学院法律和宗教研究中心的行政支持。整个研究过程和最初的主张，如果没有艾默尔大学的乔普拉的（rohit chopra）合作和贡献是不可能完成的，他也在印度的研讨会和讲课过程中，起了重要的协调作用。印度尼西亚的柴德尔·巴莫尔林（Chaider S. Bamualim）、伊尔凡·阿布巴卡尔（Irfan Abubakar）和加杜尔·毛拉（Muhammad Jadul Maula）；土耳其的雷杰普·森舒克（Recep Sentruk）和萨摩努尔·瓦尔达尔（Somnur Vardar）在本书的研究过程中，也给予了无私的帮助；乌兹别克斯坦的艾扎达·卡里贝特瓦（Aizada A. Khalimbetova）也给予了同样的帮助。其次，我也衷心感谢无数的本地研究者的不懈努力，特别是印度的法祖尔·拉曼·斯迪克（Fazzur Rahman Siddiqe）和穆哈穆德·阿什洛夫（V. A. Mohamad Ashrof）；印度尼西亚的西斯亚姆·扎伊尼（Hisyam Zaini）和鲁哈尼·德苏哈亚提（Ruhaini Dzuhayatin）；埃及的哈尼·阿里·哈桑（Hani Ali Hassan）和穆哈穆德·萨拉·阿布·纳尔（Mohamed Salah Abu Nar）；苏丹的拉夏·阿瓦德·阿卜杜拉（Rasha Awad Abduallah）。最后，我也衷心感谢罗希特·乔普拉（Rohit Chopra）、阿巴斯·巴兹格尔（Abbas Barzgar）和丹尼尔·高登斯特尼德（Danielle Goldstoned），在本书出版的最后阶段的审核和编辑工作。

第一章　为何穆斯林需要一个世俗国家

通过归信和自由选择成为一个穆斯林，是一个人成为穆斯林的唯一方式，这需要一个世俗性的国家。我的意思是，这个世俗国家在宗教教义上是中立的。其并不会声称或提出实施沙里亚（伊斯兰教法）的主张，这是因为对沙里亚的遵从，不是因为惧怕国家机构而被迫地或伪装遵循以取悦他们的行政官员。这就是在本书中我所论及的世俗性的含意，也就是这个世俗性的国家将促成源于信仰者内心宗教虔诚实现的可能性。我希冀这个国家，而不是社会，变得世俗性以提高和促进真正的宗教遵从，确认、滋养和规定伊斯兰教在社会公共生活中的地位和角色。相反，我将讨论那些所谓"伊斯兰国家"强制推行沙里亚，而否认伊斯兰在儿童的社会化方面和社会机构的神圣化以及彼此关系当中的基础性角色。当我们有意观察时，就会发现沙里亚在影响和发展伦理标准和价值方面发挥的重要作用，其通常体现于民主政治过程中的立法和公共政策的制定上。然而，我在本书中将要讨论的沙里亚原则，不能孤立地基于它们被认为是沙里亚的一部分，而由国家视为公法和公共政策而被颁布并加以执行。如果这种制定和推行被尝试，其结果将必然是国家的政治意愿，而不是伊斯兰的宗教法律。事实上，统治精英有时发布这样的言论，目的是借助伊斯兰名义而使他们对国家的控制合法化，但这并不意味着实施沙里亚的要求是他们意图的真实体现。

国家是一个政治机构，而不是一个宗教机构是当代伊斯兰社会的现实。从一种理论化的观点来看，例如，早在 80 年前，阿布德·拉奇格（Ali Abd al-Raziq，1925）从一个伊斯兰传统观点，结论性地证明了这个前提的有效性。在 20 世纪 30 年代，拉希德·里达（Rashid Ridda）在《光塔》（al-Manar）杂志中，强烈主张沙里亚不能被作为国家法律而编撰。我在这本书中的目的，不仅支持和证实这个观点，而且要在当代和未来伊斯兰社会中，为保护这种观点的实际利益做出努力。特别是要驱散一种危险的幻想，即伊斯兰国家通过实施沙里亚，对伊斯兰社会中的宪政主义、人权和公民权原则和制度的合法化和贯彻是必需的论调。

诚然，通过沙里亚本性和功能体现出的原则，与任何由国家来执行沙里亚的可能性是相抵触的。声称把沙里亚原则作为国家法律推行，犯了一个逻辑性的矛盾，因为在任何情况下沙里亚不能通过重复努力而被修正。换句话说，它不是对任何国家、任何地方已出现的失败经历之上的一种提高的问题，而是一个在任何地方从来不能被实现的目标。然而，这并不意味着，伊斯兰被排除于立法和公共政策的明确表达，以及通常的公共生活之外。相反，国家不应该尝试严格地执行沙里亚，以便穆斯林能够通过自己的伊斯兰信仰，作为一种宗教事务生活，而不是作为国家强制的结果。我将在本书的第一章，解释和讨论伊斯兰世界和其他世俗国家在这方面的相关观点，并在随后的章节中，将详细列举我对这些问题的逐一讨论。

在这方面初始的问题是，我的提议的成功与否，取决于穆斯林对沙里亚特定方面理解的实质性改善。正如在后面我将要解释的，这种改革确实是必须的。我相信通过由乌斯塔德·马哈茂德·穆罕默德·塔哈（taha，1987）所提出的建议，这种改革能够获得最好的实现。当然，这并不排除其他能够获得必要程度改革的可选择途径的可能性，但是在本书中，我将不会讨论各种途径或详细描述我自己中意的由乌斯塔德·马哈茂德所提出的方法，这些方法我在其他著作中，已做过相关论述（An‐Na'im 1990）。在这里，我首先关注的是为自由和有序的公共讨论，以及保证个人自由选择和自负其责争论的不同途径，以促动规范性标准和制度得以形成的环境。在这个方面，需要强调的一点是，伊斯兰教法的发展有着不同的竞争性方法。其将总是保持穆斯林遵从于他们日常生活中的所有的义务。然而，在"作为观念的沙里亚"和"决定沙里亚标准化的特定方法论"之间做出区别，也许是有帮助的。

作为一种观念，沙里亚这个术语意指通常意义上的伊斯兰教法，其源于人们对《古兰经》和先知"逊奈"的解释，这在后面将做出重点解释。运用于实践中的方法论将无疑决定在特定时间和地域，何种解释被作为沙里亚的权威性表达而被穆斯林逐渐接受。既然任何解释的方法论必然是一种人为的构建。因此，沙里亚的内容可以随着时间的改变而改变，同样地一些变通办法逐渐被穆斯林所接受和运用。这个持续的过程正是我所主张的"沙里亚的未来磋商"的一部分。也就是说，沙里亚内容的详尽阐述和具体表述，已成为穆斯林在他们自己的环境条件下自愿遵循的特定内容。这个磋商过程的其他方面，还涉及促进穆斯林做出独立探寻的精神和支持个人道德完善和宗教选择的责任。

我所提出主张的前提是任何地方的穆斯林，无论占少数或多数，都必然遵循沙里亚作为他们的宗教义务，这种情况只有在国家对于宗教原则保守中立，以及不强制推行沙里亚原则作为国家政策或国家法律之时，才能真正地获得。即如果统治者使用强制性的国家权力，以强加他们的沙里亚观点于包括穆斯林和非穆斯林在内的所有人之上，则使人们不能够按照他们对伊斯兰教的信仰和理解的信念，而真实地生活。这并不意味着国家能够或应该完全中立，因为它是一个被假定受到公民利益和关注所影响的政治机构。事实上，立法和公共政策应该反映公民的信念和价值观，包括宗教价值，倘若这个没有以任何特定宗教的名义做，因为这必然将有利于那些控制国家和排除其他公民的宗教或者其他信仰的观点。也许在一定层面上，这个命题对许多穆斯林来说，显得明显有确定根据，他们或许对于它的明确含意仍然是矛盾的，因为伊斯兰国家常被假定为有实施沙里亚义务的错觉。我因此关注于挑战依赖于欧洲国家观念和制定法的后现代话语的伊斯兰国家的核心要求，特别是在关注于说服穆斯林方面，增加这个挑战。

这本书的首要目的，是通过否定沙里亚原则可以通过国家强制力获得实施的言论，以促进穆斯林在他们的社团中自愿地遵循沙里亚。依据沙里亚的性质和目的，其只能被信仰者自觉地遵守；当其由国家来实施时，那么这些原则将失去了它们的宗教权威和价值。从这个基本的宗教观点来看，国家不被允许要求执行沙里亚的权威。国家有其固有功能，其或许也包括对不同的宗教和世俗组织相冲突的要求做出裁定。但是它应该被看做一种政治的中立机构，履行必要的世俗功能，而不能要求宗教权威。无论是国家官员，还是单个公民，穆斯林的宗教信仰总是影响着他们的行为和政治活动，这是客观真实的。但是，这些是在调整伊斯兰和政治关系时，在伊斯兰和国家之间做出明晰区分的一个好理由。正如我将要在后面强调的，伊斯兰是信仰者的宗教，而国家意味着诸如司法和行政这些机构的延续性。我的这个观点基本上是伊斯兰的，因为它坚持国家的宗教中立性，以作为穆斯林遵循他们宗教义务的必要条件。宗教顺从必须是依照每个人虔奉宗教的目的（niyah），完全自愿地遵守。如果受到国家这种强制性的实施，则必然归于无效。事实上，强迫推行宗教信仰将促使伪信（nifaq）情况出现，而伪信这种行为在《古兰经》中被反复谴责。

因此，我的目的是确认和支持伊斯兰和国家的制度性分离，其对于把沙里亚置于穆斯林生活和伊斯兰社会中的合适位置，恢复它给予人以启发的角色是必需的。这个观点可以被称之为"国家的宗教中立"，借此国家机构既不赞成，也不反对任何宗教教义或原则。然而，这种中立的目标，正是任何个人在他们的社会中有表达接受、反对或改变宗教教义或原则观点的自由。

这并不意味着伊斯兰和政治应该被分离开，它们彼此的分离既无必要也不可取。在维持伊斯兰和政治之间的关系时，把伊斯兰和国家分离开来，允许伊斯兰原则在官方政策和立法中的运用，但是须把它们置于正确的解释之下。这个观点是基于对国家和政治之间难以区别的假定之上，尽管两者有着明显的和持久的联系，正如在第三章所阐述的。通过努力把伊斯兰和国家区分开来，以及调整伊斯兰和政治的关系，以支持这种分离，而不是意图强加这样或那样的一种直截了当的解决方式，也许对于论及的这种紧张状态的精心设计和策略性的调解是有帮助的。国家是一个包括机构、制度和程序的复杂体系，其被预想为社会公共政治过程所产生的政策的执行者。在这个意义上，政府在自我治理的运行方面，应更加稳定和深思熟虑。而政治则是在相互竞争的政策选项中，做出选择的充满活力的过程。为完成这个和其他方面的功能，国家必须在军队的合法使用方面享有独占权；即有强加它的意愿于民众的能力，而不会冒民众对它的权限产生反抗的风险。比起以往的人类历史，现在更具广泛性和有效性的国家强制性权力，当运用于一种专断的方式或为了腐败的或非法的目的时，将适得其反。那就是为何要求力所能及地保持国家中立性的原因。这种中立立场的建立，要求通过政治、法律、教育和其他策略和机制，经常警惕于公民代理的共性。

国家和政治之间的差异因此假定在国家机构和制度中，以及在有组织的政治和社会行动者和他们关于公共福利方面的竞争性观念当中，呈现一种持续的相互作用。这种差异也是基于一种国家强制性权力滥用或腐化的敏锐的风险意识。国家必定不是一种对日常政治生活的简单地完全反映。因为它对各种相互竞争的观点和政策建议做出调停和裁定，因此它必须在社会的各种政治力量中保持相对独立。然而，既然完全自治是不可能的，因为国家不能完全独立于这些政治活动，也因为他们控制着国家机器，有时回顾国家的政治本性是重要的。矛盾的是，这种国家与政治联结的现实，使得努力把国家从政治中分离出来是必要的，以便使那些被每天的政治进程所排除在外的人们，能够求助于国家机构和组织寻找保护，以防止国家官员对权力的滥用。

考虑一下当一个单一的政党完全控制一个国家时，会发生什么情况，如纳粹德国、苏联以及20世纪最后几十年间的许多非洲和中东国家。无论是纳赛尔统治下的埃及的阿拉伯民族主义，还是萨达姆·侯赛因统治下的伊拉克复兴党（Baa'th Party），以及哈菲兹·阿萨德（hafiz al-assad）统治下的叙利亚，国家成为执政党的直接代理，公民在国家和政党间的政治活动中被胁迫。没有任何来自于国家行政或法律补救的可能性，或者其控制范围之外合法的政治反对的可能性。对国家和政治之间存在区别的疏忽，容易导致对整个社会的和平、稳定和健康发展的严重削弱。那么社会的崩溃将发生于那些被否认受到国家服务和保护的，或有效参与政治的人，要么放弃他们的合作，要么在缺乏和平补救时求助于暴力抵抗之时。

问题因此是如何维持国家和政治之间的这种差异性，而不是忽略这种紧张状态，抱有其将以某种方法解决自身问题的希望。而这个必然通过艰难的区分，可以通过宪政主义的原则和制度，以及所有公民的平等人权的保护而得到调停。但是正如我将在第三章要讨论的，如果没有全体公民积极和坚决的参与，这些原则和制度就不可能获得成功。如果人们认为这些原则和制度与影响他们政治活动的宗教信仰和文化标准不一致，其将仍是无望的。人民主权原则和民主治理的理论，假定公民受到充分激发和决定去参与自我治理的所有方面，包括有组织的政治行动以持有他们的政府责任和响应于他们的愿望，这种部分受到宗教信仰和国家公民文化环境影响的动机和决心，必须基于他们对宪政主义和人权价值的理解和承诺之上。这就是为何从一个穆斯林的伊斯兰观点，努力证明我的主张具有合理的重要性,从而没有否认每个人从各自的宗教或哲学立场出发,给出相同的定位。

这本书的目的是要澄清和支持这种对伊斯兰和国家的制度分离所产生的悖论做出调解,尽管这个调解是困难的,但这是必要的。尽管在当代伊斯兰社会中,伊斯兰和政治之间存在必然的联系。作为一个穆斯林,我寻求在伊斯兰社会中对这个过程做出贡献,而没有暗示我在这里讨论的观点,对于伊斯兰和穆斯林来说是标新立异。我所挑战的是一个伊斯兰国家声称自己有权力通过自己的强力统治,推行沙里亚原则的危险幻想。但是我也挑战伊斯兰能够或应该远离信仰者社团的公共生活之外的危险错觉。在实践中,穆斯林学者或宗教学校(madhahib)中盛行的观点,意味着国家机构将不得不在相互竞争的,依据伊斯兰观点皆具有同样合法性的观点中,做出抉择。既然对于这些彼此竞争的观点,没有一种普遍一致的裁定标准和机制,由国家机构作为官方政策或正式立法所强制执行的,将必然出自于控制这些机构的个人判断。

换句话说,国家以沙里亚的名义推行的,将必然是世俗的和强权的产物,其不能优于伊斯兰权威,即使在大多数穆斯林中有可能确知其表示什么。断然否定伊斯兰国家能强制推行沙里亚原则的危险错觉,对于穆斯林和其他公民按照他们的宗教以及和其他信仰生活的实际能力是必需的。事实上,现代伊斯兰国家观念是基于欧洲国家模式,以及西方法律和公共政策权威主义观念之上的后殖民主义的革新,以作为统治者可资凭借的社会动力工具。尽管这些在历史上是由穆斯林控制的国家,以各种方式寻求伊斯兰合法性,但他们并没有主张成为一个"伊斯兰国家"。所谓的伊斯兰国家的支持者在当代背景下,寻求利用由欧洲殖民主义所影响并在独立之后仍延续的国家机构和权力,以统治者选择的方式规定个人的行为和社会关系。以伊斯兰的名义试图尝试这种权威主义的动机是危险的,因为对于穆斯林来说,反抗它们比起反对由公开的世俗国家所主张的举措,尤显得困难。同时,任何宗教和国家的制度性分离并不容易,因为国家必须规定宗教角色,以维护它自己的宗教中立性,这是其作为调停人和评判人,对相互竞争的社会和政治力量做出调解所必须具有的角色。

伊斯兰和国家的分离,并不会妨碍穆斯林做出源于他们宗教信仰所做出的有关政策或立法方面的提议。所有的公民有权利这样做,倘若他们用我称之为的"公民理性"来支持这种提议。词汇"公民的",在这里指的是被大众所接受的政策和立法的需要,以及在所有公民保持公开和畅通方面的理性化过程。通过公民理性,我的意思是公共政策或立法的基本原理和目的,必须基于某种可被大多数公民接受或反对的某种理性之上。公民必须能够通过公共争论发出反对的声音,而不会因为他们的宗教和信仰受到任何控告或迫害。公民理性而不是个人信仰和动机是必需的,无论穆斯林构成国家人口的多数还是少数。即使穆斯林占多数,他们将也不是必然同意政策和立法应该依从于他们的伊斯兰信仰。

公民理性的要求假定掌控国家的人不可能是中立的,这种要求不仅是十分重要的,而且它必须是国家运行的目标,这是因为人们倾向于按照个人的信仰或判断来行动。大部分民众可以自由接受或拒绝基于理性的公开展示正当理由的要求,将随着时间的推移促进和发展民众当中的一种更广泛的公议,超越了不同个人或群体狭隘的宗教或信仰。既然公开展示和讨论公民理性的能力已经在大多数国家一定层面上存在,我仅仅要求进一步清醒意识到它,并随着时间推移而进一步得到发展。

在实践中,确保人们依照公民理性的要求,在内心的动机和意图的范畴中做出抉择是困难的。弄明白为什么人们以某种特定方式选举或者他们如何证明他们的政治提纲对于他们自身或他们的关系密切的同伴来说是合理的或许是困难的。但是目标应该是去推进和鼓励公民的理性,随着时间的推移,其将减弱个人宗教信仰所具有的排他性在公共政策和立法上的影响,这个观点不会运用于国家范围之外的个人和社团的宗教实践,因为保护宗教信仰自由,使其免受国家的干涉,事实上是整个模式的目标之一。

我在这里所要求国家将来是世俗的,而不是主张使社会世俗化。我主张阻止国家的影响腐化人们在他们的社会当中纯正的和独立的虔诚。确保国家在宗教教义方面是中立的,对于作为宗教和社会实践推动力的真正信仰是必要的,而不用惧怕控制国家的那些人,或追求他们声称可以赐予的权力和财富。这种结合应该解决穆斯林对作为社会世俗化的世俗主义的理解或对宗教的敌意。常见的世俗主义的负面印象是由于不能正确区分国家和政治的关系,正如后面将要讨论的。因为失败于承认这种差异,许多穆斯林把伊斯兰和国家分离的含义置于完全把伊斯兰限定于纯粹个人的领域,把其从公共政策中完全排除出去的意义上。我使用的词汇是"世俗国家"，而不是"世俗主义"，以避免这种负面看法。对我来说，问题是如何改变穆斯林关于国家的内在世俗性和宪政主义、人权和公民权原则在调整伊斯兰、国家和社会之间长期的紧张关系中所起关键性角色的态度。

我也关注于阐明当代伊斯兰社会中这些关系的持续协商，如何受到它们的政治、社会、经济结构和制度方面的深刻改变所带来的影响。而这些因素几乎都是欧洲殖民主义，特别是新近的全球资本主义的产物。这个环境也受到每个社会内部政治和社会环境，包括外部所激发改变的内在化的影响。缘何伊斯兰社会在获得政治独立以后，仍自愿持续地紧随西方的国家结构、教育、社会组织和经济、法律和行政运行方式。我并非建议穆斯林因为他们没有别的选择机会而应该接受这种现实。而我认为的是比起伊斯兰国家的威权主义的后殖民主张，我更主张在事实上对这些现实的适应更契合于伊斯兰的历史传统。

一 伊斯兰、沙里亚和国家

既然本书的目标是伊斯兰、国家和社会的关系，扼要阐明我使用的这些术语，对于避免任何来自于错误或无根据的假定所产生的误解是重要的。这对于我作为穆斯林意图影响其他穆斯林的态度，而不是以一种超然的或没有人情味的方式阐述观点非常重要。

让我们首先从对伊斯兰教先知穆罕默德在610年到632年传播伊斯兰教一神论宗教的通常理解作为开始。他启示《古兰经》，详解其含义，并通过后来被称之为先知的"逊奈"（圣训）来运用它。这两个来源因此成为穆斯林中常被使用的术语"伊斯兰"以及其衍生概念和形容词的任何意义的基础。穆斯林学者发表穆斯林应遵循的信仰和教义方面的文章，包括被期望去遵守的宗教礼仪和被认为需要尊重的伦理道德规范。《古兰经》和"圣训"也在穆斯林寻找发展他们的社会和政治关系、法律标准和制度方面，发挥着指导作用。

在这个基本意义上，伊斯兰是在一个无所不能和无处不在的真主面前，意识到一种活跃的和主动地获得信仰的解放力量。这是绝大多数穆斯林在日常生活实践中所了解的伊斯兰的真正意义。从其中，他们寻求精神和道德的指导。我的提议将因此应该通过是否能提高穆斯林按照他们宗教诚命去生活的效用来判断。

目前伊斯兰话语中常常所使用的术语"沙里亚",作为穆斯林在私人和个人的宗教意义,以及与其相对的社会、政治和法律标准和制度方面所有义务的总和,似乎其与伊斯兰自身是同义的。然而,正如前面所论及的,在沙里亚作为穆斯林义务全部的观念与通过特定方法对《古兰经》和"圣训"做出解释的特定理解之间,做出区分是重要的。即使是作为一种观念,沙里亚仍是成为一个穆斯林的门或走廊,其并不会耗尽实践伊斯兰各种可能性的全部。那里更多的是伊斯兰而不是沙里亚,尽管了解和遵从沙里亚的诫命是穆斯林在日常生活中意识到伊斯兰作为真主独一(tawhid)原则的途径。也应该强调沙里亚原则总是源于对《古兰经》和"圣训"的人的解释;它们是人类能够在他们自己特定历史背景下领悟和寻求遵从的(Ibn Rushd 2001, 8—10)。努力知悉和遵守沙里亚是信仰者人类主动性的产物——一种构筑于人的实践和反映之外的体系。随着时间的推移,其按照已建立的方法论而获得了一种更趋于体系化的发展。

伊斯兰话语的前提是每个穆斯林有义务知悉和遵循对他或她的要求。个人义务的基本原则不能被放弃或被代表是《古兰经》中反复强调的话题之一(6:164;17:15;35:18;39:7;52:21;74:38),然而,在任何特定情况下,当穆斯林寻求沙里亚对他们是如何要求时,他们更多的是询问他们所信任的伊斯兰乌莱玛或苏非导师,而不是直接到《古兰经》或"圣训"中寻找答案。无论是由一个学者或一个苏非导师以个人的或惯常的方式参考《古兰经》和"圣训",都必然通过每个穆斯林所能接受的组织和方法来实现。这个过程一般发生于特定教法学派内部和其已建立的教义和方法论中。

但是这个从来不会以一种完全原创的方式发生,当然就会有如何确定和解释《古兰经》和"圣训"中相关经文的先入为主的观念。换句话说,穆斯林无论何时考虑这些首要的渊源时,他们不能避开穆斯林前代人的经验和解释,以及确定哪一条经文应被视为与相关问题较为贴切的精心设计的方法,以及它们应该如何被理解的这种分层过滤,因此,人的主动性在多个层次上结合进《古兰经》和"圣训"的解释方法中。从数世纪的经验和解释的积累到当代环境条件下,伊斯兰的参照框架体系被确立。

国家并不是一个能够自我感觉、信任或行动的实体。它总是人类以国家的名义来行动，运用它的权力或机构来运行。因此，每当对一个政策问题做出决定之时，或提出或起草被认为体现伊斯兰原则的法规时，其必然反映个人对该问题的观点。国家从来不是一个自治的实体。而且，当这些政策或法规建议被以政治派别或组织的名义所做出时，这种主张也被为那个实体代言或代理的人类领导人所采取。对于某些政策或法规事务中的特定立场，在许多行动者之间能够进行磋商是真实的。但是结果将仍然是个人判断的产物和依据群体内部一致认可的意见来选择接受和行动的人为选择。

例如，对穆斯林饮酒作为哈德（hadd，真主之裁）犯罪，或者禁止利用借款吃息的决定，必然是政治行动者个人在权衡所有的实际考虑以后所做出的意见。而且，教法的明确表达、采纳和运用以获得那个目标，都总是与人的判断和选择有关系。整个系统阐述和运用公共政策和立法的过程受制于人的错误和不可靠性。其意味着它总是能被挑战和质疑，而不会冒犯真主意志的直接或间接的神圣诫命。这是公共政策和立法事务必须由公民理性所支持的部分原因，即使在穆斯林当中，人们对这些问题持不同意的观点也并不会侵害他们的宗教义务。由早期的穆斯林学者所发展的，被称为"斐格海"（usul al-fiqh）的方法，通过穆斯林历史地理解和运用，体现了《古兰经》和"圣训"中的伊斯兰原则。

在"斐格海"早期的形成过程中，这种人的知识的领域，按照前代穆斯林的历史经验来寻求对经、训解释的规范。它也界定和规定法律方法的运用，如伊智玛（ijma，公议）、格亚斯（qiyas，类比）和伊智提哈德（ijtihad，个人意见）。这些通常被理解为确定沙里亚原则的方法，而不是被视为教法的实质性来源。然而，伊智玛和伊智提哈德在伊斯兰法学体系形成中，起着更基础性的作用，甚至超越了它们仅仅只是一种法学"剖取"方法的意义。正是在这个更广泛的意义上，能够在目前和未来形成一个更动态的和更有创造力的沙里亚的发展。

1. 伊斯兰和沙里亚

在穆斯林数代人的发展中，作为伊斯兰教法法源之一的"公议"的基础性和持续的角色，不仅对于沙里亚的历史性解释，而且对于它随着时间的推移而发生的持续改革和渐进是重要的。公议的关键性作用是清晰的,这可从它是数代穆斯林接受《古兰经》经文和"圣训"记录作为伊斯兰和沙里亚根本来源的可信内容的事实中获知。我们所持有的今天所读的以阿拉伯文表现的经典是由先知传述的《古兰经》经文的观念,是基于它是从先知时起一代代穆斯林传下来的。圣训的情况也同样如此,大多数穆斯林接受其为先知言行的可信记载。在穆斯林中,对于圣训当中一些内容合法性持续争论的事实,反映了特定经文涉及的公议基础的虚弱。但是一般来说,我们的《古兰经》和"圣训"知识,是从 7 世纪以来历代穆斯林公议的结果,而且,公议是权威的基础以及斐格海所有原则和方法的延续,因为这个解释的结构总是依赖于一代代穆斯林的普遍接受,在这个意义上,公议构成接受《古兰经》和"圣训"自身,以及对于它们的解释内容和方法的基础。

对穆斯林来说,《古兰经》、"圣训"和斐格海法学方法之间的重要区别,是经、训不可能增加任何新的内容。先知穆罕默德是封印使者,《古兰经》是明确的神圣启示。与此相反,围绕《古兰经》和"圣训"产生的新的解释方法或变革性的新解释,一种新的公议的形成是不可避免的,其将成为沙里亚的一部分,正如当前存在的方法和解释曾经成为沙里亚一部分一样。确保伊斯兰教从国家中的分离,以及通过宪法规定伊斯兰的政治角色,并且保护人权,所有这些对于保证穆斯林的自由和安全是必要的,以便他们能够发展新的解释方法,提出和讨论《古兰经》和"圣训"的新的解释。至于此类改革的有效性,这种保护和运用与"已建立"的沙里亚是相同的,即被各代穆斯林所接受。换句话说,一种新的解释方法或新的原则将不会变成沙里亚的一部分,除非随着时间的推移,它们被绝大部分穆斯林所接受。这是任何方法或原则变成沙里亚一部分时的相同方式。要实现这种情况所面临的艰巨任务是确保穆斯林提议和争论的自由,以便公议能够在穆斯林当中自由地发育,使得他们能够要么支持,要么反对任何被提议的问题。

任何对沙里亚的理解总是"伊智提哈德"的产物,通常意义上,人类的推理和思考是理解《古兰经》和先知"圣训"的方式,但是在伊斯兰教历第二世纪和第三世纪沙里亚的发展过程中,术语"伊智提哈德"常被穆斯林学者在两个方面所界定和限定。首先,他们确定伊智提哈德仅仅是在《古兰经》和"圣训"没有明文规定的情况下才能运用。这是一个合乎逻辑的命题，但是它不仅假定穆斯林同意某个经文适合于一个特定的问题和同意如何解读那些经文，而且认为过去在这些事件上所获得的任何公议都是永久性的；其次，早期穆斯林学者详细规定了穆智台希德（mujtahid）有资格运用伊智提哈德所必须具有的各种条件，以及伊智提哈德能够被运用的方式。但是即使这个术语或关于对能够运用这个方法的学者所必须具有的限制条件的规定，也必然是人的理性和判断的产生。因此缘何人的发展进程要排斥后来的重新考虑呢？确定《古兰经》或"圣训"的任何经文（nass）是否运用于一个问题，是否它是无条件的（qat'i'），以及谁能够运用和如何运用伊智提哈德，所有这些问题仅仅通过人的理性和判断才能得到确定。

因此，在这种努力之上强加审查制度，则侵犯了沙里亚如何来源于《古兰经》和"圣训"的前提。认为伊智提哈德之门已关闭，其不能被运用于任何问题的说法是不合逻辑的，因为那个决定本身是人的理性和思考的产物。把运用伊智提哈德的能力限定于有资格运用这种权力的特定穆斯林群体也是危险的，因为在现实中伊智提哈德的运用将依赖于某些人，他们有权力设定标准和选择一个有资格担任穆智台希德的人。同样，承认任何机构或群体有这种权威，无论它是官方的或非官方的，也是危险的，因为那种权力将很可能因为政治或其他原因而被操纵。通晓和支持沙里亚是每个穆斯林持续的和不可逃避的责任的事实，意味着没有人或机构将控制这个过程。决定谁有权力运用伊智提哈德和它如何被运用的权力是每个穆斯林宗教信仰和义务的一部分。任何代理人或代理机构通过权力决定何种观点被允许或应受到遏止，将使得自由讨论受到限制，这与沙里亚自身的宗教属性是不一致的，这个理由是伊斯兰教主要的基础之一，也是我所提出的保护宪政思想、人权和公民权的原因。

这里要注意的另一个相关的观点，是沙里亚的系统化发展始于阿巴斯王朝早期（公元750年之后）。沙里亚作为一个在伊斯兰教历史上有条理的和自我包含体系，明显开始于主要的思想学派逐渐浮现时期，作为沙里亚的第二个或者说更详细来源的"圣训"（逊奈）的系统性收集，以及法学方法论的发展。所有这些发展发生于伊斯兰教历的第二世纪和第三世纪。早期的阿巴斯王朝目睹了伊斯兰历史上主要教法学派的出现，包括那些至今仍然被熟知的教法学派。生存下来的各种教法学派,可归功于什叶派教法学中的主要派别的奠基者加法尔·萨迪克（Ja'far al-Sadiq, 765年卒）,以及逊尼派的阿布·哈尼法（abu hanifa, 767年卒）,马立克（795年卒）,沙斐仪（al-shafi'i, 820年卒）和伊本·罕百里（ibn hanbal, 855年卒）。沙斐仪被公认为伊斯兰教法学斐格海（usul al-fiqh）打下基础,他规定了《古兰经》和"圣训"的解释原则,但是"圣训"的收集和鉴别过程的持续时间超出他的时代。对于逊尼派穆斯林来说,最权威的"圣训"编撰可归功于布哈里（bukhar, 870年卒）、穆斯林（muslim, 875年卒）、伊本·马哲（ibn majah, 886年卒）、阿布·达乌德（abu dawud, 888年卒）、提尔密济（al-tirmidhi, 892年卒）和奈萨仪（al-nasa'i, 915年卒）,对于什叶派来说,最权威的圣训集也在那个时间段产生,这应该归功于库莱尼（al-kulayni, 941年卒）,伊本·巴拜韦（ibn babawayh, 991年卒）和图西（al-tusi, 1067年卒）。各种教法学派随后的发展和传播,受到政治、社会和人口因素的影响。人口因素有时导致教法学派从一个地区移到另一个地区的变化,因此各个教法学派有时局限于特定地区,正如当前什叶派情况一样。这个因素或许也是某些教法学派整体消失的原因,如逊尼派传统教法学派中的邵里学派（al-thawri）和泰伯里学派（al-tabari）。

在伊斯兰教历的第二世纪和第三世纪,公议原则明显作为一种统一的力量发挥作用,通过伊智提哈德演绎出逊尼派教法学的实质性内容,缩小了创造性的新的见解的范围。人们共同持有的观点认为,随着伊斯兰教法学体系的形成,具有创造性的司法理性的角色在逐渐降低（又被称为伊智提哈德之门的关闭）,而假定沙里亚已经对各种事情做了充分和详尽的规定和阐述。伊智提哈德之门是否关闭是历史学家争论的重要问题（hallaq, 1984）。但毋庸置疑的是,自10世纪以来,在沙里亚的基本结构和方法论方面没有发生任何改变,尽管实际的改变在有限的范围和地方继续发生。这种僵化对于维护伊斯兰社会正处于衰落,有时是崩溃的社会和政治制度体系的稳定性方面,可能是必需的。然而,从伊斯兰的观点来看,没有哪个人有权威或被赋予权力去宣称伊智提哈德是不被允许的,尽管穆斯林当中在这件事情上或许有着一致的看法,因此,没有什么力量能阻止一种新的公议的出现,伊智提哈德将自由地被运用以解决新的需要和实现伊斯兰社会的抱负。在这里讨论这些问题的目的，是去保证政治的、社会的和智力的讨论和改革空间，而不是去规定一种实现那种讨论的特定方式。沙里亚的宗教本质和它关注于规定真主和信仰者之间的关系，意味着信仰者既不能放弃他们的责任，也不能把这种责任随意委托他人。在这个含义上，没有那个机构能够成为宗教性的，即使当时它声称运用或执行沙里亚的原则。换句话说，国家和它的所有机构被界定为世俗的，而不是宗教的，无论相反的主张如何。

2. 沙里亚和国家

与沙里亚的宗教本性相联系的伊斯兰法律史的另一个方面，是私人法律咨询（ifta）的发展。在地方和国家审判员的要求下，独立于国家的教法学者能够剖制法律观点（法特瓦，fatwa），同时为私人提供法学建议，正如从伊斯兰教创始之初所发生的情况一样。但是通过法特瓦制度，每个穆斯林的个人责任既不能放弃也不能委托。从一种宗教观点来看，在法特瓦下寻求此种法律意见的人对无论他或她做出或不能做出的某种行为负有义务，而发表法特瓦观点的穆夫提也对那个法特瓦观点负责。管理和裁定的实际需要将自然延续，如同需要从学者的知识和观点寻求获得益处一样。我的观点很简单，即这种尝试是世俗的，既然他们不能替代每个单个穆斯林的宗教责任。

这个可参照奥斯曼帝国的情况获得说明，奥斯曼帝国是欧洲殖民统治时期和后殖民时期最后一个由穆斯林统治的重要国家，正如在第五章将要解释的，奥斯曼帝国的苏丹代表了一个最好的例子，即世俗的统治者如何一方面倾向于实用主义政治和管理；另一方面借助于宗教权威以使他们的统治合法化取得一种平衡。奥斯曼苏丹从来没有打算执行沙里亚全部，只是在一些特定和有限的司法审判中运用哈乃菲教法学。到19世纪中期，他们才最终决定运用一些哈乃菲原则编撰法典，在伊斯兰历史上这种做法具有标志性，在这个法典中由单一教法学派所解释的沙里亚原则被编撰和颁布，以作为国家的统一官方法律。这个改革成为后殖民时代穆斯林的标准，至少在家庭法领域情况是这样的。在沙里亚的相互竞争的法律观点中，合法化的和制度性的国家选择性不是真正把家庭法的立法作为一种公共政策问题，而导向公开讨论。相类似地，亚洲和非洲的伊斯兰国家通过殖民地宗主国的法律,替代了沙里亚和地方习惯法体系。

然而,在国家支持某一特定教法学派的现实和维护沙里亚的传统独立性的需要之间存在某种紧张状态。正如统治者被认为只有保护和促进沙里亚的义务,而没有创造或控制它的权利。这个紧张状态一直延续到现代,当沙里亚独立于国家的权威,仍然是穆斯林社团的宗教法律时,国家为获得政治权威而寻求得到沙里亚合法性的支持。而且,奥斯曼人所做出对欧洲权力的让步,为采纳西方法典和司法管理体系树立了范例。奥斯曼皇帝敕令证明这种改变将不仅增强国家力量和保护伊斯兰教,而且是为了增强保证所有奥斯曼臣民平等之目的。这种理论很可能为采纳欧洲国家体制模式和它的法律上的公民平等奠定了基础。因而,简要的回顾是有益的,因为奥斯曼的经验成为后来所有穆斯林世界在20世纪的范例。

奥斯曼对沙里亚一些方面的法典化,体现着哈乃斐学派的一些特征。被称之为麦吉拉法典,在其被颁布之后,就迅速获得最高权威的位置,部分是因为它代表了国家正式颁布沙里亚(shari'a)原则的最早也最具政治权威的范例,进而把它们转变成现代词汇意义上的国家制定法。而且,通过奥斯曼帝国这种立法直接运用于一个具有广阔领域和范围的伊斯兰社会,并持续运用于20世纪下半叶。麦吉拉法典的成功也是由于其吸收了一些除哈乃斐教法学派之外的一些原则。因此在更广阔的伊斯兰传统中扩展了选择的可能性。与其他沙里亚的合法原则相同,抉择(takhayur)的原则已经在理论上被接受,正如前面所注意到的,但是并没有正式地运用于实践。通过国家的制度运用它,麦吉拉法典为随后的改革打开了方便之门,尽管它最初的目的是有限的。然而,同时麦吉拉法典中对哈乃斐教法学派这个单一教法学派观点的编撰,即使是使用了一些抉择和包含一些其他教法学派的观点,仍尽力防止接近于其他教法学派和学者的观点。整个进程是国家世俗政治权威的产物,而不是沙里亚宗教权威的结果。

这种在来源的选择上以及伊斯兰和西方法律概念和制度的交融方面不断增长的折中主义的倾向,不仅成为不可逆转的,而且进一步被发挥,特别是通过有法国教育背景的埃及法学家阿卜杜·拉兹奇·桑胡瑞(abd al - razziq al - sanhuri)的努力(1971年卒)。桑胡瑞(al - sanhuri)的实用主义方法基于如果不是为强烈满足现代伊斯兰社会需要,沙里亚不能被全部再度介绍和运用的观点前提上。

他利用这种方式起草了 1948 年的《埃及民法典》、1951 年的伊拉克法典、1953 年利比亚法典和 1960—1961 年科威特民法典和商法。在所有这些情况中，桑胡瑞（al-sanhuri）被独裁统治者所支持以起草一个内容广泛的法典，其没有通过人们的公开辩论就被制定为法律，因此，如果这些国家在当时是一种民主体制，辨别这种范例是否能够运行是困难的。然而，有一点是明显的，即不考虑所谓的包含的沙里亚原则，过程本身是明显的世俗立法的一种，其并不是直接的伊斯兰教法的神圣制定。

矛盾的是，那些改变使得整个沙里亚原则对于裁决更加容易使用，政策制定者在选择和适用方面更加容易把这些原则结合进现代立法中。伊斯兰和欧洲法律传统的结合，也暴露了在现代背景下直接和系统地运用沙里亚原则是多么不可能。之所以这么说，原因在于沙里亚自身的复杂性和多样性，这归因于它的数世纪的发展。另外，在逊尼派和什叶派社团内部和彼此之间明显地不同，这种情况也可共存于一个单一国家内部（如伊拉克、黎巴嫩、沙特阿拉伯和巴基斯坦），不同的穆斯林社团也许追随不同的教法学派或教法学家的观点。尽管这些教法学派或教法学家的观点并没有正式运用于法庭之上。而且，司法实践也许并不一定要与该国大多数穆斯林所遵循的教法学派观点相一致。如埃及和苏丹的国家法庭沿袭了官方奥斯曼优先选择哈乃斐学派的做法，即使在该地区流行的实践依附于沙斐仪和马立克教法学派。既然现代国家仅仅能够在官方建立通常运行的法律原则上运作，如果没有在相互竞争的解释之中做出选择，沙里亚原则不能作为任何伊斯兰国家的制定法被制定或执行。而这些相互竞争的解释依据沙里亚原则被认为是合法的。这个立法过程无论是对于仅仅在家庭法领域推行沙里亚原则的世俗体制下的伊斯兰国家，还是声称实施沙里亚所有内容的所谓伊斯兰国家来说，都是不可避免的。

这些发展的法律和政治结果，被欧洲殖民主义的重要影响和全球化过程中西方在穆斯林国家官员的普通教育和职业教育方面的影响所强化，在教学过程中课程的改变，意味着沙里亚不再是伊斯兰知识传授的重点。

沙里亚被大部分源于西方模式的世俗法律体系所替代。特别是在法学教学中，第一代法学家和法官在欧洲和北美大学接受了高等教育，回国之后教授后代或担任高级司法官员，而且，与过去传统伊斯兰社会中极端有限的阅读写作能力和沙里亚学者垄断了社会知识领域的培养模式不同。大量基础性阅读写作能力的培养，现在在整个穆斯林世界发展迅速，而且人口的流动性为更多的人获得知识打开了方便之门。

因此，不仅乌莱玛失去了他们对神圣沙里亚来源享有解释的独占性地位，而且这些来源的传统解释逐渐被普通穆斯林所质疑。这个机会应该激发当代穆斯林提倡一种世俗的国家并保护人权，以对伊斯兰根源、历史和沙里亚的方法有进一步的认识，以更有效地挑战传统解释。但是这并不意味着应该有一种制度来获得一种正式的证明过程，借此一个穆斯林变得有资格去运用伊智提哈德（Ijtihad）；正好相反，所有的穆斯林男性和女性有宗教义务去获得足够多的知识，以做出对他们自身有利的决定，表达他们对公共事务的观点和看法。只有这样掌握伊斯兰根源和方法的大部分知识，才能比起那些缺乏这些知识的人，更具权威性和说服力。

在地方和全球环境条件下，国家本性自身的转变对于我们当前的目的特别重要。对于所有伊斯兰社会来说，尽管它们是在殖民主义的支持下获得建立，欧洲的国家模式急剧地转变为遍及伊斯兰世界不同地区的政治、经济和社会关系。在政治独立以后，通过保持这种国家组织的特定形式，伊斯兰社会选择遵守作为世界和地区成员国的最小程度的国家和国际义务。然而，伊斯兰各国在社会发展水平和政治稳定性方面有着明显差异，伊斯兰社会今天生活于国内宪政制度和法律体系之下，其要求尊重特定的最低平等权和对所有公民的非歧视政策。即使是有些国家宪法和法律体系对此没有做出明确承认，并为这些义务提供有效保护，但当前国际关系的现实确保了一种最低程度的实际承诺，这些改变是不可逆转的。尽管更强有力地和更系统地与民主治理的要求相一致，对于整个世界的许多国家和社会来说，人权发展仍是不确定的。

对伊斯兰、沙里亚和国家关系的简短回顾，可以看出，继续伊斯兰改革的过程，很明显在穆斯林的宗教责任和他们今天社会的实际需要之间做出调解是一种迫切需要。从中也可看出，可以看得见的改革过程的主要前提是《古兰经》和"圣训"在日常生活中的意义和实践总是人类在特定历史环境下解释和行动的产物。如果没有发挥人的主动性，在现世知悉和实践沙里亚的要求是根本不可能的，穆斯林今天所知道的任何沙里亚观点，关于《古兰经》和"圣训"的含义都来自于人类的观点，被历代穆斯林所接受并在他们的社会生活中得到实践。换句话说，穆斯林学者的观点通过数世纪穆斯林信仰者的公议变成沙里亚的一部分,而不是通过统治者的未经琢磨的法令或单个学者群体的意愿而获得。相应地,正如我将要进一步澄清的,我将意图提出历史上伊斯兰传统延续的真正事实是什么。相比较而言,支持一个伊斯兰国家去实施沙里亚作为国家法律在事实上助长了一种欧洲法律实证主义观点和国家的极权主义模式,其试图把伊斯兰社会改造成为自己所设想的模式。

二 社会转型的框架和流程

当其他方面在公民社会层面上运行时,伊斯兰、沙里亚和国家关系转型的一个方面与国家的状态有关。通过官方制度和公民社会获得改变,这两个转化的维度在事实上是相互依存和相互支持的。每个目标也许要求不同的策略和行动,其也许从一种社会和文化环境到另一种社会和文化环境变化,但这两种转换都是紧密联系的,每个又是另一个的原因和结果。为了这个有活力的转变发生于伊斯兰社会,正如前面所提出的,我们也不得不弄清和改变伊斯兰和政治之间永久和理想的关系。尽管提出的方式承认与全球穆斯林社团相关联的伊斯兰的复合层次:伊斯兰作为一种宗教,并且对一些穆斯林来说,伊斯兰是一种政治意识形态,或从更广阔的范围来说,伊斯兰是一种文化和社会实践的基础。

这个表明了我提出的第三个维度,其是社会改变如何植根于文化当中的问题,或者赋予其以文化合法性。文化转型或社会改变不能被作为一种纯粹的,对历史、文化或社会实践无兴趣的外部行动来获得。确切地说,社会改变和文化转型必须基于他们自身的社会文化,以具有合法性、一致性和可持续性。这反过来表明社团和它们的成员作为社会改变中的实践者、从属者和行动者所充当的角色,换句话说,在这个过程中人作为代理者的角色。为了社会改变的文化合法性的急切需要和人的代治者的角色,我现在将从文化的动态和身份,讨论社会转变维度中的问题。

1. 文化和身份

文化或许看起来好像是可识别的和彼此区分的,但是,它们中的每一个具有内部的差异性,改变的倾向,以及不同文化关系上的彼此影响。我们可以说特定的地区、国家和区域文化，或者由民族、宗教或经济、安全利益所界定的公共文化。一个群体内部共同规范、习惯和历史，为共同文化观念提供了凝聚力，即使是当这里存在与其他群体的重叠性时。而这种对共同性的承认，不应该以牺牲承认每种文化内部的多样性和争论为代价。把文化看作不同的不应该导致我们相信它们与跨文化或比较分析相抵牾。文化内部的多样性和争论，以及跨文化的对话和相互影响，事实上能够促进一种重叠共识在特定价值和实践上的发展，诸如宪政主义和人权，尽管这种一致同意的基础和原理上的持久的差异。

伊斯兰社会遵循运用于其他人类社会的相同的社会和政治生活的原则。因为与其他人一样，穆斯林努力解决他们基本的食物、居住、安全、政治稳定，等等这些基本需要。穆斯林寻求解决这些需要，也改变着他们的文化，以使其在新的环境下发展，以也许类似或也许不同于其他社会文化变迁的方式，但是这并不必然是由伊斯兰所决定的。当伊斯兰作为宗教的表性特征，塑造穆斯林在不同背景下理解和实践方式时，这种理解与通常人类社会的社会和政治生活的原则并不抵触。比起撒哈拉以南非洲伊斯兰社团，在印度次大陆生活的一些穆斯林社团，因为共同的历史、殖民地经历和当前的社会环境，或许与同样地区的印度教徒或锡克教徒更具相同性。而撒哈拉以南非洲伊斯兰社团的文化和实践也许更接近于相邻近的非穆斯林社会。

术语"身份"常常用来表明能被清楚界定、稳定的和不变的某种东西。然而，很明显人们在组织他们的生活时需要足够的灵活和开放，以便充分利用多种可选择的东西，他们能够根据自己的文化或宗教价值体系和含义，证明所选择的是合理的。我们所有人每天对于我们身份的哪个方面被强调或不再给予强调都在做选择，以便促进或保护我们的短期或长期利益。作为一个穆斯林，我可以宣称一种独有的伊斯兰教身份或强调伊斯兰容忍和接受宗教的差异，这依据于是否我是社会中占多数或是少数中的一个成员，以及依据我的宗教社团当中占主流的政治关系而定。

换句话说，身份的构成和转化是个涉及进行深思熟虑选择的动态过程，并不是一种一成不变的情形。不同个体通过特定群体所共享的文化代码建立含义和价值。然而，对于一个人来说在不同文化准则之间做出改变并非罕见的，正如他或她在各种社会文化身份当中变动。这些文化准则包括"根基性情感",如语言和宗教归属,其被获悉或形成于民族形成的早期,以及新的文化准则在后来的生活中被创造。我们有时也以一种"一个工具主义者"或道义算计的方式转换准则,其也许没有必要与公开宣称的或假设的原初准则的目标具有一致性。而且,每一类过程和相互作用结合了已调整的和重新恢复的先前存在的身份与新近产生的或特定情况的身份的因素。例如,对我来说,一个特定背景下的穆斯林包含着过去的穆斯林所具有的特质,其必然包括先前与他者对这个含义的协商以及在当前状况下的伊斯兰身份。换句话说,在任何特定地点或任何特定情况下身份的确定是社会行动者、环境条件和目的的产物。不同行动者与他们自己身份相关的更广泛的含义或内容,与他人或社团的身份有关,他们对彼此身份的对待也是一个相关因素。

身份形成和转变过程的一个方面,是需要接受或承认他人假定的或声称的身份。而内部的自我认同是重要的,甚至在个人或私人层面上的成就是依赖于外部的与其相对的宣称自己独立身份的"他者"的反应。既然我们不能控制他人如何感知我们,那么我们就需要就他们对我们身份的理解,以及他们如何从他们自己的观点处理那种身份,与他们进行协商。因此,把身份看成是孤立的或独立的都是一种误导。因为这些身份界定过程的性质和结果,是偶然的和不确定的。我或许进入假定他人将把我的身份看作穆斯林而怀有敌意的状态,其或许导致我掩藏或避而不谈我自己的宗教身份。然而,如果我意识到我作为穆斯林的身份或许在事实上与他人无关,或甚至是我的优势,那么,我可能向别人展示我的身份。但是问题变得成为我期望成为何种穆斯林或我被接受为何种穆斯林——自由的或保守的、虔诚的或伪信的。运用这种策略或有帮助的文化或宗教身份表达,是如此普遍和自发,以至于我们常常没有意识到我们正在这么做,或至少我们不愿意公开承认它。

身份的概念能够被广泛或狭隘地界定,这取决于行动者、环境条件和目的。其对于道德和政治话语来说常常是一种准则,或对于广泛的各种不同的宣称或未宣称的目标来说是一种取代物。它包括我们如何界定自己——什么地方和什么时间,什么目的——以及别人如何感知我们,与我们有什么关系,以及他们对我们身份的这个方面或那个方面做出何种反应。无论是集体或个人,身份包含着行动、动机、实质性责任和工具性关系等内容。例如，一个印度穆斯林对一个信仰印度教的印度教徒预示着或要求怀有敌意吗，或者是接受那个人作为印度国家一个平等的人或公民？或者巴基斯坦逊尼派穆斯林被假定或期望感觉卡拉奇的什叶派或阿赫默德（ahmadi）穆斯林的方式是怎样的。一个伊朗什叶派穆斯林对于德黑兰的巴哈伊信徒，或一个土耳其逊尼派教徒对于伊斯坦布尔的阿拉维（alavi）的态度该如何？这些关系中没有一个是统一的或以某种方式给出明确界定，因为每个社会成员区分和改变着他们认知或与他人发生关系的方式。

正是因为自我和他者的观点，以及价值的意义和文化记忆的重建都存在争论和改革可能性。这一点对于我强调的保证那个过程能够发生的空间至关重要。事实上，假定的和可感知的文化或宗教身份占统治地位解释的支持者，总是把自己看作唯一正统的或合法的文化代表。在一些特定问题上，只是简单强调确保每种异议和自由的可能性的重要性，以断言可选择的观点或行为。在人们和群体之间重叠文化和共同身份的存在，并不意味着在文化或身份上是同质的或铁板一块的，或这样的愿景应该在整个群体或社会中得到强加。文化内部的多样性同样表明容忍的需要和在不同文化内部或之间对各种差异性的接受。这个关于文化和身份形成和转变过程的观点，强调保护争论和改革空间及过程的需要，借此每个人能够确认他或她自己的身份。这个过程也包括争论一个人身份的含义，以作为个人认为必需的或合乎要求的能力，这个空间对于内部讨论和跨文化对话，以及个人和集体的自我表达都是必要的。

我正在讨论一个基于伊斯兰角度的世俗国家、宪政主义、人权和公民权，因为我相信这个途径对于保护每个人去确认、挑战或转变他或她的文化或宗教身份自由是必不可少的。"我的权利我做主"预示和要求我去接受和尊重他人自己做主的原则，尊重他们通过自己的人权术语表达的权利。这个互利的黄金规则是人权普遍性跨文化的基础。正如在第三章我将要讨论的。但是现在我将把问题转向为何我相信从伊斯兰角度确认这些原则是非常重要的原因。

2. 社会改变的文化合法性

在不同文化之间或内部这些相同的现实，以及保护争辩的可能性和它们之间或内部的合意的需要，皆强调为何社会改变需要在已存在的框架内获得一种文化合法性、可理解的和一致的必要。一个标准的体系不会是持文化中立性的，实质上人们所做的每件事，从尘世的日常活动和相互作用，到带有深刻宗教印记的事情都根植于每种文化当中。如果我们没有意识到这个问题，那仅仅是因为我们自己的文化已内化为日常生活的标准。一旦我们意识到我们的存在和行事方式在事实上并不是一种普遍性标准，有时在我们自己的社团内部甚至也不具普遍性。我们将理解没有考虑持久和固有的文化以及这种文化多样性的现实，而空谈普遍性价值或标准是何等困难。

一种文化合法性的标准和价值被特定文化的成员所尊重和遵行，是因为这些标准或价值满足了个人或社团生活中特定的需要或目的。主张改变的支持者不仅必须是承载某种文化的内部人员，以便可以提出一种可信任的主张，而且得使用内部有效的论点以说服本地民众。运用这种方法，对可选择的观点的展现和采纳，可通过文化中一种连贯的"内部话语"而获得。为实现改变所需确认文化合法性的任何动机的内部标准的有效性，将在同一个社会内部和整个社会随着不同话题的改变而改变，但这也可以被质疑或被调整。

为了任何改变所获得的源于内部有效性的权威和相关性，对于几个原因来说至关重要，这些原因对于社会关系和社会相互作用的动力是与生俱来的。首先，社会可能回溯性地把改变视为积极的和有利的，但是这种改变很可能在一开始就要受到先前秩序监护者的抵抗。无论是社会改变的支持者还是反对者必然是恶意地或固有地压迫民众。实际上，主张社会改变的支持者也许服务于他们正在发展中的社会的合理需要，而反对者通过反对这种改变，也许服务于同样社会的需要，直到这种改变已经发生。毕竟正如我在第三章将讨论的，支持所有人的人权和平等的公民权，必然包括那些反对我们的观点或我们不喜欢的人所具有的权利。甚至比起那些同意我们的观点或我们喜欢人的权利，我们必须更悉心地关注于尊重那些反对我们的那部分人的权利，因为比起我们的朋友来说，我们更可能侵犯我们敌人的权利。这种一致性对于人权原则自身的可信性是至关重要的。

其次，既然个人依靠于他的或她的社会，公共政策和行动更可能契合于理想的文化标准和行为标准，而不是个人行为。开放和系统的不一致严重威胁着凌驾于社会之上的权威——当前既得利益的政治精英。在镇压不相容的行为时，那些精英声称保护整个社会稳定性和至关重要的社会公共利益的义务，而不是承认他们寻求的是去保护他们自己利益的现实。因此问题变成谁有权力决定公共利益所包含的内容？所讨论问题的实质变成了那种持续斗争的一种取代物。为了任何公共政策和行动的主张，这些因素强调寻求获得文化理想支持的要求，因为那种理想较少可能被自封的社会稳定和福利的监护人所成功抵制。

为了社会改变所需的文化合法性，我对内部行动者和话语角色的强调，并不排除外来者在促动这种改变中所发挥的作用。外来者能够通过在他们自己社会内部参与同样价值的话题讨论，极好地影响一种文化内部的势态。进而使得一种文化的参与者有可能指出发生于其他地方相似的过程。外来者也能够帮助支持内部参与者挑战盛行观念的权利，但应该避免公然干预，因为其将削弱内部行动者的可信性。不同社会变革的支持者也应该从事于一种跨文化的讨论，以交换内部话语的见解和策略，促进他们共同目标的全球性接受。跨文化对话也在一种理论或观念的层面上，通过强调共同价值和哲学定位能够寻求促进共同价值的普遍性。

3. 人类能动性的角色

正如已经所强调的，对于社会改变的任何倡议要变成已建立的实践，它必须与人们每天生活和社会实践的结构相缠绕。这个过程的广泛和影响巨大的性质，清楚表明这里需要国家和社会层面的行动，这两个改变的方面应该是互补和相辅相成的。为了社会改变而保护文化合法性的需要，在法律和政策层面上强调这种双重策略，并使那些政策改变依据于社团的社会和文化生活而具有意义。然而，这种途径在国家和它的公民之间呈现一种特定类型的关系。国家或许是制度变迁所需类型的代理，但也应该注意到国家并不是一个能够独立于它的民众的社会和政治力量，或摆脱它的资源或其他因素的束缚而独立行动的完全自治的实体。

事实上，国家的性质和结构，以及它的所有行动的意愿和能力首先是内部的社会、经济和政治过程，以及外部国际社会影响的产物。对于控制国家的精英来说，尽管物质资源和公权力是可利用的，但他们仍须依赖于普通民众的意愿去接受或至少默认国家的行为。控制国家的那部分人是接受其权威的人当中很少一部分。在面对大规模的持续反抗时，他们通过直接力量实施他们意愿的能力是难以维继的。为了保持对国家权力的控制和达到他们的目标，控制国家的人必须劝说或劝诱大部分人屈从于权力或权威，他们通过声称代表大多数人的意愿或他们所做的是为了他们自己最大的利益。这并不是主张霸权和统治停止了压迫，而是仅仅注意到劝说的潜在需要，其为改变打开了若干可能性。

为了获得成功的希望，支持社会改变的人必须最大程度地激励所有人的能动性，以支持他们所提出的改变。因此，为了改变的需要，文化合法性的方法通过把推动力牢固地置于社团和个人的社会和文化生活的内部，强调人类能动性的核心角色，而不是把人和社团视为改变的被动对象。同时，人类能动性在社会行动和相互作用的网络环境中运作，其强调协作和合作的需要。如果没有一些人或群体能动性的发挥，那么在人类关系中将什么也不会发生。但是这种人类能动性角色的概念必须包含所有人，特别是在今天全球化的背景下，不能仅限于精英人物。因而在任何社会，人类能动性的结果取决于我们周围世界中正在发生的，而不仅仅取决于我们社会或社团当中已经发生的。

一旦人类能动性的核心地位被承认，无论是在沙里亚的解释，还是在通常的社会变革中，许多改革或转变的创造性将浮现。今天伊斯兰社会和社团所经历的危机时期，应该引导穆斯林对盛行的假设提出质疑，挑战已然存在的不能传递自由和发展承诺的制度。这些危机为人们控制他们自己的生活，意识到他们自己的目标提供了新的机会，进而变成我所希望转变的某种来源和动因。但是我们不能仅仅因为社会正在经历一个深刻的危机而不采取任何行动，而守株待兔地期待希望的结果自然显现。我们必须发挥我们的人类能动性，通过理论反思和实践运用，促进我们所希望的社会改变的发生。一个好的理论是必需的，以指导我们的策略和行动，但是任何理论必须要从实际出发。从这个观点，我现在转向解释我所希望的一种好的理论，这种理论能够动员和激励各地穆斯林的行动，以支持积极的社会转变。

三 伊斯兰、国家和社会关系理论的要素

诚然，在穆斯林个人和乌玛社团宗教信仰的自由实践范围内，对沙里

亚的不同理解将继续保持。沙里亚原则在这个基础上独自作为国家法律或政策而被实施也存在一些问题，因为一旦一种原则或标准被官方认定为"真主的诫命"，对于信仰者来说抵制或改变它在实践中的运用是极端困难的。既然伊斯兰伦理原则和社会价值对于伊斯兰社会的正常运转确实是有必要的，这种原则和价值的运用契合于穆斯林自决权的要求。然而，这种权利仅仅在国内和境外国际法宪政和民主治理的框架内才能够被意识到。因为首先它们是这种权利的法律和政治基础。就是说，自决权以所有民众集体意愿的宪法基础为先决条件，因为它被接受为国际法的基本原则，从而能被用来反对其他国家的各种干涉。

宗教和国家分离的悖论对宗教和政治联系的忽视仅仅能通过长期的实践而被调解，而不是通过理论分析或规定被完全解决，这意味着问题是如何为这种调节产生有利条件，以一种建设性的方式来延续，而不是一劳永逸地希望解决这个悖论。这个必需的调解的两个极端可以做如下澄清：首先，现代领土所属国应该既不寻求把沙里亚作为一种制定法和公共政策来实施，也不要求对穆斯林公民解释它的教义和一般原则；其次，沙里亚原则应该和能够成为公共政策和立法的来源，服从基本的宪法和所有公民的人权。男性和女性、穆斯林和非穆斯林是平等的和毫无歧视性的。

换句话说，沙里亚原则必须既不具有特权，也不被实施。也不作为国家法律和政策的来源而必然地被反对，仅因为他们被认为是真主的意志。即使把这些原则作为绝大部分公民的信仰有约束力的伊斯兰宗教义务，应该在信仰者之中保持个人和集体遵守的根据。但是其不能被接受为它们应由国家来实施的足够理由，因为它们也许将运用于不同信仰的公民。

既然有效的统治要求特定政策的采纳和完备法律的制定，国家的行政和立法机构必须在沙里亚原则的大量和繁杂的相互竞争的观点中做出选择，正如前面所注意到的。这种选择将必然是由统治精英所做。当政策或法律是以"真主神圣诫命"的形式展示时，对于普通民众来说反对或抵制它是困难的。例如，这里有一个已建立的沙里亚原则，被称为"胡勒尔"（Khul'），意为"解脱"。借此一个妻子能够通过支付丈夫一定数量金钱（或丧失她的经济权利），以劝服丈夫接受他们婚姻的终止。然而这种选择在埃及是无效的，直到政府在2000年决定把这个沙里亚原则制定成法律条文。事实上这个原则作为沙里亚的一部分，在埃及并不是可适用的,直至国家决定实施它。而且,尽管这个立法为埃及妇女摆脱糟糕婚姻提供了一种方法,然而它们不能与只有妻子在付出一笔经济代价才有可能摆脱糟糕婚姻的境况做斗争。这样一种局限性的存在,是因为立法依据于"制定为法律"的沙里亚被制定,而不是仅仅作为一种好的社会政策的问题。因此,沙里亚原则的多样性意味着无论国家制定或实施的是什么,都是统治精英的政治意愿,而不是伊斯兰的标准体系。然而这种政策和立法当被呈现为真主的意愿时,对于穆斯林民众来说抵制或者甚至讨论都是困难的。

为了避免这种困难,我建议所有公共政策和立法的基本原理,必须总是以公民理性为基础,正如前面已解释的。穆斯林和其他信仰者应该能够提出出自他们宗教信仰的政策和立法建议,倘若他们能够通过理性以自由和公开的公共讨论的方式支持他们的观点,而这种公民理性对于大多数公民来说无论他们的宗教信仰如何,是易接近的和有说服力的,但是在实践中,既然这种决定将根据多数人投票的民主原则决定,所有国家的行动也必须符合于基本宪法和人权,以反对"多数人暴政"(the tyranny of the majority)。这是因为民主政府不仅依赖于多数人意见的规则,而且基于多数人的意愿屈从于少数人掌权的事实,无论少数人在人数上是多么少。

这最终是一个实行的程度和质量的问题,当然,这些命题已经在当代绝大多数伊斯兰国家被接受为合法政府的基础,尽管在实践当中并没有取得满意的效果。理论上的对宪政民主政府需要的承认为改善实现开辟了道路,因为它允许那些原则被诉诸以挑战它们的各种侵犯。同时,然而,那些原则的合法性和普遍接受,需要得到它们是否与伊斯兰原则相一致的确认。这个伊斯兰合法性也许不会在伊斯兰世界的不同地区很快或容易地被建立,但是本书中所提出观点的目的,是通过弄清一些相关的问题,例如国家的性质以及它与宗教和政治的关系,而为这个过程做出贡献。

1. 国家是领土,而不是伊斯兰

正如前面所强调的,伊斯兰经典的人类解释中一个不可避免的必然结果,是伊斯兰世界具有可选择的多样性观点和各种沙里亚原则的形成总是可能的。如果这些原则被穆斯林接受,它们则具有同样的有效性。既然不可能知道是否穆斯林将接受或拒绝任何特定观点,直至它被公开和自由表达和讨论,对于这种观点的出现和传播,支持观点、信仰和表达的自由是完全有必要的。事先审查的观念因此对于任何伊斯兰教义或原则的发展来说,具有固有的破坏性,只会起相反的结果。因此,坚持不同观点表达的可能性,对于满足信仰者保持传统宗教的需要来说是一个唯一的方法。正如我将要争论的,现在通过宪政民主政府和人权的保护,对于持异议或讨论的必要空间是最好保护。换句话说,这些现代概念和制度不仅对于当前任何地区的穆斯林和非穆斯林公民的宗教自由,而且对于伊斯兰自身的生存和发展都是必需的。事实上,表达不同意见和争论的自由对于沙里亚来说一直是必不可少的,因为其能够使得"合意"自由地出现,并围绕特定观念而发展,在不同背景下这些观念经过数代穆斯林的接受和实践,逐渐成熟并成为已建立原则。毕竟相对于以前的传统观点来说,每种盛行的正统观点是一种异端邪说。包括与先知之前的阿拉伯半岛的宗教和社会信仰相比,伊斯兰自身情况也是如此。(这并不是说每种异端邪说应该或将必然变成正统思想)。

从这种伊斯兰观点的角度,我反对伊斯兰国家把沙里亚作为国家制定法和政策的观念。因为倘若那么做,为达到这个要求,一个国家将被要求去执行希米体系(dimma)中的传统沙里亚原则,因为基于沙里亚的根据应该这么做。依据沙里亚传统解释下的希米体系,当穆斯林通过吉哈德(jihad,圣战)征服新的土地时,"有经之人"(主要是基督徒和犹太人)应该作为受保护的社团而被允许居住,他们服从于穆斯林主权但是不享有与穆斯林同样的平等权。那些依据沙里亚标准被认为是异教徒的人,根本不允许在领土的范围内居住,除非满足受到临时安全保护(aman)约定的条件。在实践中,必要性的借口(darura)常常被引用,以证明不能实施这样的沙里亚原则,不过这种主张是有限的和短期的。一些人主张必须努力获得有确切根据的正当理由,以便剔除迫使他们不能遵守他们认为是沙里亚义务的任何情况。他们不能为他们失败于实施希米体系而寻求具有持久根据的必要性。

当然,我并不主张这个体系在现如今应该被重新运用,但是我希望表明现今这个体系如此难以维继,以至于即使是伊斯兰国家的坚定支持者也没有认真考虑在伊斯兰社会所处的当前地方和全球现实中运用它。阿富汗塔利班的情况也许是个例外,就算这个政权并没有打算完全运用希米体系，它在20世纪90年代末期运用它的有限努力，导致塔利班几乎完全被孤立，受到各地穆斯林的谴责。这里应该回想起在世界上超过44个穆斯林占多数的国家中，仅有4个国家愿意承认塔利班政权作为阿富汗的合法政府。

任何意图改变和发展的可能性因此必须开始于欧洲殖民主义及其影响急剧改变着今天所有穆斯林居住地区的国家内部，以及各国彼此之间政治和社会组织的基础和性质的现实。回归到殖民地前的观念和体系并不是一种简单选择，任何当前体系的改变和适应，仅通过本地和全球的后殖民主义真实存在的观念和制度才能被实现。然而，可能在许多国家中占大多数人的穆斯林，并不接受这种改变的某些方面和这种改变所产生的结果。这种差别似乎成为许多穆斯林明显接受把沙里亚原则作为伊斯兰国家制定法实施的可能性的基础；它也构成以吉哈德名义发生的含有政治动机暴力的广泛存在的矛盾情绪之基础。重要的伊斯兰改革对于界定沙里亚的这些问题的确是必要的，但是这不应该和不能意味着草率和无批判力接受西方的理论和实践。

为了阐明我所提出的伊斯兰内部转变的类型，鉴于以下的考虑，我将简要回顾传统沙里亚希米观念应该如何发展成为公民权的一种清晰的和人道的原则。首先，人类倾向于在不同群体中寻求和经历多元和重叠的成员资格类别或形式。这些包括民族、宗教和文化身份，政治、社会、职业归属和经济利益；其次，成员资格的每种类别或形式的含义，应该由属于群体问题的目的所决定，不能排除或削弱其他形式的成员资格。就是说，复合的和重叠的成员身份不应该互相排斥，正如他们倾向于服务于不同人或不同社团的不同目的；最后，术语"公民权"在这里常被用于特指在全球化背景下，国家政治社团成员的特定类型。它应该因此与这个特定理念或目的相关，而没有排除在其他社团当中为了不同目的的成员资格的可能性。人们并不总是能够清楚意识到他们的复合性成员资格的现实，他们也不能总是明白这些成员资格是彼此包含的，每一种对于它的独特目的或理念来说，都是合适的或必需的。相反，这里似乎存在着一种瓦解成员不同身份形式的趋势，正如当民族或宗教身份等同于政治或社会归属。西方政治理论中公民和民族重合的真实性，其通过欧洲殖民主义和它所产生的后果传播给穆斯林。

因此，对于作为领土所属国政治团体内部成员的公民身份基础的话语，官方或意识形态并无必要用一个主观的归属感或基于一种现实情况的独立评估，使其与以往的话语相重合。此种紧张关系过去常存在于所有的主要文化当中，并在当今不同社会持续以不同方式发生影响。在威斯特伐利亚和约（1648）之后，在欧洲地区"民族国家"的模式中，公民权观念的发展模式倾向于把公民身份等同于国籍。这种在一个"国家"内部，基于被假定为在一个特定地区由居住情况所决定的共同伦理、宗教身份和政治忠诚，根据一种不自然的，常常是强制的成员资格界定公民身份的模式。换句话说，公民身份和国籍的重合不仅是欧洲特有的和近代历史发展的产物，而且自身常常在那个领域被夸大，以牺牲其他成员资格的形式为代价，特别是民族或宗教少数派的资格。假如没有对少数民族的压迫，我宁肯使用术语"领土所属国"（territorial state）来确定公民权，而不是用容易引起误导的"民族国家"（nation state）。

运用于这里的术语"公民身份"意指一种肯定归属于一个内含的、多元的政治社团，其接受和规定了人们和社团之间各种形式的可能性以保证所有人的平等权，而没有基于宗教、性别、民族和政治观点的区别对待。这个术语意图表明，平等的人类尊严的一种共享的文化理解和所有人的有效政治参与。换句话说，按照1948年"联合国人权宣言序言"所述，公民身份依据人权普遍性的原则被界定为"所有人和国家达成的一种共同的标准"，就是说人权决定着公民身份的含义。

本国公民身份和国际公民身份的观念之间存在着辩证关系，借此每个层面的代言者寻求保证世界各地人的尊严和社会公正，无论是在国内或是在国外。在国家政治行动中，公民按照对普遍人权的基本理解来指导他自己的行为，其反过来在国内层面上对公民权的界定和保护做出贡献。公民身份和人权之间的关系因此内化于二者的范式中，它们是相互支持的。

这个对公民身份理解的愿望被伊斯兰教互惠原则（mu'awada）所支持，其也被称之为黄金规则，被法律和政治自决原则所强调。各地的人和社团确认这种公民身份观念，以能够为他们自己要求获得国际法以及国内宪法和政治的保护。也就是说，我的公民身份权利依赖于对他人公民身份平等权的承认。也即对公民身份理解的接受是享有它的首要的和必备的道德、法律和政治基础。穆斯林应该从一种伊斯兰观点，努力于这个务实的理想，而不管其他人在这方面的成败如何。

　　这些反应显然强调有创造力的伊斯兰改革的重要性，其平衡了宗教合法性竞争的需求和有原则的政治和社会实践，这种情况能够在一个世俗国家很好地获得。人们也仍挑战伊斯兰国家的观念，传统伊斯兰国家的模式似乎在当今许多全球背景中的穆斯林中仍然有相当大的吸引力。例如，有时提出伊斯兰国家的观念应该作为一种理想而被保持，当公民在寻求支配或处理它的实践问题时。但是当这种观念被接受为一种理想，一些穆斯林将意图按照他们自己的理解实现它，从而为他们的社会和地区带来了灾难性后果。如果意图支配或处理这种理想的实践，而没有挑战伊斯兰国家观念的神圣宗教核心的要求是不可能的。一旦一种伊斯兰国家的可能性被认可，抵制下一个合乎逻辑的步骤——寻求在实践中运用它——将被看作一种持异端学说的或一种"非伊斯兰"的定位。

　　支持这种理想也是适得其反的，因为它排除能生存的和恰如其分的政治理念、法律体系和发展政策的争论。即使一个人没有受到国家的迫害或遭受由极端主义群体的直接暴行，他克服因反对被展示为真主神圣意志的心理上的困难，以及对其持"异端邪说"的指责，也许导致他感受到严重的社会耻辱。只要一个伊斯兰国家的观念被允许去实现，社会将继续被桎梏于陈旧问题的争论中，如宪政主义或民主是否是"伊斯兰"的，或有息银行是否应该被允许，而不是努力保护宪政主义的民主统治和追寻经济发展。这些无效的争论使当代绝大多数伊斯兰社会自独立以来，就滞留于一个政治不稳定，经济和社会不发达的持久状态中。

　　而穆斯林需要接受宪政主义和民主理念，作为国家自身和国家在实践中保护他们的根本基础。以确立国家将不会而且不能实施任何收取或支付利息（riba）的宗教观点的权威，以确保所有公民选择利用或避开有息银行以作为个人宗教信仰方面的自由。而且避开这种实践的公民，能够建立他们自己的金融机构，像其他企业一样，受到国家适当的管控和公众监督。这些是今天伊斯兰社会所面对的真实问题的例子，其不能通过一种不连贯的和适得其反的伊斯兰国家实施沙里亚，以作为公共政策和法律基础的观念讨论所解决。

　　另一个支持伊斯兰国家观念的争论是基于沙里亚和斐格海（fiqh，伊斯兰法理学）之间的区别，也就是声称既然斐格海是人的解释，它能够被修正和调整以适合当代伊斯兰社会的环境；反之，沙里亚应该保持不变。事实上，沙里亚和斐格海都是人类在特定历史背景下，解释《古兰经》和先知"逊奈"的产物。不管一个教法命题是基于沙里亚或斐格海，它同样遭受人为错误的风险、意识形态的或政治的偏见，或由它的支持者的经济利益和社会关注所影响。例如，一个人也许声称对利息（riba）的禁止由沙里亚所规定，但是如果对属于斐格海范畴内的这个术语没有一个清晰的界定，那么这个声称不具有任何意义。既然对《古兰经》和"圣训"的相关条文的人为解释，在这个问题的两个方面是不可避免的，因而区分沙里亚和斐格海是困难的。

相同争论的改良版本坚持所有被要求的要遵循沙里亚的基本目标或目的（maqasid al‐shari'a），而斐格海原则随着穆斯林生活的时间或地点的不同而变化。但是这个观点经由称为沙里亚的基本目标而被表述为如此抽象，以至于它们既不是清晰的伊斯兰的表述，也不是对公共政策和立法目的的充分明确表达。一旦这些原则以更明确和具体的术语所展示，它们将立即纠缠于斐格海常见的争论和局限性中。例如，"宗教保护"是沙里亚的目标之一，但是这个原则如果没有对"宗教"在这个背景中含义是什么的清晰界定，则没有任何实际效用；没有规定宗教在国家政策和立法方面发挥作用的必要条件和保护限度也是无用的，"宗教"包括像佛教与无神论者这样的"非有神论"传统吗？何时把宗教自由限定于国家公共利益或他者权利之中？对这些问题的强调立时就会把主题导入到斐格海原则的范畴内，正如我们所看到的，其唤起了许多重要的人权和政治异议。

如果一个伊斯兰国家的观念是不连贯的和行不通的，那么我提议的可选择的国家模式是什么，它与许多穆斯林所反对的被称之为西方世俗国家的区别在什么地方？为了挑战这个对世俗主义持敌意的基础，通过正如我在第一章开端所界定的世俗国家，我现在将力图证明这种需要的政治原则事实上促进了虔诚信仰的可能性和减少信仰者当中伪善存在的风险。

2. 作为中介的世俗主义

在英语中词汇"世俗的"源自于拉丁语 saeculum，意思是"长期的"或者，更接近于"时代精神"。随着时代变化，该词的含义又改变为"现世的"，意味着存在着不止一个世界。最后，这个术语被理解为反映世俗的（现世的）和宗教的（心灵的）观念区别。这个术语也逐渐在欧洲环境下发展，从作为教会土地私有化的世俗化，到政治以及后来的艺术和经济的世俗化。

世俗主义并不意味着从社会的公共生活中排除宗教，尽管对它所做出的误读，是许多穆斯林对该思想怀有敌意的原因之一。把世俗主义界定为宗教和国家关系之间所有方面严格和系统分离的假定观念，然后主张这种狭隘的和不现实的界定，以反对宗教和国家关系的任何形式的规则当然是可能的。世俗主义的这种纯理论和有争议的界定是无效的，即使是对于那些通常被认为具有世俗性的西方国家。不去追逐这样一种虚幻的想法，而是分析不同社会人们所真正理解和实践的世俗主义则更具现实意义。在不同时期许多具体问题的处理上，事实上所有社会是在宗教和国家的关系上达成一种磋商，而不是实施一种具体的或僵化的世俗主义模式。作为每个社会当中各种因素彼此影响产物的世俗主义观念，并不意味着在这些不同经验当中缺乏一种统一原则，或者这种观念在每个社会中的含义和内涵完全是相反的。通过对不同地区经验的相对主义的分析，形成一种对这种观念含义和内涵的共同理解，是确实可能的和有用的。但是这里没有一种能够从一个社会移植到另一个社会的普遍的预设定义。

尽管宗教和哲学的不同，调停世俗主义以团结人们的能力，依赖于其在社团和它的成员上所做的最低道德要求。世俗主义并不具有道德中立性是真实的，同样地它必须促进一定的公民精神，以实现宗教和国家分离的目标。而且对于最低限度的中立性发展成为更强大的多元价值观和对不同主张接受而产生的合意也是有可能的，但是世俗主义统一的能力减弱至解决某些道德难题的层面上。事实上，如果其中一方的支持者意图强加他们的观点于另一方时，一个问题受到的道德控诉越多，它对世俗主义可信度的影响将越大，例如，世俗主义应该被用来宣称阻止宗教原则在堕胎或安乐死上的直接实施，虽然这些宗教原则是一些人宗教信仰的一部分。但是否认在这些问题上信仰者有权利以宗教术语表达他们的观点将破坏世俗主义的原则。正如在这本书其他地方所讨论的，当确保关于堕胎或安乐死这类公共政策和立法必须基于公民理性基础上时，世俗国家必须保护在这种问题上宗教观点的自由表达。这个自相矛盾的平衡状态建立和维系都是困难的，但是没有其他可选择的方法用来努力获得它。

因此，没有考虑到宗教的公共角色而宣称严格的国家和宗教的分离，是不现实的和易于引起误解的。之所以不现实的是因为它是在宗教和公共政策关系上的一个否定的观点，强调宗教伦理的剔除，而没有提供一种可选择的方法，进而不能考虑公共政策的道德或伦理基础。这是一个误导，因为其在每个社会的文化当中呈现部分宗教道德，而没有专门阐明它。公共政策的问题，诸如是否允许使堕胎合法化或如何在离婚之后裁定孩子的监护权，必然会引出伦理和道德推理，如果没有受到其他方面的重要影响，很大程度上其会受到任何社会中宗教的影响。因此把世俗主义简单定义为宗教和国家的分离，是不能解决公共政策的集体诉求问题。而且，此种通过自身的分离不能为个体公民在他们私人生活或公共政治参与之时，做出重要的个人选择提供充分的引导。

此外，作为把宗教和国家简单分离的世俗主义，对于任何特定的宪政原则和人权标准的强调，或者宪政和人权拥护者的储备都是不充足的。例如，既然在伊斯兰社会中，对妇女的歧视常常以宗教的名义被证明是正当的，如果没有提出普遍认可的宗教理由，这种对人权系统和严重侵害的根源就不能被剔除。世俗主义的调解作用对于平衡宗教信仰自由与防止歧视具有重大作用。这仅仅是基本权利的范围如何被平衡相竞争的权利主张所决定的一个方面，因为这些权利并不是绝对的。例如，限制言论自由以保护他人的权利明显是有道理的——例如，言论自由并不意味着一个人在一个拥挤的剧场大喊"着火了"，或者诽谤他人的名誉。

正如在这里我所界定的世俗主义原则，包括宗教在影响公共政策和立法方面的公共角色，受到公民理性的要求。这种对宗教公共角色的承认能够在宗教传统内部鼓舞和促进讨论和不同意见的表达。其能够克服在宗教基础上对妇女平等权的反对。当一个社会保证国家在宗教方面保持中立时，国家的强制性权力不能够被用来压制各种讨论和不同意见的表达。但是公民需要积极使用那个安全空间，以促进支持女性平等和其他人权的宗教观点。事实上这种观点被要求以促进宗教和国家自身分离原则，以及宪政主义和人权基本原则的宗教合法性。

允许沙里亚原则在公共生活中发挥一种积极角色，而不是允许这些原则通过国家制度被执行，仅仅是因为一些公民的信仰是一种微妙平衡，其是每个社会长期为了自身而必须努力维持的。例如，穿着风格将通常是一个自由选择范围内的问题,因此妇女既不能被强迫戴面纱,也不能阻止她这么做,如果她们希望去穿戴它。但是着装风格能够成为公众讨论的话题,包括宪法诉讼,以平衡相互竞争的主张,例如,当穿着风格涉及工作场所的安全问题时。宗教教育通常对于父母来说是一个个人选择的问题,但是可以牵涉到带有比较和批评性的宗教教育,以提高宗教宽容和多元化方面公共政策的考虑。我并不是暗示穿着自由选择的环境条件或宗教教育不存在争议。事实上,此类问题在个人和社会层面上都是复杂的。我所关注的是尽量在人力所能及的范围内,为公共政策在这些事务中的商议和谈判,确保公平的、公开的和内含的社会、政治和法律环境,这些环境可通过诸如教育权、宗教和言论自由权利的这种个人和社团基本权利的法律保护而获得,考虑到合法的公共利益和关注也是相关的,例如,保证女孩与男孩的平等教育权。没有简单的或无条件的原则为任何情况中的自动应用做出规定,尽管为这种问题做出调解的一般原则和更广泛的框架将浮现,并继续在每个社会中逐渐形成。这个作为调解方式的世俗主义观点,在运用于特定情况时,将变得更加清晰,正如我在后面章节中对印度、土耳其和印度尼西亚所探讨问题中将要展示的。

对于今天的伊斯兰社会来说,在他们的国内政策和国际关系方面,在法律和人权保护规则方面,做出积极努力是至关重要的。如果传统沙里亚的解释,包括男性对妇女的监护权(qawama)、穆斯林凌驾于非穆斯林之上的主权(dhimma)和激烈好斗的吉哈德(jihad)等原则被支持,那么在法律和人权保护方面做出积极努力的情况将不可能发生。对上述传统观点做出重要改革是必需的,因为它们对穆斯林社会关系和政治行动有着强有力影响,即使是沙里亚的原则并不是直接由国家来实施。我的主张中的一个假定是穆斯林如果继续支持这些观点以作为他们理解沙里亚的一部分,那么他们未必能积极地支持人权原则和有效地参与到宪政民主管理的过程中。宗教是一种重要的力量,其与公民理性中的人生哲理相对抗以影响政策,这种影响或者通过有组织的群体来运作,或者在个人观点和信念的范围内发挥作用。

这能够在涉及个人所关注的生活质量、教育政策、流产和家庭政策方面、宗教自由、移民和同化政策,等等问题中被观测到。起着调停作用的世俗主义的基础性概念,是上述此类问题在社会和政治行动者当中,通过在建立共识和妥协的过程中被讨论和协商,而不是通过一方完全获胜而另一方彻底被击败来获得的。对于穆斯林来说,这应该是关于沙里亚发展的应有之意,正如其他社会的宗教传统所主张的一样。在所有的情况中,公共政策和立法的问题应该是在宪政主义、人权和公民权的范围内谈判和磋商的主题。很清楚没有哪个国家被授权去侵犯宪政主义、人权和公民权;未能遵守这些原则仅是"超越权限",超越了国家机构的能力。但是在那些参数内部,仍然有空间在相竞争的观点之间磋商并寻求和解。

宗教影响公共政策的能力,受到宗教和国家历史关系的影响,以及诸如城市化、人口改变、社会中人们的宗教虔诚程度和宗教团体之间的彼此关系等因素的影响。既然这种历史环境和当前的环境自身随着整个时间的变化而发生改变,宗教在公共政策上的影响和结果必须得做出调整以适合这种改变。而且,当宗教有可能在公民理性中作为一种霸权话语运行时,非宗教力量或意识形态也能发挥一种类似的作用。当特定宗教的规定被宗教权威和统治精英所解释时,宗教和国家之间的分离被折中,而转变成为参与公民理性的前提条件。

但是这也能从一个民族主义者或被称之为世俗主义者的观点中发生。例如,这个可从对最近法国立法禁止穆斯林女孩在学校戴面纱的立法争论中看到。该立法决定以政教分离(laicite)的名义禁止使用伊斯兰面纱,法国世俗主义的观念反映了作为一种政策目标,促使穆斯林移民迅速同化于法国文化的公民身份当中去,而不是像北欧国家和加拿大所盛行的那样,在多元文化的国家框架内给予民族或文化身份的可能性。在法国公民当中,法国世俗主义的共和观念作为强制文化一致性的工具发挥功能,特别是在移民问题当中。

对面纱和法国世俗主义的讨论,必须置于一个后殖民关系的更广阔语境中。包括法国和它的前殖民地的矛盾关系,以及对伊斯兰教和穆斯林陈旧老套的看法和忧虑的语境中。这些常常使得穆斯林成为种族主义和被歧视的受害者,穆斯林常常被看成法国社会中的"局外人",他们中有相当一部分人拥有法国公民身份。这引出了一个重要的问题,即法国穆斯林通过法国政府和非政府机构代表和接近公民理性的程度。

法国事例也说明世俗主义如何使用国家文化的主流观念来排除其他身份,进而破坏公民理性的要求。个人和群体从公民理性的范围中被排除出去总是会引起各种反对,无论其是以民族主义、世俗意识的名义,还是以宗教名义这样去做。换句话说,法国案例证明了世俗主义自身如何以保护它的名义而被侵犯。关于面纱的国家公共政策制定依据政教分离的原则而合理化。事实上它不是基于公民理性之上,而是受非理性的担心国外穆斯林的动机所驱使,即使他们是合法的法国公民。讽刺的是,穆斯林的公民资格,他们成为穆斯林和公民的权利被牺牲以满足政教分离的原则,而不顾公民理性的要求。

正如早先所注意到的,作为宗教和国家分离的世俗主义,是参与到公民理性范围内的基本的和最小限度的条件。但是世俗主义与宗教之间的关系也能够有更深的意义,特别是在公民理性的范围内。宗教可以提供一个重要的框架,在其中许多社会行动者能够展示他们的各自要求,只要这些要求以公开且可以使用的方式被阐述。宗教和世俗主义之间的关系也能被视为相互支撑。世俗主义需要宗教为政治社团提供一种可广泛接受的道德指导的渊源,以及在社会内部促进信仰者的满足感,规范他们的非政治需要。反过来,宗教需要世俗主义去调解不同社团之间的关系(无论是宗教的、反宗教的或非宗教的),以分享共同的政治空间或公民理性的空间。

世俗主义也能把不同社团的信仰和实践联合成一个政治社团,这正是因为它所主张的道德要求是最低限度的。各种各样的世俗主义在个人对群体关系特定理解的基础上,规定了一种公民精神是真实的。这样一种精神或许的确是相当复杂和根深蒂固的,以至于强调一些主要的道德问题将面临社会问题。但是世俗主义获得"合意"程度的能力需要确保在宗教多样化社会中的政治稳定性,意味着它不能处理基本的伦理和道德问题,而这些问题在不同的社团当中存在着严重的争议和分歧。

要清楚这一点,世俗主义不能替代信众的宗教,也不能为人权的普遍性标准提供跨文化的基础。确实地,一些信仰者对于世俗主义自身原则的认可也许需要某种宗教根据。我并不是说宗教的一种审慎运用对于世俗主义在任何地方和时间被合法化是必需的,但是这种借用对于获得绝大多数宗教信仰者的允诺是必要的,显然有宗教信仰的人构成了人类的大部分。特别地,世俗主义不能够通过自身解决因宗教信仰者也许怀有世俗治理的特定原则而产生的各种异议。一个纯粹的世俗话语通常能够尊重宗教,但是它反驳某些政策宗教缘由的能力未必能说服信仰者。例如，对于非穆斯林来说平等公民权的主张不太可能说服穆斯林，除非在这里为这个原则找到一种伊斯兰教的根据。换句话说，使得世俗主义有助于各宗教间的共存和多元化，并支持一种公民理性的空间的最小限度的标准化内容，减弱了它使自身作为普遍原则而没有参照其他道德来源合法性的能力。

世俗主义被理解为排除任何宗教教义而作为国家政策得到直接运用，但是其不足以去满足宗教信仰者在公共领域表达他们信仰的道德含意的需求。那就是为什么我强调把宗教和国家分离的世俗主义是必要的，但是如果没有承认和规定宗教的政治角色则是不充分的原因。世俗主义的这种更广泛界定中的两个要素，可以通过对各地世俗政府合理性和功能性的一种语境理解的坚持中获得提高。

在这里宗教能够起到一种至关重要的作用。世俗主义的决定很可能被宗教追随者视为仅仅只是权宜之计和临时性的，除非他们也能够发现与他们的宗教教义相契合（或更优越的，或暗含的或由其所规定的）。要求在宗教和世俗主义之间做出断然选择的二分法显然已经失败，这可在苏联政府几十年间对各地区宗教压迫之后，宗教团体和实践急剧上升的现实情况中看到。政治和宗教不会在不同领域运行，因为这两者彼此影响和互通。对于宗教信仰者来说，世俗观念缺乏独立的激励力量，信仰者更倾向于用一种与他们的宗教信仰相符合的辩证方式来理解它，而不是与他们的宗教领域相隔离。

人类社会所共同关注的，其必须要在宗教和国家之间关系问题上做出努力，包括宗教在国家宪法和法律中的地位问题。这一点可从各个西方国家的经历中看到，世俗主义对于宗教的宪法地位作了大量的可选项考虑。一种可能性是像任何其他民选代表一样，宗教领袖参与到国家机构和立法实体当中，以促进他们的宗教价值。另一个由欧洲经验所启发的可能性是国家和宗教实体之间特殊的双边协议体系。正如今天西班牙和意大利的情况一样。这个可以成为第三种选择——神权政治和严格的国家中立——其使调解相竞争的主张，打消人口占少数的宗教或教派疑虑方面具有灵活性。所有伊斯兰社会所面临的宗教多样性的现实，也能够通过促进多元主义和接受宗教差异性的各种机制所满足。在宪政主义、人权和公民身份参量内起调解作用的世俗主义作为本书所阐述的关键点，当更长期协商持续时，解决冲突的临时的或有限方式或许被运用。

在最后的分析中，作为一方的宗教自治和权威与作为另一方的国家的政治权威、法律权力和物质力量这两种相冲突的角色之间，存在着持续的矛盾。这种矛盾源于两种组织类型的固有本性和相互独立。宗教团体需要与国家合作以完成它们自己的使命。然而，如果不加以控制，富有和组织良好的宗教社团也许会不可避免地与国家产生冲突，因为双方都寻求影响相同地区生活的共同居民的行为。但是国家不得不寻求一些控制宗教组织的方法，以限制这些宗教组织在社会中影响信仰者参与社会生活的公共行为的方式。换句话说，即使当国家并没有被要求或被允许为富有的或组织良好的宗教社团提供物质和行政的扶持，它也负担不起给予他们传播任何价值的完全自由，或给予他们参加他们所希望的任何活动的自由，以及以宗教或信仰自由的名义所追寻的独立。

在本书中我提出的框架将首先承认这种矛盾，然后通过一系列的机制来寻求调解它的结果，而不是要求强加一种无条件和最后的解决办法。首先，这种矛盾必须通过一种国家的宗教中立性和接受宗教在社会公共生活中的作用相结合的一种始终如一的承诺来得到承认。这种结合更适用于伊斯兰社会历史，与主张能够今天在任何国家实施沙里亚作为官方法律和政策的伊斯兰国家的后殖民观点相比较，其更契合于沙里亚的本性。然而，在当代国家如果没有一个明晰的法律和政治框架，以解决不可避免的紧张局势和冲突的环境，这种艰难的结合不可能被维持。基于这种考虑，我建议宪政原则、人权和公民身份只有在它们享有充分的文化和宗教合法性，以激发和促动人们参与到有组织的和稳定的政治和法律行动中去时，才能有效运作。伊斯兰话语对于合法化界定伊斯兰公共角色的策略是必需的。与此同时，没有世俗国家提供的案例和稳定，那种话语不可能出现或者即使出现了也不是有效的。

第二章　历史视角下的伊斯兰、
　　　　国家和政治

本章的主要目的是表明，与20世纪40、50年代以来一些穆斯林所提出的所谓"伊斯兰国家模式"相比较，我所提出的世俗国家观点更契合于伊斯兰历史。对统治伊斯兰社会许多世纪的不同国家或政权制度的简要回顾，或许会帮助我们改变伊斯兰国家与虔诚统治者彼此之间关系的各种浪漫的想法。我并非主张伊斯兰历史上的国家正如本书所界定的在事实上是一个世俗国家。仍然，至少非宗教的国家应该帮助驱散穆斯林当中认为世俗国家是西方所强迫接受的忧虑。这种观念事实上是基于伊斯兰主义思想家毛杜迪（Maududi，1980）和赛义德·库特卜（Shepherd，1996）宣传的产物，而不是伊斯兰真实历史的写照。在任何情况下，没有一种统一的西方世俗国家的模式能被用来强加于伊斯兰社会。因为每个西方社会在各自的历史背景下，在宗教和国家之间的关系，以及宗教和政治的关系中互相妥协和协商。同样地，认为在西欧和北美的世俗国家中把宗教贬谪于纯粹的私人空间的看法也是错误的。

在所关注的重点问题，即宗教和国家的关系上，伊斯兰社会与西方社会并非完全不同。正如拉皮达斯（Ira Lapidus）所述，"在伊斯兰社会，国家和宗教制度有着值得注意的区别，历史证据也表明不存在单一模式的伊斯兰国家和宗教制度，而是几种相竞争的模式并存。而且，每一种模式中，在权力分配、功能和各种机构中的关系上有其独特性。最终，在理论和实践上存在明显区别"（Lapidus 1996，4）。

在伊斯兰社会的历史中，国家和宗教制度的区别，并不意味着依据当代世俗性术语的含义，判定前殖民主义的伊斯兰国家是世俗性的，鉴于过去传统的"最小限度"的哈里发帝国与当代中央集权的、等级制的和官僚主义的国家之间有着重要区别。但是我们所关注的一个问题是，过去穆斯林所生活的国家从来不是宗教性的，正如稍后提到的尽管偶尔会出现相反观点。伊斯兰历史会支持我提出的这个论点，这种论点并不是在国家宗教中立的肯定意义上，而是基于国家从来不是伊斯兰的意义上而言。为了论证这个主要观点，我将以解释伊斯兰历史的方式，开始阐明此种意义，然后对历史上这种理想观念和实际现实之间做出区别。本章的第三部分，我将更详细地分析法蒂玛和马木鲁克王朝，将证明那些历史经验对伊斯兰社会伊斯兰教法未来发展的影响。

也许有人会反驳说，我这里所检验的历史，是穆斯林人口占多数的历史，其不一定与伊斯兰经典中所规定的伊斯兰情况相同。这种争论在过去和现在的穆斯林当中是普遍的，他们坚持认为正是因为不能达到伊斯兰主张的理想模式，因此不应该认为是伊斯兰自身的问题。这个观点的谬误之处在于抽象的伊斯兰并不是这里讨论的问题。总是有一种伊斯兰维度，其超越人的理解和经验，至少与社会当中的与社会组织和政治组织相关的集体公共意义上（《古兰经》43：3，4）。但是我们关注的是穆斯林所理解和生活中的伊斯兰，而并非它的理想的抽象形式。

首先，无论谁何时提及《古兰经》经文，他或她正在提供一种个人的理解，而并非经文所有可能含义的全部或唯一和专有的有效含义。对于《古兰经》多种解释的不可避免性，著名的穆斯林哲学家和法官伊本·鲁世德（卒于1198年）有所分析，他对《古兰经》和"圣训"解释的三个层面作了区分。他把解释的第一个层面与法官联系起来，他们主要关注于经文字面上的、严格的语言上的意义；第二个层面的解释是神学家的解释，通过讨论和质疑，他们感兴趣于达到一种更严格和普遍被接受的观点；第三个层面的解释，按照伊本·鲁世德的观点，是哲学家的理解，他的解释是基于理性原则，这些理性原则是任何人运用他的理性能力都无可辩驳的。我们这里的目的是解释的多样性应遵循人的本性和《古兰经》、"圣训"的本意。伊本·鲁世德对不同解释的考虑，也反映了环境因素、培养、定位和经验的影响（Ibn Rushd 2001，8—10）。

即使不同时代的穆斯林，在某些特定含义上也有着广泛的"合意"，这个含义仍然是人们对《古兰经》理解的一种主张。实际上，任何"合意"的主张本身是一种人为的判断，其通过经验证明也许是困难的——

伊本·鲁世德称之为假设的（zanian）和不确定的：

> "显示给你的也许是，这种"合意"并非由理论问题给出的确定性所决定，正如它可能由实际问题给出确定性一样，对于公议来说在一个特定时期由特定问题来决定是不可能，除非那个时期由我们所划定界限，所有生存于那个时期的有学问的人都是我们所熟悉的。我的意思是，知道个人和他们的总数；他们中每个人对于问题的学说通过一种不间断的传送方式传递给我们；另外，所有的这一切都给我们证明那个时代知识渊博的人皆同意这个观点，也就是说在这里，穆斯林所负有宗教义务的法律，并没有一种明显的和内在意义。每个问题的知识被隐藏起来，人们仅仅只有一种方法去了解法律（al-shari'a）"。（10—11）

在这种情况下，不仅建立"公议"（伊智玛）的条件非常困难，而且即便是必需的条件以一种特定观点所确保，它也不能是独有的或最终的，因为此种公议依据于解释时所使用的语境和方法。伊斯兰观念中对"其他信仰者"所做出的任何辨别和描述的意图，与生俱来受到提出此要求的人们的局限性和不可靠性所制约。人们的经验和对《古兰经》理解的水平和层次是不同的，但是没有人能够完全超越他或她的人性，特别是当他对待其他人时。在这种情况下，我们如何能够以这种适用于整体国家大众的集体意识来决定伊斯兰的品质和特性。假定个人在伊斯兰价值的理解和认识方面不可规避变化的现实，为什么他们中的一些人一定要排除构成伊斯兰国家基础的其他形式和内容呢？

从这个观点，我意图表明宗教与政治权力的合并存在的固有矛盾，以及试图实现两者融合所带来的危险。这些矛盾存在于是否宗教与政治权力合并被清晰地要求、暗示或只是有选择性地做出，就其本身而论没有公开地宣称这种主张。本章的目标是企图通过一种概述，而并非是对各地或各个时期进行广泛的历史回顾，或特定方面的充分讨论。

一　历史和权威

任何社会的历史包括以人为主体的不同类型的事件和维度。特定历史阶段的不同观点和看法，倾向于强调一个因素或另一个因素，目的是支持社会制度、经济关系或政治组织的特定观点。例如，历史上的不同观念也许强调社会中宗教多元性，或政治观点和实践的容忍或不容忍的传统。既然历史上这种理解的分歧，将会影响当代穆斯林的观点和行为，在公共讨论中的政策制定者和参与者趋于强调与他们自己的定位相一致的观念。争论或讨论的每一方很可能强调他的历史观在有效性方面体现的是一种善的信念和纯真信仰，但是这并不意味着他所主张的观念必然是真实的或有确切根据的。因此，这里所谈到一些对伊斯兰社会历史框架的形成和解释，是人类生活的社会关系中各种事件和维度当中有差异的或相互竞争的观点中的一个，而并不是唯一可能的或有效的观点，但是每个人检验历史的途径是真实的，正如没有哪个人能够以一种文化中立的或无偏见的方式，来对待伊斯兰或其他文化的历史。

同样，我在这里所展示的对埃及法蒂玛王朝和马木鲁克王朝政权的研究，并不能代表历史上出现的所有伊斯兰社会发展的类型，即使是在同样的政体和时间框架内，更不用说其他政体，比如中亚或非洲撒哈拉沙漠地区的政权。尽管这两个政权并不是穆斯林世界普遍性的代表，然而它们在政治思想和社会制度的形成方面有着重要影响，特别是在伊斯兰教创立的最初几个世纪期间。结果，其他地区的穆斯林精英倾向于把中东社会的经验等同于伊斯兰话语中唯一合法或权威的模式。当中东经验被介绍为一种"宗教诫命"时，其他地区的普通民众也接受其宗教和社会经验。这也许是可以理解的，因为《古兰经》经文和"圣训"以阿拉伯文所表述，根据那个地区和时间的特定地方经验来理解。

伊斯兰、国家和政治之间历史性的联系，清楚反映了伊斯兰和国家合并的主张与宗教领袖为了维护他们的不受国家制度约束的自治权需要之间持久的紧张状态。这种自治权可以保障宗教领袖凌驾于国家和社会之上的道德权威利益。这种紧张状态持久解决的基本框架是穆斯林所期待的，即一方面国家应该坚持伊斯兰原则以履行其义务；另一方面是坚持国家固有的政治和世俗特性。第一部分基于穆斯林相信，在公共和私人的领域范围内，伊斯兰提供了个人生活和公共生活的广泛模式。然而，国家生来就是政治的，而不是宗教的，因为宗教权威和政治权威本性之间是有差异的。然而，宗教领袖能够和应该坚持理论上的沙里亚的公正性和精确性。他们既没有权力，也没有义务去解决维持地方社团和平的实际问题，以及规定经济和社会关系，或者保卫领土以反对外敌的威胁。国家的这种实际功能要求有效控制地区和人口，以及利用强权力确保国家履行所做出承诺的能力。这些更有可能是由政治领袖而非宗教领袖来履行的。

国家的实际功能和它们依赖于专业水平而不是宗教虔诚的观点，也得到伊斯兰历史上著名的传统主义学者伊本·泰米叶（Ibn Taymiyyah，卒于1328年）的支持。他宣称每个行政官员或地方长官的选择，应该基于实际的需要，以及个人遵循所担任职务的道德水平和专业能力，而不是考虑其宗教的虔诚。在这个语境中，他引用先知如何重复任命哈立德·伊本·瓦立德（Khalid Ibn al-Walid）作为穆斯林军队长官的例子。尽管从宗教观点，先知对哈立德的态度和行为感到灰心和不满意（Ibn Taymiyyah 1983，9—26）。泰米叶引用其他例子，得出如下结论，即先知"对人的任命是基于实际的利益，即使指挥官周围的人在知识或信仰上或许超越了指挥官本人"的结论。（18）

伊本·卡伊姆·扎子亚（Ibn al-Qaym al-Jawziyyah，卒于1350年）也强调智慧和实际学识应该成为社会管理的基础，主张正是因为对伊斯兰政治方面的曲解，统治者才可能"误解沙里亚和实际经验之间的关系"，从而他们在运用沙里亚的规定时犯了严重的错误（Ibn Qaym 1985，14—15）。因此，在伊斯兰国家支持者的论著中经常被引用的这两位学者，明显知道把个人的宗教生活与他的在国家中的作用或角色分开的重要性和必要性，其必须委托给有能力去完成这些任务的人。同样的观点也由安萨里（al-Ghazali，卒于1111年）做出过明确阐述，其是伊斯兰历史上最具权威性的逊尼派穆斯林学者之一。

这里并不是说宗教领袖不能获得凌驾于他的追随者之上的政治权威，但是宁可提倡两种独特类型的权威，即使这两种权威集于同一个人。例如，一个宗教领袖所具有的权威，源自于个人与他或她的追随者的关系，以及追随者对他或她的宗教虔诚的信任。这类主观价值判断，可通过本地日常事务当中的相互关系而很好地获得，对于大批的人来说，追随同一个宗教领袖是困难的，特别是在城市中心或距离很遥远的地方。相比较而言，政治权威倾向于依据更"客观地"评定一个人运用权力的能力和为获得社团普遍利益而进行的有效管理的品质之上。我希望这个区别将在下面的评论中变得更加清晰。

每个社会需要一个强有力的国家履行必要的功能,例如保护领土以反对外部威胁,保持国家内部的和平和公共安全,裁定内部成员之间的争端,为公民福利方面提供各种服务。为了履行这些功能,国家不得不在各种政策选择中做出抉择,并享有一种合法有效垄断军队的使用权,在执行这些政策时以强加它的意愿。应该强调的是,我们这里以较大篇幅对公共政策的探讨,而不是探究一个人可能自愿遵守他或她的宗教领袖在暂时的和心灵的问题给出建议的个人信赖。执行普遍的公共政策的需要,区别于个人对宗教领袖的自愿顺从,要求统治者被授予权威(无论是挑选、选举或其他方式),这基于他们的实际的或假定的政治技巧,以及他们执行国家功能和运用强权的能力。只有一个有效的政治领导,才能在一个广泛和公共的规模上作决定。以一个决定性和稳定的方式,最大限度地减少内乱和暴力冲突的风险。政治领导和他们权威的不确定性将引发内战、骚乱和冲突,或者至少导致政府中的僵持状态和混乱。

相比较而言,宗教领袖获得信仰者的认可,是因为他们的宗教虔诚性和宗教知识,其仅能通过追随者的个人判断得到决定。其需要通过每天的相互接触,以认识到潜在的宗教领袖。宗教领袖的身份和权威通过与他们追随者的人际关系,以一种渐进的和试探性的方式固定下来。在什叶派穆斯林当中和一些大的苏非团体中,一些宗教领袖通过科层制形式可以不通过人际关系而获得发展。即使在这种背景下,权威的来源仍是个人关系和虔诚,借此在地方层面上特定社团的日常交往上存在着权力链。这不同于对于政治领导者的政治技巧的公共评估。我所强调的政治和宗教权威之间的区别,也能依照政治领导者凌驾于特定地区和人口之上的政治权力与宗教领袖的道德权威之间的区别上得到表达,即使面对影响地区广阔,信徒众多的情况时。

因此在政治和宗教领导者的属性,领导者被确定或选择的方式,他们凌驾于民众之上的权威的范围和性质方面,彼此存在着根本区别。一些政治领导者同样具有宗教虔诚和学识也是有可能的,正如一些宗教领导者同样也可能具有政治技能和运用强权的能力一样。确实地,穆斯林可能发现每种类型的领导者有另一种类型的领导者所具有的品质是最理想的,正如统治者应该受到宗教虔诚和学识的管束,而宗教领袖需要政治技巧去履行他在社会中的角色。然而，统治者将不被允许独自评判他们的虔诚和学识，特别是当其与他们声称的统治的合法性相关时；反之，宗教领袖的政治技能仅能在和平的、非暴力的人际关系互动中被评估。期待统治者放弃他们的强制性权力是不现实的，因为他们的民众发现他们缺乏虔诚和学识，这正如希望宗教领袖因为他们政治才能和技巧不充分而放弃他们的道德权威一样。允许同一个人宣称两种类型的权威是危险的和事与愿违的，因为那样做就会使得他们既放弃已有的权力而又不会出现严重内乱和暴力的风险变得很困难。

既然对于统治者来说，总是非常渴望获得某种伊斯兰合法性以维护他们统治的政治权威，不同类型的统治者都曾主张过宗教权威。这种主张并没有使得过去的统治者优越于穆斯林或他们控制的伊斯兰国家，事实上他们中的大多数更倾向于强烈地宣称宗教合法性，此时他们的要求至少很有可能是有效的。从一个宗教的观点，对于一个领导者来说积极地宣称虔诚是一种矛盾——宣称虔诚是不敬的。因为这将削弱宗教权威的基础，那些恰是宗教领袖宣称脱离统治者的统治而拥有自治权的理论基调。相反，统治者需要恰当地承认穆斯林学者的自治权，以获得这些学者所确认的国家所具有的宗教合法性，统治者需要通过认可这种自治权以平衡国家对宗教领袖们的控制，这是宗教领袖使统治者权威具有合法性的能力来源。同时，统治者不能为宗教领袖提供完全的自由，因为宗教领袖或许会利用这种独立性削弱国家的政治权威。换句话说，国家和宗教组织之间的区别在历史发展中是彼此需要的，但在实践中对于两者来说又是难以维护的。

这种深远和复杂的矛盾，在其他宗教社会的历史经验来看也是真实的，这种矛盾对于两种类型权威之间的关系来说是生来俱有的。宗教领袖倾向于享有与他们的能力相称的政治影响，以监督政治统治者的过度行为，以确保他们对沙里亚原则所负有的责任。因为宗教领袖缺乏制度性的方式以迫使统治者们履行这种责任，伊斯兰政治思想中经常面对的最令人烦扰问题中的一个，就是如何既使得统治者负有责任，而又不会受到叛乱的威胁。一旦宗教权威威胁或寻求于军事叛乱，正如数世纪以来这样的情形多次出现，统治者自然寻求压制他们，如果需要则使用暴力来压制，其经常导致国内战争或激烈的内乱和骚乱，这种进退两难的局面，使得宗教领袖常常"两害相权取其轻"，容忍一种压制的或非法的统治。这个问题在过去伊斯兰社会中并不是独有的。但是这种情况对穆斯林带来严重的挑战，除非他们能够建立有效的和可选择的政治和法律责任形式。穆斯林今天生活中所感知的欧洲国家模式，这个可选择的方式要求宪政主义、人权和公民权的建立（正如在第三章将要解释的）。但是在各地所有社会当中，这些资源是完全缺乏的，直到现代的来临。

从这个观点来看，伊斯兰历史或许可按照不同政权所经历和培育的国家和宗教组织之间的关系来解读。这种关系的两个极端模式的第一种模式是伊斯兰和国家的完全合并，其基于先知在麦地那的模式，假定政治和军事领导权必然与宗教领导权同时产生。在这种模式中，在国家和宗教组织之间没有分离；社会被定位于服从于名义领袖，他是两种类型领导权的结合，这里有一种强烈的等级制度和中央集权的感觉；另一个极端模式则是完全把宗教权威和政治权威分离开来，这种模式在实践中也许是占主流的观点，尽管它很少被公开承认，原因是为了统治者享有可感知的伊斯兰合法性的需要。这种两种相冲突情感共存的情况，意味着在伊斯兰历史上多数政权制度在这两种极端模式之间来回摆动。他们从来没有获得先知所构想的宗教与政治权威的完全合并模式。然而他们总是声称或寻求逐渐接近这种模式，而不是走向它的对立面，即宗教和政治权威的完全分离。我在本章所强调的观点是穆斯林最好承认获得政治权威和宗教权威完全合并或聚合模式的不可能性，以便更好地组织或规定更实用的分离模式。这个观点可以做如下解释，这将在本章后面进一步做出阐述。

自伊斯兰教先知之后，合并/聚合的理想模式不可能再次获得，因为他们不可能享有先知那样的宗教权威和政治权威合二为一的能力，先知被穆斯林接受为乌玛社团的唯一立法者、仲裁者和指挥官。这种身份是独一无二的，不能够被复制，因为穆斯林不接受在先知穆罕默德之后还会出现一位新先知的可能性。自第一任哈里发（632—634）艾布·伯克尔以来所有的统治者，都面临着不得不解决或调解宗教和政治权威之间持续的紧张状态，因为这些统治者中没有哪位能够被所有穆斯林接受为有能力替代先知的至高地位，先知穆罕默德规定了伊斯兰教并决定它如何被实行。

当然，所有政治领导者遇到各种反对，这种反对有时非常强烈，有时甚至是暴力性的。但是合并和分离模式之间的重要区别，是对政治权威的反对仅仅只能在人的判断基础上做出，其能被他人所评估，当宗教领袖借用神圣权威时，其则被假定超越了人类挑战。既然政治领导的基础是整个民众的观点和利益的代表，即使是当它事实上是威权主义的或专制主义的时，它能够在那个基础上被挑战。相反，宗教领导者的基础是优越的道德权威的要求，其由卓越的伊斯兰标准所判断。当个人能够自由地接受或拒绝伊斯兰启示时，穆斯林当中不存在反对先知的政治反对派，他们都接受先知为封印使者。与此相反，例如当艾布·伯克尔宣称他拥有与拒绝为乌玛社团支付"天课"（zakat）①的阿拉伯部落作战的权威，先知的许多有领导权的同伴，包括在两年之后继承艾布·伯克尔的位置成为哈里发的欧麦尔也反对伯克尔的这个观点。

穆斯林学者当中对于这些事件仍存在着争议，正如在后面将要解释的，因为艾布·伯克尔为了与叛乱者作战，而宣称了一种宗教原则。我相信艾布·伯克尔做出了正确的决定，但是对于我来说，很明显他的观点占上风是因为他是社团的政治领导者，而不是因为其他先知的同伴接受他为宗教权威的原因。当然，与后世的许多穆斯林一样，对于那个时间的同伴来说，服从于社团的合法统治者是一个宗教义务，正如《古兰经》经文'4：59'所规定的。这个经文通常被理解为要求穆斯林服从真主、他的使者和社团的统治者。但是如果不考虑统治者观点的宗教有效性的接受，服从统治者的意愿或许对于社会的政治稳定与和平是必需的。在这个案例中，一个信仰者将屈从于政治权威而不是宗教权威。如果欧麦尔当时是哈里发，他的不与拒绝交纳天课的阿拉伯部落作战的观点或者将占上风，随后而来的所谓的叛教战争将不会发生。从这个观点出发，整个情况明显是政治的而不是宗教的，因为一种宗教后果不应该依赖于是由谁来控制政治权威而定。仍然，反对阿拉伯叛教者的运动很可能对于那时候不同的行动者有着一种宗教以及一种政治理论基础。宗教和政治之间的这种重叠是此类问题被解决的原因之一，而不是意图通过一种僵化的原则运用去解决它。

我现在提出的伊斯兰历史的见解，是宗教和政治权威之间的区别，可

---

① zakat 是捐献穆斯林所有的一定数量的财产来在每年支付于《古兰经》所确定的特定类型的受益人（经文'9：60'），无论它是被信仰者个人或通过国库支出——就是说，作为一种税金——正是早期冲突的问题。

以追溯至艾布·伯克尔担任麦地那第一任哈里发时期。在今天穆斯林当中，这种观点并没有盛行的事实并不意味着它是错误的。相反，各地穆斯林正在经历的伊斯兰与国家和政治关系的深刻危机，表明为了引导沙里亚在伊斯兰社会中的未来，而对历史做出新的解读的需要。过时的、惯用的思维模式不再运转。当然，这并不意味着我这里展示的观点必定是正确的，但是仅仅这一点应该被认真考虑，以作为当前流行观点的一种可选择的方式，而不是仅仅因为它对于今天穆斯林来说是陌生的而不被考虑。正如前面所提到的，这种区别不应该被看成是当代意义上的世俗主义，但是它肯定在功能上等同于生活在过去时代穆斯林所处的国家类型。

二 理想远景和实际现实的早期调解

诚然，正如前面所表明的，麦地那的先知模式不能被复制，我将在下面简要阐述中重点澄清 632 年至 750 年间，麦地那哈里发的重要性（艾布·伯克尔、欧麦尔、奥斯曼和阿里），通过伍麦叶时期（661—750）（Hodgson 1974；Madelung 1997；Lapidus 2002），我将把我对伊斯兰教早期历史的思考，限定于对伊斯兰和国家合并和分离的这两种相竞争的模式当中。在第二部分我将简要检验阿巴斯王朝的哈里发马蒙（al-Ma'mun）在 833 年所发动的改革及其结果，并做出分析。

与大部分穆斯林一样，我发现分析性地反思早期伊斯兰历史是颇为困难的，因为在对这些事件的回顾中，势必要牵涉到作为穆斯林对先知的各位同伴的崇高敬意。我怎么能够敢于去评判是否逊尼派穆斯林当中最高级别的共事者艾布·伯克尔在解决大家所知道的叛教战争（hurub al-ridda）中是正确的或是错误的呢，或者据历史记载他对另一个先知的同伴哈立德·伊本·瓦立德（Khalid ibn-al-Walid）在那场战役中的行为而受到的控诉做出的处理是正确或错误的呢？事实上，我对所进行的这种具有宗教特性的政治行为反思的忧虑，是坚持国家宗教中立性的部分原因，正如我在这里所提出的。伊斯兰和国家的分离，对于穆斯林维持他们真正的宗教信仰，并按照这种宗教信仰的要求去生活是必需的。没有放弃他们对社会公共事务所负有的责任或对社会事务的参与。正如研究所证明的，从历史角度来说，宗教领袖不是被吸引来以配合统治者的政治议题，就是被强迫这样做，以避免遭受严酷后果。与展示给当代穆斯林类似困难的选择不同，我主张伊斯兰从国家中的分离，意味着控制国家的人不能运用国家强制力来强迫他人信仰自己所主张的宗教。我对伊斯兰早期历史和一些有争论事件思考的目的，是为了更深入了解伊斯兰和国家之间的关系，而并非判断什么是对的或是错的，以及谁是优势的或低劣的。

1. 叛教战争和国家本性

在伊斯兰社会历史上，关于先知继承权的问题是个长期争论的问题，因为它暗含着国家的本性以及它与伊斯兰教的关系问题。普遍认为一系列事件是与追随先知从麦加迁移来的迁士的要求，胜过了麦地那欢迎和支持他们的辅士的要求相关。据记载，辅士们建议分别从迁士和辅士两个社团中的每一个中应该产生一个统治者（amir），这表明了他们对统一社团管理权风险的担心，而不是说他们反对艾布·伯克尔成为哈里发。这个事实对于理解其他阿拉伯部落叛乱的原因是贴切的，这些部落通过叛教的战争而被镇压。艾布·伯克尔的主张最终压过其他所有人的主张，在那里乌玛（umar）称作为"偶然重合"（falta），其确认了整个过程的政治本性。对那个过程持久争论的一个关键方面是一些穆斯林，他们后来被称之为什叶派（阿里党人；因此称之为什叶派），继续挑战艾布·伯克尔替代阿里成为哈里发的有效性。

对于我们这里的目的更重要的另一个方面，是关于先知继承人选择方法上的不同观点，以及这种选择标准在国家本性和哈里发制度的定位上，都有着深刻影响。我现在将通过叛教战争的分析，以及国家作为一个政治机构，其本性意味着什么的分析，来强调这个具有根本性的问题。

叛教者的战争（wars of apostasy）是先知穆罕默德去世之后，新建立的政权首先面对的第一个危机。艾布·伯克尔不得不在许多阿拉伯部落之上宣称国家的权威，这些部落明显抵制这种权威。由穆斯林所持有的传统观念认为艾布·伯克尔发动那些战争，是因为这些部落追随穆罕默德之外的其他错误的先知或拒绝支付天课而放弃了伊斯兰信仰，无论哪种类型的行动都使他们能够以伊斯兰教的名义并通过武力予以镇压。这种事件在逊尼派话语中获得很高的尊崇，这种压制的巨大成功确认了艾布·伯克尔被选举为第一任哈里发的有效性。毕竟，正是这种阿拉伯半岛各地政治权力的合并，促使穆斯林扩张到整个拜占庭和萨珊帝国的疆域。

我在这里并非关注于那种占统治地位观点的有效性，或者关注于是否艾布·伯克尔发动战争是对的还是错的，而是只关注于在这个阶段，这些重要事件对于国家性质所体现的意义和重要性。艾布·伯克尔决定与那些部落作战，直到他们臣服于他作为哈里发的权威，这些决定在伯克尔对于这些部落拒绝给予天课的著名陈述中被强调："我对真主起誓，如果他们扣留他们用来付给先知的哪怕是一个拿来捆缚骆驼的绳子，我将会因它而与他们作战。"这种定位的根本原因是什么，它如何和为什么被解释为艾布·伯克尔在宗教的而并非在政治意义上宣称他的哈里发继承权。也就是说，先知运用政治和宗教权威，为社团选择一个政治领袖明显是必需的，但是何人为什么或如何继承先知的宗教身份呢？按照我将要做出的分析，对那些阿拉伯部落做出决战决定的方式，它的理论基础和理由，与那些战争相联系的事件表明了一种融合宗教和政治伊斯兰领导权的合并模式吗？如果这些事件确实表明那种模式，这种观点固有的困难和矛盾告诉了我们什么？

例如，我们可以在反对艾布·伯克尔发动战争的两种主要类型之间做出区别：那些拒绝为麦地那哈里发支付每年的天课和那些通过追随自己宣布的先知而放弃伊斯兰的人。它也可以指出艾布·伯克尔把拒绝为麦地那国库交纳天课视同于叛教，其将会被处死。此外，这种拒绝也可看作反对作为政治组织的国家权威的叛乱，其授权哈里发获得一种有效宣称动用军事力量的权威。当然，对延续至伊斯兰教历第二个世纪的长期而复杂的争议，进行详细讨论是不可能的。我这里的主要目的，是对伊斯兰文化形成时期关于国家性质争论的意义进行反思，而不管人们可能想到艾布·伯克尔做了什么。例如，或者强迫征收天课或者处罚叛教者，是艾布·伯克尔作为哈里发运用纯粹的政治权威，抑或是因为他是哈里发，而具有的凌驾于社团之上的宗教权威。

在今天许多基本的问题仍然没有得到解决，例如"天课"（zakat）是否在先知时代是自愿的，是否这些税收被征收起来后送到麦地那或在当地花费。这里也有证据表明，在先知时代交纳天课并不是成为一个穆斯林的普遍要求，先知甚至给出一个皈依伊斯兰的人，不用支付课税的规定。课税征收的固定税率制直到艾布·伯克尔哈里发时期才被编制。已有证据表明，先知在征收天课时从来不使用武力（Madelung 1997, 46—47）。先知的著名同伴，例如欧麦尔（Umar）和乌拜达（Ubayda），敦促艾布·伯克尔"解除年度税收和温和解决各地部落忠诚于伊斯兰的问题，以便争取那些已经放弃了伊斯兰教的部落群体的支持"（Madelung 1997, 48；Berkey 2004, 261—264）。像阿里他们从来没有参与到这种运动中。穆斯林当中对这个问题的争论，对于理解艾布·伯克尔做出决定的基础和它对当时国家性质的影响是重要的。

当时争论的另一个方面，是艾布·伯克尔任命麦加贵族中的精英分子担任军事指挥官，尽管他们在皈信伊斯兰教之前，历经数年坚决反对并残忍对待先知以及伊斯兰教的信仰者（Donner 1981, 86—87）。在一个层面上，那个是这场运动的政治本性的一部分，因为"天课潜在地意味着部落自治权的放弃和对税收官员的接受，他们有权力强迫不服从的民众，另外，强调部落对统治者或政府的服从，而这些正是先前一些部落最激烈反对的"（Madelung 1997, 47）。

对阿拉伯部落忧虑的评价，这些部落面临着一种他们社会政治制度和关系的急剧转变，或许是先知从来没有借用武力征收课税的可能原因。事实上，当反叛部落的首领被捕获并带到艾布·伯克尔的面前时，他们拒绝对他们叛教控诉的承认，认为他们自己仍然是穆斯林，只不过仅仅是因为不愿意给国家交纳天课而已（Kister 1986, 61—96）。

那时候产生争论的一个重要事件是艾布·伯克尔命令哈立德·伊本·瓦立德去杀害叶尔布尔家族的（Banu Yarbu）的马立克·伊本·努瓦亚诺（Malik ibn Nuwayra），其属于塔米姆地区（Banu Tamim）比较大的部落联盟。这个命令是在马立克·伊本·努瓦亚诺扣留了许多他的部落原本打算送给先知作为天课的骆驼这个事件之后所做出的。拒绝给予天课是基于他的信念，即他只效忠于先知，作为一个穆斯林在他的权利范围内，保留有把天课返回于本部落的义务。尽管他重新确认他对伊斯兰的忠诚，马立克还是被哈立德所杀，一并被杀的还有部落中的其他男人，在杀了他以后，哈立德还夺去了马立克的妻子，大概是把她看作"战利品"的一部分。

起领导作用的先知同伴们强烈反对哈立德的行为，欧麦尔（Umar）要求哈立德应为他的行为而受到惩戒。阿里要求对哈立德施以哈德（hadd）刑罚，按照他带走了马立克的妻子，可推测为"不正当性关系罪"（Zina）（Madelung 1997, 50; Sanders 1994, 43—44），但是艾布·伯克尔作为哈里发反对两者的要求（Jafri 2000, 58—79）。如果艾布·伯克尔运用先知所具有的宗教权威的话，这种要求将是不可思议的。因为处于高位的先知的同伴将不会质疑阿布·伯尔决定的任何方面，如果这些先知的同伴们接受它们为受伊斯兰诫命所约束的宗教表达。然而尽管先知的伙伴们对艾布·伯克尔的一些决定不同意，他们没有做出任何企图，去依照他们自己认为是正确的见解去行动，这大概是出于尊重艾布·伯克尔作为哈里发所拥有的政治权威的原因。后来的早期学者，如沙斐仪、伊本·哈伯勒（Ahmed ibn Hanbal）和伊本·莱哲布（Ibn Rajab，卒于1396年），以不同的方式解决这种情况的歧义性，范围从早期逊尼派圣训的原文分析到简单的教义学（Kister 1986, 36—37）。逊尼派当中盛行的观点是为了维护国家权威，艾布·伯克尔除了与叛乱者作战之外而别无选择。

我并不是通过揣测以决定谁是对的，还是错的；这一点对于我们这里的目的具有固有的歧义性，以及冒着通过国家的强制权威推行某种宗教观点的风险。如果我们按照艾布·伯克尔作为穆斯林社团政治领导者，而不是作为宗教领导者的角色去理解问题，这种歧义性或许会被澄清。这种解读与艾布·伯克尔自己的动机也许有宗教考虑是有出入的，在他相信他是在保护伊斯兰和维护国家作为政治机构的完整性的意义上而言，他也许不知道作为政治机构意义上的国家概念。而且，起领导作用的先知同伴的意愿是遵守艾布·伯克尔的命令，尽管他们认为这些命令或许是错误的，或许受到政治因素的促动，特别是在关键时期为了巩固和保护社团的需要。但是宗教意义也为了这个原因而被引用，包括《古兰经》经文'4：59'在早先的时候被引用。除这种遵从统治者的义务之外，穆斯林有义务喜爱公正，反对不公正。有一则"圣训"谈到，穆民不会遵从于构成对真主不服从的事或物。这个"反抗的权利"被伊斯兰历史上不同教派所宣称，正如我们在下面的探究中将要看到的一样。

因此，无论考虑到何种理由，把宗教情愫从政治活动中分离出来是困难的：穆斯林不会同意把这两者彼此分开，宗教推理包括政治考虑；反之亦然。关于叛教战争，从伊斯兰的传统观点，艾布·伯克尔的行为是有效的。例如，他决定发动对阿拉伯部落的战争要么惩治变节者，要么是为了反对国家的叛乱者，依据后来被称为发动战争反对社团当中的经济犯罪的名义（依据经文 5：33—34），有权给予死刑处罚。无论何种理由，阿布·伯克尔能够在先知亲密同伴反对的情况下继续实施他的观点，因为他是哈里发，而并不是因为从伊斯兰的观点来看，他是"正确的"或"品行端正的"。这并不是说艾布·伯克尔是正确或错误的，因为两者都是有可能的，但是这里没有一种独立权威能够判定或仲裁他对其他同伴不同意的做法的可能性。相反地，正如前面所提及的，例如，如果欧麦尔或阿里是哈里发，而不是艾布·伯克尔，叛教战争将不会发生。

这里为我们的目的而得出的结论对于区分作为哈里发的艾布·伯克尔的宗教观点和他的政治行为是有帮助的。类似地，一些起领导作用的先知同伴不同意艾布·伯克尔，很可能基于宗教根据以及政治原因。这种区分应该被坚持而不考虑艾布·伯克尔和其他同伴的宗教动机，因为行动的性质不应该由行动者的动机所决定。这样一种区分也许对于穆斯林了解麦地那时期的情况来说是困难的，因为当时一个国家几乎不是作为政治机构而存在，政治权威具有个性化的特质。这是因为许多因素，包括当时先知的范例和阿拉伯地区缺乏预先的国家构成模式，以及四大哈里发选举和裁决的方式。重点是在那个历史背景中，这些事件无论采取何种可能的见解，在后殖民国家的当代语境下这种混乱既不合理也不被接受。

事实上，哈里发的政治权威和他的宗教权威的统一，在阿里被暗杀和伍麦叶王朝建立之后已然坚守不住。尽管在各方面伍麦叶王朝是一个完全的君主政体，它仍然寻求去维护虚构的故事，即他们哈里发的权威是先知权威的延伸。伍麦叶王朝哈里发的各种各样显赫的称号，像 Khalifat Allah（真主的副摄政），amin Allah（真主的监护人）和 na'ib Allah（真主的代理），这些名号在他们统治的所有地区每周五穆斯林做礼拜时被宣告，目的是宣称直接和至高的宗教权威。然而在穆斯林当中，毫无疑问认为在阿里被暗杀之后由穆阿维叶所建立的国家政权缺乏宗教合法性。这个观点在穆阿维叶建立一个君主政体以保证他的子嗣继承王位而得到确认。他的儿子亚齐德（yazid）缺乏任何被接受为哈里发的资格。亚齐德以他作为穆斯林统治者的权威和合法性为目标，对不断增加的叛乱和起义，以及持异议者采取暴力压制的方式，使得他的宗教权威进一步被减弱。在镇压这些反抗的过程中，他命令在卡尔巴拉（Karbala）杀死先知的孙子侯赛因（Husayn ibn Ali），以及侯赛因的追随者和家庭成员。在 681 年，艾布·

伯克尔的孙子和先知的一位重要同伴的儿子祖拜尔（Abdullahi ibn al-Zubayr）发起了另一场起义，要求成为哈里发，随即在圣城麦加和麦地那有很多追随者响应。这场起义被伍麦叶军队在随后几年间镇压，圣城麦加和麦地那，甚至是麦加克尔白（Ka'ba）自身，在这个过程中被亵渎。在整个伍麦叶统治的八十余年间伊斯兰合法性的危机一直持续，并在以后的历史发展中继续存在（Crone and Hinds 1986，12）。

伍麦叶王朝永久性的矛盾和随后所有穆斯林政权，通过做出不可能的要求以复制先知模式或者至少是麦地那四大哈里发的模式，努力寻求满足他们的名副其实的宗教合法性需要，具有讽刺意味的是，这个问题常常因为统治者力图巩固他们对民众的统治所恶化，削弱了他们的伊斯兰合法性。阿巴斯王朝的胜利是基于它成功挑战了伍麦叶王朝缺乏伊斯兰宗教合法性和声称重建合乎体统的穆斯林社会秩序的理想。然而，明显的是哈里发体制很快制度化为一种皇权王朝，统治者通过家族传承而使权力得到继承，这无非是萨珊王朝和拜占庭君主统治模式的延续（Lapidus 1996，58—66）。

阿拉伯帝国在摧毁其他地区的发达帝国方面，取得了惊人的成功。但是在采纳了被征服帝国的结构时，仍常常保留前政权官员者的职位。具有讽刺意味的是，早期阿巴期王朝的哈里发通过把他们统治要求建立于与先知有共同血统的依据之上，以寻求树立或提高他们的合法性，进而暗示他们有资格重新恢复先知的模式。他们意图通过任命伊斯兰学者为法官（qadis）和通过赞助宗教研究和宗教学校，以及发挥他们作为伊斯兰帝国的军事保护者的身份，去维持宗教和政治领导权的统一（Zaman 1997，129—166）。但是这两个要求的固有矛盾最终被后来被称之为宗教法庭（inquisition）的事件所揭示。

2. 宗教裁判所对合并神话的影响

在伊斯兰统一宗教和政治领导权的理想和穆斯林历史现实之间产生了明显的断裂，甚至在哈瓦利吉派（Kharijites）和各种什叶派起义之前就已显现出来。所有麦地那哈里发所面对的来自于其穆斯林追随者当中的政治侵扰，是先知的职责的履行如此精湛，以至于不能被继任者所复制的明显证据。早期伊斯兰教派的迅速发展，如卡迪亚派（Qadirriya），穆尔吉埃派（Murjiyya），以及其他教派也挑战着伊斯兰统一性的神话。而且，后来被称为"异端裁判所"（al-Mihna）的事情应该从社会历史的角度来考虑。哈里发和乌莱玛权威之间的冲突应该在阿拉伯精英的社会关系环境中被看到。这些阿拉伯精英控制着哈里发的法庭和帝国的各行政机构、各种各样的宗教领袖，以及成功发动阿巴斯革命的霍拉桑尼（Khorasani）起义者的后裔。

后来设立被称为"异端裁判所"的一个主要目的，是对当时并非一个统一群体的乌莱玛所阐述的神学思想进行调查，以使其与《古兰经》是真主的创造物，而并非自存的语言（因此是造物主的一个属性）的哲学观点一致。这个问题构成那些主张用理性方法探讨伊斯兰来源（穆尔太齐赖派，Mu'tazilites）和坚持严格依照原文理解和照字面意思解释的方法认识伊斯兰（艾什尔里派，Ash'arites）之间长期争论的重要内容之一。在这个背景下，833年阿巴斯王朝的哈里发马蒙（al-ma'mun），鼓励建立一个"异端裁判所"，以强迫一些乌莱玛接受穆尔太齐赖派的观点，尽管马蒙此后不久就去世，"异端裁判所"被他的三个继承者延续了16年。哈里发穆泰瓦基勒（al-Mutawakkil, 847—861）通过把不顺从的乌莱玛从监狱中释放出来，而结束了这种人身迫害，甚至有时把他们中的一些人置于有权势的地位。但是事件也应该从当时阿巴斯王朝首都巴格达的政治和安全环境条件下来理解。马蒙在内战之后返回巴格达的时候，发动了反对自己兄弟阿敏（al-Amin）的战争，整个城市陷于混乱之中。他意图强加一种神学烙印于公众之上，这很可能助成了哈里发伊斯兰权威的完全和决定性的丧失，而不是增强了这种权威。极端混乱的情况把巴格达变成了一个争权夺利的，不同派别、不满的军队和各种罪犯和暴徒共存的复杂场所，导致了几场社会运动的出现，而这几场运动对于在实践中强调完全站不住脚的宗教和政治领导权的合并模式具有特别的重要性。

例如，萨赫尔·伊本·撒拉姆是一个巴格达的居民，他"把一本《古兰经》缠绕在他的脖子上，呼吁穆斯林'行善止恶'"，吸引了来自于城市所有角落的各个阶层和背景的追随者，动员他们不仅通过为他们自己的住所提供安全和稳定以保护他们的邻居，而且他们自己要承担起执行《古兰经》和先知逊奈的义务："萨赫尔把忠诚视为一个更高的原则，其证明如果哈里发和国家权威没有坚持伊斯兰，那么反对他们是合理的……

［他］宣扬忠诚于《古兰经》和'圣训',以替代忠诚于在坚持伊斯兰方面失败的官方"(Lapidus 1975, 372)。他采纳了口号"不应该服从于那些违犯真主诫命的人"。他的追随者,在巴格达不同地区中"他们的房子前建立堡垒,在这座城市里保护自己"(Lapidus 1975, 373)。因此,萨赫尔的基于社团的组织代表了一种公开的和通过战争藐视哈里发权威的宗教组织的自发出现。

这种"民团运动"体现穆斯林社会结构的一种革命性的观念,通过运用宗教语言去呼吁一种伊斯兰的传统的乌玛观念,其超越了哈里发政权的界限(Lapidus 1975, 376)。"行善止恶"最初被看作是哈里发的职责,但是萨赫尔的运动站在相信它是所有穆斯林义务的乌莱玛的一边。因此,从而描绘了一个宗教权威的有力的符号和责任,这种权威和责任源自于无能的统治者所留下的空档。这些乌莱玛中最著名的一位是艾哈迈德·伊本·罕百勒(Ahmed ibn Hanbal)。他是巴格达城中的一个居民,这里的居民采取措施为他们自身提供安全和稳定(Lapidus 1975, 375—377)。因此由萨赫尔和其他人所代表的社会力量,符合学者艾哈迈德·伊本·罕百勒和他追求的神学上的独立,诸如艾哈迈德·伊本·纳赛尔·伊本·马立克(Ahmad ibn Nasr ibn Malik),他们是由萨赫尔和其他反对哈里发者所代表的巴格达城区一些住所的居民,注意到萨赫尔试图表达他的"宗教观点"而不是煽动骚乱,对于我们这里的目的是重要的,他的头颅被挂在公开场合展示,以警告反抗哈里发的人(Lapidus 1975, 381—382)。

"异端裁判所"的延续,代表乌莱玛和哈里发在宗教权威上的一种对峙。伊本·罕百勒拒绝接受哈里发的宗教权力,导致了他终生被囚禁于监狱,直至去世,证实了他对宗教和国家权威统一的理想观念的拒绝。正如拉皮达斯所言,

在《古兰经》是否被造的斗争过程上,使哈里发和乌玛社团的制度性分离更坚定,它们之间权威的划分,每个单独的角色成为先知遗产传承的火炬手。从此以后,与穆斯林理想相反,哈里发帝国发展成为一种大规模的军事和帝国的机构,在新拜占庭和新萨珊术语中被合法化,而宗教精英将发展成为伊斯兰的社团、个人、宗教和学说之上的更彻底的权威。(1996, 12)

尽管这种国家和宗教组织的区分在特定穆斯林话语中从来没有被承认过,这种分离确实间接地取得胜利,通过后来的学者像巴基拉尼(al-Baqillan,卒于1013年),马沃尔迪(al-Mawardi,卒于1058年)和伊本·泰米叶(Ibn Taymiyyah)的著作被缄默地接受。"它们理论化的结果是国家并不是伊斯兰的直接表达,而是一个世俗机构,它的职责是维持伊斯兰;穆斯林的真正社会是学者和圣人的社会,他们在日常生活中传承先知的使命。"(Lapidus 1996,19)这个观点与我所要求的接受和理解世俗主义作为国家宗教中立性的理论要求是一致的,其保持了伊斯兰教和政治之间的内在联系。

伊斯兰和国家之间的这种区分,通过大约在同一时期军队控制哈里发境况的出现而被牢牢巩固。阿巴斯哈里发在处理帝国内部的问题上的困难,导致民众对巴格达哈里发忠诚度上的恶化。对遍及帝国境内持续的什叶派和哈瓦利吉派叛乱的反应,阿巴斯哈里发使用马木鲁克(Mamluks,雇佣兵)来巩固他的统治。依靠马木鲁克作为士兵开始于哈里发穆塔西姆(al-Ma'tasim,833—842)统治时期,随之则伴随着混乱,其标志着哈里发马蒙时代(813—833年)的结束(Petry 1981,15)。非阿拉伯士兵和军队长官极少真正地把忠诚于哈里发当作一种制度,而是倾向于把其视为政治权力和经济利益的来源。

乌莱玛服从于外国军事政权的政治和军事权威,无论塞尔柱人、阿尤布王朝、马木鲁克人或奥斯曼帝国,当他们保持权威于宗教实践事务、教义和制度之上的时候。这个我称之为"协作"的模式因而凝固于两个并行的广泛机构;乌莱玛支持军事国家,而军事国家保护穆斯林土地。军事精英和著名的行政官员通过捐赠宗教学校、清真寺和其他穆斯林社团机构,来维护他们与宗教社团之间的联系。这个模式持续于伊斯兰世界的整个前殖民时代,在今天这种残迹实际上仍然存在,这一点在穆斯林世界的部分地区军人文化占优势的境况中可以被发现。

当上述所说的成为巴格达和相邻地区的模式时,一种完全不同的政治和宗教统治模式的类型在北非出现。909年,在突尼斯出现了法蒂玛王朝,一个什叶派伊斯玛仪学派的追随者,欧拜杜拉·马赫迪(Ubayd Allah al-Mahdi)声称通过阿里和法蒂玛成为所有先知继承者之中唯一继承人的合法性。正如在后面要讨论的,这场运动寻求再次宣称宗教和政治领导权相统一的传统观点。然而，法蒂玛王朝仅仅是北非地区倾向于这种领导模式的其中之一，这种领导模式在伍麦叶王朝衰落以后在历史上成为一种占主导地位的想法。穆斯林统治者在北非所建立的不同政权，像伊德里斯王朝、法蒂玛王朝、莫拉维德帝国（Almoravid）和阿尔摩哈德王朝（Almohad），声称基于他们的个人资格和来自于先知血统的神圣权威的统治。很明显宗教和国家权威之间关系的模式"在一个广阔的范围内变化，从国家高度控制的一个集中管理的宗教机构，到一个更独立的但是有合作关系（正如在塞尔柱帝国的情况一样），再到完全自治，甚至公开反对国家政策"（Lapidus 1996，24）。我将参照埃及从9世纪到14世纪的历史经验，以阐明和论证这个观点。

三 埃及的法蒂玛和马木鲁克王朝

我并非要描述埃及法蒂玛王朝和马木鲁克时期的一般历史。我将突出某些方面，以举例说明伊斯兰和国家统一在实践上的不可能性。这并不是说统一要求在过去没有提出过，因为法蒂玛王朝明确宣称一种"统治的神圣权利"，但是这样一种要求并不意味着这种宣称是合法的或现实的。我们的观点是这种要求不仅在实践中是失败的，而且不可能获得成功，因为宗教权威和国家权威之间有着根本差别。正如在这节将要表明的，当法蒂玛国家明确宣称宗教权威和当马木鲁克王朝隐含性地这样做时，政治权威和宗教权利合并的危险被意识到了。

1. 埃及法蒂玛国家概述

法蒂玛王朝由欧拜杜拉建立于909年左右的北非（现在的突尼斯），他被什叶派中的伊斯玛仪派中的一支看作为马赫迪（mahdi）。埃及法蒂玛时期开始于法蒂玛王朝第四代伊玛目穆仪兹（953—975年执政）的军事首长昭海尔·绥基利（Jawhar al - Siqilli，卒于992年）969年征服埃及，穆仪兹自己进入埃及四年以后。（替代"哈里发"的称谓，"伊玛目"这个称呼更适合于作为什叶派国家的法蒂玛王朝）。在第五代哈里发阿齐兹（AL - Aziz ibn al - Mu'izz）从975年到996年的统治时期，国势极盛，后来由哈基姆（Al - Hakim）所继承。他统治埃及25年（996—1021）。

在哈基姆隐遁之后，或者可能是在他的姐姐丝特·穆尔科（Sitt al - Mulk）的授意下被谋杀后，他的儿子扎希尔（al - Zahir）统治了 15 年（1021—1036）。目睹了广泛的国内战争，最终导致国家权力落到了军队的手里。从那个时期以后，各种决定由国家高官（viziers）、法官、军事指挥官和省长所做出，从而扩展了他们自己的权力基础，但这一切是以牺牲法蒂玛伊玛目的权力基础为代价。在随后的 75 年有六位不同的伊玛目出现，在宗派主义者分裂、军事政变和王朝全面解体的情况下，使得伊玛目的权威逐渐削弱。在 1171 年，当阿尤布王朝的统帅萨拉丁（Salddin），俘虏了法蒂玛的国家高官，并宣布忠诚于巴格达的阿巴斯哈里发时，代表着法蒂玛王朝的结束。

作为一名具有不谬性的伊玛目，法蒂玛王朝的统治者主张先知精神和政治权威的延续。什叶派的两个主要派别，即十二伊玛目派和伊斯玛仪派，把伊玛目确定为"作为真主在大地上的代理者的合法首领"（Crone and Hinds 1986, 99）。通过这个，他们宣布领导权的政治和精神领域的完全结合。伊玛目被认为具有一种不被常人理解的真主启示的权威。例如，伊玛目被理解为是"公平的伊玛目引导穆斯林远离地狱"；"真理和原则的灯塔……照耀太阳，指引星星"，以及"宗教的支柱，给予人类雨水和生命"（Crone and Hinds 1986, 100—101）。在这种观点中，伊玛目是"礼拜、天课、斋戒、朝觐和圣战，战利品和天课的增加，哈德法令（hudud）的执行……和实现者……他超越了所有的人，等级仅位列先知之下"（Crone and Hinds 1986, 102）。这种特殊的知识地位使得伊玛目也成为一位宗教话语的监护人。他的特殊的不谬性的地位，实质上使他成为所有统治者中最公正和最完美的，保证他的领导将对所有穆斯林是通用的。伊玛目据说也分享苏莱曼的品质，其作为《古兰经》中描述的所罗门，由真主所给予启示（Crone and Hinds 1986, 103）。

在实践中，然而，这种先知领导权模式的宣称，在法蒂玛王朝伊玛目们所塑造的公共形象那里，并没有得到任何反映，即便他们表现出对民众的稍许仁爱和对物质享受的稍许厌恶。990 年，那时统治的哈里发阿齐兹为节日庆祝举行一个游行活动，在其中"哈里发与他的队伍骑在马上，哈里发穿着装饰提花的服装，腰束宝剑和黄金皮带。在阅兵期间手牵着配有镶以宝石、黄金和琥珀马鞍的马匹。骑着大象佩带武器的士兵，则行进在队伍的前列。"（Sanders 1994，49）这种哈里发在食不果腹的穆斯林当中所进行的财富和权力的炫耀，明显意图用来增强伊玛目的宗教权威。例如，在开斋节（Id al – Fitr）仪仗队中，伊玛目和他的高级行政官员、法官以阅兵行列的方式前进，从宫殿到露天广场，在那里集体的礼拜将要举行。整个游行列队行进的过程，朗诵着"真主是最伟大的"，一直到伊玛目进入礼拜的地方。正如当时一位历史学家所观察到的，由于那些庆祝的集体礼拜不仅要求念诵传统的颂词，而且要求念诵大赞辞（takbir，泰克比尔，纪念词和大赞辞），"我们可以说节日礼拜开始于哈里发的游行，这种游行自身也成为礼拜的一部分"（Sanders 1994，49—50）。这个团体这种奢华的场面与伊斯玛仪派的教义一方面在穆斯林民众的思想中旨在主张周五聚礼日和两个节日期间礼拜之间的联系；另一方面强调伊玛目在整个伊斯兰使命中的角色。

主张宗教与国家行政权威合并模式的实际危险在司法管理中也可以被看到，主要的法蒂玛王朝司法机构包括法官（qada），玛扎里穆（Mazalim，私人控诉者），公共控诉者（hisba）和警察（shurta）。所有的人被假定为归入大法官（qadi al – qudat）的管辖之下，法蒂玛王朝的卡迪大法官通常在所有省份享有司法权，尽管伊玛目有自由裁量权；一些地区处于不同权势范围的控制之下。例如，巴勒斯坦处于哈基姆（Al – Hakim）的统治之下，他把巴勒斯坦排除于哈伯勒教法学派大法官（qadi al – qudat）阿比·奥旺（Abi al – Awwam）的司法管辖权之外。军队也更少服从于大法官的权威，他们要么服从于主诉者的司法权，要么完全不负责任（Haji 1988，198—200）。另外，这些标准的职能，"卡迪的能力能够被扩展至宗教职能，包括礼拜的领导权和清真寺和圣殿的管理权，以及特别的职能，诸如造币厂（dar al – darb）的管理权，督察重量和尺寸的标准和监督国库的管理机关"（Haji 1988，200；Lev 1991，135）。这种司法权和财政职能的结合，促发了官员权力的滥用，例如囤积食品这类商品或操控市场价格。

另一个被认为拥有行政、司法和宗教权威的机构是由穆哈泰希卜（Al – muhtasib，专门负责各地市场秩序和价格监督的官员），或教法警察（hisba）管辖权构成的，其在埃及法蒂玛王朝和不同政权统治下的更广泛地区中存在。不考虑在伊斯兰教创立之前这种制度的来源和发展的不同观点,很明显穆哈泰希卜的角色或职务,完备地建立于伊斯兰教历第四个世纪的末期,他们不仅作为检查员和市场监察员,而且根据伊斯兰教"行善止恶"的要求,成为公共道德的保护者社会生活的。(Lev 1991, 160—176; Berkey 2004)穆哈泰希卜成为穆斯林社会生活中的核心人物,作为一个国家官员行使着巨大的行政权威,以及作为维护社会公共利益和道德的宗教权威。穆哈泰希卜运用于市场之上的权威,广泛地被设想为构成整个经济和社会生活(Berkey 2004, 247; Zaman 1997, 129—166)。使这个角色独特的是当穆哈泰希卜成为一个地区占统治地位政权的代理时,他就成为主持各种贸易的仲裁者。在其仲裁的活动中,他是一个积极的参与者。常常能够达到垄断整个埃及社会经济生活的程度(Lev 1991, 162)。政权在自由市场购买粮食,通过在伊玛目的私人庄园耕作,有时通过占有商品以提防商人囤积商品,以控制物价(Shoshan 1981, 182)。这使得在私人财产、统治者利益与公共领域的利益之间做出区分很困难。例如,在法蒂玛王朝时期统治精英的粮食贸易活动主要是利己主义的,忽视了从属的和贫困的普通民众的要求。

与统一宗教机构与国家机构相关的潜在问题常常引起伪善和贪污腐化,正如穆哈泰希卜作为一个税金征收者和公共道德的监护人的附加功能所证明的。伊斯兰学者马沃尔迪(al-Mawardi)在《政府裁决和宗教义务》(al-Akham al-sultaniyya)中,描绘穆哈泰希卜的职责,包括礼拜、斋戒和天课支付的实施者,另外还包括对公共道德方面,关注于男性和女性在公共场所的混合,酗酒和乐器的使用。这些职责在开罗和其他城市的街道上被强制性地实施(Berkey 2004, 261—264)。对待希米人(dhimmis)(基督徒和犹太人被应允给予保护,以作为他们服从穆斯林统治和支付特定税金的交换)也是在政府机关管理的权限之内。这包括实施法则禁止希米人在城市限定地区乘马或驴子,规定他们在公共场合穿有区别的衣服,在参观公共沐浴设施时要在他们脖子上系着铃铛(Berkey 2004, 262)。

2. 法蒂玛国家对司法和宗教机构的影响

前面对法蒂玛国家和它的制度简要的回顾,目的是为我们所关注的宗教和政治权威合并所导致的结果,提供背景信息和环境条件。尽管法蒂玛王朝统治埃及达两个世纪,国家的什叶派主义从来没有真正渗入普通大众中,在埃及的穆斯林社会生活的整个时期中保持占优势的是逊尼派思想。因此当权者对什叶派实践和信仰的支持得到的结果是什么?它所代表的宗教和政治权威统一模式的意义是什么?

在征服埃及时,法蒂玛军队总督昭海尔(Jawhar)给著名的福斯塔特(Fustat)(那时是首都)提供一个保证其安全的信件,并动手开始新政权建立的政治计划,包括宗教生活的方式将被管制(Lev 1988, 315)。在征服后的第一个周五,在福斯塔特中心清真寺的布道仪式(Khutba)上,宣读的是法蒂玛伊玛目穆仪兹(al-Mu'izz)的名字(那时他还在突尼斯)。这种做法包含着新政权的目标,其暗指重新建立伊斯兰的威信,通过从什叶派的伊斯玛仪派分支派别之一卡尔马特派(Qarmatians)的手里收回圣城麦加和麦地那,在整个伊斯兰大地恢复正义(Daftary 1990, 161—165)。法蒂玛伊玛目在每个周五集体礼拜时名字的宣告,尽管这种做法不是新的,但仍是法蒂玛王朝表明宗教和政治权威,以及超越巴格达阿巴斯统治者之上具有合法性的强有力的象征。法蒂玛伊玛目的合法性也通过慈善工作和承诺矫正所有的不公而得到提升(Lev 1988, 315—316)。

这也是一种国家和宗教制度之间高层次的合并。当两个主要的清真寺结合行政的、宗教的和市政功能的时候,伊玛目的宫殿被看成是传播知识的恰当的地方,首席法官卡迪穆罕默德·努曼(Muhammad b. al-Nu'man)在那里做了关于先知家族知识的讲演。首席宣导员(da'i)也在那里以及在开罗的艾资哈尔大学讲授过课程(Sanders 1994, 43—44)。除主持演讲和讨论之外,伊玛目常常是各种宗教活动和机构的监护者和资助者,资助清真寺、图书馆和学校。他的高级官员们也参加过类似的活动(Lev 1991, 71)。

在辩论和争论的会期(munazarat),"反对者常被召集到某个国家权威面前接受质问,或至少,对宗教理解和解释问题方面进行考问和回答"(walker 1997, 180—181)。这使得国家声誉在这种事件和它们的结果中危如累卵。这里也有智慧和学问的对话,其是伊斯玛仪派宗教教育大众化的首要手段,通过它伊斯玛仪派的宗教学校(madhhab)被培育、发展和传授(walker 1997, 184—185)。建立于1005年的"智慧宫",具有"一个宽大的图书馆,并成为一个学校,那里设了很多课目,包括神学、哲学、医学、天文学，甚至是逊尼派的法律被教授。它也培养伊斯玛仪派传教士的学术，授课对象包括伊斯玛仪派和非伊斯玛仪派成员"（Sanders 1994，56）。这个机构在它建立之后受到瓦克夫（waqf，宗教捐赠）基金支持五年，其也许给予什叶派和逊尼派学者一定的自治权。然而，一个世纪以后，当两位学者开始教授艾什尔里（Ash'arite）教义学和哈拉智（al - Hallaj）的学说时，"维齐尔（wazir，伊斯兰教国家元老，高官）艾弗达勒（al - Afdal, 1066—1121）命令拘捕这些人，并关闭了智慧宫"（walker 1997，192）。从那时起，智慧宫受到伊斯玛仪派最高的宣导员的监督，最终在萨拉丁（Saladin）灭掉埃及法蒂玛王朝时，智慧宫也随之被毁掉（walker 1997，193）。

法蒂玛王朝所做的以改变宗教实践和信条的逐渐调整，包括什叶派召唤礼拜程式的介绍（Lev 1988，317），从一开始就受到来自逊尼派的抵抗和交涉。例如，在珠麻（Jumm'a）礼拜的呼图白（khutba），一个逊尼派阿訇宣布法蒂玛军队的军事统领昭海尔（Jawhar）的名字，而不是法蒂玛王朝伊玛目穆仪兹（al - Mu'izz）的名字。清真寺里居住的阿訇因此宣布忠诚于法蒂玛王朝的军事统治，以作为实际上的权威，正如逊尼派乌莱玛否认法蒂玛的宗教权威的时候，通常所做的那样。在埃及的逊尼派穆斯林中另一个因推行伊斯玛仪什叶派教义而带来持续压力的例子，包括法蒂玛王朝强迫穆斯林接受新的斋月结束的天文算法，这与目睹新月升起的传统做法截然相反（Lev 1988，316 Sanders 1994，45）。据报道一个人因为昆纳特（qunut）的表演而被处决，这种表演很可能基于泰拉威哈礼拜（Tarawih，斋月中每日第五次拜功之后所做的额外礼拜）的意义上进行（由逊尼派穆斯林在斋戒月份的晚上表演）（Lev 1991，143，161；Berkey 2004，249；Lapidus 1996，24）。但是这种措施在埃及没有被实施的记载，估计是出于对埃及逊尼派占多数的政治考虑的权宜之计。

其他什叶派的实践，例如加迪尔（Id al - Ghadir）的庆祝仪式和侯赛因（al - Hussain）的哀悼日（阿舒拉节，Ashura），也是在法蒂玛王朝强有力的监护下举行的，这些对于逊尼多数派来说更具公开刺激性。似乎在 973 年，加迪尔（Id al - Ghadir）被正式核准，正如它在白益王朝统治地区一样，比起东方有时更早（Lev 1988，317；Sanders 1994，

124—125)。在 970 年，阿舒拉节制度化为一个正式的节日，尽管最初它导致了什叶派与逊尼派之间激烈的冲突（Lev 1988，318）。在 1005 年的阿舒拉节期间，胡赛因死亡的哀悼者聚集在阿默尔（al-Amr）清真寺，在星期五的礼拜之后，涌向街道咒骂先知的同伴，因为他们认为这些先知的同伴曾反对任命阿里为哈里发。为了控制这种骚乱，官方拘捕和处死了一个人，并宣布任何诅咒阿依莎（Aisha）或艾布·伯克尔的人将面临同样下场（Sanders 1994，125—126）。尽管伊斯玛仪派的法官（卡迪）命令庆祝阿舒拉节的队伍远离城市，然而他们继续在城市中造成破坏（Lev 1988，318）。1009 年，哈基姆（Al-Hakim）禁止阿舒拉节，后来任命一个大家喜爱的哈伯勒教法学派的阿里木（alim）担任首席法官的职位，以努力减少逊尼派的反对。然而，国家发起许多什叶派节日的庆典，诸如在舍尔邦（sha'ban 希吉莱历八月）和赖哲卜（Rajab，希吉莱历七月）夜晚的庆祝，以及先知生日和什叶派伊玛目阿里、哈桑（al-Hassan）和侯赛因的生日。这种在宗教日历上的革新，仅能够在一个强大的国家基础设施的帮助下才能完成，那个基础设施利用它的资源，既执行又控制它们。这种权力的利用遭到逊尼派乌莱玛定期的抵制和斥责。

　　法院也习惯于逐渐强加伊斯玛仪派的教义于国家之上，逊尼派法官被迫去调停他们自己的观点与法蒂玛政策之间的关系。例如，阿布·塔希尔（Abu Tahir）是法蒂玛王朝征服之前埃及马立克教法学派的主要法官，他尝试缓和与新政权的关系。尽管昭海尔（Jawhar）在征服后立即寻求在离婚和继承的司法审判中强加伊斯玛仪派的法律，阿布·塔希尔被允许继续作为埃及伏斯泰特（Fustat）地区的法官，因为当昭海尔和伊玛目穆仪兹来到埃及时阿布·塔希尔对他们是真诚的。即将就任的法官努尔曼（Ali ibn al-Nu'man）曾经管辖法蒂玛军队和玛扎里穆案例。然而，努尔曼在现任法蒂玛伊玛目阿齐兹的帮助下，有效地取代上了年纪的阿布·塔希尔，因此整个他的管辖的地区被置于努尔曼作为法官的领导权之下。努尔曼任命他的兄弟穆罕默德为代理，同时他们强加法蒂玛法律于开罗和伏斯泰特地区和其他城市。穆罕默德·努尔曼（Muhammad ibn al-Nu'man）任命一位伊斯玛仪派的法理学家在重要的清真寺依据法蒂玛教派的法律给出法律观点，并镇压作为反对派的逊尼派法学家（Lev 1988，320—323）。

因此，即使法蒂玛最初不情愿得罪本土的宗教人物，当他们变得更加稳定时，他们便开始巩固他们的权力。为了我们的目的，问题的关键在于法蒂玛王朝处理这些问题的方法主要是出于政治目的的。

3. 埃及巴赫里（Bahri）马木鲁克国家

在法蒂玛王朝和阿尤布王朝统治时期，马木鲁克军团的奴隶士兵享有极高声誉达几个世纪。在 1260 年，当他们在大马士革南部的艾因贾鲁（AynJalut）挫败蒙古人的进攻时，他们的名望达到鼎盛（Hodgson 1974，292）。既然他们把他们的地位和权力完全归功于统治者或购买、训练和供养他们的占统治地位的寡头政治，马木鲁克成为一个有效的军事机器，被几个帝国所使用去压制叛乱和保护国土，以反对外敌入侵。但是这些军团的独特的奴隶身份也导致社会、政治和经济紧张状态（Petry 1981，16）。

马木鲁克士兵是逊尼派正统思想的坚定支持者，在名义上效忠于逊尼派哈里发，而此时的哈里发变得更是一种逊尼派统一的象征，而并不是一个独立的政治地位。当事实上他们仅仅是统治者的时候，哈里发仍保持着他们作为逊尼派伊斯兰的仆人或监管人的自我形象。在面对来自于白益王朝（Buyyids）、哈姆旦王朝（Hamanids）、法蒂玛王朝和卡尔马特派（Qarmatians）的什叶派不断增长的威胁时，土耳其军人被塞尔柱人（Seljuks）利用去支持逊尼派伊斯兰。坚定支持逊尼派制度和非凡的军事能力的结合，最终使得马木鲁克人在穆斯林社会中成为猛烈镇压非逊尼派的重要力量。然而，在 1517 年，整个马木鲁克的领地被奥斯曼人卓越的军事能力所征服（Hodgson 1974，419）。在这个部分，我将回顾埃及巴赫里（Bahri）马木鲁克的行政和宗教的领导制度，以突出那个历史时期伊斯兰宗教与政治彼此之间在权威和制度上的紧张状态。

马木鲁克统辖的领地由一种由高级指挥官集权领导的寡头政治组成，每人都有自己坚固的政治或军事基地，其基于马木鲁克军团所给予的力量，不仅所有政权中的精英，包括苏丹、奴隶或以前的奴隶，而且整个军事精英都是外国血统的，作为奴隶购买和培养成为战士和管理者。没有家庭或本地的关系，每个官员、指挥者和战士完全献身于他的主人和服务于军事地位和等级。这个政权通过伊克塔（iqta）① 体系的采纳而获得资助。在这种体系下，马木鲁克艾米尔（amirs）拥有每年的土地税收，在他们之上没有真正的政府权威（Lapidus 2002，291—292）。如同他们之前的阿尤布王朝和塞尔柱王朝，除了卓越的军事才能，马木鲁克没有统治的正当理由和合法根据。因此，他们的合法性依据于自我宣称的作为伊斯兰的监护者。

　　反对十字军的军事运动，穆斯林土地的保护者和给予宗教机构以捐赠是被设计来以强调马木鲁克服务伊斯兰的公共象征。数以千计的宗教学者在这些机构中居住，被教授或培养，从马木鲁克所建立的瓦克夫（awqaf，宗教捐赠）中获得他们的生计。尽管这些艾米尔有他们的虔奉宗教的目的，这种捐赠也有明显的政治动机，以授予统治精英和他们的官员以宗教合法性（Little 1986b，169—172）。除给宗教教育机构捐赠之外，马木鲁克统治者通过资助一年一度的哈吉（hajj）庆祝和承担"克尔白"（ka'ba）监护人的角色，以强调他们在麦加和麦地那圣城中的存在。例如，1281年，苏丹哈拉温（Qalawun）从掌管着麦加的卡塔达（Qatada）部落索求起誓，不仅每年使用从埃及带去的布匹覆盖天房，而且在所有其他穆斯林统治者的旗帜前面展示马木鲁克的旗帜（Little 1986b，171）。

　　既然马木鲁克不能拥有一种独立的统治诉求，于是他们就控制一个傀儡统治下的国家。1258年，巴格达在蒙古人的进攻下沦陷，马木鲁克王朝苏丹查希尔·拜巴尔斯（al-Zahir Baybars，约1223—1277年）支持声称是阿巴斯哈里发的穆斯坦绥尔（Al-Mustansir），把他带到开罗，并在1261年，确立他为哈里发。作为回报，哈里发承认拜巴尔斯为苏丹（Irwin 1986，43）。苏丹然后把哈里发送到具有历史地位的伊斯兰首都巴格达，以对抗蒙古人的存在。当穆斯坦绥尔被杀害在那个远征时，苏丹在一年内以一种类似的方式用哈基姆（Al-Hakim）代替了他，哈基姆哈里发的权利降为只是在举行重要仪式时出现，平时则被软禁起来。尽管马木鲁克苏丹通常严密监视哈里发，保留他参与主要的公共宗教仪式，他们无疑知道哈里发职位所具有的潜在政治权力，以及这种人物形成的固有的威胁。当

---

① 译者注：服役军人的份地，由哈里发授予，这种土地被称为"伊克塔"，由军人占有土地或土地租税的征收权，不能世袭，也不得出卖。伊克塔的受领者称作"穆克塔"（Muqta）。

他们缺乏任何统治头衔，仅具有作为控制方式的力量，马木鲁克利用哈里发的宗教符号获得政治利益（Little 1986b，173—174）。

乌莱玛和马木鲁克之间的复杂关系，被乌莱玛持续的内部竞争中依赖马木鲁克的政治权威所凸显。司法等级制由法官，当事人（principals）和代理者（deputies）这两个主要类别组成。在他们能够被记录于司法登记簿之前，当事人授权代理者进行裁决，进而由国家做出实施（Jackson 1995，61；Irwin 1986，43）。如果代理者与主审法官不属于同一个教法学派，当事人仍然被假定为执行代理者的裁定。但是在沙斐仪教法学派之中少数派的观点将不被允许适用这样的一个程序，因为它将等同于对一个人自己教法学派的损害。因此，如果一个沙斐仪法官处于司法体系的较高地位，他仅不能执行基于其他教法学派观点的司法决定。当拜巴尔斯取得权力时，由于主审法官属于沙斐仪教法学派，拜巴尔斯决定逐渐任命别的法官去代表其他逊尼派教法学派（Jackson 1995，54）。马木鲁克统治者明显的政治优势包括在一个扩展的司法体系中法官的感激和忠诚，这种情况保证法律的决定偏好于国家利益，以及影响穆斯林大众接受外国奴隶士兵作为统治者（Little 1986b，174）。在战争期间，为了军事的目的，马木鲁克政权依赖于乌莱玛获得授权，以征收新的税金和从瓦克夫转移资金（Lapidus 1967，135）。

在马木鲁克统治下，在许多方面穆哈泰希卜（Muhtasib，市场监督官）与法蒂玛时期一样，在道德的公共监护人到贸易监管者和税金收税员的范围内履行职责。这个职位也反映了宗教和政治机构之间的妥协。在马木鲁克时期开始几乎150年间，穆哈泰希卜（市场监督官）的职位一般被看成是宗教职位（wazifa diniyya），其主要是由法官、乌莱玛、学者和其他伊斯兰的实践者所担任。然而，随后长期的斗争，使得马木鲁克不断地把这些职位留给自己的被保护人，最终由他们自己来担任，这伴随着破坏性的经济结果（Berkey 2004，252—253）。

另一个马木鲁克国家干涉伊斯兰话语的例子，是伊本·泰米叶（Ibn Taymiyyah）的事情。在伊本·泰米叶的一生中，因为他提出的有待证明的理论而被关进监狱不少于六次，他的宗教观念没有"得到来自于赛莱夫（Salaf，即伊斯兰最初三代）传统惯例的支持，而且与乌莱玛和统治者的看法相抵牾，包括与他同时代的人，他的法特瓦使普通穆斯林思维产生混乱"(Little 1986a, 321)。他的观点包括把希米人从穆斯林人口中隔离出来,运用政权力量反对"内部的敌人",例如,不同帝国的不同的什叶派人口。与官方的国家政策对待伊本·泰米叶的方式不同,马木鲁克以一种机敏的政治方式处理他,因为伊本·泰米叶在穆斯林大众和许多职位较高的叙利亚地区的马木鲁克艾米尔当中有着很大的影响力。

相反,伊斯兰世界中的乌莱玛,特别是大马士革的乌莱玛,他们中的大部分只是宣布忠诚于任何进入该城的军事首长。他们这样做的原因是认为这样做,将会尽快恢复社会秩序,甚至一个压迫的统治者也好于内部战争。具有讽刺意义的是,在1299年到1300年间,当蒙古人抢劫城市时,乌莱玛认为他们从蒙古人那里得到的和平和大赦的承诺被证明是错误的(Lapidus 1967, 131—134)。同样的情况发生一个世纪后。在1400年,当帖木儿(Tamerlane)入侵叙利亚时,一些乌莱玛宁愿留下来作战,因此做好被包围的准备,哈伯勒教法学家伊本·穆夫里(Ibn Muflih)则催促穆斯林投降,以把大马士革置于侵略者的控制之下。在围攻城市两天后,帖木儿被宣布为哈里发,哈伯勒教法学家伊本·穆夫里(Ibn Muflih)成为法官卡迪和帖木儿的代理者,但是城市不久就被摧毁。

在马木鲁克王朝主要的城镇中分别有四个主要的卡迪职位,每位卡迪有他的代理网,这些代理具有一种集体主义程度的政治权力,这归因于他们处在乌莱玛和马木鲁克国家之间的中间位置。卡迪和乌莱玛常常曲解沙里亚,授权苏丹从瓦克夫来源中获得贷款或赠品,以便为马木鲁克的军队需要提供财源(Lapidus 1967, 135)。当任何权力分离的分权观念完全不被了解时,理解司法权威和审判权的参量也是困难的,尽管在那里存在着被假定为是不同的司法或行政机构和官员。玛扎里穆(Mazalim)[①]权威提供普通民众控诉官方迫害的一种渠道,但也提供官员和有影响的人一种提高他们自己利益或牵制对手的方法(Nielson 1985, 123)。在马木鲁克统治时期,个人财产和瓦克夫案件常常是玛扎里穆议程的主题。同样地,对于马木鲁克王朝的艾米尔来说,使用他们的个人武装去查抄土地是相当普遍的做法。

---

① 译者注:一种最高的管理法庭,专门调查和处理对有权势的人滥用特权而造成的伤害或判决不公而不能保护受害人的申诉。

法蒂玛王朝和马木鲁克王朝，以及他们之前的伍麦叶王朝和阿巴斯王朝，与麦地那的境况一样，显示了统治伊斯兰社会的不同国家类型。正如在本章开端所强调的，历史总是以不同的方式被争论和解释，以支持不同的，有时是相反的观点。给予历史上不同或相反解释的可能性以尊重，从任何一致的和系统的感觉上来说，很明显它们中没有哪个类型是伊斯兰的，从而可以被后世的穆斯林所确认或重新运用。然而，上述各个王朝没有做出宗教和国家分离或统一的简单分类也是明显的。对于政治和宗教权威之间所做出的协商模式的精确分析，将在下面做出简要阐述。

四　不同制度中的协商

这章将以引用伊拉·拉皮达斯（Ira Lapidus）所赞同的观点作为开篇，即在伊斯兰社会中，国家和宗教机构有着历史的区别。在本章剩余部分，我意图支持和论证所提出的伊斯兰和国家机构分离的这个最重要见解的有效性，以及在所有伊斯兰社会中，对伊斯兰和政治联通性的承认和调节。换句话说，区别国家和宗教权威的关键，需要在理论上可以被领会，以及被历史分析所确认。从理论的角度看，这种区别的要求能够通过宗教和政治权威之间固有的区别所支持，正如前面所解释的。这里的基本点是，国家必然固有地是世俗的和政治的，因为它的权力和制度的本性要求一定形式和一定程度的连续性和可预测性，而这些是宗教权威所不能提供的。当宗教领袖能够和应该坚持沙里亚理论当中所主张的公平和忠诚理想时，他们既没有权力，也没有义务去解决各种实际问题，包括维护本地社团间的和平，规定经济和社会关系，保护地区免受外敌威胁。这种实用的功能要求对地区和人口具有有效的控制，使用高压政治去强迫服从，其来自于国家官方是合适的，来自于宗教领袖则不合适。

正如前面所表明的，一些宗教领导人拥有超越其追随者享有的政治权威，政治领导者或许在部分普通民众中也具有宗教合法性。但是这里我们的观点是，这里存在着两种类型的权威，即使当其被同一人所运用时。这一点也能依据获得每种权威类型的标准或者人们识别某个人权威本性的方式中获得理解。宗教权威源自于学者个人的学识和虔诚，并由接受这种宗教权威的人通过他们自己个人和主观判断，以及他们与那个学者的日常互动来判定。相反，国家官员的政治权威是基于更客观地评估他运用强权力的能力，以及有效履行良好的社团管理功能。一些人能够把宗教和政治权威合并起来的事实，并不意味着这两种权威是同类型的权威，或者这种合并应该从履行宗教或政治功能的某个人中被设想或要求。

这种做出区分的要求，也能从坚持我所称之为合并模式所造成的严重后果中获得了解，正如麦地那第一位哈里发艾布·伯克尔统治时期关于叛教战争的早期事例中所清楚证明的。早先对于叛教战争问题的讨论中，得出的结论是无论理由可能是什么，明显的一点是艾布·伯克尔能够凌驾于先知同伴的反对之上，实施他的观点。并不是因为从一个伊斯兰观点他是"对的"或"正确的"，而是因为他是哈里发的缘故。这并不是说艾布·伯克尔是对的或错的，以及如果没有任何一种被所有人接受的独立判断的合法的可能性，穆斯林将继续不同意此种观点。更准确的是，我对艾布·伯克尔宗教观点和他的作为哈里发的政治决定和行动之间做出区分是合乎逻辑的，事实上艾布·伯克尔以及与伯克尔意见有分歧的先知的同伴（像欧麦尔和阿里），他们的主张有宗教根据并不意味着与反叛的阿拉伯部落作战的决定是宗教的而不是政治的。行动的性质不应该由行动者的动机所决定。这种区分也许对于穆斯林接受麦地那时期仍然是困难的，因为当时的政治权威完全是个人魅力性的，当时的国家几乎不是作为一个政治机构而存在。无论对那个历史背景下发生的事件得出何种观点，在行动的性质和行动者的动机之间做出区别所产生的混乱，在当前所有穆斯林所处的后殖民主义国家的欧洲模式背景中，是既不合理也是不可接受的。

在伊斯兰社会中，对国家和宗教权威之间做出区分的有益性，也能够从异端裁判所（al–Mihna）的严重后果中被意识到。其由阿巴斯哈里发马蒙（al–Mamun）在833年所创立，恰好是在叛教战争发生之后的200年。伊斯兰历史上这种悲剧性的事件对于我们这里的目的特别有启发，因为它表明了伊斯兰和国家的合并模式所带来的明显危险，在这个模式中虽然标注着一种明显突破，即尽管付出了巨大的个人代价，乌莱玛从国家中仍成功维护着他们的自治权。这个历史现实也进一步确认了在民间团体中保护行动者自治权的需要，包括宗教权威，其对伊斯兰和国家的分离所建议的途径，以及伊斯兰和政治之间关系的监管是关键的。这种各种力量微妙的妥协和协商产生了一种平衡的可能性，这就要求一些制度基础和经济资源，以支持宗教领导者与国家展开协商和谈判。

伊斯兰历史早期，穆斯林就利用各种有效方式，寻求建立真正财产占有的或其他财产的瓦克夫（awqaf，捐赠）以支持清真寺、学校和几乎各种对宗教社团有益的东西。此种行为的宗教意义在于认为，学校和清真寺的此类公共服务将为捐赠瓦克夫的人提供现世和来世的报酬和福利。在伊斯兰社会中，瓦克夫超越了最初所设想的目的，随着社会的发展，起着一种更重要和更复杂的作用。瓦克夫规则迅速成为伊斯兰法学理论中最复杂的领域之一，正如他们处理其他重要的事务，诸如包括遗嘱继承和指定受益人的继承，以及伦理经济责任。法官也关注于该学科，因为瓦克夫制度由那些寻求遏止沙里亚继承和天课制度的人操作起来是脆弱的。然而，可以预期这种宗教和实践价值的结合，有着深远的社会和政治意义。瓦克夫运用技术的复杂性，使得在统治者或国家官员操作时很容易使瓦克夫受到损害，因而，在伊斯兰社会中起着体现宗教和政治权威合并危险的另一个征兆的作用。

而且，这种宗教捐献所产生的社会和政治含义，至少其理论上的意图是为穷困者、穆民或一些特定群体带来益处。我们这里的目的，瓦克夫在穆斯林社会公共领域起着重要的作用，通过为伊斯兰标准和伦理的培育指定了一个空间，这些伊斯兰标准和伦理原则常常在社会福利事业的规定中，以及在正式和非正式知识传授和礼拜的场所中被表达。"当一种捐赠行为是由个人做出时，捐赠的受益对象总是定位于公共领域"，以及"通过捐赠他的财产……［瓦克夫的捐赠者］获得了他对信仰者团体的归属感和他对这种捐赠价值的认同"（Hoexter 2002，121）。

沙斐仪学者把瓦克夫界定为"当事人保留不可剥夺财产的同时，转让部分收益财产，以寻求真主的恩惠，避免他的收入扰乱其虔奉宗教之目的"（Sabra 2000，70）。实际上，瓦克夫实体的目的并非用来产生各种收益，例如宗教学校和大学、清真寺、苏非道堂和其他宗教机构，通常由瓦克夫每年收入的盈余所资助，包括农场土地、公寓住宅或其他生意往来。反过来瓦克夫的捐赠者也在他们所捐赠的地方学习、礼拜或者从收到施舍的受益人那里得到定期和持续的祷告和祈福。这些祷告通常是以公共仪式的方式进行的。正如被期望的，有权力的统治者、苏丹、商人和城市的领导者渴望寻求设立瓦克夫，以提高他们作为社团虔诚领导者的声誉。但是也有理由认为，这种资助人也受到获得宗教报酬的期望所驱动，通过这种捐赠获得来世的福利。瓦克夫首先是缅怀创立者和为创立者持续祈福的地方。瓦克夫获得增益的部分，对于社团来说是一种必不可少的贡献。

在穆斯林社会中，瓦克夫的极为重要的社会和宗教角色，有着明显的政治含义。一个瓦克夫的创立者事实上能够获得瓦可夫受益者的忠诚，以及通过受益者的私人圈子，并在社会关系中的扩展，获得更多人的认可。

当政治风险达到最高时，瓦克夫开始作为宗教制度的形式并不令人惊讶。诸如高等专科学校和清真寺（Fernandes 1987, 87—98）。例如，法蒂玛伊玛目哈基姆捐赠宗教学校达鲁·仪勒米大学（Dar al – Ilm）的目的，主要是服务于逊尼派社会的需要，当时开罗伊斯玛仪派宗派冲突明显；同样地，在一个同样动荡的时间，尼查姆·穆尔克（Nizam al – Mulk）在巴格达建立了法学院。

最终，瓦克夫是统治者与乌莱玛之间关系协商和调节的制度性空间。如果没有统治者所统治的民众的支持，统治者不能发挥任何作用，正如前面所解释的，其依赖于一种由乌莱玛所界定的，他们贯彻和维持的伊斯兰正统的持续需求。同时，乌莱玛和他们所设想的制度如果没有国家机器的支持，也不能发挥功能，其不仅保护着伊斯兰土地的边界和国家的和平稳定，而且资助宗教机构和实施法特瓦的规定。然而，正如前面所提及的，统治者需要尊重乌莱玛的自治权，因为后者是足够可信的能力赋予国家以宗教合法性。换句话说，乌莱玛机构和经济的独立性对于他们及其追随者以及对于统治者都是有益的。瓦克夫（Awqaf）为维持这种相互自治和相互依存的不稳定平衡，提供了法律和社会机制。正如宗教领袖会公开和私下为他们的捐助者祷告和颁布教令的空间一样，瓦克夫是统治者与被统治者之间心照不宣的，然而是恒定关系的主要表现之一。

瓦克夫的规则给予创立者的地位特别的注意力，他们常常有权利任命自己，或他选择的人作为管理者，也能从瓦克夫的投资收益或年收入中，获得部分而不是全部的收益。这似乎遵循于瓦克夫创始人对财产保留某种形式的头衔和从归属于瓦克夫为来世获益的观点。作为一般原则，创立者有权利制定瓦克夫的期限和规定。正如教法理论所强调的由瓦克夫创立者所制定的规定与沙里亚自身一样具有约束力（Makdisi 1981, 35）。

除了马立克教法学派之外，所有者保留瓦克夫财产的原则在所有逊尼派教法学派中被坚持。马立克学派坚决主张创立者必须放弃任何控制瓦克夫财产的权力。马立克教法学派的这个特征，明显使尊奉这个教法学派的穆斯林对瓦克夫的创立丧失信心，其导致了"这个学派中世纪在巴格达的衰落，而当时其他学派正在获益"，以至于使得"马立克教法学派……在巴格达从来没有任何宗教学校（madrasas），他们也不被东部受伊斯兰教影响的任何地方所了解"的程度（Makdisi 1981，38）。然而，马立克教法学派的这个特征，保证了其发展获得一种高层次的自治权。通过不允许创立者干涉瓦克夫功能的发挥（例如，一个宗教学校或清真寺），马立克教法学派的制度或许减弱了为公共目的而获得利用宗教制度的机会。

诚然，瓦克夫创立者在一个或更多的教法学派当中设立瓦克夫也许有不同的动机。例如，撒拉丁资助马立克和沙斐仪教法学派的高等学校，当时他正着手于接管埃及，尽管他自身在教法上归属于哈乃斐教法学派（Frenkel 1999，1—20）。也许马立克高等学校想要满足法蒂玛王朝统治下受苦的本地穆斯林居民，而当时沙斐仪专科学校的建立以迎合撒拉丁的把他自己与他的统治与位于巴格达的哈里发法庭联系起来的野心，其给予这个教法学派最高的尊重。撒拉丁也常常把学校跟以前修建宫殿或一个警察站一样，建立于城市的高处，以象征法蒂玛的权力（Fernanders 1987，87；Lev 1991，153n5）。这些例子反映了瓦克夫的有活力的政策，其也可以在以下的说明中得到进一步了解。

在乌莱玛彼此之间关系的谈判和协商中，瓦克夫自治的程度发挥着一种重要的作用。通过为特定目的和社团而设定瓦克夫，瓦克夫允许一种"自治的群体"，其拥有一定程度的影响和参与公共领域的权利。这些机构起着一种直接的社会和宗教作用，例如主持苏非的祷告，修缮和维护公共礼拜的地方，或创办一个地方性的伊斯兰法学院，为瓦克夫的创办者和受益者提供某种程度的公众视野。瓦克夫是"重要的工具之一，借此地方家族为自己获得了独立于执政当局的某种权力基础和地方社会内部的一种领导地位，提供了抵抗统治者必要的支持，保护了社团利益"（Hoexter 2002，129）。

然而，真正的自治不能被假设，也许其被各种各样的因素所折中。例如，如果创办人是一个著名的政治家，机构将更有可能支持国家政策而不是一个由商人或城市领导所资助的机构。从某种层面来说，一个机构的自治权也许会增强它的信誉。而在另一个层面，其或许也将渐渐破坏它对大众的吸引力。

哈伯勒教法学派（创立者伊本·哈伯勒，其成功反对在宗教法庭（the inquisition）期间阿巴斯哈里发的要求）有着不愿意接受来自于国家机构的赞助，或者在任何层面卷入国家事务中的好名声。这种实际的或可感知到的地位，或许导致了一种更高层次的自治权，比起一些更"顺从的"教法学派或学者，其将从国家机构那里获得更多的政治筹码。然而结果并不是必然地有利于更多元的或更容忍的政策。正如哈伯勒教法学派的影响倾向于更保守或传统的。这种各种因素的结合也许解释了缘何在伊斯兰世界中，相对于其他几个教法学派，哈伯勒教法学派影响较小的原因，相比较而言，哈乃斐、沙斐仪和马立克这三个教法学派在逊尼派世界更盛行。

因此，12世纪巴格达的许多高等学校在塞尔柱王朝维齐尔（viziers，伊斯兰教国家高官）和苏丹大量的瓦克夫资助下被建立。他们"资助教师的工资和学生的生活费"（Ephrat 2002，32—33）。在白益王朝控制巴格达之后的一段时期，在那里白益王朝的统治者们自身是什叶派，因此扩展了对民众的什叶派宗教仪式的国家扶助，并驱使巴格达和周围地区逊尼派群众。换句话说，塞尔柱王朝资助系统，伴随着塞尔柱王朝迫害什叶派学者和拆除什叶派圣地，凸显一种国家和宗教机构之间相互影响的附加的维度，也就是说，宗派主义的角色发挥着作用。资助的类型在一种二分的机构之间不能独自发挥功能，而更是沿着一种连续范围起作用。一端是相互竞争的国家行动者和他们的利益，而另一端是宗教机构，包括不同的、相竞争的，有时相冲突的附属不同教派的小组织。在宗教法庭和它的余波的影响下，正如前面所概述的，什叶派是逊尼派统治的受害者，这主要是因为那个时期流行的资助模式。

因此，从伊斯兰历史的不同阶段，能够得出很多教训。我解释和讨论上述各个方面的目的是凸显这些问题。在其中可以看到，伊斯兰历史发展的事实支持我在这本书中力图发展的理论。但是此刻从本章的争论中为本书的主要命题提供结论，有点为时过早。在当代伊斯兰社会中，由这种历史维度和它对未来沙里亚所形成的挑战所呈现的可能性，在随后的章节中将得到更好的理解。

第三章 宪政主义、人权和公民权

在本章中，我将把对宪政主义、人权和公民权的讨论，作为规定世俗主义实际运行方式的一种完整结构，以调和国家的宗教中立性与伊斯兰和公共政策的连通性之间的紧张关系。宪政主义为平等、尊严、人权和所有公民福利的获得和捍卫，提供了一种法律和政治框架。当人权标准被权威地规定于国际和地区公约和国际法中时，只有通过具体国家的宪法、法律体系和制度在实践中得到运用。然而，国家和国际体系的有效性，依赖于公民的积极参与，以个人或集体的行动保护他们自己的权利。同时，宪法和人权标准使公民能够交换信息、组织和公开行动以促进他们自己所设想的社会善行的形象，保护他们自己的权利。换句话说，宪政主义和人权是维持公民尊严和权利目标的必要方式，但是这个目标仅能够通过公民代理（the agency of citizens）才能被意识到。因此，为了每种观念能够被获得，这些观念和相关制度必须相互依赖和相互作用。

我将从伊斯兰的角度，尝试阐明这个理论框架，以期在穆斯林当中为促进它的合法性做出贡献，如果穆斯林希望这些原则能被有效运用于穆斯林社会中，他们应当接受这些原则。伊斯兰与这些原则之间发生关系是不可避免的，因为在当代伊斯兰社会中，伊斯兰直接影响这些原则和制度的合法性和效力。但是，如果把"伊斯兰"这个词汇与历史上对沙里亚的理解视为相同含义而对待时，这种关系将被混淆，并带来适得其反的结果。传统沙里亚解释的某些方面与宪政主义、人权和公民权是不相容的。要清楚这一点，我不会提出沙里亚的任何概念固有地或必然地与这些现代原则不兼容，而是我将特别论及沙里亚传统解释的某些方面，特别是下面将要讨论的穆斯林妇女和非穆斯林妇女的权利问题，而不是探讨信仰（aqida）和宗教礼仪实践（ibadat）方面的问题。

严格坚持国家的宗教中立性至关重要，因为人类倾向于偏爱自己的观点，包括他们的宗教信仰，把其置于其他人的观点或宗教信仰之上。正因为这个原因，国家不能仅仅只是反映那些当权者的观点。但是宗教中立性的目标并不是通过努力去控制宗教，或把宗教驱逐到纯粹的私人领域，因为这样做既不可能，也不被要求。信仰者将总是在政治层面维护他们的宗教信仰。因此，最好去承认和管理这种现实，而不是否认它或压制这种宗教信仰的政治表达，而迫使其转入地下。努力把伊斯兰从国家中分离出来，尽管承认伊斯兰的公共角色，包括它在公共政策表达和立法上的影响。这种持续的紧张关系，应该通过宪政主义、人权和公民权框架内的公民理性的要求中得到调解。正如本章将要讨论的。通过我意指的任何公民、个人或团体能够彼此之间展开公开讨论和争论的"公民理性"（civic reason）符合礼仪和相互尊重的原则。在民主国家中，公民理性和推理过程作为采纳公共政策和立法而被要求，因为它们被所有公民公然使用和公开争论。

我将以我在后面要讨论的与公民理性要求相关的国家和政治之间区别的澄清作为开端。宪政主义、人权和公民权的原则在随后的三节中将做出讨论。本章还以综述的方式，介绍这些原则如何能够为公民理性在规定伊斯兰和政治，以及伊斯兰和国家之间关系的运作上提供框架。

一 国家、政治和公民理性

我应该首先注意到以下的分析，目的并不是成为一种全面的或明确的，或者甚至在一个特定背景中通常意义上的国家、政治和公民理性观念的讨论。事实上，这种要求将与我在这些问题上所主张的促进包容性的公共讨论和论战，而不是规定或确定这种观念必须意指什么的整个论点不一致。我的适度的和有限的目标，仅仅是突出国家、政治和公民理性的某些方面，仅仅是为了阐明穆斯林当中关于沙里亚未来的论点和要旨。

1. 现代国家的特征

今天所有的穆斯林生活在所谓的民族国家当中，其基于殖民战争时期的欧洲模式,甚至在并没有被殖民化的地区,这些模式也是存在的。这种国家模式具有"由一套行政人员所操作的中央集权和官僚主义的有组织的行政和法律秩序,控制着该地区的司法权,拥有领土基础和绝对使用国家机器的权力"的特征(Gill 2003,2—3)。因为我们这里的目的,领土所属国这种模式的主要特征,可以被概括如下:

第一,国家是一个官僚主义的组织,被中央集权的、分层的和有差别的置于不同的、有着它们自己不同特定功能的不同机构和机关。但是所有国家机构按照程式化的规则和一种清晰界定的对中央权威负责的分层结构来运作。

第二,分层的又彼此联系的国家机关可以从其他种类的社会组织中被辨别,例如政治党派、公民组织和商业协会。国家的规模和功能要求它的机构要从非国家的组织中区别开来。因为国家官员和机关应该监督非国家实体,也许不得不裁定非国家实体彼此之间的分歧。国家和非国家机构或组织之间的这种复杂理论上的差别和实际的彼此联系,是国家和政治之间区别的一个方面。

第三,现代国家的广泛领域——现在扩展至社会、经济和政治生活的各个方面,包括教育、医疗和其他社会服务的规定——远远超过任何其他组织在这方面的影响。这种内容广泛的功能也强调与其他所有组织相区别的国家的唯一性、自治权和独立性。

第四,为了完成其多样的功能和角色,国家必须有内部和外部的主权。它必须在它的国土内具有最高的权威。对于领土范围之外的所有社会实体和行动者来说,国家也必须是它的领土范围内所有公民和社会实体的权威代表。

第五,因为刚才所提的理由,国家也必须垄断军队和强制力的合法性使用。这种能力对于国家能够去实施它的权威以保护它的主权、维护法律和秩序,规定和裁定争执是必不可少的。

第六,国家被依据领土来界定,因为它通常不具有超出自己界之外的权威。其他组织,例如宗教团体和苏非教团,能够横跨国家的政治边界来行动,因为它们按照它们的功能范围而不是其地理学上的范围来界定。

第七,公民常常对国家有一种情感的依附,并以他们的国家来辨别身份,但这并不是国家的一种必不可少的特征。民族国家的观念呈现共同的特征，诸如人种或语言，人们或许以这种方式把其等同于国家。但是这可能产生误导，因为在任何时候领土和民族、宗教或人口等其他单一性之间完全重合都是非常困难的。这种单一性可能出现于国家领土内的几个群体当中，也可能被另一个国家领土内其他人所共同享有。大多数国家寻求培育统一的国家公民意识的事实，并不是现代国家的一项必然特征（Gill 2003，3—7）。

现代国家的这些特征在西方国家的历史中常常被讨论。它的模式也运用于穆斯林生活的非洲和亚洲国家的地区。例如，下面由作者所阐发的一个观点，也许能帮助我们在这里澄清国家特征的目的。

作为凌驾于地区之上的最终权力和权威的来源，以及合法使用军队的独占权，国家是最终的机构的行动者。这种权力和权威源自于主权和领土完整性的结合，其归属于国家，因此将因其中一个因素的丧失或减弱而导致这种权威被削弱。领土主权意味着国家对它的人口和地区的排他性控制不能被任何其他实体所合法享有，除非在国家自身同意和合作的条件下。国家中央的权威意味着它是自治的，包括它拥有唯一原初的权威，以制定规则指导各个国家机关的运行，以及它所拥有的全部政治权威中作为根源的角色，即使这种功能被其他组织或实体所代表。这种国家的中央集权也要求所有机构和制度在功能和活动上的彼此协同和配合，其强调和巩固作为一个整体的国家权力。

尽管民主管理自身并不是要求一个国家在国内和国际法律和关系中取得这种资格，国家的民众通常被假定为是国家权力和权威的最终来源，其反过来又服务于它的民众。这种假定似乎是真实的，即使是专制独裁政体或君主政体，其倾向于依据集体的意向和民众利益最大化，来证明他们权威的正当性。从这种根本的国家合法性基础上产生的公民权，保证领土内所有居民在他们与国家的关系中有"一般的和平等的义务和权利"。这种民主合法性和公民权的结合，也体现于与国家相关的法律的性质和功能中。无论过去的穆斯林对法律和它的来源以及标准持什么观点，国家逐渐接管了制定法律的功能，而并不只是简单地去实施它。历史上，法律的自治权也许基于社团的宗教、传统或文化。现在，法律普遍地被看作是国家政策的产物和手段。

最后，现代国家能够被看作一种政治权力的机构代表，这种政治权力不再源于统治者的个人权威,或者源于代表统治者某些功能和权力的权威。国家的制度化和中央集权的政治权力,反映于它的有组织化的和官僚主义的结构。通过法律标准和程序,国家也使政治权力的运用具有规范性成为可能,其倾向于提升公民权的重要性,以作为一项重要原则调整着国家和社会的关系。

2. 国家和政治之间的区别

在一种抽象的意义上,在第一章中所提出的国家和政治之间的区别是难以想象的,但是在实践中有必要尽可能地维持它。困难源自于一种明显的事实,即国家并不是一个能够独立于制度之外真正行动者的自治实体,然而正是因为国家的政治本性,有必要坚持国家和政治之间这种自相矛盾的区别,以确保机构行动者不会滥用国家权力的权威,把他们自己的利益强加于他人之上或促进他们狭隘的私利。例如,法官被推测为实施官方颁布的法律,而不是他们自己的个人意见或者意向。然而个人观点和政府政策将很可能影响审判员解释和运用法律于具体案件当中的方式。在这方面,国家和政治之间的区别被设计为确保法官在实际上运用法律,而没有受到他们自己的观点和政府政策的影响。这种矛盾被民主国家中所发生的事实进一步复杂化,法官的观点和信仰在他们作用的发挥中被考虑,政府政策或许真正反映大多数公民的愿望。在任何情况下,在人力所及的范围内,法官在审判中有完全保持中立和公正的可能吗?在实践中这将如何被证明?

为了阐明调解这种复杂矛盾所提出的模式,我将继续论及国家,而没有贬损国家制度性权威之后人类能动性存在的现实。上面所描述的特征,清楚表明国家范畴和政治范畴之间的区别,借此国家决策在政治范围内,在不同程度的形式或过程中,何种问题被讨论和商议。国家也被假定为对不同行动者之间的协商建立和实施限制,这些不同的行动者或许寻找他们自己的观点,以作为一种政策而系统阐述。现代国家的影响范围也在扩展,已扩展至社会存在的各个方面,诸如福利和环境问题。尽管它首先是作为社会中的最基本的政治结构,然而它的范围和运作仍然在各种社会关系的动态中受到限制。因为国家的形式化结构,它的主要职责和它作为一个自治实体的特征,国家没有也不可能涵盖社会中政治的所有范围和内容。国家行为的官僚主义和制度化的本性也意味着，它不能用其他人能够做的方式而影响人们及其所属的社团。

国家组织作为一套高度复杂的制度和机构，能够依据功能垂直划分，以及依据地理环境而水平地划分（Gill 2003，16）。垂直划分对应于"重要的领域"，在其中，许多社会行动者彼此之间以及与国家之间相互作用"在国家内部，这些被视为政策领域（和选区），通过施以特定政策于国家公共服务领域来得到象征，如医疗、运输、教育、法律和秩序，以及消费者事务"（Gill 2003，16—17）。水平的划分指诸如政府制度是联邦制的或单一制的国家这类事情。依据功能做出的垂直划分，或许也能够依据地区或管理部门被水平地划分。在垂直划分中，相应地强调特定政治领域的群体，国家与社会行动者建立深厚的友好关系，在国家和政治行动者之间，在一个更广阔的社会领域和政策领域发展。

国家的稳定和自治与其植根于社会多样化的程度有关，因为这使得某个特定群体或集团去控制国家显得更加困难。不同利益群体和观点协商的政策越常态，那些群体更不可能受到诱惑或能够运用军队强行控制国家。当更多的群体支持他们的主张，并寻求给予国家机构压力，没有哪个群体能够控制这些国家机构，那么国家的自治权将被保存。相反，如果一些群体被排除在日常的政治活动的范围之外，他们将通过挑战国家自身的前提和运作而获得更多，失去更少。这种国家和社会行动者之间的有活力的关系是相互的，正如国家也寻求去影响不同的选区（赞助者）。"为了执行它的功能，执行政策和制定规则是国家在社会中的角色，它需要这些相关选区的合作和它们构成的组织化。作为交换，国家各机关实体必须允许他们自己的某些部分渗入这些选区中"（Gill 2003，17）。

国家与其他社会行动者或政治行动者当中的这种交换，能够成为规范的和制度化的机制，例如与专业协会、工会之间的讨价还价，在国家机关中非国家组织代表的参与，以及非国家组织代表对政策的阐明或执行。这种交换也能够通过非正式的个人联系和影响而发生，无论何种方式，它不会使国家仅仅成为特定利益群体或集团的代表，同样地它的自治权仍然由各种群体的相互作用所维系。

换句话说，不同群体之间寻求影响官方政策的竞争是为了防范它们中的任何一个组织或群体获得对国家的完全控制。而且，国家的规模、复杂性和中央集权意味着在社会行动者中,没有哪个群体或人数较少的群体,能够通过国家机构或机关挑战国家的权威或缩小其自治权(Gill 2003,18)。既然国家机关自身依赖于国家的中央权威,从属于运用整个国家机构的规则。作为一个整体,国家的自治权不受非国家机构的影响所危及。因此"国家能够被看作是一个竞技场,在其中,这些行动者为了能够达到他们的目标而竞争,但是正是这些行动者的多样性确保了国家的自治权"(Gill 2003,18—19)。

国家被嵌入群体或它们的社会构成部分中的方式,通过国家决策过程中参与者所代表的阶级或官员的地区归属和代表的选举,能够在经济以及社会和文化领域中被看到。这里应该注意到的有趣的事是,非选举产生的国家官员和被选举的代表可能与他们的阶级、社会或种族群体之间关系的差别。未经选举的国家官员不应当偏袒他们的社会或民族选区,反之,那些联系的连续性被假定,并对于那些被选举代表他们选区的人是必要的(Gill 2003,20)。但是选举的和未被选举的官员两者的固有功能,要求公民时刻保持警惕和参与,以确保那些官方的行为和他们对于那些行为所负有责任的透明度。例如,对于选举的或未经选举的官员做或不做什么的透明度和问责要求,对于在政府当中确保这两个群体按照他们的角色和作用的合适界限范围之内行动是必要的。这是本章所展示的宪政主义、人权和公民权完整框架理论阐述的一个方面。

总而言之,国家的合法性和功效依赖于它的社会/政治行动者之间联通性的平衡,提防行动者因为维护其自治权需要而发生的过分影响。尽管它也许是出人意料的,国家在社会中的地位越巩固,它的自治权缩小的风险将越低,既然依据每个群体各自具有的影响力程度,一个广泛的由各种彼此竞争的利益群体组成的社会,将帮助维持一种平衡。当国家结构被中央集权的、复杂的,并在专门机构之中由明确的规则来统治时,国家的自治权也将有可能更少受到一个群体或少数团体的威胁。

这些捍卫已经强调宪政主义、人权的需要,以及一种公共考虑或公民理性的内含的领域。正如我将要马上详细描述的。在这里不可能为国家和政治活动的这些理论提供进一步的详情,我希望利用上述的特征和各种关系的动态,以考究我们所关注的主要问题:国家—社会关系或国家—政治活动关系能够通过公民理性而被调解。

3. 调解政策冲突的公民理性

前面的讨论，清晰表明国家的合法性源于它在整个社会政治领域深入地和有组织地与各种非国家行动者的联系。如果一个群体为了自己的目的，被允许去攫取任何国家的机构或者整个国家，那么国家的自治权将失去或缩小。促进这种必要的合法性与自治权相结合的意识，确保非国家行动者能够自由和公平的竞争，以对国家政策施以影响的公共舞台是非常有必要的，对这个舞台上全体居民的各个部分确保最包容的参与。这个命题的全部意义是各个群体的更大的多样性，自由和公正地竞争于保护和提升他们的利益和关注的问题，降低国家或任何国家机构有可能落到任何一个群体或少数派别手里而危及国家安全的风险。

一种包容的、易获得的和公平的公共空间的迫切需要，是我称之为公民理性的某些方面，在那里不同的社会行动者寻求去影响公共政策或立法，但是以一种并不会把国家的自治权置于危险境地的方式。这个观点的其他因素包括有效捍卫自由和公正的通道和参与，公共讨论的内容和方式的方针，教育的和其他方式以提升这种要求的合法性和有效性，但是最终的捍卫保护公共空间和促进参与，以及意识到它的目标，在于达到所有民众过程的合法性和关联性。也就是说，原则上民众必须完全地接受公民理性的观念，意识到它的各个要素和这些要素为这个过程如何工作，这对于意识到它确保国家的合法性和自治性目标是有效的。特别地为了本书的目的，正如我在本章中主张的，公民理性的这些要求必须通过一种伊斯兰的观点才可以被穆斯林接受。

公民理性的观点指的是公民理性和公民推理的结合，借此任何公民能够在适当考虑礼仪标准和相互尊重的原则上，公开表达关于公共事务问题的观点。公民理性的观点授予所有公民公开讨论任何关于公共政策和政府或国家行为问题的权利，包括讨论其他公民在这种问题上的观点。因为我们这里的目的、公民理性的目标是减弱排他性的宗教主张，对讨论公共政策问题能力的影响。例如，如果一个穆斯林对收取或支付利息（riba）或一个国家机关应该收取和支付伊斯兰课税（zakat）提出一个合法保护的要求，这个问题就变成一个公民理性的合法主题。这将意味着不仅所有人民，包括穆斯林和非穆斯林，都同样被赋予权利和被鼓励参与到这种讨论中，而且，给予此种提议支持的理由不是依靠于宗教信仰。穆斯林当然是自由地遵守利息的禁令或通过民间组织筹集天课，所做的这一切是通过一种完全的内部伊斯兰话语。但是在这过程中，如果他们希望涉及国家机构，那么他们必须通过公民推理提供一种公民理性。在这种公民推理过程中，所有公民能够参与而没有参照宗教，信仰者或许有个人宗教动因而为公共政策或立法做出一个提议，但是他们不能期待这种提议能够基于他们自己的宗教理由而被采纳。用这种方法，公共政策的问题必须以一种公开的公民的或平民的话语，由对所有公民都开放的理性和推理过程所支持和反驳。

下述论述也许能帮助阐明这个关键概念的含义和运行。

第一，公民理性的范围必须被纳入为一种国家政策保护的问题中，使得任何特定政府或政权轻易颠覆它或任何社会团体意图控制它都是困难的。公民理性被所有公民和社会团体接受为合法的，公民理性的范围必须被视为与国家自身统一，而不是与特定的政府统一。

第二，相应地，公民理性的范围应该通过宪政主义、人权和公民权获得保护，正如在本章中讨论的。然而，这些因素是必需的，但不是充分的，因为它们自身从属于政治操纵或需要。国家的政治和法律体系也应该允许在严重的紧急状况时采取非常措施，但是要提防这种例外情况的滥用。因此持续地探索不同方法，确保不同因素在事实上服务于改变公民理性的条件和环境，这对于实现限定极权主义政府或一小撮人的利益的目标是必要的。

第三，国家的角色是授权于公民中尽可能的绝大多数，无论是个人或团体，通过公民理性的范围代表和讨论公共政策的问题。在公民审慎考虑和推理的过程中，社会的最广泛的截面参与越大，公民理性的范围就越具有合法性，以及国家机构中权力越平衡，就越能阻止特定群体排除他人而攫取国家权力。

第四，当国家应该规定公民理性范围的时候，范围应该不是国家机构自身。国家应该是公民理性维度的监护者，而不是企图拥有它，控制它，或者规定它的功能。除了在社会或政治行动者当中培养多样性，以及使这些行动者在政策目标方面进行讨论、协商和建立共识成为可能之外，这种安排将确认国家的自治权。

一个重要的问题也许在这里凸显：这种在公民理性基础上建立公共政策和立法的模式不公平地否认了那些相信伊斯兰和国家统一（伊斯兰国家模式）的穆斯林，有权利依据他们的信仰去生活吗？因为这是我关注的核心问题，这本书的全部内容实际是对这个问题的反映。基本答案是既然没有人或团体有权利去冒犯他人的权利，问题就变得成为如何平衡不同的主张。按照我的观点，所有社会生活的这种基本矛盾的一种成功调解，将寻找产生一个协商的过程，借此各方将在某个问题中寻找到一种彼此适意的，有利于与他人合作，从而保护各自利益的模式。考虑到以下的因素，我相信所提出的公民理性的模式是准确的。

首先，伊斯兰和国家的分离以及相关措施的基本原理，包括公民理性的需要，对于宗教信仰的前途都是必需的。甚至是那些坚持主张伊斯兰和国家应该统一的人，也需要能够自由地做出这种主张，而不必担心来自于国家或任何个人、群体或机构的报复。相比较而言，所谓伊斯兰国家的支持者将不会允许人们自由争论国家在实践中意味着什么的问题。

其次，希望把沙里亚原则运用于国家政策或作为国家法律实施的穆斯林，并没有被否认这种可能性，而是被否认了把他们自己的宗教信仰强加于他人，而没有获得他人同意的能力。依据于互惠的普遍原则或黄金规则，这是合情合理的，因为其他穆斯林将要求同样的保护，因此必须确保他人的这种保护。利用这种保护所有公民的自由，穆斯林能够遵守沙里亚的要求，非穆斯林不会被强迫去遵循伊斯兰的宗教诫命而与他们自己的自由选择相抵牾。而且，穆斯林与其他公民一样，假如他们能以公开和包容的争论方式支持他们的提议，那么他们有权利对公共政策和立法提出建议。

例如，如果所有我能够说的是支持禁止贷款中的利息，因为对于我作为一个穆斯林来说，它是受禁止的（haram），那么在这里与其他公民就没有任何讨论的余地，其他公民仅仅基于我的宗教信仰的力量之上，要么反对，要么接受我的建议。己所不欲，勿施于人，既然我将不会接受他人这样对我做，我也将不会把他们置于这种尴尬的境地。对于我自己作为穆斯林的信仰来说，我要反映沙里亚诫命中所要求社会的全部意义，尽力劝导他人履行诫命中要求的善事。宪政主义、人权和公民权的捍卫，将保证我遵守我自己宗教规定中的自由，而没有强加我自己遵循的宗教诫命于别人身上。换句话说，世俗国家没有权力要求我去侵犯我自己的宗教义务。而且，自愿服从能够通过集体的公民团体而被组织。例如，一群穆斯林能按照群体成员的宗教信仰，去建立一个公民团体去收集和分发课税(zakat)。由于它们并不具有一个国家机构或机关的属性，这种努力并不是一个从属于公民理性所要求的公共政策的问题，因此，它能够依赖于一种被所有组织者所分享的独有的宗教意义。

但是，对于那些相信他们是依照自己的宗教要求，而去阻止某些人意图所做的事情时，情况将应是怎么样的呢？一个把堕胎视为谋杀，而相信自己有宗教义务去阻止堕胎的基督教徒，当法庭拒绝颁发一个禁令时，他们有权利通过身体干预而限制一个医生实施堕胎的行为吗？当一个穆斯林认为官方当局不能坚持一个穆斯林所认可的重要的伊斯兰规范时，他能直接干涉阻止他人饮酒或要求妇女在公共场合穿着端庄吗？这是确定不同人权范围中的广泛问题的一部分。在这些例子中，像宗教信仰自由和从宗教中获得自由一样。在一个基本的层面上，一个信仰者应该被赋予权利去通过谈话或寻求劝导他人自愿地抑制他发现使人不愉快的举止或行为，但是他不能被允许去实施身体干预，以阻止他反感的事物。信仰者也许通过求助法庭获得一种法院禁令，以反对他所反对的举止和行为，但是他必须遵循法庭所采纳的任何决定。信仰者或许通过教育、政治和其他活动，以寻求改变他发现的使人感觉不愉快的行为方面的公共态度，或去改变法律，但是无论发生什么，其必须与宪政主义、人权和公民权的要求相一致。在公共的话语中，在媒体中，在法庭面前，在立法的层面和其他地方，争论应该总是以公民理性的措词来进行。

坚持公共政策和立法基础的基本原理应该对于所有公民的接受或拒绝都是可获得的，其并非假定参与者将同意特定提议的理论阐述。这一点意指被考虑到的基本原理对于所有人的自由讨论是可用的，而并非依据部分公民特有的宗教信仰。同意一种或更多的公共政策的基本原理是一种关于什么是可接受的持续的交流过程，一种在这个问题上重叠共识形成的方式，借此人们同意某种改变，尽管他们对于为什么他们同意这种改变在理论依据上是不一致。一致同意的意见或许是出于一种战术或战略上联盟的原因，以促进对公共问题的实际解决。重点强调的是整个过程是一种协商式的劝说和妥协，而不是禁绝协商和妥协的一种绝对宗教教条式的相互断言。

当然，在我的观点中，在公民理性被倡导的过程中，解决所有可能的歧义和紧张状态，是不可能的甚至是不合乎要求的。例如，正如前面所提到的，国家虽然可以规定公民理性的实践机制和过程，但不能拥有或控制它，应该随着时间的推移，通过尝试或失误以期获得某种发展，而不是在细节上对所有情况和问题做出规定。在这方面，我们能够想象到的一般原则中的其中之一，是使国家希望提高的大众合法性不能成为国家干涉公民理性领域的基础。因为其可能导致对多数派控制下的少数派的不公平待遇。在公民理性的范围内，国家不能制定参与的规则，以允许自身有权利豁免于那些规则。正是因为这个理由，在国家和政治活动之间做出区别，对于这两者都是必需的，而且在实践中去维持是困难的。

一般来说，很明显公民理性的观念与宪政主义、人权和公民权的问题有着深刻联系。这些要求被对公民理性和确保国家不被特定利益集团所攫取而设定限定的需要所保证。它们也被对国家权力进行限定和检查的需要所保证，其不能被假定，即使是最好的政府在掌控权力。公民理性原则也是保护持异议者拥有自由的前提，无论是政治的、社会的，还是宗教的，特别是当它最有可能从社会和心理压力方面对待持不同政见者时。正如前面所提到的，"异端邪说"的存在对于任何宗教的、文化的、艺术的或其他传统的未来发展来说都是必要的。

4. 公民理性和公共理性

我现在将在我所提出的公民理性与"公共理性"的观点之间做出简要比较。西方思想家约翰·罗尔斯（John Rawls）和尤根·哈贝马斯（Jurgen Habermas）所提出的观点，在下面的讨论中也将予以分析。首先，公民理性和"公共理性"两者之间有着明显的重叠部分，读者或许诧异于它们之间的关系。在事实上，我讨论是否运用词汇"公共理性"，但最终还是决定放弃它，因为罗尔斯的观点与我的观点之间也有着重要差别。这是我之所以放弃这个概念的情况之一。在这些情况当中一个人迷惑于是否需要尽力重新界定一个相似的术语：读者已习惯于这个既定含义，以至于不能注意到区别吗？但是在这里我应该强调我不会因为我的穆斯林读者可能被西方所冒犯，而尽心于避免一种"西方式的"术语。我的部分努力是对所谓的西方和伊斯兰观念和制度之间的二分法不再给予强调。社会背景因素和政治差异虽然很重要，但是不应该允许其超越人类社会生活环境的共性。谈到"西方"政治或哲学的完全统一与把穆斯林世界看作铁板一块一样，都很容易产生误解。

早期伊斯兰学者并没有沉溺于这种对单一文化背景因素的关注，而是自由地相互交往、吸纳和改编来于希腊、印度、波斯和罗马的传统。这种相互作用一直延续到现在；比起伊斯兰传统政治思想，许多穆斯林读者或许更熟悉和了解西方政治思想。从这个观点，为了阐明我所做出的主张，我将依据它的关联性和效用，考虑任何观念或制度，而不管其假定的起源或所谓的血统是什么。

罗尔斯把公共理性看作在一个民主的宪政秩序中，民众和国家之间关系当中一个必不可少的特征（2003，212—254，435—490）。

> "在最深的层面，公共理性的想法确定了基本的伦理和政治价值，这个决定着一个宪政民主政府与它的公民的关系，以及他们与他者的关系。这种理性在三个方面是公共的：作为自由和平等公民的理性，它是公众的理性；它的主题是公众良好地关注基本政治公平的问题，这个问题分为两种，宪法实质性内容和基本公正的内容；它的性质和内容是公共的，通过一系列合理的以满足互惠标准的政治公平观念，以公共推理（public reasoning）的方式被表达"（441—442）

罗尔斯在公共理性的范围和他称之为公民社会的"背景文化"之间做了区别，公民社会的背景文化包括诸如教堂、大学和其他此类组织（443）。他也把媒体从公共理性的范围中排除出来（444）。按照罗尔斯的说法，公共理性本来的范围，是"公共政治论坛"，其在三种不同的话语语境下发生："法官在他们的决定中的话语，特别是高等法庭的法官；政府官员的话语，特别是首席长官和首席立法者；最后，竞选公共职位的候选人和他们竞选活动管理人的话语，特别地体现在他们的公共演讲、政党宣言和政治陈述"（442—443）。在这些领域中，公共理性的运用采用了一种特有形式。尽管在所有这三个领域，"公共利益的要求总是相同的"，然而他们更严格地运用于法官，特别是在最高法院的层次（231—240）。

罗尔斯公共理性的观点,是基于一种成熟的宪政民主由法律规则所支持的假定之上。公民有权利把他们的观点融入到他称之为的"完备性学说"或"广阔的世界观"中,像宗教、伦理或哲学,但是这种学说不应被作为公共理性而介绍(441)。公共理性不应该"批评或攻击"任何这种"完备性学说",无论是宗教或非宗教的,它们必须按照基本政治观念和价值被清晰表达。"基本的要求是一种合理的学说应接受一种宪政民主政权制度和它的相伴随的合法的法律观点"(441)。

此外,罗尔斯似乎接受倘若一个人在任何问题上遵循包容的观点以反对排他的观点,那么在公共理性中可以为了特定情况而诉诸"完备性学说"的可能性。依照排他性观点,任何"完备性学说"(像宗教)应该永不被介绍进公共理性中去,即使是该学说可能支持公共理性。如果一个人持一种包容性的观点,公民也许提供"他们看作政治价值的基础植根于他们的"完备性学说",倘若他们以增强公共理性自身的理想方式这样做"(247)。排他性观点应该在"或多或少的有序社会"中被支持,那里公正和基本权利被保证,因此政治的价值允许公共理性的表达,而没有参照任何"完备性学说"。罗尔斯把这个与"在应用它的公正原则的其中之一时,在一个近乎秩序井然的社会存在着一个严重争执"(248)的情况区别开来,例如,不同群体之间对于政府支持宗教教育的不同看法。在这种情况下,在公平论坛上的"一个人的完备性学说如何确认政治价值"的一个解释,能够帮助肯定和进一步合法化公共理性自身的观念(248—249)。罗尔斯引用了美国19世纪宗教拥护废除奴隶的例子,在那里"某些基督教教会的非公共理性支持公共理性的清晰结论。"(249—250)他举的另一个例子是民权运动,尽管马丁·路德·金也求助于宪法中宣扬的政治价值。在这两个个案中,不仅废奴主义者和民权运动的领袖确认公共理性的理想,而且历史环境使他们有必要赋予"完备性学说"可动性,以使其朝着增加政治价值的方向发展。他们的行动与这种原则的包容性观点相一致,增强了公共理性的思想。因此,"公共理性的适当限制随着历史和社会环境的变化而改变"(251)。

在这里不可能对西方学者在这些观点上各种争论做出完全回顾,但是应注意到哈贝马斯(Habermas)对罗尔斯的"完备性学说"和政治价值之间的区别所持有的保留意见(1995,118—119),也许对于我这里的目的是有用的。他也质疑罗尔斯的术语"政治的"的界定,以及他的公共和私人社会生活范围之间的区别。按照哈贝马斯的分析,"罗尔斯把在现代社会从其他文化价值范围中被区别开来的政治价值范围视为给定的"以及把人的身份划分成一种公共政治身份和一种非公共的前政治自由身份,超越了"民主自我立法的范围"(129)。按照哈贝马斯的理论,这个观点挑战了公共和私人领域之间转换界线的历史现实。这个论点有助于我在这里阐明我所主张的公民理性观念的另一个重点,即哈贝马斯所强调的独立和非政府的空间,是公共和公民理性能够发展和表达的重要平台,在那里,正如麦卡锡(McCarthy)概括的:

"有别于经济体系和国家行政机关,独立的公共论坛在公民社会中有它们自己的轨迹。形式包括以一种自愿的团体,社会运动和其他沟通程序——包括大众媒体——对于哈贝马斯来说,这些是人民主权论的基础。理论上,公众在非政府舞台中使用的理性,经由合法的制度化决策过程而被解释——例如,选举的和立法的过程——成为合法的国家管理权力。在哈贝马斯的文字中,"政府可供使用的权力从一种理性的公共使用中显现出来……公共观点经由民主程序逐步发展而不能'规定'自身,但是它能够指导行政权力在特定方向上的使用。"(1994,49)

我基本同意罗尔斯思想中的见解,正如由哈贝马斯所阐明的,但困扰于担忧于把这些观念完全移植到伊斯兰社会所带来的风险。为了做出个简短解释,让我首先回顾一下我对作为公共政策或立法之基本原理和目的要求的公民理性的界定,是建立于大多数公民通过公共讨论,而不是参照宗教信仰,从而能够为大众所接受或拒绝,并可做出不同提议的推理基础上。这种观点很可能被罗尔斯和哈贝马斯的论点所支持,但是他们对西方社会经验的关注也许不适于我所关注的问题。

例如,罗尔斯的政治观念和"完备性学说"之间的区别,也许对于促成一种公民理性框架的形成是有帮助的。然而,这种区别假定于一种发达的和稳定的宪政秩序和一个稳定的社会之上,在那里这些思想用来支持公共问题的讨论足够丰富。事实上,罗尔斯观念及其运用是如此地针对美国社会，以至于要与其他社会产生共鸣是很困难的事情，特别是处于后殖民地时期非洲和亚洲的伊斯兰社会。这不是对罗尔斯理论的一种批评，这也正如他所言，"对公共理性的恰如其分地限制，依赖于历史和社会环境的改变而变化"。同样地，公民理性的精确界定和运用，也应该按照地方历史和社会的环境而改变。

　　作为本章中这一节的总结，我强调我的公民理性的概念是尝试性的和发展的，我把它作为一个优势，而不是过分地寄希望于在这个问题上给出一个特定的或详细的界定。这里的目的，我相信肯定公民理性的观念应该植根于公民社会，并通过国家机构使不同行动者之间寻求影响政策的争论和主张作为标志是充分的。参照前面描述的国家特征，国家在为公民提供一个平台和机制，以使民众能够向国家提出他们所关注问题的境况下，公民理性在非国家范围的运作能够进一步巩固国家的合法性和国家的自治权。而且，作为一种包容性和平等的公民理性，使得所有公民有权利参与到提升国家对于所有公民和公民组织来说都是公平的和可以依赖的普遍看法。宪政主义、人权和公民权能够保护和规定公民理性的运行，但是这些原则自身同样需要通过这个范围获得合法性。在对与我的整个理论相关的这些原则的逐次讨论之后，我将在本章结尾对这个基本问题再进行阐述。

二　伊斯兰观点中的宪政主义

　　宪政治理指依照公民和社团的基本权利所设定的一套限制和控制政府权力的原则，以及确保处理个人和国家之间关系的法律规则被普遍应用，而不是由体现统治精英专制意志的法律原则所规定（McHugh 2002，2—3）。我使用的词汇"宪政主义"包括制度、程序和对于这个原则的有效和可持续运作所需的更广泛的文化系统（Rosenbaum 1988，4—5；Henkin 1994，39—53；Pennock and Chapman 1979）。换句话说，我更关注于一种更广泛和动态的价值体系，关注于社会与政治的机制和过程，而不是关注于一般的抽象原则和宪法的特定规则。宪法和法律原则是有关联的和重要的，但是这些原则的有效和持续运用，仅仅通过更广泛的和更有活力的宪政思想才能够被意识到。

　　正如在我的其他著作中讨论过的（An - Na'im 2006），我把对宪政主义的基本理解假定于两个命题之上。首先，这个原则的不同概念和它的制度，应该被看作是对于一种值得期望的负责任的政府模式适应不同时间和地点具体情况的一种互补方法，而不是用以表明明显的二分法或类别选择。既然对这种概念的任何界定，必然是特定社会在它们不同背景中经验的产物，按照我的观点，坚持一种单一方法以界定或运用它，而排除其他方法，这既不合理也不合乎要求。无论是否基于一种官方正式文件，目标必须总是要去坚持法律的规则，对政府权力实施有效限制，以保护人权。对宪政主义的一种更普遍的和可接受的理解，也许随着时间的推移而会得到培育，但是这个应该是实际经验比较分析的结果，而不是意图强加一种基于某种意识形态或哲学传统之上的排他性界说。

其次，我特别相信通过实践和经验，这样的原则才能够被意识到。因此，诸如人民主权和社会公正原则，能够在一个有助于实践的修正，以及理论校正的框架内通过实践它们而获得，而不是通过延缓它们，直到成功实现所谓"理想的"环境由统治精英所建立。同时，实践中对人民主权和社会公正的追求，将更有助于为促成一种成功和持续的宪政主义环境的出现而提供机会。也就是说，宪政治理的目的通过宪政原则在每个社会特定环境中宪法原则的实际运行中可被意识到，其反过来将影响宪法原则未来发展在理论上的反思，并提高它们的实践性。

一般地说，宪政主义是对人类社会实际生活中一个基本矛盾的特定反应。一方面，社会中所有成员平等参与社会中的公共事务，很明显实际上是不可能的；另一方面，对于政治权力的运作、经济资源的发展和分配，社会政策和服务，人们总是有着不同观点和相冲突的利益也是明显的。国家是负责调解这些利益冲突和观点差异的机构。然而，实践中，这种功能将由那些控制国家机器的人来实施。既然这些机构并不是自治的或中立的实体，宪政主义的基本功能是赋予那些没有直接控制国家机器的人有权利确保他们的观点和利益、由那些控制国家的人来提供很好的服务。宪政主义的所有方面，无论是国家的结构或机关，或它们在公共政策、行政司法中的形式和执行的运作，遵循于目前所有人类社会的基本现实。

因此，宪政治理要求尊重和保护集体和个人的权利，因为这两类权利在含义和运用上是相互依存的。例如，尊重言论、信仰和个人加入社团自由是民族或宗教团体集体自由被保证的唯一方式。然而，这些个人的自由只有运用到群体的语境中，才是有意义的和有效的。而且，权利最终是民众当中所有人意识到社会公正、政治稳定和经济发展的手段，它们因此被看作一个动态的有活力的过程，而非作为一种抽象的法律规则。如果没有制度性东西来实践这些权利，那么这种权利则是无用的，包括形成判断政府官员的行为和确保他们负有责任方面的能力。因此，官员必须不能隐藏他们的活动或掩藏他们的过度使用或滥用权力；这里通常需要官方行为的透明度。这可以通过立法和行政规定获得，以及通过诸如保护新闻或媒体自由的方式和反对官员违背他们的职责、或图谋规避责任的补救措施来获得。如果没有有能力调查可能出现的侵犯，以及裁定各种争论的合格且独立的机构，行政和财政的透明未必会产生有效的法律和政治责任。在这里与各种问题相关的过程不能被详细讨论，包括从行政法和法院的技术问题到用以保证审判员独立，或者被选举的或任命的官员政治责任的实际安排。

宪政主义最关键性的方面，涉及公民参与公民集体活动以促进和保护权利和自由的心理动机和社会能力。宪政主义的整个原则和它的不同制度和过程，依赖于公民为了所有人的公共福利而不是为了全体居民中一部分人的狭隘私利，来维持这个原则的意愿和能力。宪政主义的不同方面，量化或检验是困难的，但是它们肯定包括保持公民在公共事务和共同行动中消息灵通的动机。公共官员、机构和制度的运行，必须不仅享有本地公众的信任，而且当处理具体问题时，是可用的、友好的和响应的。这是人民主权的实际的和最基本的含义，借此民众能够通过他们自己的政府官员和民选代表管理自身。宪政主义最终是以最持续并且有活力的方式来实现和规定这种理想，随着将来发展的需要，平衡当前所需要的稳定和可预测性的要求。

宪政主义的原则包括一般原则，诸如代议政府、高度透明的决策和问责制，立法、行政和司法的三权分立，以及司法权的独立。然而，这并不是建议这种特征必须立刻以特定形式全部展示于宪法中，以成功运用于国家。事实上，这种原则和条件只有随着时间的推移，在经历种种尝试和失误的过程中，才能够以不同模式显现出来，并获得发展（Franklin and Baun 1995, 184—217）。一个代议政府、透明度和问责制的全部意义和目的，能够通过不同的模式而实现，例如英国的议会体制和法国或美国风格的总统制。这种模式不仅对于每个社会是特有的,而且能够在同一个国家不同时间,随时发生改变和适应环境的变化(McHugh 2002,50—54,57—58,147,149—150)。每种成功的宪法模式在其整个历史时期运行,如果一些部门或官方侵犯法律原则时,例如,司法或立法机关或许要花一些时间才能做出反应。最终适当的平衡以及国家的功能或许被恢复。但是与所有人类制度一样,每个宪法将有一些问题或困难,每次在危机时期,其被改变或适应自身发展状况。这种情况在20世纪法国和德国宪政的崩溃和恢复中可被清楚看到(Safran 1990,91—109)。

例如,权力的分立和司法权的独立,能够通过以下方式被保护,要么通过结构和制度的设定,正如美国那样(McHugh 2002,35—36),要么通过巩固政治"惯例"和国家政治文化中的传统实践方式,正如在英国发生的情况一样(47—63)。一方面,惯例和传统之间在这个意义上的显著区别;另一方面,结构和制度之间的区别,可以被误导,因为每种模式为了其正常运行而要求或预示着一定程度或某种形式的他者。这种区别通常是历史经验和国家环境条件的产物,而不是在一个特定的时间所做出的单一的经过深思熟虑选择的结果(McHugh 2002,3—38)。重要的是体系获得它所期望的宪法目标的系统能力,尽管在实践中它以不同的方式被实现。

虽然说我们不应该完全模仿其他国家成功实行的特定模式,但这并不意味着所有通过想象得出的体系,同样有助于特定宪法原则目标的持续实现,例如权力的分离或司法独立。这通常只是一个程度的问题,但是如果一些有问题的原则完全被维持,有些方法则是不充分的因而是不能被接受的。例如,在法官的任命和他们的任期之时,一些行政自由裁量权是不可避免的,这完全依赖于那些负责于这种决定的人的"诚信",而没有受到外部控制或监督,这将破坏司法独立的原则。一个基于宗教或性别的理由而否认民众中部分成员一些基本公民权利的体系,例如法律面前平等或平等获得公共职位的权利,这种情况将等同于完全否认宪政主义的原则。

然而,这不能得出不能接受的模式能够轻易和迅速地被一种更好的类型所代替。正如许多非洲和亚洲国家独立后的经验表明,在一些国家当中一种新的结构、制度和过程的成功移植是极其困难的,其要求广泛适应和谨慎发展(Akiba 2004,7—16)。宪政主义某些特征上的合意的出现,以及它们被详细阐明和运用于每个国家的方式，反映那个国家在它的全球和本地背景中的特定经验。换句话说，一个特定国家的宪政主义的含义和运用，是广泛的普遍原则和特殊的地方因素之间相互作用的产物。但是普遍原则自身是由不同国家的特定经验中被推知，其反过来在它们各自的语境中由一种类似普遍性和本土性之间的相互作用所产生。

1. 伊斯兰、沙里亚和宪政主义

我关注于伊斯兰宪政主义的合法性并不意味着伊斯兰完全或特有地决定穆斯林的宪法态度。穆斯林在事实上受到一种更广泛的多种政治、经济和其他因素的影响。实际上，穆斯林对伊斯兰的理解和实践自身受上述诸种因素的影响。我仍然相信穆斯林如果持一种否定观念，认为宪法中的一些原则与他们所遵行沙里亚的宗教诫命有着不一致的地方，那么他们不可能认真考虑宪政主义。但是正如前面已强调的，关于沙里亚的任何人为的知识和实践，总是穆斯林在特定时代理解和经验的产物，并不涵盖伊斯兰的全部。

传统伊斯兰宪法框架的参考一般取自于早先先知在 622 年从麦加迁徙出来之后，在麦地那建立的穆斯林社团的经验，其被认为由他的早期追随者所继续（Faruki 1971）。通常归结为与那个时期相联系的个人和集体的行为典范，以及政治、社会关系和制度的模式，继续被今天的逊尼派穆斯林认为是伊斯兰的理想。但是对于相信先知穆罕默德是封印使者的穆斯林来说，他在麦地那建立的国家模式在先知去世之后不可能被复制。因为持这种主张的穆斯林认为，现实政治生活中的呈现出的统治意志总是普通人的意志，他们不会拥有先知所具有的独有的神圣权威。

而且，在穆斯林当中没有一种关于麦地那模式的方法或它今天如何能够被运用的一致意见。对于逊尼派大多数穆斯林来说，先知的统治和麦地那四位"正确引导"的哈里发，代表了伊斯兰宪法理论最权威的模式。什叶派社会有他们自己的自麦地那最后一任哈里发阿里以来理想的伊玛目模式，依赖于他们的各自教义和历史（无论是加法尔派、伊斯玛仪派和宰德派，等等）（可参照 Arjomand 1984; Daftary 1990）。因此逊尼派和什叶派穆斯林以他们各自的模式作为一种典范，以便不断谴责后代的偏差。常常通过引人注目的事件，以强制的方式证明其正当性，诸如内部的冲突或外部侵犯。"对作为根本权威的和不可侵犯的唯一法律沙里亚,人们似乎更乐意只是嘴上说说而已,在实践中则通过求助于必要性的教义(darura),作为违背沙里亚中大部分内容的借口,而不是做出使那个法律适应当代生活的环境和需要的任何努力"(Anderson 1976,36)。

我因此力图促进一种对穆斯林来说,在生活中能够真正依靠的对沙里亚的理解,而不是维持一种仅在理论上被尊崇,但在实践中不被尊奉的不真实的理想。因此问题应该是如何把伊斯兰传统模式转变为必需的公正和历史典范的实际运用,而不是在完全不同的环境之中复制它们。例如,"公共事务的协商"(shura,舒拉)没有形成一种既具有约束力的,又具有丰富经验的体系方式。《古兰经》经文(3:159)指示先知去请教(shawirhum)信仰者,"当与他们商议公事",但是一旦他作出决定,经文说,他应该实施他的决定。"你既决计行事,就当信托真主"。另一个常常在这种语境中引用的经文是 42:38 中的经文,其规定作为乌玛社团中的穆斯林"他们的事务,是由协商而决定的"。但是《古兰经》并没有解释这种协商在实践中如何被运用,或者在出现意见不一致的情况下该如何做,也未做详细规定(Coulson 1957,55—56)。这不能怪《古兰经》,因为它的功能不是去涵盖这种高度具体的问题,也不能责备沙里亚的创始学者,他们明智地和适当地对他们社团的需要做出反应。这里只是要注意到这种机制在已存在伊斯兰法理学中的缺乏,在那里主流观点仍然认为舒拉(协商)在这种语境中,只是表明一种寻求建议的要求,而不是必定受它约束,不是一种义务性的要求。先知和麦地那哈里发的实践确定了这种理解,其成为伊斯兰社会前现代历史整个阶段中,包括伍麦叶和阿巴斯王朝君主政体和其他国家的标准。

这种对舒拉观念的理解,并不意味着它今天不能被用来作为制度化宪法原则的基础,自 20 世纪中叶以来一些穆斯林学者所主张的观点(Asad 1961,51—58),已证明了这种可能性。事实上,这正是我所提到的伊斯兰原则的某种嬗变和发展。然而,这种可能性必须要对先前存在的舒拉的透彻理解和以它的历史实践作为开始。那些认为舒拉思想在现代意义上已经作为"宪政"而被理解和实践的主张,将会取得适得其反的效果,因为它将错误地肯定非宪法的实践。在任何情况下,那种主张仍然不得不解释整个伊斯兰历史上,在和平解决政治异议和把权力有序交接于经自由选举的领导方面，实际的制度性的缺乏。这种制度性运用的虚弱在整个世界是真实的，直到18世纪，在西欧和北美有效的机制开始发育。但是制度性机制在各地缺乏的事实，几乎不能证明在主张穆斯林已经通晓并已实践宪法治理的这种历史错误中，忽略对它们的需要是合理的。

相似的方法也应该被运用于发展和培育沙里亚关于女性和非穆斯林的平等以及宗教自由方面的传统解释。虽然此类观念在过去所有人类社会是普遍的事实，但并不能证明他们在今天穆斯林社会中的继续是合理的。相反，我们应该清楚在过去伊斯兰社会的不同地方文化中，这种实践的合理性和缘由，以及如何使这种合理性被合法化为沙里亚的权威性解释，然后寻求一种更加契合于当今伊斯兰社会发展的文化和环境条件的可选择性的解释（An—Na'im 1996）。

我强调沙里亚的普遍规则是因为人们被保证行动的自由，除非他违反了伊斯兰规则。在理论上，通常在沙里亚下对于宪法权利没有限制，除非出现一些特定的例外情况。然而，在实践中，这个问题被沙里亚的分散性所复杂化，这种分散性体现于伊斯兰社会存在着分布广泛的不同教法学派，以及伊斯兰学者乌莱玛们几乎对于每个可想象到的命题都持有的强烈分歧的观点（Hallaq 2004，26—36）。穆斯林因此常常不能从一个沙里亚的观点确定他们是否有权利做某事或应该被禁绝做某事，这种不确定性为精英或统治者的操作打开了方便之门。这些歧义性也可能对宪法权利带来严重后果，像妇女穿着和性别隔离的法规，将侵犯个人的自由和参与公共生活的能力。

无论一个人在这种问题上持什么观点，妇女和非穆斯林的地位问题，无可争议地受到沙里亚传统解释下对他们宪法权利的特定限制。例如，《古兰经》经文4：34建立了男子监护（qawama）女性的基本原则，进而否认妇女有权利担任任何涉及在男性之上运用权力的公共职位（Ali 2000，256—263）。虽然在一系列问题上穆斯林法学家的观点不一致，但他们中没有人会赋予女性与男性平等的地位。这个普遍原则被运用于解释，以及被明显承认妇女与男性相比在婚姻、离婚、继承和其他方面上的不平等权利的特定经文所增强（Maududi 1979，141—158），解释的同样原则被运用于其他经文，像经文24：31和经文33：33，53，59，限制妇女出现于或在公共场合发言或与男性交往，进而限制她们参与政府的能力

（Mernissi 191，152—153）。因此，尽管穆斯林妇女有着与男性同样的信仰和观点自由，但她们运用这种权利的机会因为在她们接近公共领域方面的限制而受到极大抑制。

一般和特定经文的结合被传统地运用，以限制非穆斯林的权利。无论他们被接受为有经人（主要是基督教徒和犹太人），或是被认为是没有信仰的拜物教徒（Gibb and Kramers 1991，76）。我将在后面有关公民权的章节中，对这个问题做出更详细讨论。目前，我的观点是尽管穆斯林学者当中理论上的差别，以及理论和实践之间的变动，在沙里亚的传统解释下，非穆斯林与穆斯林的不平等是无可争辩的。发展沙里亚的可选择的解释，以完全消除基于宗教上的歧视是可能的，但是其并不能证明或否认已存在的观点事实上要求此种歧视是合理的。这里要注意到的是，对基于性别和宗教之上的歧视的禁止，现在已明确规定于大多数穆斯林国家的宪法中。这些国家也成为国际人权公约的成员国，该公约要求对公民的平等和非歧视原则。这种宪法和国际责任清楚表明这些标准在穆斯林民众中获得了广泛认可（Brems 2001，194—206；Khan 2003）。然而，那些国家的政府很少履行他们的宪法和人权义务是真实的。但是这个是世界上所有国家当中普遍存在的一个问题。需要去理解和反对这种普遍失败的根本原因，并不否定各地穆斯林当中人权价值普遍接受的经验性现实。

我所要求的伊斯兰改革的目的，是鼓励和支持从沙里亚的观点，努力去寻求妇女和非穆斯林地位的完全平等，而并不是单纯为了政治性的权宜之计。这种改革也将对政治参与、责任和法律面前平等的价值合法化过程做出贡献，进而提升宪政主义在伊斯兰社会中的希望。为了避免混淆，这里我的观点是认为麦地那社会的道德和社会标准，对于所有穆斯林来说仍然应该总是努力的理想，而麦地那社团的实际结构和运行在今天已经不可能被重新建立。替换只是继续对麦地那社团和社会的理想模式停留于口头而没有运用它的做法，穆斯林应该通过更可行的政府体系、司法机关和国际关系，重新确认这种理想的基本价值，以及它的社会和政治制度的全部意义。在当前伊斯兰社会的具体环境中，比起不现实地坚持不再可行的早期模式，宪政主义、人权和公民权的原则在事实上更适合于实现先知时期麦地那社会的理想模式。

例如，传统的盟誓（bay'a）观念，现在应该被看作一种政府和所有民众之间相互订立契约的权威性基础,借此前者承担保护后者的权利和总体幸福感的责任,而后者则以他们接受国家的权威和遵循它的法律和公共政策作为交换(Lambton 1985,18)。然而,任何现代宪法理论,无论是否基于伊斯兰原则,必须为选举和政府负责,以及为保护像言论和结社自由这样的基本权利,而发展充分的机制和制度,因为相互忠诚的观念今天仍是有意义的。这个能够通过发展舒拉(shura)观念成为一个代议政府的有约束力的原则,而不仅仅只是通过带有随意性咨询的方式所做到。人权和平等的公民权原则是必需的,不仅仅是因为培育这种现代舒拉观念的需要,而且也因为保证随后的宪法理论的恰当运用,其必然包含所有的男性和妇女,以及穆斯林和非穆斯林,作为国家的平等公民。

三 伊斯兰和人权

论及伊斯兰教,真正关注的应该是穆斯林如何理解和实践他们的宗教,而不是抽象意义上的宗教。况且,对伊斯兰和人权之间关系的讨论,并不意味着伊斯兰或其他宗教是决定信仰者态度和行为的唯一"理由"。穆斯林或许接受或许拒绝人权的观念和任何人权标准,而不管他们认为他们的宗教正统观点关于这个问题的态度是什么。事实上,与伊斯兰自身的联系相比,接受或认同人权标准的不同层次,更有可能与当前伊斯兰社会的政治、经济和文化环境相关。结果,无论伊斯兰的角色是什么,如果与影响穆斯林解释和努力遵循的传统方式中的其他因素相隔离,那么对于人权的理解是不可能的。尝试预测或解释伊斯兰社会遵守人权的程度和水平,以作为在一种抽象的理论意义上,伊斯兰和人权之间关系的合乎逻辑结果的做法,容易引起一种误解。这种关系对于绝大多数穆斯林来说仍是足够重要的,因为他们如果认为那些标准与伊斯兰的规则不一致,那么他们支持人权标准的动机将减弱。反之,他们保护那些权利的责任和动机将提高,如果他们相信这些原则虽然没有被他们所信仰的伊斯兰所要求,但至少与他们的信仰一致。

我在这里强调的第二个基本点是沙里亚原则与大部分人权标准基本上是一致的,除了一些特定的和非常重要的妇女权利、非穆斯林权利和宗教信仰自由方面的例外情况,这在下面将要重点探讨。当明白这些问题的严重性,并寻求通过伊斯兰改革来解决它们。在这方面,我提倡调解,而不是对峙。因为我知道,作为一个穆斯林,如果我面对伊斯兰和人权之间的一个严酷的选择,我将当然选择伊斯兰。代替向穆斯林介绍这种选择,我建议作为穆斯林我们应当考虑在当前伊斯兰社会的现实环境下,改变我们对沙里亚的理解。我相信这种方法将作为一个原则问题而被要求,并以务实的术语而被期望。

因此,一方面我主张依据人们理解和实践伊斯兰的环境设计这个问题,另一方面强调人权的普遍性。比起只是简单地宣称伊斯兰和人权的兼容性或不兼容性,把这两者的关系置于一种静态位置来说,我所主张的这个方法更具现实性和建设性。我的这个观点并非是主张把人权作为标准,借此使得伊斯兰自身应该被判断,但是这些权利在这里可以为人们理解伊斯兰和解释沙里亚构成一种适当的框架。正如前面所强调的,真正的问题总是关涉人的理解和实践,而不是抽象意义上的伊斯兰。既然传统沙里亚的解释是人为的,而不是神圣的,它们能够通过第一章中概括的重新解释和建立共识的过程而获得改变。我在这里的建议是人权为不可避免的人类进程提供了一种合适的构架。但我指的人权是什么,这些权利来自什么地方,在实践中它们如何被界定?这将在下面做出进一步阐述。

1. 人权的普遍性

人权观念出现于二战之后,作为一种意图获得强力以巩固特定基本权利的益处,超越了国家政治的突发事件。初始的观点认为这些权利如此根本以至于它们必须通过国际合意和合作获得保护,以便确保它们受到国家宪法和法律体系的保护(Brems 2001, 5—7)。换句话说,无论是通过习惯法原则,还是彼此签定的条约,创立国际法律义务以尊重和保护人权的目标,是对在国内体系下这些权利规定做出的补充,在某种程度上,这些权利规定是缺乏的或不足的,以促进它们在各个具体国家的实际执行。

人权的基本目标是确保有效保护所有人的某些关键性权利,包括在一些国家中这些权利没有成为基本宪法权利而受到保护。然而,这并不意味着人权不同于或优越于基本宪法权利。实际上,人权通常通过包含在一个宪法的权利宪章中,或通过它们结合进宪法机构和国家制度的法规中而被尊重和保护。像宪法权利一样,这个观念的目的是为了巩固和保护这些关键性的权利,以免遭受到来自于政治和行政过程的各种意外情况的损害。换句话说,像基本宪法权利一样,人权不应该通常屈从于大多数人的意向,至少不是通过一种简单的多数人表决方式。然而,这并不意味着这些权利是绝对的,因为它们中的许多被以不同的方式所限制,一些权利在出现突发事件的情况下被暂停。因此,像基本宪法权利一样,人权观念使得侵犯人权更加困难,除了在一些特定情况或环境条件下(Brems 2001, 305)。

鉴于这种人权观念和原则与国家主权实践之间的紧张状态,然而,承认人权标准是国际协议的产物尤为关键。这些权利对绝对主权观点形成的挑战,如果没有国际合作在人权保护方面的承诺,其将不会是合理的或可信的(Brems 2001, 309)。如果没有各成员国在这个过程中履行相应的义务,以及彼此鼓励和支持,单纯靠国际社会作为仲裁者去保护人权的最低标准并不可靠。当保护人权是所有国家集体努力的结果,而不单纯是某个单一国家或某类国家的对外政策目标时,那个角色更可能被一个国家所接受。通过军事干预或外部压力,人权的持续和一致保护不可能被实现,因为这种措施必然是专制的和临时性的。换句话说,人权的实际保护仅能借助对这些权利最有可能造成侵犯的国家机构才能实现。这里是另一个矛盾(自我监管的国家),其需要随着时间的推移被调解而不是被一劳永逸地解决。

人权的思想能够作为保护人的尊严和促进所有人福祉的一种有力手段,正是因为这些权利的普遍性,正如被它们强有力的道德和政治力量所证明的。这些权利规定了一种"所有人民和所有国家努力实现的共同标准",正如1948年人权宣言序文所言,这意味着每个国家宪法或法律制度必须坚持不懈地努力保护它们。然而,一种普遍性标准仅能通过一种全球共识建立的过程才能被获得,而不是通过被假定或强加而获得。因为所有的人类社会依附于他们自己的文化价值体系。

任何普遍性观念不能被简单地宣布或认为是理所当然的。换句话说,人们了解和经历着他们自己的世界——男人或妇女,非洲或欧洲,富有和贫穷,信仰或不信仰宗教。因为每个地方的人的意识、价值和行为都受到自己文化和宗教传统的影响。问题因而是如何产生、促进和支持这种普遍人类标准之上的合议,其要求在这些合议建立过程中,不同参与者之间以及在不同文化内部权力关系的独特本性和含义方面，应该要有清晰的了解。

这个人权框架的观点作为建立共识过程的产物，不应该被看成为一些政府和统治者要求他们的社会应该被免除这种人权义务，或借口不遵循这些人权标准的辩护是合理的。事实上，那些要求是由统治精英所做出的，因为他们认为人权概念是"西方的"，因此通常与非洲和亚洲社会是相异的（Bauer and Bell 1999）。我的目的是通过强调在国际关系中，所有社会努力于如何获得和维护对人权的普遍性和对这些人权原则根本法律规则前提的一种真正的责任，以挑战这种主张。特别地，我反对人权普遍性的有效模式只是由西方或其他社会群体为世界上其他群体的人所建立，以便其他的人希望成为"文明的人类"而予以遵循的观点。如果人权完全是普遍性的（它们不得不是，因为它们是所有人的权利），它们必须被融入到所有社会的文化和经验中，不仅仅是所谓的正在向其他地方"移植"这些权利的西方社会的经验，下面的观点可以被注意到支持我主张的这个命题。

首先，很明显目前国际人权标准的结构强烈反映了西方的政治哲学和历史经验，特别地，《世界人权宣言》中的许多条款，明显效仿了美国人权宪章中的语言（Brems 2001，17）。但是这并没有使这些标准异于或与非洲和亚洲社会无关，其能够真正理解在他们自己的环境条件中保护这些权利的必要性。目前这些标准的构成是基于领土所属国的西方模式本性和国际关系的前提之上，其现在也是所有伊斯兰社会现实生活的一部分，正如前面注意到的。

既然现在穆斯林不得不与这些西方国家打交道，他们就需要从由西方社会为保护个人和社团权利过程中所发展起来的这些体系中获益（Baehr, Flintermand, and Senders 1999，2）。反之，那些主张因为人权是西方的而反对人权的穆斯林，也应该反对基于西方模式之上的领土所属国、国际贸易和金融机构、经济和其他关系。如果他们不能或不愿意那样做，那么他们应该接受人权是一种有效减少在这些西方模式下可能发生的权力滥用和人权救济的有效方式。

所强调的第二个观点是人权和国际合法性的支持者必须坚持这些文明人类必不可少的基础，而不因为一些政府因失败于坚持这些人权原则而放弃它们。否则，人权支持者将承认犯错误的政府是这些原则的唯一作者（sole authors），其体现了各个政府维持这些原则的意愿和能力。人权原则和国际合法性必须在面对任何挑战时被坚持和促进，无论其源头从何而来，正是因为它们是各地所有人类共同努力的结晶。意识到与其他任何人类的首创性一样，人权保护仅仅能够通过一种尝试和失误的过程，通过包括困难和起点、挫折和进步的实践才能被获得也是重要的。为了使这些权利真正具有普遍性，所有的社会和民众必须在这个过程中合作和协作。我这里的目的是强调穆斯林应该必须积极参与到这个过程中，而不是抱怨他们在国内遭受自己政府的迫害，在国际上遭受西方殖民霸权压制的无助受害者。

一个需要注意到的相关观点是《世界人权宣言》的制定者避免为这种基本观点确定一种宗教理由，以在信仰者和非信仰者当中努力发现共同基础。然而，这并不意味着人权仅只能在世俗理由的基础上被建立，因为这个宣言并没有从世界广泛的不同信仰者的视角，强调如何使人权平等有效和合法的问题。人权学说自身的义理授予信仰者寻求把他们对这些标准的义务基于他们自己的宗教信仰基础之上的权利。同样地，其他人或许会寻求对这些人权学说的确认是基于一种世俗哲学的基础。所有人有权要求他人对人权原则负有平等责任，但是不能规定某种根据，借此他人或许希望在其上确立他们自己的义务。

这里所展示的主张考虑到自冷战结束以来逐渐上升的困难，当所谓西方和东方集团的老对手变成合作者，伴随着对人权考虑的减弱，以促进他们更狭隘的外交政策目标。这可以从20世纪90年代所发生的几个案例中得到证明，从索马里到卢旺达，从波斯尼亚到车臣，最后到美国和英国在2003年3月对伊拉克的殖民化。殖民化通过军事征服攫取领土和民众权利，没有法律合法性，其正是美英及其盟友不顾后果而在伊拉克所做的。非法行为不能够通过违犯者的动机或他的行为结果而获得合法化。当两个联合国常任理事国侵犯联合国宪章，而没有受到任何惩罚，这让其他国家为他们侵犯人权条约的行为负责则是困难的。

一些坚持国际法和人权的老的外交政策仍在延续是真实的，因为这种在外交政策上的根本改变不可能完全和全部立刻发生。但是对于我来说，当犯错误的政府小心观察以获知他们到底能够逃避多少，以及那些把人权纳入他们的外交政策考虑的动机中，考虑为了保护遥远地方民众的人权，他们有多少风险损失时，很明显这时老的政策逐渐受到侵蚀并开始衰落。当人权运动认可更多的传统要求，在评价国家和地区政治中讨价还价能力的软弱时，政府在他们狭隘地界定国家利益超越了人权关注的主张方面变得更大胆。这种外交政策中人权重要性的逐渐侵蚀也倾向于通过民主程序而被合法化，按照我的观点，这可从2004年美国总统乔治·布什再一次竞选成功的事例中获得例证。

我并非意图怀疑人权观念自身，或对它在国内背景和国际关系中的湮灭做出预测。我的目标是把人权主张的关注点转换到一个更"以人为本"的路径，使其更少依赖于政府间关系的歧义性和偶然性事件。这并不意味着国际主张策略的终结，因为人权保护的国际主张对于目前人权的实际保护是必需的（Drinan 2001）。更准确地说，目的是通过本地社团保护他们自己权利能力的提高，作为最有效和最稳定的方式，以逐渐减少对国际主张的依赖（An-Na'im 2001，701—732；An-Na'im 2003，1—28）。这种通过地方社团的努力以摆脱国际干涉的改变并不容易做到，或提防已经在一些地方发生的所谓的伊斯兰复兴也是不能保证的，但那是唯一前进的方向。

在伊斯兰社会的个案中，这里涉及到说服和激励穆斯林接受和运用人权。很明显人权对于任何社会的所有问题来说，并不是一种自动的解决办法，但是这些标准和制度使人们能够参与到政治和法律活动中，以保证人的尊严和社会公正。然而，如果没有建立一个用来转变传统沙里亚观念的争论和重新解释的必需的环境，这种可能性不可能实现。正如在第一章所强调的，由于这个过程与我作为一个穆斯林的信仰和宗教经历的有效性明显相关，坚持伊斯兰和国家分离的全部意义，将会在下面做出简要阐述。

2. 伊斯兰、沙里亚和宗教信仰自由

早先对沙里亚和宪政主义之间冲突的讨论，以及通过更广泛地参照伊斯兰以调解它们的可能性，对于人权也是适用的。我因此主张澄清沙里亚和人权之间某些方面紧张关系的性质，以及通过伊斯兰改革来探究强调它们的方式。首先承认这里存在着冲突是必要的，以及在我们能够希望去解决或调解这种冲突之前，理解其本性也是必需的，沙里亚和人权之间的冲突包括妇女权利和非穆斯林的问题。我现在将检查冲突的第三个主要方

面，即是宗教信仰自由，首先阐明人权问题，然后寻求通过伊斯兰改革调解冲突的可能性。为避免混淆，我确实相信重新解释伊斯兰渊源以确保和保护宗教和信仰自由是可能的，实际上是必需的。这是我作为一个穆斯林的观点，从伊斯兰的角度，而不是简单地因为宗教信仰自由是一个普遍的人权标准，从国际法的观点对穆斯林有约束力的原因。

下面的讨论所依据的观点可分为两个方面：首先，教法和宗教自由之间相冲突的现象，并非只存在于伊斯兰教中。例如，犹太教和基督教传统中同样对叛教者和相关罪行处以死刑或其他严厉惩罚（Bible, Deuteronomy 13：6—9 and Leviticus 24：16；Saeed and saeed 2004, 35）。事实上，通过这种方式实现民众信仰宗教的一致性，简单地把宗教信仰的改变等同于叛国罪的概念是个值得商榷的问题。其仍然在现今某些法律体系中是一个可处以刑罚的犯罪。因此，沙里亚对叛教和相关行为的禁止，在宗教传统当中既不是独有的，也不是仅限于宗教中的一个现象，因为类似的刑罚和其他措施继续被所谓的世俗意识形态的国家所采用。例如，比起曾经在沙里亚下对叛教和相关犯罪的惩罚来说，苏联时期在整个 20 世纪的大部分时间的惩治可能更加冷酷，这与马克思意识形态的要求相抵牾。

另一个需要强调的是沙里亚中的相关原则很少被严格和系统运用于过去的时代，因此在今天甚至更少运用。然而，这些原则的存在构成对人权普遍性的一种基本冲突，在实践中是一个严重侵犯宗教信仰自由的来源。因此，对于我作为一个穆斯林来说，有必要正视这个问题以维护我的宗教信仰的道德完整性，以挑战对人权的实际侵犯，然而那个在今天也许是不可能的或偶然的。

我将简要讨论沙里亚中的叛教罪以及相关问题，以便从伊斯兰的观点澄清这些原则与宗教自由的不一致性，甚至其不用参照现代人权标准。国家宗教中立原则的适当运用将剔除叛教和相关观念消极后果产生的可能性。但是那个将不会抹去传统沙里亚原则消极的社会含义。这种消极方面应该随着时间的推移，通过教育和其他措施而得到解决，以促进真正和稳定的多元主义。下面的讨论运用于法律和社会方面，通过从当代伦理和政治观点表明那些沙里亚原则是如此站不住脚，以于于它们既不能被国家所实施，也不能被伊斯兰社会完全接受。

阿拉伯词汇"ridda"，一般被翻译成为"叛教"，字面意思是"往回走",murtad 是一个返回的人(al-Samar'i 1968；Rahman 1972)。在对沙里亚的传统理解中,ridda 意味着无论是有意,还是通过必需的暗示从伊斯兰教复归到 kufr(不信仰)(Saeed and Saeed 2004, 36, 42)。换句话说,一旦一个人通过他或她的自由选择而成为一个穆斯林,那么他或她没有任何可借用的方法以改变他们的信仰。按照沙里亚学者的观点,叛教方式能够发生于如下情况:包括否认真主的存在或属性;否认真主的某个特定信使或否认一个信使是真主的真正信使;否认某个被建立的宗教原则,例如每天做五次礼拜的义务或在斋月期间斋戒的义务;宣布禁止伊斯兰教明显允许的事(halal)或宣布允许明显受宗教禁止的事情(haram)。叛教传统地运用于任何被认为从伊斯兰教脱离出来的穆斯林,包括通过一种有意的或不敬神的行为或言辞,甚至说嘲讽宗教的话语或出自固执的原因这样做时(Saeed and Saeed 2004, 36—37)。

叛教是一种犯罪或一种法律错误,借此一个叛教者应该受到惩罚或其他法律后果的观点与《古兰经》的主旨是不一致的,如经文 2:217, 4:90, 5:54, 16:108 和 47:25,这些经文谴责叛教,但是并没有为这种行为在现世规定任何具体受惩罚的法律后果(Saeed and Saeed 2004, 57)。事实上,《古兰经》明显考虑到一个叛教者将继续生存于穆斯林社团当中的现实情况。例如,《古兰经》经文 4:137 指出:"先信道,后叛道,再信道,再叛道,而叛逆日增的人,真主不会赦宥他们,也不会指引他们任何道路。"这个经文明显确认《古兰经》预想到叛教者继续生活于穆斯林当中,即使是出现重复叛教,在现世也不会面对任何后果。过去的教法学者依赖于一些逊奈传述而把死刑强加于一个叛教者身上,同时运用其他一些否定性的法律后果,诸如为一个成为 murtad 的人在继承方面设定障碍(Saeed and Saeed 2004, 413—414)。而且,在传统伊斯兰法学理论自身中关于叛教观念方面有两个问题,即这个概念的模糊性和变动性,以及作为一种死刑惩罚它的法律后果基础的歧义性。

四大教法学派的学者把叛教分为三类:信仰、行动和言辞,并把它们中的每类做了进一步的细分。但是这些类别的每一种皆能够引起争论。例如,第一类被认为包括怀疑真主的存在或永恒,先知穆罕默德或其他先知的预言,怀疑《古兰经》、末日审判、乐园和地狱的存在,以及其他穆斯林当中公议(ijma')所认可的任何宗教信条,诸如真主的属性。因此,可以逻辑性地得出,在同一个问题上并没有一致的合议,关于叛教也不可能达成一种一致的"合意"。然而事实上,就许多问题来说在穆斯林当中,包括可列举出名字的众多不同学者和学派中,并没有达成一致的合议。例如,在真主属性的问题上,穆斯林当中就这一问题有着不同观点。按照一个学者的观点,一个穆斯林可能因为否认真主的某个属性被谴责为叛教,而另一些学者则对这种做法提出质疑（Saeed and Saeed 2004, 37, 189）。而且,穆斯林学者一般并不差别对待各种相关概念,而是倾向于使用一种更广泛的叛教罪分类,把它们全部包含在里面。这使得叛教这个术语被危险地拓宽,并模糊和混淆了在不同类型的行为中一种涉嫌犯罪和对其惩罚的法律基础。我现在将简要阐述这个观点,而不是试图对这个问题展开广泛的讨论。

既然叛教意味着在自由信奉伊斯兰之后,又公开放弃伊斯兰信仰。一个明显地与背弃信仰（kufr）相联系的情形,即公开和完全拒绝伊斯兰教的启示（Saeed and Saeed 2004, 42）。尽管《古兰经》反复地谈到不信仰和信仰,它并没有对这些术语的含义是否超越了信仰表白的基本意义:"万物非主,惟有真主,穆罕默德是真主的使者"给出明确指导。例如,《古兰经》屡次把信仰与履行宗教仪式联系起来,诸如礼拜、斋月期间的斋戒和行善事,但是它并没有提到那些没有做到这些宗教义务的人身上,将应该发生什么,更不用说来世的惩罚了。

《古兰经》没有明确说明质疑信仰表白含义的后果。例如,确认穆斯林信仰表白的"万物非主惟有真主"的意思是什么？关于真主,信仰者知道什么,或者他们应该知道什么？无论是在私人、个人的层面或与公共社会经济和政治制度及其过程相关层面,对于穆斯林个人实践或行为来说,信仰真主统一性诫命的重要性是什么？先知去世之后,谁有权力裁定,以及如何裁定关于这些和其他问题中的不可避免的分歧？代替对这种问题提供任何直接的回答,《古兰经》给予穆斯林自由,以便他们自身自由地解决这些问题。

各地穆斯林有着自己认可的圣训和先知生活模式的指导是真实的,[1]

---

[1] 译者注：在伊斯兰世界中,普遍认为穆斯林逊尼派有六大圣训集,分别是布哈里圣训实录,穆斯林圣训实录,艾卜·达乌德圣训集,提尔密济圣训集,奈萨仪圣训集,伊本·马哲圣训集六部圣训集。什叶派有"四圣书"又称为"四大圣训经"。这些圣训集成为指导各地穆斯林行为规范的依据。

但是那个也有它的不确定性和歧义性。因此，发现穆斯林在界定信仰的范围时，以及信仰在行动和行为（a'mal）所扮演的角色上有很大差别是毫不惊奇的。因而一些穆斯林学者情愿接受信仰的一种明确的表白，以作为一个人成为穆斯林的充分条件，其他人则坚持认为表白信仰必须通过特定行动或行为来表示。对于那些要求依照信仰行事的人，问题变成对于他们该如何对待那些自己声称是穆斯林，但不能按照诫命要求做出相应行为的人。但另一方面，问题变得是谁有权利来决定一个人是否按照信仰的要求去行动，以及通过何种标准来判定？从7世纪阿拉伯内部战争期间对哈瓦利吉派的观点和行动的看法，到20世纪50年代巴基斯坦的阿赫默迪亚教派的身份，直到当前搞暗杀和恐怖活动的狂热信徒的问题上，这些讨论就从未终止过（Abou El Fadl 2001）。

这种深奥的不确定性被其他观念的歧义性和不一致性进一步复杂化，诸如亵渎神灵。亵渎神灵首先是对先知使用粗鲁的语言，其被称为侮辱先知（sabb al-rasul）、真主或任何天使或先知；它被传统的伊斯兰学者主张处以死刑（Saeed and Saeed 2004, 37—38）。在后来的发展阶段，这种冒犯被扩展到涉及使用侮辱性的语言对待先知的同伴。而对于一些学者来说，这是亵渎神明的一个特定类型，但做出此行为的人仍然是一个穆斯林，虽然作为这种冒犯的惩罚其可能被处以死刑，其他人则主张犯这种罪行的穆斯林已自动脱离了伊斯兰。如果这种行为是一个非穆斯林所犯的错误，那就不存在叛教的问题，但是这个人也应该因为亵渎神明而被判处死刑。就叛教罪来说，对于亵渎的惩罚似乎是基于先知在世时期的某些事件，因为对于这些问题《古兰经》经文没有给出明确的指示。即使是在《古兰经》使用词汇 sabb 的时候，正如经文 6：108 所言，它仅仅命令穆斯林不得辱骂非穆斯林祈祷的偶像，以免他们辱骂真主，但是没有任何提及现世的惩罚。当学者们引用早期伊斯兰历史中发生的事件，以支持强加亵渎宗教的死刑处罚时，很明显《古兰经》和'逊奈'都没有宣布一种冒犯行为的存在被称为"亵渎神灵"或对它做出特别的惩罚（Saeed and Saeed 2004, 38—39）。

同样的问题存在于关于异教的法学理论中。术语"异教"（zandaqa）被运用于沙里亚的根源学中，因为一个异教徒对伊斯兰社团构成危险，从而使他容易被处以死刑。然而，这个术语和它的派生物在《古兰经》中根本没出现，看来好像应该是从波斯文中引用而来。这个术语明显第一次被运用于先知去世一个多世纪后的742年对迪拉姆（Ja'd bin Dirham）的处决中。"在实践中，保守者的辩论被描绘为异教徒（zindik），他们口头的伊斯兰表白似乎并不够真诚。"（Gibb and Kramers 1991，659）然而，对于这个含义并没有一个一致认可的界定，关于何种行为构成异教（zandaqa）或使一个人成为异教徒有着多种表现和类型，比如一些人对外表明他们是穆斯林，而仍保持他们以前的宗教。但是在特殊的个案中，这种情况如何被知道或被证明？因为对其并没有明确和特别的界定，因此一些学者常常把那些沉迷于伊斯兰所禁止的各种行为中的人臆测为zandaqa。诸如，"不正当性关系"（zina）或饮酒（Saeed and Saeed 2004，40）。一个明确界定的需要也是明显的，当我们考虑一些学者，特别是哈乃斐和马立克教法学派的学者，否认一个无神论者（zindiq）有悔改的机会，而给予一个判教者悔改的机会（Saeed and Saeed 2004，41，54—55）。

这个简短的回顾清楚表明，在这些概念中总是有着显著的混乱和易变性，它们如何被界定，以及对于他们刑事处罚基础的不确定性。既然《古兰经》既没有界定这些概念，也没有在现世强加一种惩罚于他们中的任何人，目前的伊斯兰社会能够和应该重新考虑沙里亚中宗教和信仰自由的这个方面。实际上，《古兰经》和'逊奈'中有很多经文能够被引用以支持这个观点，这超过了支持对判教这种行为强加任何刑事或其他法律后果的话语（Saeed and Saeed 2004，69—87）。换句话说，从一个伊斯兰的角度，对于叛教和所有相关观念不应该有任何刑事惩罚或其他否定性的法律后果，因为伊斯兰中的信仰预示着和要求选择自由，在强制和威胁情况下的信仰不是有效的，信仰的可能性在任何逻辑上需要选择的余地，因为一个人不会去信仰一种没有任何自由和能力去不相信这种宗教的宗教。那些沙里亚原则的固有的含混性和歧义性，助长了它们为了政治或教义辩论的目的，而被操纵和滥用。

伊斯兰历史上，许多现在被广泛接受为最值得尊敬和权威的人物的著名穆斯林学者，像阿布·哈尼法（Abu Hanifa）、伊本·罕百里（Ibn Hanbal）、安萨里（Al-Ghazali）、伊本·哈兹姆（Ibn Hazm）和伊本·泰米叶（Ibn Taymiyyah），他们在各自的时代都分别以叛教的罪名而受到指控（Saeed and Saeed 2004，30—31）。这些操作的风险和滥用，也导致了在任何伊斯兰社会或信仰者的社团（乌玛）当中，减弱了在神学和法学上的反思和发展具有合法性的可能。这些是为了伊斯兰作为一个宗教和伊斯兰社会自身的最大利益，废除叛教罪和所有相关概念的令人信服的理由，这里不涉及任何国际人权标准。我认为促进宗教自由的最好方式，以及扩展至其他人权，是在穆斯林当中介绍一种保护这些权利内部的伊斯兰讨论（An‐Na'im 1996）。

那些支持在当今伊斯兰社会改革的人所面对的困境，要么是通过已然存在的传统沙里亚的语言和方法论去寻找他们的目标，要么通过纯粹的世俗立法尝试避免那种方法的局限性。按照我的观点，两种方法都有它们的弊端。一方面，在沙里亚传统框架内的改革，不能获得完全废除叛教罪的观念和相关的概念，因为其不被1200年前像沙斐仪这样的穆斯林学者所系统阐述的已然存在的伊斯兰法学理论（usul al‐fiqh）所允许，传统的伊斯兰法学理论将支持对一个叛教者强加死刑，或至少受到其他法学方面的限制，因为这种惩罚尽管不是《古兰经》的规定，但会被认为是基于'逊奈'的规定。另一方面，叛教罪和相关观念不能简单地通过纯粹的世俗立法，而没有充分的伊斯兰根据而获得废除，因为在穆斯林心目中沙里亚是最高的道德和社会权威。这些观念的有效和可持续废除作为一个重新解释沙里亚的问题，必须强调它们的传统伊斯兰法的全部意义，而不是简单依赖于世俗国家的权威以禁绝强加某种法律后果。

获得必需的某种程度的伊斯兰改革也要求伊斯兰法学理论的改革，因为传统以及《古兰经》和'逊奈'的可选择的解释，是特定时期和特定地方穆斯林社会历史背景的必然产物。因此，鉴于今天伊斯兰社会的政治、社会和经济背景的急剧变化，正如与曾经盛行的对沙里亚的传统理解的发展相比较，如果是为了对沙里亚做出适当和确切的表述，解释的方法论必须反映当前的现实。这个能够被做到，例如，通过对某些《古兰经》经文和'逊奈'中的圣训融入为沙里亚原则的基本原理的重新检查，以及不再强调早期伊斯兰社会背景下产生的已不适用的原则。一旦明白这种选择是由人类所做出的，而不是直接由神圣诫命所规定的，那么重新考虑哪个经文在今天被制定为法律以及哪个经文在当代背景下可被重新给予强调的问题将变得成为可能。

对于这种穆斯林内部神学上的讨论，也有一种政治或环境的维度。一个改革者得到社会的信任和在社会成员中获得权威的能力,不仅依赖于他所提出的理论上的一致性,而且也取决于多种因素。这使得在短期内辨别一个特定建议是否成功或失败是困难的。例如,乌斯塔德·马哈茂德·穆罕默德·塔哈介绍了一种我相信对于伊斯兰改革是一种一致的和可行的方法,从1951年直到1985年1月他被判处死刑期间,塔哈在苏丹倡导他的观点长达35年（An – Na'im 1986, 197—223）。鉴于长期以来,他常被认为是把握和提出社会发生变革的重要观念的人,对他宣布这种特定的死刑举措或许是不成熟的。在任何情况下,更重要的问题是,作为穆斯林,我应该对这种举措做什么,而不是思索它们的生存或消亡。我回忆到几个场合,当有人对塔哈说,"你的观点是好的,但是人民将何时接受它们?"他总是回答,"你就是人民,你打算何时接受这些观念?"但是在决定关于这种举措该做什么,我们必须考虑到政治、经济、社会和文化因素,以及这种观念的一致性和理论可行性。

决定做什么和如何做,包括对国家性质的问题和它在特定社会中的角色应该要有一个清晰的理解。国家在这些过程中,起着关键性的作用,不仅抑制着把沙里亚作为国家制定法实施的主张,而且通过支持教育体系,在媒体中宣传批判性的思考,通常为各种异议和自由讨论提供政治和社会空间。但是国家自身,以及国际社会或许也会成为问题的一部分。所需的政治和社会自由化可能会出现,或事实上也是,对控制国家的精英造成威胁的情况,即使他们声称在他们的政治定位中是世俗的。在伊斯兰国家中,其他国家也可能支持暴虐政权,或从事不友善的外交政策目标,其激发了伊斯兰社会当中的保守主义和防御性,而将不会是促进伊斯兰社会内部政治和社会自由化的信心和安全感。

因此,在伊斯兰社会保护宗教自由当中首要的责任取决于穆斯林自身,为这种努力获得成功而产生最有利的环境方面,国际社会也发挥着关键性的作用,这把我带到了最终的问题,即在这个过程中与公民权观点的相关性,我将再一次从一种伊斯兰的观点,分析这一问题。

四　公民权

无论我们认为历史遗留的问题可能是什么,欧洲殖民主义曾急剧改变所有穆斯林今天居住国家的政治和社会组织基础和性质（Piscatori 1986）。这种改变是如此根深蒂固，渗入社会的经济活动、政治过程、社会生活和公共关系等各方面，包括教育、卫生保健和其他社会服务的规则，以至于要回归到前殖民地时期的伊斯兰政治哲学和体系实际上是不可能的。当前体系的任何改变和适应，仅仅只有通过这种国内和全球的后殖民主义的现实思想和制度才能被寻求和实现。然而许多穆斯林，可能是许多国家中的大多数，并没有完全接受这种改变和它的后果的某些方面。为了对澄清和矫正这种差异做出贡献，我现在将讨论公民权的问题，这个问题的讨论对于伊斯兰国家的政治稳定、宪政治理，以及国内和国际关系发展都有深远的意义。特别地，我将讨论人权作为评估和调解当前伊斯兰社会公民权方面民间差异所产生紧张状态的框架。

人类倾向于在基于诸如民族、宗教或文化身份，以及政治、社会或职业团体或经济利益等不同的群体中，寻求和经历着多样的和重叠的成员类型。归属的动机和成员资格的含义趋于与群体的目的或基本观念相关，这并不排除或削弱成员资格的其他形式。就是说，多元的和重叠的成员资格不应该相互排斥，因为他们倾向于为人们和社团的不同目的服务。这种模式显然是一种简单化的理想类型，因为这种成员资格的基础不可能被清晰界定，它们的相互作用是复杂的，并取决于其他因素，老百姓也许没有必要有意识知道它们或始终如一地采取相应行动。但是重要的一点是人们因为不同目的，趋向于有意或无意地把自己归属于不仅仅是一种群体的不同群体。

这里所使用的术语"公民权"，指的是在全球化背景下，领土所属国政治共同体中成员资格的一种特定形式，因此应该与这种特定的基本理论或目的有关，而没有排除其他成员资格的可能性。这并不是建议人们总是清醒地意识到这种成员资格的形式或类型，或者他们明白它能够包含其他形式的成员资格，以及每种类型适合于它的特定目的或基本要求。事实上，本章的这一部分假定在穆斯林当中对于一个领土所属国中公民权的含义上存在着混淆，区别于但不是排斥成员资格的其他类别或形式。

在这里注意到这种混淆并不是穆斯林社会所独有的，或者必然地归因于伊斯兰。例如，人们普遍倾向于合并不同形式的成员资格，正如把民族或宗教身份等同于政治或社会归属。民族国家的欧洲模式开始于18世纪，其不仅倾向于把公民权等同于民族,而且直到现在这种观念使得公民权的真正平等难以实现(Heater 2004)。把公民权等同于民族是一种误导,因为领土所属国政治共同体中的成员资格并不必然地重合于一种主观的归属感,也没有表明任何考虑到人们如何感觉被确定"归属"于一种民族或另一个民族的观念。在理论上公民权利受到各种法律限制,在实践中也受到严重限制。正如前面已注意到的最近在法国和其他西欧国家所看到的关于面纱问题的争论。整个世界上,在强调民族主义的国家中,包括所有的伊斯兰社会,公民权的思想和实践已成为国内政治和国际关系中不可或缺的规范。即使是构成自决权基础的身份和主权观点,现在也基于相同的欧洲模式。幸运的是,这些观念的持续发酵,反映了其他社会的经验,特别是通过非殖民地化的过程和自 20 世纪中叶以来的普遍人权标准的发展和深入。

正是这种公民权、主权和民族自决权观念的发展,我建议穆斯林把公民权作为一种原则来接受和运用,而不仅仅是作为一种对后殖民主义现实的妥协。各地穆斯林已经把公民权的基本观念作为他们国家宪法和政治体系的基础,以及与世界上其他国家处理各种关系的基础。事实上,公民权也是处理穆斯林之间各种关系的基础,正如我需要一个由沙特政府颁发的签证,以能够去那里朝觐,但是并不仅仅因为我是一个希望履行宗教义务的穆斯林,就有可能获得进入该国家的签证。当公民权以一般的术语被接受,我们必须迈出下一步。因为我的目标是穆斯林能够拥护和努力实现一种积极主动地理解所有人的平等公民权的方法,发展和促进穆斯林当中的公民权原则,而不是基于宗教、性别、民族、语言或政治观点之上的区别。公民权应该意味着一种所有人共享的对平等尊严权的理解,以及一种完全包含和有效的政治参与,以确保政府尊重和保护所有人权的义务。

整个世界了解公民权的这种愿望,不容质疑地建立于各种考虑之上,包括社会当中实际权力关系的现实,正如前面所述的。然而,为了界定与普遍人权标准相一致的公民权,它也要求多元的宗教、哲学和道德根据的发展。道德和务实的基础在被称为黄金规则,或伊斯兰话语中的互惠原则(mu'awada)那里可以被看到(An-Na'im 1990),彼此的相互尊重是不同宗教和哲学传统中的共同道德情感所要求,是互惠原则现实期望的前提条件。因此,无论何地的人或社会都应该确保一种平等公民权的共同观念，以便能够为了他们自身，而在国内或国外主张它。也就是说，在普遍人权基础上接受这种对公民权的理解是其被人们享有的道德、法律和政治基础的先决条件。在国内宪法中和国际法中，以及通过与其他民众在界定和运用普遍人权标准的更广泛过程的合作中，穆斯林已经感知到了这些观念。

这些国际标准和过程反过来对界定和保护国内层面上的公民权利做出贡献。因此，人权和公民权之间的关系生来俱有相互支持性。当从人权的观点来界定公民权时，它赋予穆斯林作为公民的权利以能够更有效地界定和运用人权，这反过来将提高他们公民权的享有。这两个概念关系的观点假定受国际法和人权公约约束的政府是他们公民的代表。不幸的是，这明显不是世界上部分国家的事实，特别是在大多数穆斯林生活和居住的非洲和亚洲。

因此，如何有效运用这种人权方法于公民权之上是一种挑战，其将反过来有助于实现民主治理和政府问责的设想。问题是为了促进那些同样的资源，如何使用已存在的资源，包括已经接受的公民权和人权的观念。这种公民权和人权相互发展的过程从属于一个巨大的和复杂的本地的、国内的和国际要素和行动者的网络。前面提到的削弱宪政主义和人权有效性和关联性的负面看法和权力支配关系，也运用于公民权的领域和公民权对人权的关系中。因此在清晰了解它的过程和无法预测结果的复杂性基础上，我将按照这本书的目标，在下面的讨论中，聚焦于传统沙里亚"希米"（Dhimma）观念的讨论上。正如下面所解释的，希米的概念表明非穆斯林中的特定群体的一些基本权利的保护和有限的公共自治权，以换取他们对穆斯林主权的服从（Gibb and Kramers 1991，75—76；Ayoub 2004，25—26）。虽然这个体系作为今天生活于领土所属国当中所有穆斯林公民权的基础是完全站不住脚的，但它持续且强烈影响着穆斯林的态度和行动。

1. 历史视角下的希米人体系

下面对传统希米人体系的回顾，要求阐明方法论混乱的两个因素，其构成一些伊斯兰话语当中辩护的基础，这些话语歪曲了沙里亚原则或使这些原则受到直接和任意的解读（参考 Doi 1981；Khan 2003）。

首先，我们这里的焦点是沙里亚的创始学者实际上是如何以一种系统的方式解读《古兰经》和"逊奈"。在我们检查改革的可能性之前,我们必须弄清已存在的关于希米体系的沙里亚原则;其次,任何提出的改革设想必须遵循一种清晰的和系统的方法论,而不是在不同来源当中做出任意选择,因为这种主张可通过简单引用语意相反的教法来源而被否认。在《古兰经》经文和'逊奈'中,引用那些明显支持非穆斯林平等地位的语言是没有用的,因为一些支持相反观点的经文和逊奈也被他人引用。

与忠诚于领土所属国相比较而言,实际上由穆斯林学者所发展的希米人体系是决定基于宗教归属感之上的政治忠诚的世界观的一部分(Morony 2004,1—23)。同样地,这种观点寻求从部落关系到对伊斯兰政治忠诚的改变,因此使得政治共同体中的成员资格几乎等同于接受伊斯兰教的所有人。当早期穆斯林相信他们自己是最终和最后的神圣启示的接受者,他们假定他们有一种极为重要和永久的义务,即通过吉哈德(jihad)传播伊斯兰,这种传播包括但不限于军事征服的方式(Khadduri 1955,56—57;Khadduri 1966,15)。

相应地,沙里亚的创始学者坚持认为,穆斯林最初应该给予不信仰者以和平。如果那种给予被拒绝,那么他们应该与不信仰者作战以使其服从,并把穆斯林认为是伊斯兰宗教诫命的规范强加于服从者(Lambton 1985,147—150)。这个体系因此基于受穆斯林统治和沙里亚盛行的伊斯兰地区(dar al-islam)和与穆斯林作战的敌对区(dar al-harb)之间存在明显差别的前提之上(parvin and Sommer 1980,3)。基本的观念是穆斯林有着通过军事与和平方式传播伊斯兰的义务,直到整个世界变成"伊斯兰地区"。毫无疑问的是这个观点受到先知去世之后的几十年间,穆斯林从西边的北非和西班牙南部到东边的波斯、中亚和印度北部早期征服的显著成功所鼓励。然而,随着时间的推移,当无限扩张所产生的实际局限性变得更加清晰时,穆斯林统治者不得不与非穆斯林订立和平协议(sulh),这个被学者承认是合法的,由此接受在和平时期穆斯林与非穆斯林签约方彼此之间领土不可侵犯性的约定(Hamidullah 1968,158—179;Khadduri 1955,162—169,243—244,245—246)。

按照7世纪和8世纪期间发展的穆斯林和非穆斯林关系的最初模式,沙里亚把所有人划分为三种主要的宗教类型:穆斯林,有经者(ahl al-kitab),他们被穆斯林接受为有启示经典的人——主要是基督教徒和犹太人）和异教徒。例如，有经者的地位被一些穆斯林学者扩展至波斯地区的袄教僧侣和占星家，假设他们有天启经文（Yusuf 1963，128—130）。但是从沙里亚保持未变的基本方案中，使得穆斯林成为政治共同体中唯一具有全部权利的"完全成员"；有经者成为享有部分权利的"部分成员"。异教徒（kufar）则不受任何法律的承认和保护，除非为了实际的原因而临时授权给予他们以安全保护（aman），诸如贸易和外交代表（Gibb and Kramers 1991，206；see"Kafir"）。

术语"希米"指由穆斯林统治的国家与"有经之人"社团之间的契约，借此那个社团成员的人身和财产被应允受到保护，享有个人宗教实践的自由，以及对于他们社团内部事务享有自治权。作为交换，有经之人的社团交纳一定的人头税（jizya），以及遵守他们与穆斯林国家订立契约中的条款（Gibb and Kramers 1991，91；Ali 1978，22—23）。鼓励那些被授权的希米人归信伊斯兰教，但是不允许传播他们自己的宗教信仰。希米契约的共同特征包括对非穆斯林参与国家公共事务的限制，以及限制他们担任可能会运用权威于穆斯林之上的公职（Doi 1981，115—116）。然而，随着时间的推移，这些契约的实际条款在发生变化，它们的实际运用并不总是与它们基于各种实际原因而产生的理论相一致，正如下面所证明的。然而，希米社团的成员被界定为没有被赋予与穆斯林相同的权利。在这个词汇的现代意义上，穆斯林自身也并没有完全的公民权，异教徒被假定为与穆斯林作战，除非他们被给予临时安全的权利以经过由穆斯林统治的地区（dar al-islam）（Ali 2000，236）。那些与穆斯林有和平协议地区的人的地位和权利，依照协议的条款所决定（Newby 2002，51）。然而，当考虑到其产生的历史背景，希米体系不仅反映当时整个世界统治盛行的标准和宗教社团之间的关系，而且对于其他系统也是比较有利的。这个体系现在明显已经完全难以维继了，正如苏丹的情况所证明，在那里承认这种现实的失败导致国内南部地区几十年来所发生的破坏性的国内战争（An-Na'im and Deng 1997，199—223；Deng 1995）。

在我看来，在国际关系和国内背景下的人权保护当中，没有可供选择的法律规则。仅仅当每个社会在它们自己的国内和外交政策中支持平等价值和法律规则时，国际合法性和人权才能够被维持。从而基于道德和政治原因，从其他群体的社会那里坚持要求同样的东西。为了我们这里的目的，这意味着不仅希米人体系应从沙里亚角度得到正式废除，而且要通过穆斯林，对其的根本价值给予批判，以便能够更充分地内化和实现上面所界定的现代公民权观念。这种趋势已经在穆斯林当中开始，问题是如何进一步发展它，以防止逆行和退化情况的出现。

2. 从希米人体系到人权——基于公民权

基于公民权观点之上的人权，意味着这种地位的实质性标准、程序和过程应该衍生于或至少统一于当前的普遍人权标准中。正如前面所讨论的，人权标准的根本目的是确保有效保护各个地方所有人的某些关键性的权利，而不管这些权利是否被国家宪法体系所保护。国际人权公约并没有对公民权做明确界定，但是在所有人权公约里所强调的几个原则与公民权这个概念相关或者是可适用的。这包括自决权、平等和非歧视的基本原则，包括宗教方面的权利，规定于1945年联合国宪章第1条的（2）、（3）款当中，其是一个对当今所有穆斯林国家有法律约束力的条约。相同的原则在随后颁布的人权公约中得到再次重申，像1966年所颁布的《经济、社会、文化权利国际公约》和《公民权利和政治权利国际公约》的第1款和第2款都做了相关规定。这两个公约和其他人权公约也规定了伊斯兰国家非穆斯林也平等享有特定的人权内容，例如法律面前的平等与宗教自由（Cassese 1995）。

穆斯林当中基于公民权理念所提出的人权的实现，能够通过三个因素的结合而获得。第一个因素是从希米人体系到后殖民时代公民权的真正转变。第二个因素是维持和发展这种改变的方式，通过方法论上的完善和政治上稳定的伊斯兰改革，以便把宪法和人权价值植根于伊斯兰学说中；第三个因素是把这两种因素结合进穆斯林的本土话语当中，这种本土话语超越了当前伊斯兰社会中公民权观念和实践上的局限性和软弱性。这些因素可以从20世纪早期的印度和土耳其从最后一个封建国家到欧洲模式的领土所属国的转变过程中看到。然而，正如在第四章和第五章中将要进一步解释和评价的，当前这些国家公民权的转变在这些社会中是充满矛盾和争论的，并且仍然是脆弱的，存在着反复和挫折的可能性。

在先知去世后的几十年间，伊斯兰就征服了印度次大陆，但是穆斯林在印度的各个地方经历了几个世纪才转变成为一个占人口少数的统治阶级（Qureshi 1970，3—34）。尽管该国穆斯林多样的民族和文化起源（从土耳其、阿富汗、波斯和阿拉伯移居而来的人以及通过改信伊斯兰教的不同背景的本地人），印度穆斯林逐渐发展了一种容忍和共存的传统，这促进了与印度次大陆其他宗教团体的相互影响和同化。然而，这种共存更多的是依据与印度教的封建领主和其他精英团体的相互融通，而不是一种所有民众的公民权的广泛接受（Rizvi 1970，67）。这并不是一种批评，因为公民权的观念在当时世界上并不被任何地方的人们所认识，只到许多世纪以后其才被人们所了解。

正如在第四章要讨论的，由莫卧儿皇帝阿克巴尔（Akbar，1542—1605）所发展的国家体系，把所有利益和群体结合进相同的等级层次中。但是在18世纪，技术和管理的停滞，国内战争和地区冲突等因素的结合，慢慢导致了莫卧儿王朝的解体（Qureshi 1970，71—74）。经济混乱源自于东印度公司影响的扩展，加上18世纪末期印度的宗主国所采用的税收和司法管理上的改变，对穆斯林权威和权力的衰落都带来了冲击（Rizvi 1970，77）。

通过实施用来扩展其影响的一系列政治、军事和经济策略，英国君主最终在19世纪中叶控制了整个印度政府。一些穆斯林领导者，像赛义德·艾哈迈德汗（1817—1898），对于英国和其他西方国家的影响，采取了一种积极的态度。但他在印度人的民权观念和维度上是模棱两可的。他把对作为统一国家的现代印度的忠诚，与精英们对流行的民主制度的怀疑结合起来。相对于在1947年印巴分治中达到顶点的独立斗争政策来说，他动员穆斯林以反对印度国民议会也代表了一种先兆（Rizvi 1970，67—96）。在这里不可能对这种发展做出充分回顾，除了注意到它们反映了印度教对早期穆斯林霸权的愤恨，包括希米人体系的内容，以及注意到穆斯林忧虑于印度人的统治。具有讽刺意味的是，当如此多的穆斯林留下来成为印度的公民时，巴基斯坦的穆斯林并没有获得公民权的益处。在这两个国家当中，公民权思想需要被发展和保护，以提防在穆斯林和非穆斯林之间做出划分的风险（Ahmad 1970，97—119）。

正如第五章将要解释的，类似的公民权的演变发生于衰落的奥斯曼帝国转化为土耳其共和国期间。奥斯曼米利特（Millet）制度在西亚和北非的灵活性和易变性，已经代表了意义深远的和不可逆转的传统希米人观念的放弃，以对实际的经济、军事和社会现实做出反应。那些已然存在现实很可能促进，并反过来被西方渗透的过程和奥斯曼的有条件投降所增强，奥斯曼帝国最终在20世纪20年代转化为一个世俗的共和国。另一个需要注意到的因素是在这个过程中，穆斯林当中民族主义运动的上升（例如阿拉伯人和阿尔巴尼亚人）。以及基督教少数派，其导致基于现代公民权原则之上的领土所属国的建立。虽然是长期且渐进的，奥斯曼政策和实践中最重要的改变开始于1839年坦齐马特（Tanzimat）的颁布，官方开始确认所有服从于苏丹的非穆斯林和穆斯林的法律平等（Kucuk 1986, 100—1024）。当坦齐马特法令承认沙里亚作为帝国的法律，奥斯曼1856年的法令宣布非穆斯林的平等地位，废除了人头税（jizya），禁止贬损地对待或提及希米人社团及其成员。法律面前平等的当代原则的各个方面，以及基于宗教理由的非歧视原则在1876年奥斯曼宪法的第8款到22款中被规定。这些原则在奥斯曼王朝随后的宪法发展中得到巩固，并在1926年之后土耳其共和党人执政期间被进一步保证。

类似于印度和奥斯曼帝国所发生的过渡，在20世纪整个穆斯林世界得到发展，并在二战后伊斯兰世界的非殖民化过程中被正式建立。作为结果，希米人体系既没有被实践，也没有被现今已经完全融合进现代国际体系中去的具有现代领土所属国特征的穆斯林国家所提倡（Saeed and Saeed 2004, 13—14）。尽管这些转变由欧洲殖民主义所正式建立，所有伊斯兰社会自独立以来也自愿地延续同样的体系。要么在国内的层面，要么在国际的层面，远离于表达任何保留意见或意图修改这种体系，统治伊斯兰社会的政府现在在国内外积极从事于这种体系的实施（Piscatori 1986）。但是传统的希米人观念和它的基本价值仍有着历史残余，这个在印度尼西亚关于是否允许穆斯林给予基督教徒圣诞节祝福，或允许取得跨信仰婚姻的争论中得到例证（Aqsha, van der Meij, and Meuleman 1995, 470—473）。苏丹南部的内战（Jok 2001）和从2001年开始的尼日利亚北部因为实施沙里亚而发生的毁灭性的暴乱（Ilesanmi 2001, 529—554）。这种紧张状态需要通过方法论上的合理和政治上的可持续的伊斯兰改革，支持公民权的过渡。

回想起早先对这个问题的讨论，一种可行的伊斯兰改革过程的主要前提是穆斯林相信《古兰经》和逊奈是伊斯兰的神圣源泉，但并不意味着在日常生活中它们的含义和实行独立于特定历史背景中的人的解释和行为。事实上，在现世除非通过发挥人的主观能动性，否则要了解和运用沙里亚是根本不可能的。既然《古兰经》以阿拉伯文表示（人的语言），并与现实社会的特定历史经验有关系。任何被穆斯林所接受的观点作为沙里亚的一部分，必然从《古兰经》和逊奈的含义，或伊斯兰社团实践中的人学观念中显露出来。通过数世纪以来信仰者的公议，而不是通过统治者的法令或某个学者群体的意向，此种观点和实践变得成为沙里亚的一部分。因而可以得出，沙里亚原则的可选择的表述总是可能的，这些新的表述如果被穆斯林接受为合理，就能够获得相同的有效性。而且，一种合理的改革方法也应该关注到本书前面章节中所指出来的两个方面的事。首先，那些正在着手做的改革必须搞清楚由穆斯林学者先前所建立的沙里亚原则，而不要把它们与可能的重新解释相混淆；其次，我们必须避免在《古兰经》和'逊奈'中的相抵触的诫命中做出随意选择，而没有注意到经文可以被引用以支持相反的观点。

一种基于上述所提到的引用前提和符合要求的伊斯兰改革方法，由乌斯塔德·马哈茂德·穆罕默德·塔哈所提出，他强烈主张在沙里亚的社会和政治基础上做出改变，包括从《古兰经》启示的麦地那阶段（622—632）的经文到麦加时期降示的经文（610—622）。简而言之，所提出的这种改变的全部意义，是指初期麦加的经文代表了伊斯兰普遍的启示，而后来麦地那的启示是对当时人类社会的历史环境条件所做出的特定反应。塔哈也论证了"吉哈德"观点暂时的合理性，妇女从属于男性穆斯林，非穆斯林从属于穆斯林构成希米人体系（dhimma system）的基础，正如在麦地那时期所启示的。这里的基本点是，在麦加时期伊斯兰教最初是通过宗教启示的和平宣传，而被民众所了解。但是当这种和平宣传被证明在7世纪阿拉伯半岛环境条件中是不现实时，一个更适合历史需要的启示在麦地那时期被降示，其认可使用进攻性的吉哈德（jihad），以使得非穆斯林能够服从。因此后来的麦地那启示在7世纪之后开始作为沙里亚而被实行。主张实践初期和平传播宗教启示和非歧视原则现在是可能的，塔哈提倡通过一种法学推理（ijtihad）的新观念和方法来获得这种改变。

用这种方法，由塔哈所提出不要考虑把那些构成希米人体系基础的经文作为沙里亚内容的方法，尽管它们仍然是《古兰经》的一部分。选择哪一个《古兰经》经文是可适用的和哪一个不适用的过程总是穆斯林法学家的任务，早期的选择能够由新的选择所替代只是作为对过去穆斯林法学家所做事情的一种修正，而不是对《古兰经》和'逊奈'自身的修正。这种理论范式为《古兰经》和逊奈的解释，提供了一种一致的和系统的方法，而不是一些现代学者的任意选择，他们失败于解释他们所选择忽略的经文发生了什么。来自于麦加时期的相关经文能够支持伊斯兰社会发展现代公民权观念（Taha 1987；An – Na'im 1990）。而我发现这种方法非常令人信服，同样，我对其他能够获得必要程度改革的合理方法持开放态度。

但是假定这种或其他改革方法从伊斯兰的角度是正确的和可适用的，为何它被运用去废除传统希米人体系？第一个原因是强调早期黄金规则，或伊斯兰的互惠原则：穆斯林必须肯定他人的平等以便被得同样的权利。第二个原因是伊斯兰的观点在理论上支持希米人体系是伪善的，因为我们已充分意识到其在实践中不可能被遵行，它也不可能在未来被应用。在理论上维持这种不现实的沙里亚的解释，而在实践中放弃它们，严重削弱了伊斯兰作为宗教的可信性和凝聚力。作为对所提出的这种改变不可能被穆斯林接受的主张做出的反应，我将仅仅寻求观点能够被自由和公开地展示给他们，由他们自己去做决定。考虑到在穆斯林当中这种问题公开和自由讨论的可能性，有必要维持完全的和无条件的观点、表达和信仰自由。人们不会对他们的决定和行为负责，除非他们有选择的自由。人们如果没有表达和评价所有相关信息的能力，没有辩论和评估不同论点的能力，这种选择自由则不能被行使。

这就是为什么我强调宪政主义和人权的关键性角色，它们在当前伊斯兰社会的环境条件下，成为伊斯兰、国家和社会之间关系协调的框架和保障。所有这一切要求公共权威维持法律和秩序，规定讨论和反映，并由透明和负责任的机构按照公平合理的原则裁定。因此它可能意味着保护宪政治理和保护人权不仅对于当前领土所属国穆斯林和非穆斯林的宗教自由是必要的，而且对于伊斯兰自身的发展和生存都是必要的。事实上，分歧和争论对于沙里亚的发展总是必要的。因为这能够使新的观念和概念显现出来并得到发展,直到它们常常以公议的形式发展成已建立的原则,这些原则被各种各样背景下的历代穆斯林所接受并实践。反而宗教审查制度(censorship)固有地对任何伊斯兰教义学发展是阻碍性的,维持革新和持异议的可能性,以作为宗教对信仰者的需要做出响应的唯一方式是关键的。

通过这本书,我强调以一种伊斯兰的视角支持国家的宗教中立性,尽管伊斯兰和政治是有联系的。但是从这个角度,诸如宪政主义、人权和公民权观念的潜在紧张关系,涉及到它们在西方社会中的表述与它们在非洲和亚洲伊斯兰社会当中实际运用之间的关系。这种通过西方社会的实践发展起来的观念,能够被运用于其他背景下吗?我对这一问题的回答是可能的,我相信这将不仅是可能的,而且是必要的。倘若与这些原则相关的观念、假设与制度能被吸纳,从而更适合不同社会的当地环境。

这些原则运用于伊斯兰社会是必要的,因为这些社会自殖民主义独立以来,将继续生活于欧洲国家的模式之下。这些模式很可能在可预见的未来,成为国内政治和国际关系的占统治地位结构。即使是由诸如欧盟和非洲联盟这种实体所代表的全球性趋势和地区的整合,仍然通过国家这种代理来运作,常常面对来自于国家/领土主权的传统观念支持者的抵制。这些现实要求宪政主义、人权和公民权原则的运用,其被发现对于规定国家的权力以及组织在这种模式下它与个人和社团的关系是必要的。因此,发展这些原则以作为伊斯兰社会内部国内政治以及在整个世界上它们与其他社会关系中的参量是值得期望的。然而,在一种理论的层面发展或澄清,像宪政主义、人权和公民权的观点,仍然需要去确定和适合于特定地方的环境。

为了有关联的和有益的,这种理论原则必须回答和关注由每个社会的社会经济、政治背景和文化传统所引起的问题。从这个普遍性原则要结合进地方文化的要求,可以逻辑性地得出与一个在特定时间点上的特定地方相关的这种本土化的过程可能会或可能不会运行。这个过程中的失败或后退也很有可能发生于不同的连续区间中的点上,从权力分离或司法审查这类事务实际发生的轻微差异,到宪政主义的基本或实质性方面的不相容性。如果不能把这种普遍性原则结合到地方环境中去,也将导致改革不同程度的难易。

我因此建议聚焦于内部的动态和过程，以在伊斯兰社会内部用他们自己的术语，而不是作为一种对西方观念的强迫接受，以建立和巩固宪政主义、人权和公民权。在当前伊斯兰社会中，我们看到的失败或挫折对于这些观念的演变和建立是必要的，并成为未来进一步成功的基础。我所提出的"过程和实践基础的方法"考虑到一种更丰富和更深入的分析，通过要求我们去强调复杂的社会、文化和政治动态，在其中一系列的国家和非国家行为主体、个人和社团，以及民族、社会和宗教团体，理解和阐明不同的观念以及这些观念的实现。而不是用一种明显的失败来表明社会当中存在的固有的缺陷，我们应该考虑到这种结果或许在事实上反映了这种观念自身或其适应特定社会的某种弱点的可能性。假定任何概念或框架是如此明确的，以至于把任何不符合于自己提出理论的事实认为是绝对错误的做法是傲慢的和简单的。

正如在本章开头就强调的，这些原则特殊的意义是它们作为协调伊斯兰与国家之间，以及伊斯兰和政治之间关系的框架中，所起的关键性角色。在第一部分开始对现代国家特征的回顾是有关联的，因为领土所属国的欧洲模式的延续，无论穆斯林构成国家人口中的多数或少数。对政治和国家之间的区别中我所做的澄清，是与我所建议的把伊斯兰与国家相分离，但维持伊斯兰和政治之间的关系的主张相一致。正如我在第一章所解释的，伊斯兰和国家的分离并不意味着伊斯兰被贬谪为纯粹的私人领域；伊斯兰原则仍然能够由国家作为官方政策或法规而被提议采纳。但是这种提议必须得到公民理性的支持，其意味着各种问题可以放在所有公民当中被讨论，而不用参照宗教信仰。但是公民理性的实际操作要求捍卫宪政主义、人权和公民权。

第四章　印度:国家世俗主义与公共暴力

　　本章主要讨论当今印度社会国家世俗主义与公共暴力以及不同宗教间的关系之间的张力。我们将从历史上伊斯兰教、国家以及政治之间的关系探讨这一问题，至少可追溯至11世纪。基本思路是，无论是在深层次的语境概念上，还是在实践中，印度穆斯林群体与国家，以及穆斯林群体与其他宗教群体之间的关系都会影响到世俗主义合法地位的确立和巩固，并且这种影响随着时间的推移而被磋商。这一关注引发了一系列争议，包括过去统治者的宗教动机，穆斯林和印度教徒对自我和他者的认知，以及印度社会认同的融合度等问题。理论与方法的分析体系，对于各种针锋相对的主张所提供的独立的或有根据的证据的有效性，以及对一些实质性问题的解释的可行性等问题，都是有争议的。印度国家世俗主义的特性，及其西方的和本土的根源，以及它在殖民时代结束后的失败和成功，对这些问题既有深入的讨论，也存在严重的分歧。本章既不试图介入这些具体的辩论，也不会对每一种学术观点做出最终评价，而仅仅是要凸显官方的国家世俗主义与种族关系之间遗留下来的张力对当今印度造成影响的基础。

　　通过对印度历史的了解，可以追寻到两条线索。第一条线索关注政治和宗教势力之间的基本关系，包括政治和宗教权威如何力图影响社会，政治与宗教分离还是合并，何者为常态，在业已形成的权力平衡格局中其变化结果如何，等等。第二条线索涉及到不同宗教群体，特别是穆斯林与印度教徒之间的历史关系，国家对这些群体的定位，以及这些历史经历如何影响到当今紧张的宗教群体关系。然而，本章强调印度教徒与穆斯林之间的紧张关系，并不是有意要忽略存在合一和重合身份的事实，也不否认二者共存的历史事实。提及这种紧张关系的先例，也并不意味着印度教徒和穆斯林总是以单一的方法把他们自己和其他人区分不同的民族。追溯不同历史阶段的宗教群体紧张关系的目的很简单，就是关注殖民时期印度分裂的宗教身份形成的来源，进而理解历史对后殖民时代印度不同宗教间紧张局势形成所起的作用。只有在清晰而务实地了解历史和现实的关系及状况的基础上，世俗主义、多元主义和立宪主义的价值和实践标准方能确立。

近期出现了这样一种论断，"人们已形成广泛的共识，即一种当代的'世俗主义危机'的确存在，如何解释以及如果有的话，可以做些什么，这都有待于学术界和政界激烈的探讨"（Needham and Rajan, 2007, 1）。尽管讨论这些问题已超出了本书的范围，但是本章将要表明，对这一危机的回应应该包括对历史的尊重，这也许并不能完美地转化为宪法世俗主义，但为一些价值观念（比如共存和宽容）提供了基础，这与宪法世俗主义相一致。在结论部分将再次讨论这一主题。

一 前殖民时期的伊斯兰教、国家和政治

8世纪伊斯兰教通过征服、贸易和传教进入印度次大陆。712年伍麦叶王朝的穆罕默德·伊本·卡西木征服了印度西北部的信德地区，这通常被认为是伊斯兰教与印度次大陆的初次接触。来自阿拉伯的穆斯林商人开始在印度西海岸地区定居，但他们并不宣传伊斯兰教，因为他们的主要目的是经济方面的（Bose and Jalal 1998, 24）。11世纪马哈茂德进攻与印度西北部相接壤的加兹尼地区，洗劫了索姆纳特印度教神庙。1192年，一位名叫穆罕默德·格里的土耳其人打败了拉其普特统治者普利色毗·兆汗（Prithviraj Chauhan）。格里获胜，1206年德里苏丹国成立，疆域主要在印度北部，历经数朝，一直延续至1526年。

14世纪，出现了一种印度—穆斯林文化，北部地区带有土耳其—波斯特点，西南沿海地区带有阿拉伯特点（Bose and Jalal 1998, 28）。多元文化的相遇形成了一种独特的印度伊斯兰教历史认同，以印度为海洋文化的中心，从地中海一直绵延至东南亚（Bose and Jalal 1998, 26）。当德里苏丹国结束时，16世纪早期巴巴尔建立了莫卧儿帝国，莫卧儿帝国从1526年一直延续到18世纪中期，随着英国东印度公司（英国殖民主义的先导）势力的崛起而渐趋衰落。在德里苏丹国和莫卧儿帝国时期，所谓的穆斯林统治折射出一种宗教与政治权威相对自治与互相依赖的结合。正

如下文将要回顾的，那一时期的主要特点是印度教徒与穆斯林共存且相互包容，但印度教徒和穆斯林之间，以及穆斯林内部也有张力。

在印度宗教与政治权威之间历史的或传统的关系模式是互相依存的。统治者的职责包括了对宗教机构和权威部门提供支持，并对宗教进行整合。反过来，宗教领袖也向统治者谏言，并赋予其世俗权力以宗教合法性（Smith 1999, 184）。无论是印度教徒、佛教徒、穆斯林，还是锡克教徒的统治者们，都力求以宗教权威的形式使国家权力合法化。在早期的印度教政体中，宗教高于政治权力，但在公元前1500年至公元前500年期间，新的宗教出现时，它就开始寻求国家的支持。然而，政治和宗教权威之间的边界是有争议的，"已知的记录表明，以封印的合法地位为基础，宗教与国家权力之间形成了一种持续而渐进增长的调适关系，并且互相换取保护和支持"（Buultjens 1986, 96—97）。早期世俗与宗教权威的分离在印度种姓制度中也有所反映，种姓制度以出身区别并决定每个人要履行的社会职责。这些因素似乎已经"阻止了具有统一宗教信仰的强有力的国家政权的形成；帝国的统治者们以最广泛的影响力保护了多样性"（Mansingh 1991, 298）。

信德地区早期的阿拉伯穆斯林统治者并没有从根本上改变印度的政治权力结构（Bose and Jalal 1998, 27）。德里苏丹国也遵循了当地的政治传统，尽管他们有所创新。"这些德里王朝核心的军事和经济机构并不明确是'伊斯兰的'，这些苏丹他们自己并不是宗教领袖，与非穆斯林统治者一样，他们是通过武力和统治技巧获得其权力的，而不是通过他们自己的圣洁或者神圣的学习"（Metcalf and Metcalf 2002, 4）。自一开始起，伊斯兰正统就充斥着政治私利，当时穆罕默德·伊本·卡西木将印度上层种姓纳入其统治阶层，之后的土耳其苏丹统治者在其统治期间也需要当地人的帮助，而这些当地人大多都不是穆斯林（Mansingh 1991, 299）。虽然这些苏丹承认对哈里发的效忠，也将其领地视为整个伊斯兰疆域的一部分，但是他们没有一个坚决主张实行伊斯兰教法（Madan 1997, 114）。穆斯林与印度教徒统治者之间既有联盟，也有冲突，都是出自于政治考虑而非宗教。对统治者的效忠不是出于宗教因素，军队也不以统治者的宗教关系为基础。

在苏丹国，哈乃斐学派是宗教权威的官方标准，也是司法和宗教教育的基础（Mujeeb 1967，58）。但是在社会生活方面伊斯兰教法并不是一贯被执行的，也不是执政或司法的权威基础。伊斯兰教法的商业规程是无效的，因为非穆斯林控制着贸易，继承法也不能强加给皈依的穆斯林社团，他们更愿意遵循传统的做法。对于大多数穆斯林而言，伊斯兰教法"仅仅是崇敬的对象，而不是具有，或者能够具有，法律效力的主体"（Mujeeb 1967，213）。

国家与宗教大多是分离的，伊斯兰教法不是一致地强加在刑法事务方面，尽管在宗教学者乌莱玛的鼓动下偶尔会起作用（Afif 1891，211）。比如，协商制度（shura）从不被用来解决政治继承问题，而是通过战争和其他策略决定的（Afif 1891，48—49）。诸如巴尔班（Balban）这样的穆斯林统治者在其当政期间并不遵照伊斯兰教法的限制（Mujeeb 1967，73）。巴尔班主要关心的是国家的安宁，在这方面他经常忽略伊斯兰教法的规定（Afif 1891，47—48）。阿拉丁·卡尔吉也认为在印度建立一个伊斯兰国家是不可能的，他说作为统治者他的行动源于国家利益，而不看其是否与伊斯兰教法相一致（Chandra 1997，77）。但是在宗教教义方面统治者们必须遵照乌莱玛的意见，因为统治者需要乌莱玛来确认国家是依照伊斯兰教法来统治的（Madan 2004，102；Hasan 2002，102）。在许多问题上乌莱玛之间的分歧，缓和了这种张力。有些乌莱玛向统治者施加压力试图让他们以非伊斯兰教的名义禁止苏非派的活动，有些乌莱玛却试图使国家与统治者不干涉宗教事务（Nizami 1958，23，47；Hasan 2002，101—102）。还有一些例子可以说明在苏丹时期宗教和国家形成了很大程度上的合并，朝着另一个方向发展。穆罕默德·本·图格拉克（Muhammad bin Tughlaq，1325—1351年在位）似乎使宗教的地位低于政治权力。他曾下令屠杀一些宗教人士，因为他们不与政府合作（Afif 1891，491—492）。相反，他之后的统治者，菲鲁兹沙·图格鲁克（Firuz Tughlaq，1351—1388年在位）以清教徒式的热情执行伊斯兰教法，包括将教法适用于国家财政和税收事务方面（Nizami 1958，111）。

莫卧儿帝国时期，国家与宗教权力之间的关系发生了急剧的变化，例如以联盟的形式支持印度教徒，强调宗教宽容等，调解了传统的乌莱玛在国家政治事务方面的影响。莫卧儿王朝的第三位国王阿克巴尔（Akbar，1556—1605年在位），把伊朗前伊斯兰时期的王权准则与印度教徒和穆斯林的传统结合在了一起。尽管存在着森严的等级制度，但是国家通过功绩，公正且一视同仁地为个人升迁提供了机会。统治者声称其正统直接来自真主，而不是任何具体的宗教，这意味着所有臣民的宗教都是平等的（Ali 1978，41）。与此同时，阿克巴尔力图将宗教权威，特别是伊斯兰教置于国家权力之下，他于1579年颁布了一则声明，宣称自己是对乌莱玛有争议的所有事件的最终裁决者。即使在这样的情形下，他知道有必要恳请首席乌莱玛签署一项声明，宣布他是伊斯兰教的哈里发和苏丹，就此正式宣告了对中东哈里发象征性忠诚的诀别。与早期的那些统治者相比，阿克巴尔没有必要去谋求新的权势；他只是力图通过一份由当庭的乌莱玛确认的文件使其疆域自治权得以正式确立。尽管这主要是一种象征意义，但是这一做法还是引起了独立的乌莱玛的反抗，从而引发了遍及全国的叛乱（Mujeeb 1967，242—243）。莫卧儿王朝第六代国君奥朗则布在其漫长的当政期间（1658—1707年）采取了另一种不同的方法。尽管他也受经济和社会因素的驱使，但是奥朗则布的政策显而易见是调用宗教为其强制措施正名。各省的公共巡查员（muhtasibs）都承担着贯彻伊斯兰教法的任务。奥朗则布执政期间，在其庇护下，正统宗教一度复兴，这也许可以从他需要得到宗教正统性认可的角度来解释，因为他的王位被视为篡夺而来的。

穆斯林统治期间改宗的问题以及印度教徒的状况，一直存在着相冲突的观点（Metcalf and Metcalf 2002，6—7；Mansingh 1991，299；Madan 2004，119）。从总体的角度来看，大部分情况下所有臣民，印度教徒或者穆斯林，在苏丹和莫卧儿帝国时期，他们都被允许遵循自己的风俗习惯，尽管一些统治者的政策前后并不一致。材料表明从8世纪穆罕默德·本·卡西姆（Muhammad bin Qasim）统治时期开始，印度教徒大多被允许以希米人（dhimmis）或者受保护者的身份遵循他们自己的风俗习惯。一位作者引用了从哈里发到穆罕默德·本·卡西姆统治时期有关信德地区非穆斯林人口的资料："他们处在我们的保护之下……允许他们敬拜他们的诸神，不得禁止或阻止他们信仰他们的宗教，在其家中他们可以按照他们喜欢的任何方式生活。"（Mansingh 1991，293）他们可以饮酒、食猪肉，他们享有同等的生命保护权，包括因非正常死亡或受伤害而获得与穆斯林同样的金钱赔偿。希米人若开垦了荒地，财产归其自己所有，这与穆斯林一样（Khan 1995, 44）。后来在莫卧儿王朝时期，阿克巴尔强调不同宗教间的对话，将印度教徒与穆斯林视为国家的同等臣民。1563年他废除了向印度教徒征收的朝圣税，1564年废除了人头税，1565年建立了寺庙补助制度（Khan 1997, 85）。

乌莱玛似乎比统治者更关心希米人的印度教徒身份，人头税的征收与其说是一项制度，不如说是一个例外，但这又很难一以贯之。在穆罕默德·本·卡西姆（Muhammad bin Qasim）统治时期，同是希米人的佛教徒和印度教徒必须向统治者缴纳人头税，婆罗门却免交人头税，但菲鲁兹沙·图格鲁克统治时期他们都必须缴纳人头税（Schimmel 1980, 4—5）。据说阿克巴尔早期对印度教徒不能容忍，强迫他们中的许多人改信伊斯兰教（Khan 1997, 84—85）。奥朗则布（Aurangzeb）统治早期禁止索罗亚斯德教徒过瑙鲁兹节，鼓励改宗，对印度教徒除了征收人头税以外，又向他们征收朝圣税。但也不乏迫害某些穆斯林群体的例子，比如对伊斯玛仪派、苏非契斯堤教派的乌莱玛的迫害（Khan 1997, 84, 85）。

印度教徒与穆斯林关系的一个重要方面涉及到寺庙的神圣性，这持续诱发着当今这两个群体之间的暴力冲突。有证据证明在穆斯林统治早期，在圣战的旗号下，在寺庙财产的利益驱动下，一些寺庙遭到了破坏。但是在土耳其人入侵和伊斯兰教出现之前，印度的寺庙是国家权力争夺的地方。攻击寺庙是展示政治权力的举措。10—11世纪土耳其人入侵，他们攻击寺庙，这其实也是对已有模式的效仿。还需注意的是，中世纪的编年史往往夸大破坏寺庙的事件，以强调统治者对宗教的狂热（Eaton 2000, 246—281）。

总体上来说，学者们对群体间关系的政治历史本质及其影响看法不一。一种观点认为，宗教权威被用来给财产掠夺披上了正义的外衣，在战斗中煽动士兵的宗教热情，或者使推翻已有政权的起义合法化（Mansingh 1991, 300, 301）。另有学者从宗教正统与政治权宜之间的妥协看待印度教徒与穆斯林之间的关系——印度教徒向穆斯林政权屈服，但并不承认其合法性。穆斯林内部以及宗教权威与世俗权力之间，都存在着张力和争议（Madan 1997, 111—115）。

正如第二章所讲，伊斯兰社会的历史可以从不同方面加以解释，这些问题仍将是开放的，有待于做出新的解释，得出不同的结论。也许和平共存与群体间的张力的事例都有，国家权力与宗教权威实际上是相分离的，这与其说是一项制度，不如说是一个例外。前面对前殖民时期印度伊斯兰教历史的简要介绍，主要是为了强调国家与宗教权威二者关系的冲突。但是我们不能就此断言，印度的前殖民时期历史折射出伊斯兰教与国家之间的绝对分离；也不能断言历史明显不支持国家是"伊斯兰教的"或者伊斯兰教法由国家强制推行的观点。然而，依据学术证据对历史事件达成的学术共识，不一定与当今政治言论中为了证实或支持各种立场而对这些事件的记忆或重新建构相一致。这是下文将要讨论的问题，先介绍印度殖民期间的情况，再进一步阐述其独立之后的状况。

二 殖民时期的伊斯兰教、国家和政治
（1750—1947 年）

18 世纪中期英国东印度公司控制了印度的大片领土，在领土主权方面它开始将莫卧儿王朝统治的印度转变为一个欧洲国家。莫卧儿王朝通过地主这个中间阶层进行国家统治，地主联盟的保障是强权和经济激励。其权力不是绝对的，向来都有反抗（Habib 2003，7）。尽管东印度公司最初是像一个印度国家一样在运转，但它逐渐地重塑了印度政权的本质。莫卧儿政权的分散化结构被一个由一支强大军队支撑的中央集权所取代，国家由此控制了行政权和司法权。东印度公司建立了欧洲模式的专属主权，在宗教、社会及其他机构之前，以国家的名义统治着全国人口（Habib 2003，27，30）。然而，与欧洲社会不同，这一专属主权归属于殖民政府，而不是这个国家的人民，他们被视为次级本土臣民。这一基本矛盾也体现在英国殖民政府采取的作为国家政策的世俗主义原则（他们声称的对待宗教的中立态度）和处理社会关系的基本框架方面。因此，对于绝大多数印度人来说，通过殖民统治引进的世俗主义的前提，既不是参与性的，也没有给他们提供权利，因为他们是英国统治下的特定臣民，而不是公民。这一失败也许是显而易见的，因为它是殖民主义的固有特点，但这一点还是值得注意的。

有关殖民时期这种强加的世俗主义以及群体之间的关系，主要有三种观点，在详细阐述之前，下面先做以简要概括。第一，殖民政府引进了世

俗主义,但并不是一项一以贯之而确定的原则,而仅仅是一项殖民统治策略,政府对宗教中立也仅指不干涉宗教事务和当地民众的风俗习惯。换句话说,所谓的"印度世俗主义",从殖民期间它的开端来讲,并不是我所说的"印度的世俗主义",原因与公民所指的范围一样,印度人彼此之间或者与殖民统治者一样能够拥有平等的参与权。此外,英国殖民政策所指的不干涉印度人的宗教事务,是以共同体中的"人际"法律相联系的宗教身份为基础的。正如在第三部分将要谈到的一样,独立的个人身份法律以及对宗教个人身份法律权的判断,其后遗症使得后殖民时代的印度世俗主义越发复杂。

我的第二个观点是,殖民时期对印度历史的建构,以及人们对印度教徒和穆斯林的刻板印象,影响了殖民时期以及之后的社团关系。印度教徒和穆斯林都是同质性的群体,穆斯林统治者是压迫印度教徒的入侵者,对印度社会而言享有特权的穆斯林是外来者,这一系列的观点在英国殖民统治期间根深蒂固。有人可能认为,这些观点及其相关言论和假设在一些宗教文化民族独立运动中有所反映,比如在印度教民族独立运动中,印度教徒就被界定为印度的土著居民,他们组成了"印度国民",非印度教的宗教少数群体都是外来者。有关"穆斯林民族"的相对的观点也可以追溯到这些殖民时期的"分化与征服"的政策。

第三个观点是,反殖民的民族独立运动代表了一种反传统的相对包容和参与性的公民理性,利用世俗的和宗教的言论把所有社团联合起来反抗英国殖民主义。不幸的是,反殖民的民族主义在把印度传统转变为一种优于独立前的新的国家原则和基本原理方面明显是失败的。相反,独立的标志是,印度次大陆以宗教为界限分裂为两个国家,即印度和巴基斯坦。矛盾的是,印度民族独立主义的主流明确反对殖民统治者持有的认为印度人无能力自治的种族歧视的观点,但他们却把殖民者的观点用在了印度认同方面。印度民族独立主义的主流如果不是赞同的话,至少是容忍印度教民族主义用来解释所谓的穆斯林利益是与印度"国家"利益相分离的种种观点。

1. 殖民理性中的世俗主义,而不是印度公民理性中的世俗主义

尽管英国的政策从官方来讲是某种类型的"宗教中立",但是"以不

同的方式处理宗教事务，使得这一简单词语多少有些扑朔迷离"（Smith 1999，189）。对我们来说，有着深远影响的、可以说明这种扑朔迷离的一个主要例子就是殖民政府主要以宗教为依据给印度的社团制定了不同的个人身份法。殖民政府于1772年开始编纂印度教徒和穆斯林的法律，一直持续到19世纪，非常强调作为法律真实"来源"的某些文本以及印度教徒和穆斯林的习惯，这事实上降低了那些动态社会系统的价值，并阻滞了其发展。编纂复杂而相互依赖的传统体系的内容抑制了妇女地位的某些方面，比如，将她们排除在经常性地参与社会和经济事务之外，这实际上限制了妇女的权力（Agnes 1999，42）。在了解法律的过程中，殖民当局向印度教徒和穆斯林宗教精英人士寻求协助，这一有选择性的过程导致了习惯法的"婆罗门化和伊斯兰化"（Agnes 1999，44）。例如，英国东方主义学者威廉·琼斯（William Jones，1746—1794）1792年把印度穆斯林习惯法（Al Sirjjiyah）的主要文本翻译为《穆罕默德继承法》，1794年将摩奴法典（Manusmriti）翻译为《印度教法》或者《摩奴法条》。简而言之，英国殖民统治者使得印度在民族、宗教和社会体系各个方面几个世纪的蓬勃发展减缓了，以此让他们自己原有的欧洲人观念里的穆斯林和印度教"法律"应该是什么样的对号入座。

殖民地法庭奉行相似的政策。1774年成立了最高法院，1781年被授予处理当地人事务的审判权，但是印度教徒和穆斯林在处理遗产、婚姻、继承这样的"私人事务"时也有权遵守他们的习惯法。对当地和个人的法律范围的疑惑显而易见地反映在宗教和习惯的重合方面，这就产生了这样的法律虚拟，即印度教徒和穆斯林的法律都来源于经书，基督教徒和穆斯林各自都是"遵守统一法律的同质的社团"（Agnes 1999，43）。英国殖民官员所认为的"个人的"和"宗教的"法律是一组同义词，尽管对印度教徒和穆斯林来说，依据他们前殖民时期的经历来判断，这些接近的分类是根本讲不通的。因此，我认为，殖民者编纂法律时，将一种武断的宗教身份认定为身份本身的标志，将某些特殊的东西界定为一个社团，并以此与其他社团相区别。殖民统治者所认定的诸如婚姻和继承这样的"个人"事务囊括了宗教身份。

英国人的法律也使得边缘化的"贱民（Untouchable）"与印度教的关系复杂化了。英国人在1871—1872年的人口普查中没有使用"贱民"一词，而是使用了"被剥夺种姓的人（outcastes）"或"半印度教化的土著人（semi-Hinduized Aborigines）"这样的词指称这一群体。大多数上层种姓的印度教徒并不愿意把贱民阶层的人视为正式的印度教徒，直到1909年情况才有所转变，当时穆斯林少数民族即将获得独立选民资格，出于与穆斯林相抗衡的选举目的，他们想扩大印度教徒的数量（Mendelsohn and Vicziany 1998, 28）。

殖民政府通过政策和立法建构起来的世俗主义，没有体现印度次大陆政治、社会或文化传统的实质。例如，它未能利用印度教徒或穆斯林的独特的王权传统，也没有发现印度社会跨越印度教徒和穆斯林的文化融合传统，这本能够为世俗主义提供本土观念。殖民者引入世俗主义的过程中，既没有渗透民主或参与的价值，也没用体现印度公民理性的规则。最初殖民政府曾向宗教人士，比如印度教和伊斯兰教法院法官咨询过与当地法律相关的内容，但后来都被英国的东方主义学者取代了。换句话说，英国殖民政府完全有权力为印度教徒和穆斯林决定其有关个人的和宗教的法律适用范围，有权力界定宗教的概念，有权力将国家和宗教分离。殖民统治者对法律的编纂限制了宗教机构在法律范围内的权力，比如，通过强加的英国习惯法的结构——结果是形成了所谓的印度教徒的盎格鲁—印度教法律和穆斯林的盎格鲁—伊斯兰教法律。相矛盾的是，自治领域的殖民结构借助宗教身份的表达，逐渐削弱了宗教社团的宗教权力，在宗教与国家相分离的名义下控制了宗教。

伊斯兰教宗教组织对殖民主义的反应分歧很大，有的反对，有的赞同。随着莫卧儿帝国的瓦解和英国统治的开始，宗教正统不可能再理所当然地获得政治力量的支持了。在反抗英国殖民机构对个人身份法领域的蔓延以及对穆斯林教育干涉的过程中，穆斯林乌莱玛重新肯定了伊斯兰教法的权威，以及他们作为唯一解释者的独有立场（Hasan 2002, 102）。乌莱玛的反应包括请求政府建立宗教学习中心，比如德奥班德神学院。这些机构通常具有保守的特点，反对英国殖民者的教育、法律和宗教政策。这一切直到现在对穆斯林都有着深远影响。的确，这段历史使得今天的印度穆斯林社团很难接受世俗主义的观念，或者国家对宗教保持中立的观念。

在反对殖民统治的过程中，宗教也在发生着变化。比如，在1857年的反抗中，印度教徒和穆斯林都以宗教社团的形式组织起来，表达了他们在宗教方面对英国统治者的抗议（Ray 2003，354—355）。阿卜杜勒·阿兹沙（Shah Abdul Aziz，1746—1824）在19世纪早期发布的法特瓦中，宣称印度是憎恨伊斯兰教和穆斯林的国度，哀悼德里统治者伊玛目阿布·穆斯里姆（al-Muslimim）权威的衰落，以及基督教对这个国家控制的事实。穆斯林宗教人物，比如毛拉纳·阿玛杜拉（Maulana Ahmadullah Shah）和巴克德·汗（Bakht Khan），都参与了1857年的兵变。正统派人士曾在穆斯林社团中尝试过一次宗教动员。孟加拉人舍里阿图拉（Maulana Shariatullah）之子杜都·米延（Dudu Miyan），法拉伊迪（Fara'idi）教派的创始人，他领导了反对殖民统治的农民起义。这些宗教复兴计划的确引发了人们不断增长的政治意识，但并没有使之转变为一场广泛的政治运动（Mujeeb 1967，390—399）。

与此同时，一系列的神学讨论，比如要证明敌人，莫卧儿国王或者东印度公司，他们究竟是不信教者（kafir）还是多神教者（mushrik），圣战（jihad）是不是合法的，与其他宗教社团和被视为不信教的穆斯林结成同盟究竟合不合法，这些讨论使得正统派的立场越发复杂化了。可是，不能完全指责哈乃斐乌莱玛（Hanafi ulama）无所作为，因为其他宗教团体映射着他们的态度，阻碍了采取一致行动的可能性（Mujeeb 1967，395—396）。事实上乌莱玛开始接受了英国统治的事实，但是他们继续保存他们在宗教传统方面的权威（Hasan 2002，30）。矛盾的是，当神学理性使得人们可以合理地接受殖民征服时，伊斯兰教法的至高权威也日显突出。正统伊斯兰教权威的这种矛盾的观点也许限制了世俗主义在神学框架内被赋予合法性的可能性。殖民者强调穆斯林和印度教徒是敌对的、同质性的社团，这又使事态更加恶化了。殖民时期和后殖民时期影响印度教徒与穆斯林关系的这些因素概述如下。

2. 印度历史的殖民叙事

在19世纪发展起来的东方学者的殖民叙事中，印度的历史被浓缩为三个不同的阶段：印度教徒时代（古代），穆斯林时代（中世纪）和英国时代（近代）。在他们的文章里，古印度是辉煌的印度教社会，历史上从亚历山大大帝到穆斯林国王屡屡受到野蛮入侵者的侵扰。根据这一叙述，伊斯兰教的专制统治特别是摧毁了印度教的印度。相反，英国人被描述为一股使印度社会复兴的启蒙力量。广为阅读的詹姆斯·穆勒（James Mill）1871年完成的《英属印度史》，就是一份反映着这种叙事的霸权文本。这种观点得到了其他人的附和，如英国学者威廉·琼斯（William Jones），德国学者缪勒（Max Mueller，1823—1900）。相应地，在殖民理论中印度穆斯林是印度的文化外来者。他们认为统一的穆斯林社团的行动仅仅是出于"宗教的"动机，并主要受泛伊斯兰主义的驱使，这样的观念也是一种殖民建构，并得到了英国旅行家、传教士、官员和学者的强化。在这样的观点里，伊斯兰教是一成不变的，的确是拒绝改变的，并且反对西方的价值观。据称所有穆斯林都具有这些特点，他们被视为一个种族和国家的一部分（Hasan 2002，38—39，41—42）。印度教徒也被以同样的本质主义的术语所叙述。

与这种观点相反的是，尽管一些精英人士，如沙阿·瓦里乌拉（Shah Waliullah）和米扎·贾利比（Mirza Ghalib），为莫卧儿王朝的覆灭而哀叹，但对大多数印度穆斯林来说，莫卧儿帝国的兴盛与衰亡似乎都与他们无关。大部分穆斯林都愿意在殖民国家的框架下工作，而这一框架却掩饰了英国人对伊斯兰教和穆斯林的殖民刻板印象。在普通民众之中，印度教徒和穆斯林都有一些习惯的做法，映射出他们之间的相互理解，也表达了这两大社团之间的在宗教文化方面的亲密关系。但是英国人的政治决策和宪法计划把马尼拉穆斯林和普什图族人联系在了一起，把阿瓦德地区的地主精英与泰米尔地区的穆斯林商人联系起来，什叶派与逊尼派相联系，印度伊斯玛仪派中的支派波哈拉派（Bohras）与古吉拉特的科贾人（Khojas）相联系，德奥班迪学派（Deobandis）与巴勒维学派（Barelvis）相联系，构成了一个单一的、无差别的、固定的印度伊斯兰教形象（Hasan 2002，40—42）。

伊斯兰教入侵者破坏了印度教的印度，这一观念也构成了印度教民族主义运动所讨论的核心，在其战斗檄文里他们特别强调穆斯林是外来者。这些文本也强调了国家就是一个宗教实体的观念（Panikkar 1999，xi）。在《印度教徒主义——谁是印度人？》里，印度民族主义创始人萨瓦尔迦尔（Veer Savarkar）把印度的穆斯林和基督徒都描述为印度这个国家的外来者。在《印度历史上的六个光荣时代》里，他以外国人入侵和印度人反抗的形式记述了印度的政治历史（Panikkar 1999，xiv - xv）。戈瓦克

(M. S. Golwalkar）在其1942年首次出版的《我们或我们的国家意识的定义》中重复了上述观点。戈瓦克认为所有移民到印度的人，他们的后代是外国人，因此他们不是印度国民。他断言穆斯林、基督徒和袄教徒要么接受"印度文化和语言"并改信印度教，要么就"完全就从属于印度国民"，不享有任何权利或特权（Golwalkar 1945，52—53）。

英国的殖民统治——确切地说，是其殖民立法和按照宗教对印度人进行的行政划分——通常被认为是引发印度教徒和穆斯林的社团意识的主要的历史框架。但是也有人认为，甚至在殖民时期，"社团主义"和"分裂主义"都只是暂时的现象，仅限于特定群体和区域，甚至是仅限于某一个时间点上的卷入宗教冲突的群体，而大部分社团彼此都很友好（Hasan 2002，215）。在这一方面殖民政策的作用不能否认，但是印度教徒和穆斯林的认同、区别和对抗都通过他们各自的社团内在化了，这也是不争的事实。该领域的学者们的传统的观点是，19世纪后三十年代表着社团敌对历史上的始发时刻，印度教徒和穆斯林之间出现暴力的范围和频率明显增加了。不过，印度教徒和穆斯林之间的紧张关系也可以追溯至19世纪上半叶，或者甚至更早。一位持有这种观点的学者认为在早期宗教融合与共同的理解并不能杜绝宗教暴力发生的可能性（Bayly 1985，177—203）。

鉴于复杂的证据及其相互矛盾的解释，我们有理由推断，尽管印度教徒和穆斯林通常都能和平共处，但是在殖民时期这两个社团之间也存在着张力。情况就是这样的，不管这种张力是前殖民时期的延续，正如上文所述，这主要是殖民统治的结果。但是对于我们这里的目的来说，更重要的是，印度教徒和穆斯林是两个各自独立的民族，这一观念为印度教组织和穆斯林组织所共享，前者如印度教大斋会（Hindu Mahasabha），后者如穆斯林联盟（Muslim League）。英国人的立法，以及印度国民大会党、穆斯林联盟，以及其他反殖民民族独立主义政党的政策，共同培育并强化了这样的观念，即印度教徒和穆斯林各自的社团利益是彼此不同的。

3. 反殖民民族主义的复杂性

通常反殖民民族主义的开端可以追溯至1885年，当时印度国民大会党成立了。国大党通常被认为是体现公民理性的一个具有包容性的典型范例，在其中不同类型的辩论，宗教的与世俗的、民族独立主义者的与泛伊斯兰的、印度教徒的与穆斯林的，全部被调动起来指向了同一个目标。从这个角度来看，该框架包含了可被称之为"可行的"印度世俗主义的可能性。反殖民民族独立主义有能力为印度世俗主义形成广泛的宗教和文化的合法性，这与消极的殖民话语中所表述的自相矛盾的宗教中立形成了鲜明的对比。但是民族独立主义运动也显现了不同社团之间的张力，以及主流的印度反殖民民族主义与印度教徒的民族主义之间问题重生。在政治层面上，印度民族主义的先锋人士、印度国大党的领导和穆斯林联盟的领导，他们所理解的印度教徒与穆斯林之间的关系，也存在着相佐的话语。在反殖民民族独立运动的晚期，发展一种包容的、参与性的世俗框架的尝试以失败告终，这不仅致使印度次大陆分裂为印度和巴基斯坦两个国家，而且还继续暗中破坏着独立以后的印度的稳定和发展。

　　显而易见，1919—1924年的基拉法特（哈里发）运动在印度教徒和穆斯林之间，以及世俗力量和宗教力量之间，达成了统一，这是在第一次世界大战之后，对英国瓜分奥斯曼帝国的决定的抗议。甘地支持哈里发的事业，在其反对英国统治的不合作、非暴力抵抗运动中，将之与民族主义自治（swaraj）需要相结合。基拉法特运动的支持者认为泛伊斯兰主义与民族主义是互相兼容的；印度人的自由与哈里发的事业之间被视为有着千丝万缕的联系，因为印度教徒和穆斯林都处在英帝国统治的压迫之下。该运动代表了国家层次上的国大党、哈里发、穆斯林之间的联盟，不同信仰之间的和谐关系、印度教徒和穆斯林之间的政治团结、农民起义的支持，共同构成了这一联盟的基础。在唤起民众对这一事业广泛支持的过程中，乌莱玛（宗教学者）起到了至关重要的作用，为运动提供了合法性，如果让接受西式教育的穆斯林来领导这一运动，是不可能成功的。乌莱玛和受过教育的奉行自由主义的穆斯林知识分子之间的联盟，比如，阿里格尔（Aligarh）穆斯林大学与穆斯林联盟之间的联盟，是经过精心培育的，以增加其公信力（Hasan 2002, 96—104）。

　　然而，基拉法特运动也释放了其他更具分裂性的力量。在1921年的一次会议上，一些乌莱玛对与印度教徒达成联盟的必要性提出了质疑，并在运动的方向方面呼吁更大程度地把伊斯兰教法结合进去（Hasan 2002, 109）。印度教民族主义者把这一运动视为穆斯林争取治外法权的一个例子，这就暗示，穆斯林作为印度人的民族主义大打折扣（Hasan 2002,

97—98)。1921年在印度南部一些穆斯林机构和领导发出了吉哈德圣战的呼声，并引起了暴乱，这使得甘地取消了非暴力抵抗运动（Hasan 2002，109—110）。不久以后，土耳其的穆斯塔法·凯末尔（Mustafa Kemal）废除了奥斯曼哈里发，而奥斯曼哈里发的存留问题成为印度穆斯林支持者有争议的问题。这使得印度的基拉法特运动失去了其反殖民主义的焦点和标志。

有时候分裂被归因于阿里格尔的赛义德·阿赫默德汗（Saiyid Ahmad Khan）及其他一些作者的思想。他们都是印度次大陆穆斯林分裂主义作家，但是"共产主义意识"的出现是渐进的、不平衡的，考虑到各种穆斯林社团的社会生活的复杂性及其教义的差异性。一些历史事件，比如1905年孟加拉的分裂，以及1906年全印度穆斯林联盟的成立，都造成了印度和巴基斯坦的分裂，英国立法提供了两国理论的框架基础，这也是可以想象到的。1909年的莫莱—明托改革法案（Morley-Minto），授予穆斯林以独立选民权，也使得以宗教为基础划分印度社会的殖民观点合法化了。在1930年，伊克穆罕默德·伊克巴尔（Mohammad Iqbal）提出建立一个穆斯林国家的思想，这个国家应该在印度的西北部地区，那里的人口大多为穆斯林。

根据一位学者的观点，巴基斯坦的形成的主要动力可归因于第二次世界大战期间国大党领导的严重失败（Hasan 2002，197）。在哈桑看来，如果联合穆斯林联盟，且国大党坚决重申建立一个"世俗联合国家"，那么双方组织为争取独立的力量也许都可以得到巩固和统一。但是，当时国大党的政策反映了该党右翼分子向印度教民族主义分子支持者的妥协。右翼分子对国大党内人数不断增加的穆斯林积极分子倍感警觉。印度教民族主义分子组织在国大党内很有影响力，他们坚决反对建立国大党与穆斯林的任何形式的联盟。国大党内的穆斯林也反对联盟，某种程度上是出于保持他们的突出地位的忧虑。在那样的环境下，穆罕默德·阿里·真纳（Muhammad Ali Jinnah）领导的穆斯林联盟赢得了公信力，它声称代表着印度穆斯林社团（Hasan 2002，201—203）。

在讲到印度国家分裂的时候，也不应该仅仅只提到国大党、穆斯林联盟、英国之间的相互影响，而不提及其他因素，比如像巴基斯坦伊斯兰促进会（Jamaat-i-Islami）和一些迪奥班德（Deobandi）学派的乌莱玛，这些联合会共同提倡的"有关伊斯兰教、穆斯林国家和伊斯兰社会的诞生"之类的立场（Hasan 2002，313）。该立场反映了各种各样的利益和忧虑，主要是一些社会特权阶层，如地主和专业团体，而不仅仅是压倒一切的建立一个伊斯兰社会的诉求。需要考虑的另一因素是，真纳决不代表许多的印度穆斯林，他的立场并不反映他们的多元观点。"巴基斯坦既不是每个人的梦想，真纳也不是社会主义和马克思主义、迪奥班德学派的乌莱玛以及穆斯林政治群体什叶派政治会议。这些团体被边缘化，艰难挣扎于国家和各省政治主流的边缘"（Hasan 2002，314）。此外，代表着印度穆斯林的不同团体对待分裂问题的态度也是完全不一样的。成立于1919年的印度学者组织（the Jamiyat-i-ulama-Hind）在20世纪40年代坚决反对分裂，致力于复合民族主义。相反，毛杜迪（Abul A'la Maududi）于1941年成立的伊斯兰促进会（the Jamaat-i-Islami）则致力于在巴基斯坦建立伊斯兰国家的事业（Hasan 2002，369—371）。第三个原因是，分裂时形成的国家边界对大部分印度教徒、穆斯林、锡克教徒来说是没有任何意义的，反映的"仅仅是政治家、律师和知识分子头脑中的形象"（Hasan 2002，314）。

　　穆斯林对统一的印度这样的问题的反应，不能简单归类为单独群体的诸如"世俗的"与"宗教的"这种二元对立的动机。假定那些支持印度统一的穆斯林都是不信教者，而那些赞成印度分裂的穆斯林都是信教者，这是错误的。这种简单的二分法的前提是对"民族主义穆斯林"这一术语的误读，在这一术语中"民族主义"与宗教的世俗否定异曲同工，而"穆斯林"则关涉的是身份。所谓的穆斯林分裂分子和所谓的穆斯林民族主义者的政治举措的动机都来自"宗教共同体的利益"（Metcalf 1985，1）。另一个有问题的假设是把某些人物，如阿杰玛尔·汗（Ajmal Khan），安沙尔（Ansari）和阿卜杜拉·阿扎德（Maulana Abul Kalam Azad），划入"穆斯林民族主义者"的行列，他们被视为穆斯林的另类，意味着他们的民族主义感情不为大多数穆斯林所共享。如果这是真的，那么甘地和尼赫鲁（Nehru）则应该被称为"印度教民族主义者"（Hasan 2002，8）。因此，诸如阿卜杜拉·阿扎德这些穆斯林领袖的呼声在印度次大陆的历史上一直是被忽略的，不管是"帝国的"，"世俗的"，还是"公共的"。这种误导性的叙述刻画出了印度教徒和穆斯林在宗教动机方面的分裂，进一步证实宗教显著地塑造了印度次大陆的历史。

相反，我们必须了解反殖民的印度民族主义与印度教民族主义之间的关系。印度教民族主义组织并不与国大党并肩作战。但是，一般来说在更广泛意义上的反殖民话语中，印度教徒的宗教文化民族主义被认为是与反殖民民族主义的主流紧密相连的。"印度教徒的利益"被认为是与印度的利益相同的，或至少是相兼容的，这也反映出一种多数人的推理。形成鲜明对比的是，"穆斯林的利益"被认为是与"民族"利益相分离的。印度教徒，包括国大党中的一部分印度教徒，他们似乎从19世纪开始就持有这种假设，并使之深深地内在化了。正如尼赫鲁在其自传中所说，"许多国大党成员，其民族主义外衣遮盖的是社团主义者"（1936，136）。

在穆斯林这一方，我们也不能假定其宗教领导都一致赞同或支持两个民族主义理论或者一个或两个民族在独立之后即将采取的统治方式。一些穆斯林宗教领导和政治领导联合起来，提出了两个民族主义的理论并呼吁建立巴基斯坦，但是也有一些穆斯林联合起来支持印度统一，抗议两个民族主义的提议。比如，迪奥班德的达卢姆乌鲁姆学院（Dar‑ul‑Ulum）是世界上最大的伊斯兰教学校之一，其在印度自由运动中就曾起过主导作用。形成鲜明对比的是，国大党提出的一个民族理论最忠诚的支持者中，许多人都是乌莱玛，他们依旧设想一个独立的印度正是实现伊斯兰教法规则的途径。具有讽刺意味的是，最热忱的巴基斯坦的支持者是穆斯林社团主义者和社会主义者，特别是那些与进步作家运动（Progressive Writers Movement）有关联的人，他们是完全反对伊斯兰教法的（Ansari 1990，189）。

归根到底，不管是出于什么原因，一个民族主义理论的支持者都未能实现其愿景。伴随独立而至的是印度次大陆的分裂以及难以想像的大规模的印度教徒和穆斯林社团之间的暴力，在新形成的印巴边界上，双方有成千上万，甚至上百万的人，在宗教暴力中丧生。分裂的后遗症继续困扰着这两个国家之间的政治关系，以及两个国家内部的主体民族与少数民族之间的关系。分裂的阴影还持续萦绕着印度世俗主义的现状及其未来前景，正如下文所述。

三 独立之后的宗教、国家和政治

此处的核心议题是，在多大程度上以及在哪些方面，印度世俗主义在不同宗教社团之中（不仅仅是穆斯林）以及在整个印度社会中是作为公民理性的原则或基础而起作用的。相关的问题还包括世俗主义是否是一种合法性话语，让跨越了性别、阶级、宗教、地域和语言界限的最广泛的印度公民参与公众话语。在现实中国家是否以公正而中立的方式使用世俗主义，真诚地培育一种公民理性的平等主义的文化？对于本书的基本命题而言，核心问题是，独立后的印度的世俗主义是否已经清楚地意识到，或者已经体现了伊斯兰教和政治，以及伊斯兰教和国家之间的区别。

回顾前文的主要结论，显而易见的是，前殖民时期印度次大陆的政治传统体现了宗教和国家相分离的一种实践模式，相伴而生的是一种宗教和政治权威也需要互相支持的结构。这种前殖民印度模式，换句话说，原本具有转变为一种印度世俗主义的潜质，在印度教徒、穆斯林和其他印度社团的文化和社会体系的框架之内，是应该具备合法性的。但是惨痛的殖民入侵基本上破坏了这种可能性，严格遵照领土所属国的欧洲模式引入了世俗主义，强行取代了政治权威的本土历史结构。殖民统治者在他们自己和印度民众之间设立的种族区别还意味着殖民国家的主权不是授予印度人民的，毕竟他们仅仅是被统治者，而不是公民。通过殖民统治政策引入的世俗主义是一种消极的话语，根本不是以印度人的公民理性为基础，也未能使其参与其中。此外，传说的宗教中立政策，具有讽刺意义的是，需要对社团的宗教生活进行干涉，构建"个人身份法"的领域，以此作为印度人的宗教生活的同义语。的确，殖民政策主要以宗教把印度社团界定为全然孤立的和不同的民族，因此削弱了建立在本国共享和平等的公民权基础之上的印度世俗主义的可能性。

社团关系依殖民者对印度人的观念被打造出来，通过各种国家政策得以表述和实施，也包括殖民者对印度历史的诠释，穆斯林被认定为印度次大陆的外来者。印度教徒和穆斯林被视为两个"民族"，这种观念也被印度教徒和穆斯林组织所接受，从而在印度反殖民运动的主流里限制了民族主义的宗教文化话语。在运动的初期，相对更具广泛性和参与性的反殖民民族主义代表的是一种不同版本的印度世俗主义，而不是英国殖民者的世俗主义。换句话说，反殖民民族主义本能够为印度世俗主义提供基础，使其深深植根于广阔而包容性的印度文化和宗教价值观中。但是国大党和穆斯林联盟的政策太过于看重印度教徒和穆斯林各自的利益，这意味着正在形成之中的印度势必要在独立之时分裂。正如之前强调的，一些学者表明，对于印度教徒和穆斯林的社团意识的形成而言，殖民时期提供了关键的历史框架，而另一些学者则将其追溯至更早历史中出现的张力。不管其起源或者更早历史中出现的社团之间的张力是什么，在新近形成的印巴边界上印度教徒和穆斯林之间野蛮的宗教暴乱和暴力，到目前为止已经构成了后殖民时代印度世俗主义所要面对的挑战。

根据1991年人口普查，印度总人口约为8.39亿。印度教徒为6.88亿，占总人口的82%；穆斯林为1.02亿，占12%；基督徒2000万，占2.32%；锡克教徒1600万，占1.99%；佛教徒占0.77%；耆那教徒占0.2%；其他约占2%。几乎在所有各州，印度教徒都是多数。穆斯林只有在查谟和柯什米尔这一个州是多数社团，他们占总人口的64%；在拉克沙群岛联合属地，他们占总人口的94%。在印度的12个州中，他们是主要的少数民族（Madan 2004, 44—45）。但是该人口统计概况主要是1947年的分裂造成的结果，这明显改变了印度各个地区的宗教构成，大批的穆斯林移民到了巴基斯坦，大批的印度教徒移民到了印度。特别的是，几乎所有的专业的以服务为基础的穆斯林中产阶级似乎都移民到了巴基斯坦（Qureshi 1998, xii）。鉴于这段历史和当前的人口统计资料，尽管下文也罗列了频繁爆发的暴力冲突，但是我们认为在印度不同宗教社团相对和平而宽容地共存，得出这样的结论依旧是合理的。不幸的是，在近几十年里，这一点似乎在衰退。

尽管不同社团之间的关系还远非理想，但是在独立以后的几十年里，情况似乎渐趋恶化了。即使有时候这种紧张关系没有公开表达，但是社团间的关系的特点是猜疑、敌对，不同团体之间缺少对话。20世纪80年代以后印度教徒的民族主义的复苏，以及1992年12月6日巴布里清真寺（Babri Masjid）被毁及其余波，下文将做讨论，这都使情况更加恶化。一般来说，近几十年来，印度所有的宗教社团的成员，不管是印度教徒、穆斯林，还是锡克教徒，对宗教认同似乎都持有更加保守和僵化的观念。20

世纪80年代也目睹了印度教徒、锡克教徒和穆斯林中宗教极端主义的上升。1984年印度总理英迪拉·甘地（Indira Gandhi）被他的锡克教徒保镖刺杀之后，印度的一些地区，特别是德里，爆发了反锡克教暴乱，一些议会领导被认为是其同谋。此外，20世纪90年代传统的种姓冲突在破坏社团共存方面显得尤为突出了，当时的总理维·普·辛格（V. P. Singh）提出了一项提议，旨在政府教育制度方面扩大受益人群，并向更广阔的印度社会阶层增加就业机会，这一提议却遭到了大批上层种姓印度中产阶级的强烈抗议。种姓分层愈发明显了，在一部分人中产生了印度教激进主义，他们担心支持印度教的选票将会被分化。

除了分裂造成的余波以外，在印度，印度教徒和穆斯林的关系呈现出了周期性的暴力和暴乱的特点。1961年贾巴尔普尔（Jabalpur）发生了暴乱，1969年在印度艾哈迈达巴德市（Ahmedabad），1970年在贾尔冈（Bhiwandi-Jalgaon）也都发生了暴乱。20世纪70年代末和80年代初也发生了一系列大规模的暴乱。由包括来自印度内政部在内的多方资料汇编而成的官方数据表明，从1954年到1982年这种暴力事件总数高达6933起（Brass 1990, 198）。正如一位学者所做的总结：

> 从1982年到1985年，军队出动多达353次以维持不同地区的法律和秩序。从1980年到1989年，印度发生了近4500起社团暴力事件，其中7000多人丧生，几乎是70年代同类事件死亡人数的4倍。受社团暴力事件影响的区域的数量也在急剧增加，在全部的403个行政区中，从1960年的61个区增加到了1986年至1987年的250个区。仅在1988年这一年就发生了611起社团暴力事件，其中55%发生在农村地区。在全国范围内越来越多的事件被官员归类为"异常敏感"（而不是"敏感"）的社团事件，从1971年的89起上升到了1988年的213起，"异常敏感"的行政区也从82个上升到了100多个。（Upadhyaya 1992, 821—822）

如此严峻的形势，对其原因的分析是多样的。比如，一种观点考虑到了艾哈迈达巴德（Ahmedabad）、海得拉巴（Hyderabad）和阿里格尔（Aligarh）这些地区的差异，及其相似的概况，但就其出现的民族暴力而言却大相径庭（Varshney 2002）。艾哈迈达巴德与苏拉特（Surat）相比较，海得拉巴与勒克瑙（lucknow）相比较，阿里格尔与卡利卡特（Calicut）相比较，这种观点认为在公民社交生活（civic associational life）模式强大的地方，暴力事件较少。该项研究使用了社交圈（associational networks）的概念，以凸显不同社团中更加牢固的公民社交圈，而不是日常关系中的非正式圈子（50—51）。这样，在卡利卡特，尽管早期历史上也出现过暴力，包括20世纪20年代发生的玛普拉赫（Mapillah）叛乱，但是印度教徒和穆斯林联合起来反抗种姓镇压（167）。在勒克瑙（lucknow），当地的纺织经济把印度教徒商人的利益、印度教民族主义者的同情，以及穆斯林工人的利益联系在了一起（203）。但是在阿里格尔和海得拉巴，这种当地经济层面上的整合式结构则不存在（127—29，213—15）。在苏拉特，印度教徒和穆斯林不管是在日常生活中，还是在社交圈内，都联系在一起，即使在1992—1993年宗教社团关系紧张的时期，情况也很稳固，在当地这种社交圈是存在的，而不像在暴力频发的贫民区，这种结构是缺失的（260）。

　　另一学者认为群体性的印度教徒与穆斯林之间的暴力事件不是自发的，或者完全因具体情境因素而偶然发生，实际上是由政治事件引发的（Brass 2003）。在这一观点看来，没有一种单一的起因可以解释印度的所有或大部分印度教徒和穆斯林的暴乱及反穆斯林的屠杀事件。但的确存在着"制度化暴乱体系"，其间各种参与者——个人的和团体的——在别有用心制造的暴乱中发挥着特殊的作用。在政治党派纷争和大规模政治动员的环境下，暴乱就发生了。暴乱发生的这一模式被视为是印度独立前的，并一直持续到了独立时期。此处还可引述其他多种理论，但就我们的目的而言，既不可能也没必要笼统地讨论或解释群体暴乱和暴力的方方面面。相反，我们的目的是强调不同社群间潜在的不信任以及国家在反复出现的大规模暴力事件中未尽其责的意义，这又极易产生国家偏见。

　　之前我们已经注意到英国殖民统治是如何培植并操纵了穆斯林是外来者这一观念，并通过印度教民族主义组织在独立斗争中使这种观念持续发挥着作用。在独立后的印度，特别是从20世纪80年代以后，随着印度教民族主义的复苏，称之为联合家庭（the Sangh Parivar）或者印度教民族主义组织之家的组织，致力于宣传印度教徒是印度真正的原著民，而穆斯林则是外来者的观念。印度教民族主义者的历史宣传，其目的不仅仅是诽谤穆斯林，而是通过唤起印度教徒对穆斯林入侵英勇抵抗的传统，旨在刺激印度教徒维护其权力。在努力调动印度教徒果断行动的诸多事例中，在伽玛胡密（Ram Janmabhumi）运动中流传的阿约提亚（Ayodhya）这座城市的"历史"尤其展现了印度教运动的长期核心目标之一。印度教民族主义者认为1528年由巴布尔皇帝（Emperor Babar）修建的巴布里清真寺是在印度教的罗摩神（Lord Ram）的出生地的一座神庙废墟上建立起来的。阿约提亚的"历史"描述了印度教徒对拆毁神庙的反抗，清真寺可能是建于1528年，之后印度教徒要求将之收回。例如，据称当神庙初次被拆毁的时候，174000名印度教徒牺牲了自己的生命以抵抗穆斯林，另有35000名印度教徒在其收回神庙的77次战斗中丧生（Panikkar 1999，xii-xiii）。整个20世纪80年代，印度教徒提出从穆斯林手中"解放"圣地和印度这个国家的要求，达到高潮的是，1992年12月6日存有争议的巴布里清真寺毁于一伙印度教民族主义暴徒之手，之后就是遍及孟买和印度其他地区印度教徒与穆斯林之间的流血事件。

尽管反殖民民族主义中也有精英主义及其他缺陷，但它总体上来说是有包容性的，调动社会各界朝着独立的目标迈进，可是后殖民时期的国家建构事业却不具有同样的包容特点。不同族群和不同种姓之间的张力被高文盲率和贫困恶化了。印度这个国家也未能处理政治紧张的局势以及承担起抵制少数族群犯罪，捍卫正义的责任（Prasad 1994；Daud and Suresh 1993）。在这方面，最明显的失败是，未能为在1992—1993年的暴乱（巴布里清真寺遭到毁坏之后）中丧生的人主持公正。克里希那委员会（the Srikrishna Commission）被委托调查1992年12月和1993年1月发生在孟买的暴乱事件。受命进行的工作包括核实在暴乱中参与谋杀、强奸、纵火等犯罪行为的个人的身份，以及调查政府部门未能采取果断措施制止暴力的失职行为。委员会的报告在总结部分清楚地表明，马哈拉斯特拉邦（Maharashtra）中的一个地区性印度教民族主义政党湿婆神军党（Shiv Sena）及其领导，在孟买暴乱中向穆斯林发动有组织的进攻而犯下的罪行负有责任。1996年，在马哈拉斯特拉邦受湿婆神军党控制的政府终止了该调查委员会的任职，没有为本应承担责任的流血事件采取任何行动，也包括孟买的警察，他们也应该为其罪行负责。1996年1月23日马哈拉斯特拉政府也宣布打算放弃 24 起煽动暴行的案例，以及其他与湿婆神军党的头领印度湿婆神军党领袖拜·萨克雷（Bal Thackeray）相关的暴乱指控。

国家的另一失职表现在对 2002 年发生在印度的古吉拉特邦的反穆斯林暴力的善后处理方面。据说 2002 年 2 月 27 日载有一大批印度教民族主义支持者的萨巴尔马提快速列车的一节车厢在高德拉（Godhra）被一伙穆斯林点燃（Bunsha 2002）。印度教徒和穆斯林的目击证人都注意到，当一印度教民族主义组织"世界印度教徒会议"（Vishva Hindu Parishad）的成员，下车后攻击骚扰穆斯林商贩时，暴乱开始了。紧接着是攻击与反攻击，致使火车被烧，59 人死亡（Punwani 2002，47—51）。之后印度教暴徒连续袭击穆斯林，650 多名穆斯林丧生。穆斯林聚居的城市街区和乡村都成为袭击的目标，穆斯林往往被活活烧死。在古吉拉特邦当时执政的印度教民主主义的印度人民党（BJP）和州警察的怂恿和支持下，反穆斯林暴力演变成了一场大屠杀。

根据这些综述，下面我将从世俗主义的角度评论印度的经验。特别是，我所关注的是从印度世俗主义方面探讨可怕的社群间暴力的影响。

四　印度国家世俗主义和社群关系

1950 年宪法颁布之时（Panikkar 1999，viii），世俗主义被认为在保护宗教少数群体和减少印度独立之后宗教或文化冲突方面尤为重要（Bhargava 1999，1）。宪法所阐述的世俗主义的三大原则是"宗教自由"、"国家对宗教保持中立"和"受监管的和革新的公正"（Dhavan 1999，48—50）。第一条原则——宗教自由，涉及的面很广，涵盖了信仰的所有方面，包括但不限于宗教思想、信条和保护免受宗教歧视的权利。第二条原则力图建立一个参与性的世俗国家，国家在对所有的宗教支持和宗教庆典方面都保持中立，不歧视其中的任何一个。第三条原则强调社会改革，明显地国家会对一些宗教事务有所干预。

尽管这些原则内部和之间存有持久的紧张关系，但是宪法力图根据每一条原则的精神在它们之间达成平衡。比如，所有信仰的庆典规则将以不针对任何一种宗教的无偏私的方式运行。第三条原则涉及到了对宗教的社会问题方面的改革,这也许与前两条原则相矛盾。国家从宗教之中独立出来,一些学者认为这意味着对所有宗教同等对待;它可以理解为一项原则化政策,这将干预和弃权的规则结合起来(Bhargava 1999, 7)。

尽管印度的宪法制定者一再肯定世俗主义的价值,但不可避免的是,其结果是复杂的,甚至是自相矛盾的。这种复杂性来自于印度世俗主义的特定历史(从其前身到独立时期国家确立的原则)。不过,印度世俗主义在其独特的背景下是一种深刻而有争议的话语,这一事实并不意味着它太独特了而不能称之为真正的世俗主义。相反,我认为每个社会对世俗主义的理解和体验都必然是有争议的,并带有深深的环境的烙印。与这一观点相一致的是,显而易见在印度宗教与国家相分离,随着时间的推移还不够稳定,也不仅仅是对西方经验的映射或效仿。正如一位印度学者所解释的:

> [A] 在印度还存在着普遍的误解,他们认为宗教与国家保持一种独特而简单的分离,这是所有现代西方社会的一大特点,这种分离被认为无论在哪里其方式都是一样的,因为人们对宗教与国家这种确切的关系看法是一致的,这是不争的事实,在所有的西方政治中国家的世俗性是确定而稳定的……西方的世俗主义在本质上也是有争议的,它的特点、它极力倡导的价值观、如何最好地追求它等,这些都未达成一致;在西方每个国家都达成了一种特殊的政治妥协,而不是实施一种世俗主义所呈现的价值所特别要求的解决方案。分离理论在美国、法国、德国都是不一样的,即使在同一地方,在不同时间对其解释也是不一样的。(Bhargava 1999, 2—3)

印度世俗主义具有尝试性和有争议的特点,可以从以下事实来理解。1976年之前"世俗的"一词未被纳入宪法,除了在第25(2)(b)条款中偶尔出现。1976年宪法第42次修改,"社会主义的"和"非宗教性的"这些词语才被写入前言部分,说印度将会成为一个世俗的共和国。《第42次宪法修订案的目标和原因声明》解释说,加入"非宗教性的"一词是为了明确解释世俗主义的崇高理想——也就是说,是为了清晰地说明宪法中曾经暗含的意思。这样,尽管为新印度这个国家提出的世俗主义的价值观似乎毫无疑问地被纳入了宪法，但是在国家建立之时，对印度社会来说世俗主义的确切含义和弦外之音都还悬而未决（Dhavan 1987，213）。

尼赫鲁和其他民族主义领导所理解的印度世俗主义究竟代表的是一种真正遥不可及、激进的观念原则，还是反映了一种不适合这个国家的、被误导的乌托邦式的想法，印度学者对此看法不一（Khilnani 1999；Bhargava 1999）。但对于我们此处的目的而言，尼赫鲁的世俗主义最重要的缺陷似乎恰恰在于其缺乏实质性的权威，因为它的出现既不是不同宗教间协商、争论和讨论的结果，也不是印度不同社群内的世俗观点：

> 在印度独立前的二三十年里，尼赫鲁主持的议会拒绝让世俗主义的政策通过不同社群之间的协商而浮出水面，而是与英国交换意见时多次否认真纳的主张，真纳认为穆斯林联盟代表的是穆斯林，锡克教的领导代表的是锡克教徒，哈里真（Harijan）领导代表的是贱民社群。这种否认的基础仅仅是，作为一个世俗的政党，他们不能接受的是他们没有代表所有这些社群的观点。因此，世俗主义一直未能得到机会在这些不同社群的创造性对话中浮出水面。这就是独特之处。（Bilgrami 1998，395）

如果世俗主义经历了协商的锻造，并且在社群—宗教框架下完成了它的合法化，那么它将与这些结构建立起一种有意义的关系。然而，考虑到尼赫鲁所理解和采纳的这种模式，印度世俗主义原本仅仅是一个"持续的过程"（Bilgrami 1999，396）。

不管怎样，出于我们此处的目的，更广泛的问题是，印度世俗主义究竟是不是连续的、本土政治传统的产物，这样的传统本能够为其提供，或者也许依旧为其提供着潜能，使其在印度社会不同的社会、文化背景中获得大众合法性。根据阿玛蒂亚·森（Amartya Sen）所述：

> 我认为，异教的漫长历史不仅承载了印度民主的发展和续存，而且还为印度世俗主义的出现，甚至对印度世俗主义所具有的完全不同于西方所界定的世俗主义的形式做出了杰出的贡献。对宗教多样性的

包容清晰地反映了印度是他们共有的家园——在历史纪元表上——印度教徒、佛教徒、耆那教徒、犹太教徒、基督徒、穆斯林、拜火教徒、锡克教徒、巴哈伊教徒，等等。(2005，16—17)

阿玛蒂亚·森的观点可以理解为一种肯定印度传统中的多样性、开放性，以及不同信仰间的对话，与当今的世俗主义（无论是以宪法的形式展现的，还是社会条件中的），二者之间既存在着历史基础，又有足够的连续性（19）。阿玛蒂亚·森认为，这种历史影响体现在更加强调其中立性，比如，与法国模式的更加简朴的世俗主义相比较，法国模式的世俗主义更强调对宗教标志的禁止（19—20）。

阿玛蒂亚·森的观点受到了拉马钱德拉·古哈（Ramachandra Guha）的批评，他说"阿玛蒂亚·森在使用了'印度'一词时时间不正确；提到了在其的意思被了解或者其曾经展现的政治和文化统一性之前的很久的一段时间"（2005，4422）。古哈质疑阿玛蒂亚·森归因于莫卧儿皇帝阿克巴尔（Akbar）的政策连续性，以及16世纪的观点塑造了今天的法律和政策。"在提出古代历史与现代政策之间的相关性的这些（很大的）论断的过程中，阿玛蒂亚·森与印度教阵营的人是一致的，不同之处在于他通过印度的过去支持谁或者什么。"（4423）

有关印度世俗主义的另一重要视角来自印度社会学家阿希斯·南迪（Ashis Nandy），他的批评源自印度世俗主义中的精英主义，及其给受教育的中产阶级精英人士提供特权的事实。他还发现国家强加的世俗主义是有问题的，他认为那种形式的世俗主义与宗教传统中的宽容相对立。就我对他的观点的理解而言，他所反对的世俗主义的观点，对宗教是充满敌意的、反对的，呼吁宗教与政治相分离，不仅仅是宗教与国家相分离。此处不可能讨论南迪早期的观点以及他与别人的辩论，但是他的最新的言论应该值得关注。他认为独立之后的几十年里，世俗主义起着相当积极的作用，但是自从那时起它开始变得问题重重了："随着政治参与的扩大和暧昧的世俗化进程的加速，世俗主义已成为意识形态的标志"（Nandy 2007，108）。在他看来，"世俗主义本身出现了一些严重的错误，特别是在社会方面，与欧洲所经历的不一样，不同宗教之间没有明显的边界，也没有教会之类的结构。这些社会几个世纪以来接受了宗教多样性的事实，也承载着殖民统治的记忆。在这样的社会里,重要的是世俗主义的概念不能植根于文化,特别是本土文化,其概念对普通民众来说没有任何意义"(111—112)。不像那些依旧肯定世俗主义价值的那些人,尽管以它目前在印度的形式来看,他们很怀疑其前景,南迪认为世俗主义的境遇已经相当好了,也给社会带来了好处,但是现在其潜能已耗尽,所以印度需要一个"新一代的概念"(112)。他对备选概念的探寻,不是出于世俗主义与印度文化格格不入,这一点当然很重要,而是出于"在政治参与不断增长的时期世俗主义的政治不可持续性"(113)。

正如本章前面我概括的,我从这些争论之中获得的是,世俗国家观念的一些要素将在印度次大陆的政治传统中找寻,但其他方面却是完全缺失的。根据支持在每一种环境下世俗主义的文化正统性和宪法的需要,把先前的文化要素视为世俗主义和宪法的前身和基础,这也许是可行并且可取的。如果认为世俗主义的当代政治信条在过去就得到了充分的发展和理解,若想找到这样的线索,既不可能,也没有必要。也许阿玛蒂亚·森夸大了他的研究,而拉马钱德拉·古哈又过度解读了阿玛蒂亚·森所说的。我们的目的的关键点在于我们能否为某一种思想找到历史支撑,尽管显而易见的是其形式不一样,该思想确切的当代意义也不一样。我认为,本章前面的历史回顾已充分证实了印度世俗主义的历史前身。既然各地的世俗主义往往都有其发生的背景,充满了争议,并且随着时间的推移而改变,如今印度世俗主义正受到来自诸如南迪这样的学者的挑战,这是合理的。我认为,他批评把世俗主义仅仅看作是宗教与国家的分离,这恰好支持了我的观点,即有必要把那种分离和宗教与政治关系中的肯定和规范结合起来。

个人有宗教信仰的自由,这样的观念在印度教、佛教和伊斯兰教社会中都有基础,但是国家应该放弃来自宗教的物质支持,在这个意义上宗教与国家相分离,这在印度、佛教或者伊斯兰教传统中都是陌生的,在这些传统中宗教受到皇室授权,这是政治权威应尽的部分义务。国家世俗主义的这一方面随着英国殖民主义被带到了这个地区,强加给了欧洲附属国。在这个意义上,世俗国家概念的发展可归因于西方的源头(Smith 1999, 184)。但这仅仅是敬请期待的,因为殖民和后殖民国家的概念本身都是欧洲的。对我们此处的目的而言,更重要的是,殖民经历并不否认与西方相遇之前在印度社会作为一种文化价值的世俗主义的观念存在着更广泛的意义。

另一相关要素是印度国家世俗主义与印度宪法的规定有着复杂的关系，宪法允许不同宗教社团依据其个人身份法管理婚姻、离异、继承等相关事务。这里首先应该注意的是，这一特点是殖民统治的遗留物，他们认为个人身份法与宗教身份和宗教权力是一样的。印度独立之后继续沿用了这一方法，造成了宪法的不同规定之间的冲突，一些规定保障所有市民平等的基本权利，一些却将权利归为带有歧视性规定的个人身份法中。这样宪法第 44 条和第 26 条就存在着冲突：第 44 条中"国家政策指导原则"之一，要求国家争取制定一个统一的民法典；第 26 条给每一个宗教教派赋予处理自己事务的权力。印度独立时界定的国家世俗主义内部的这些冲突不同于英国殖民条文所假定的对宗教社群的中立。面对刚刚逝去的历史中的不同宗教间的不和谐和暴力，面对利用宗教达到政治目的可能性，印度国家世俗主义很敏感。

换句话说，印度世俗主义被认为是一种手段，以确保在这样的发展过程中国家自身不应该成为一种工具。为了这个目的，印度世俗主义并不寻求把宗教纳入私人领域，而是为国家保存一个角色，为宗教机构和组织提供支持（Smith 1999，216—220）。然而，与此同时，在印度这样的环境下，作为一种"积极的"学说，世俗主义的实质性内容还没有完全澄清。相反，它受制于一些矛盾的规则，比如，一方面是国家发起的社会和宗教改革，另一方面是集体宗教自由的权利。尽管国家世俗主义确实在印度的政治传统中找到了一些先例，但它并不是以一种连贯的学说深深植根于这些传统之中。然而，有可能正确的是，殖民征服的事实排除了为这些张力提供满意解决的可能性。殖民政策的残留也有可能很难让印度世俗主义扎根于宗教和社群的话语之中，而这一点本应该使这条原则在大多数印度民众意识中合法化的。

就我在本书中要论述的内容而言，印度国家世俗主义似乎明确承认，宗教和政治之间有联系，但是没有提出或体现这种联系与国家之间明确的界限。也就是说，在肯定国家和宗教相分离的同时，并未设法规范国家和政治之间的关系。更确切地说，自从独立以来，国家在实行世俗主义时，这三个范畴——国家、政治和宗教——之间的界线在印度世俗主义中一直就不清晰。正如下文要讨论的，印度在实践中履行对各种宗教保持中立时，显得无能为力，这导致了宗教与国家之间边界模糊。这也意味着作为宪法原则和社会价值的世俗主义，是作为公民理性的一种基础来运行的，但不一定总能为全体印度公民提供达到以包容或平等为基础的公民理性的途径。

自从独立以来，印度国家世俗主义在促成公民理性方面，以及在确保国家和宗教相分离方面，都是有问题的，这表现在几个方面。首先，在规范宗教在公共生活中所起的作用方面，或者宗教与政治之间的关系方面，没有提供相应的机制。根据一位学者的观点，这也许是尼赫鲁对宗教和道德的理解的延续，正如在"平等权利的社会政策、统一的民事法典、积极差别对待、教育普及和消除迷信"这些举措中所反映的（Mitra 1991, 765）。作为印度独立后的第一位总理，尼赫鲁"一开始就着手使宗教祛问题化，由此产生了一个存在于这个新生国家内部核心的悖论。这一悖论出现了，因为没有给宗教在公共事务方面提供任何正式角色的世俗国家却被叠加在一个宗教是重要的人际纽带的社会上"（Mitra 1991, 755—756）。

宗教在印度社会的公共生活中所起的作用没有得到澄清和解决，这又延续到了有关世俗主义的大众和知识分子话语中。与尼赫鲁把宗教视为现代化主要阻力的观点相一致的是，印度知识分子在评价宗教与世俗主义的关系时，都倾向于避免以宗教术语分析问题。因为他们通常认为宗教是产生原始社群激情的一个源头，所以印度知识分子提倡国家采取强有力的措施以反对社群主义，他们依旧怀念尼赫鲁时代，认为那是世俗主义的理想时代，尽管国家未能那样采取行动。虽然宗教是作为一种能够调动千百万人的政治力量存在的，但是国家的民主政治体系"没有以制度的形式表达有关宗教政策的需要，甚至没有提供适当的对话所需要的政治词汇。当提及宗教问题时，总是以轻蔑的和挑衅的方式来表述，这无疑使问题越发紧张"（Mitra 1991, 760）。

就我们的分析而言，在印度国家世俗主义的正式定义中，作为一种公共理性的源泉，宗教既没有被认可，也没有以任何结构化的方式被利用。虽然这还没有导致宗教与公共生活不相关，或者与公共生活完全脱离，但是对宗教的作用缺乏调适机制，导致了宗教身份有问题的危险的形式。对待不同的宗教社群，国家的中立性表现也不一致，同时国家与宗教相分离也是模糊不清的，这都使情况越发复杂。尽管国家的中立性要求国家机构与所有宗教保持同样的距离，但是在印度却不是这样的，不管是以社会改革为目的的干预形式，还是对国家特点的公开肯定。更确切地说，对不同社群给予不同的对待——比如，印度教徒和穆斯林——至少是以两种极端的方式对待的。

首先，在改革措施方面，与穆斯林社群相比较，国家对印度教社团更主动一些。比如，国家颁布法令，印度教的宗教机构应该向所有种姓和阶级的人开放，这是针对正统印度教所许可的以种姓为基础的歧视而确立的一项改革措施。因此，以世俗主义的名义提出的国家举措，相对于穆斯林社群里的弱势成员而言，对印度教徒社群里的弱势成员更有利，妇女的继承权问题就说明了这一点。1965年的《印度教继承法案》规定印度教妇女有权继承其世袭财产的一部分，但穆斯林妇女却不享有类似的权利（Thakur 1993, 649）。"在制定这一法案的过程中，印度议会大胆借鉴印度教的法律传统，引入了一些规定，包括离婚、女性继承及其他一些革命性思想"（Smith 1999, 227）。但是在解决与穆斯林社群相关的类似问题方面，却是失败的。

从这个角度看，印度国家向印度教徒社群所解释的世俗主义，似乎是不同于穆斯林社群的。对印度教社群，国家一直强调，改革的必要性远远超过集体宗教自由或宗教自由的必要性。形成鲜明对比的是，对穆斯林社群，国家却把集体宗教自由置于改革之上。国家在这方面的种种举措，引发了谁代表着不同的社群，谁为不同的社群发言等相关问题。"印度法律的修订，尽管对正统派而言很痛苦，但还是被接受了；毕竟，绝大多数立法者都是印度教徒"（Smith 1999, 227）。此处的言外之意是，对印度法律的更改被大多数印度教徒合法地接受了，不仅仅是出于国家的强制力，而是因为这是印度教徒提议的，也就是说，是社群内部话语的一部分。与此同时，以印度教徒为主体构成的立法机构为穆斯林处理类似的问题，却是失败的，造成这种失败的，或者是在穆斯林中缺乏合法性，或者是对穆斯林问题漠不关心。不管是这些原因中的哪一个，或者是其他原因，其结果都是没有平等地对待不同的宗教社群。比如，在通过国家组织管理印度教神庙方面，"调节神庙的管理以防止不当使用，这种政府授权执行负面功能，与对印度教的积极推进，二者之间的区别要么是未被理解，要么是被忽略了"(Smith 1999,226)。这既违背了国家中立的印度世俗主义原则,也表明国家与所有宗教保持同等距离的失败。同时也说明让国家以一种印度教组织的形式来运行,其结果是有问题的,不管这被视为是对印度教徒的优待还是对印度教社群的歧视。

此外,国家往往把印度教徒和穆斯林社群中某些保守人士的观点和立场等同于是这个社群的立场。与个人以及个人的权利相比较而言,国家经常优先考虑的是在抽象意义上理解的"社群"。由于每个社群内某些成员常常控制着该社群的集体呼声——不管是印度教徒、穆斯林、锡克教徒,还是基督徒——因此,这些社群内的一些成员不能平等地获得公民理性。这样,真正个人意义上的社群成员的个人呼声,实际上被视为从属于社群的呼声,或者是那些声称是代表社群讲话的人的呼声。也就是说,尽管印度世俗主义也许具有以平等的形式赋予个人和所有社群全体成员以权利的潜质,但是在实践中已被视为一项将群体身份凌驾于个人身份之上的原则,实际上导致了对特定个人的歧视。

国家的宗教中立也被宗教社群的政治操纵破坏了。贾瓦哈拉尔·尼赫鲁去世之后,他的女儿英迪拉·甘地(Indira Gandhi)长时间(1966—1977年)担任总理,经历了从权威措施不断增长到保留权力的历程(Brass 1990,40)。1975年,英迪拉·甘地(Indira Gandhi)宣布进入紧急状态,正式暂停了一系列的公民自由。尽管此举,或者也许是由于此举,国大党在1977年大选中输给了人民党(Janata Party),但是在1980年的选举中,国大党重新上台。大选获胜之后,在英迪拉·甘地领导之下的国大党开始培养地方自治主义政治,利用穆斯林社群的不满以获得穆斯林的支持,向穆斯林暗示只有支持国大党他们才是安全的。国大党及其反对党都从社群暴力事件中获得了政治优势(Brass 1990,202)。1984年英迪拉·甘地遇刺身亡,其子拉吉夫·甘地(Rajiv Gandhi)继位任总理。在1984年大选中,国大党迎合了印度教民族主义者和地方自治主义者的思想(Brass 1990,199)。拉吉夫·甘地政府延续了地方自治化的政治走向,对20世纪80年代末90年代初愈加激进的印度教右翼分子的歧视性言论未加指责。

这样,国家继续遵循着地方自治化的政治模式,培养了"投票银行",在一个印度教徒居多数的国家里少数族群的畏惧之心与日俱增。不仅仅是宣扬印度教民族主义的印度人民党（BJP），它从 1999 年到 2004 年带头合并全国民主联盟（National Democratic Alliance）政府，甚至连一般被认为是世俗的国大党都力求把国家与宗教认同合并。但此举并未试图改变宪法和国家定义的世俗特性。对印度教徒的吸引，不管是明示的（对印度人民党而言）还是暗示的（对国大党而言），印度国家世俗主义本身体现的是一种印度教的价值，植根于本质上的是印度社会的印度教特质。相应地，对穆斯林和其他少数群体的吸引表现于在一个政党的领导之下，国家（印度）将有效地充当庇护人的角色，以保护他们的权利。尽管在世俗主义的宪法话语中做了一些表面文章，但是自从 1980 年英迪拉·甘地再度执政以来，印度政治已经被对宗教社群的区别化对待的逻辑塑造了，而不是平等的公民权的话语。独立以来国大党控制着政府，这实际上造成了印度国家体系的一种妥协，包括世俗主义，从而使这些原则极易受到来自政府其他政党或联盟的进一步侵蚀。

由于印度政治中的这种地方自治主义，国家倾向于依据敏感性问题制定政策，以照顾不同社群的"情绪"。实际上，国家把世俗主义解释为在宗教事务方面对不同社群给予平等的让步，而不是与它们都保持同样的距离。通过这一民粹主义策略，国家不仅官方认可了有关宗教认同的保守而传统的解释，而且还助长了不断恶化的社群关系以及社群间的不断增加的敌意。国家已经提供了违背世俗主义和宗教管理的先例，潘多拉的盒子被打开了，对其结果国家往往无法控制。国家在沙伯娜（Shah Bano）案件中的行为清楚地说明了这一点。

沙伯娜是一位 62 岁的穆斯林妇女，1985 年她到法院要求与她离婚的丈夫支付生活费。印度最高法院的最终裁决是，依据刑事诉讼法第 125 条，与其他任何印度妇女一样，她有权获得其前夫支付的生活费。这一判决并非首例依据第 125 条准予离异的穆斯林妇女获得生活费的案例，因为多年来这样的判决太普遍了。在判决的过程中，最高法院试图通过对《古兰经》和逊奈部分语句的解释使其判决找到伊斯兰教的合法依据，但这一过程却引发了有争议的话语。最高法院也引发了出于国家整合的需要而制定一部统一民事法典的需要。尽管一些穆斯林律师和宗教领导也支持最高法院的判决，但是大多数有影响的穆斯林组织都对此提出质疑，认为是对伊斯兰教的攻击。比如，全印度穆斯林个人身份法委员会（AIM-

PLB）是持此观点的一方，发起了一场质疑此次判决的运动，理由是该判决是非伊斯兰教的，侵犯了穆斯林遵守其个人身份法的权利。全印度穆斯林个人身份法还挑战了最高法院对《古兰经》所做的非穆斯林的司法解释的权威，这场运动是在一批保守派穆斯林领导的带领下进行的，包括当时执政的国大党中的一些人。面对这些反对，沙伯娜（Shah Bano）放弃了请求执行判决。在国大党总理拉吉夫·甘地（Rajiv Gandhi）的领导下，议会通过了1986年穆斯林妇女（保护离婚权）法案，规定穆斯林妇女不得依据刑事诉讼法维护其利益，仅依照普遍接受的伊斯兰教法（Shari'a）在四个月的待婚期（idda）内获得补偿。印度人民党（BJP）及其他印度教民族主义组织将该事件扩大化了，将其描述为国大党和国家迎合穆斯林的另一例证。

萨尔曼·拉什迪（Salman Rushdie）的书《撒旦诗篇》被查禁，是印度处理穆斯林问题另一个例子，国家优先考虑的是集体宗教身份，而不是中立地对待宗教，同时也支持对宗教身份的保守解释。国家查禁该书的决定表明国家默认该书冒犯了穆斯林，是对穆斯林身份的一种攻击。在查禁该书时，国家却侵犯了言论自由权，国家做出这一有争议的让步的基础是，该书在印度的存在是对穆斯林的宗教自由的侵犯。限制言论自由以维持公共秩序，这样的逻辑是在怂恿来自任何团体的威胁，这些人以引起混乱为由，实则是希望压制他们不喜欢的观点和思想，结果受到惩罚的却是受害者，而不是制造混乱的元凶。具有讽刺意义的是，攻击某人的信仰就等于是攻击某人的身份，在巴布里清真寺（Babri Masjid）事件中，这一观点被印度教民族主义者用来反对穆斯林（Thakur 1993，651—652）。巴布里清真寺被毁之后是席卷全国的宗教暴力和对穆斯林的攻击。因此，照顾印度教徒的情绪、保护他们的信仰，这一观念为印度独立之后最具破坏性的、违反世俗主义原则的行径辩护，并为之推波助澜。

印度教民族主义党派对巴布里清真寺事件的利用是有成效的，因为国大党领导也以类似的方式处理这一事件。比如，1989年拉吉夫·甘地（Rajiv Gandhi）总理在被毁的清真寺所在的地方阿约提亚（Ayodhya）附近发表了一场竞选演说，在演讲中他呼唤印度的罗摩衍那（Ram Rajya，神的统治时代）。国大党的竞选宣言、司法部、政府、以及诸如人民党（Janata Dal）这样的政党都反映出类似的矛盾心理（Mitra 1991，761）。

我们的目的是对比一下政府在 1949 年巴布里清真寺事件中的举措，当时政府不但缓和了紧张情绪，而且维护了其中立的态度，但是在 1984 年却没有做到。在这两起事件之间，国家的中立衰退了，这使得通过法庭解决问题愈发困难了（Mitra 1991，763）。但是这种状况，如果是不能预测的话，起码是可以理解的：

> 政府不能严格贯彻中立主义，其背后的原因很容易理解。独立唤醒了民众的政治责任感，最终代替了遥远的殖民政府，尽管不完全是以武力为基础。更重要的是，独立见证了穆斯林人口比例的下降，从 40% 降至 14%，顷刻之间中立主义有效存在的社群平衡荡然无存。还有其他迹象可以表明，中立主义在边缘上挣扎。为了改善印度教贱民种姓和部落的物质生活，国家采取了一些权宜之策，相对于保护政策里的霸权原则而言，这些是重要的让步，导致了对国家声称宗教中立的某种程度上的含糊不清。（Mitra 1991，763—764）

印度独立之后世俗主义的削弱与不断恶化的社群关系，二者之间似乎也有着显而易见的相关性。诸如沙伯娜案件和巴布里清真寺事件这类事件都被政治化和社群化了，国家觉得有必要牺牲世俗主义的宪法原则，为了换取社群间的安宁而做出政治妥协。但是，从长远来看这样的妥协往往又加剧了社群间的紧张关系，因为这为国家中立、宗教自由、宗教言论权的滥用打开了方便之门。

上述对印度世俗主义的批判性评价，并不意味着这一原则在实践中是完全失败的，或者在将来注定要失败。考虑到殖民时期世俗主义的局限性，独立之后暴力广泛出现的背景，及其被引入时的分裂情况，在印度历史上世俗主义的确在关键时刻为国家与宗教之间的关系提供了一种平衡，尽管是不稳定的。但是，根据第三章里界定的公民理性的包容性话语模式来评价，印度世俗主义在几个方面都是有限的。比如，它倾向于关注以社群的名义发出的集体呼声，而不是那些社群里的个体成员的呼声。它还对宗教身份的某些特定解释胜过其他的，听取社群中某些成员的声音而不是其他人的，使不信教者的权利从属于信教者的权利。

还如前面提到的，与印度世俗主义的这些缺点相伴的是，对宗教的公共作用缺乏理论阐释和宪法表述。这种状况依旧存在,即使宗教在印度公共领域发挥着越来越明显的和有争议的作用。这种理论上的失败,意味着国家以一种专制的、机会主义的方式处理宗教的公共作用。有人认为,更加明确地界定宗教的公共作用,也许可以避免前面所强调的印度世俗主义的一些问题。但是,印度世俗主义的模糊性,为其以多种方式在不同社群中确保和维持它的合法性,提供了灵活性和可能性,这种情况也许是存在的。归根到底,对印度世俗主义的任何批评,目的都应该是强化其理论,引导其实践,而不是呼吁放弃其本身原则。

五 印度不同社群中世俗主义的合法化

本章的根本目的是,理解印度穆斯林社群与国家、与其他宗教社群的历史关系和现实关系是如何影响印度世俗主义的合法性和可持续性的,并证明世俗主义是随着时间而有所调整的、深受环境影响的一种概念和实践。之前的讨论也本着这一目的,揭示了这些多重关系之中的持续张力,以及从印度不同历史阶段一直到现在的不断变化的环境。特别是,印度的经历说明了国家对待宗教的中立态度,与规范和调节宗教在公共生活中的作用的需要,二者之间的张力是极其复杂的。

通过对印度的情况的分析,可以得出一个普遍的结论,除了单纯地坚持世俗主义和中立以外,还需要澄清宗教、国家和政治之间的关系。也就是说,需要一个在不同的宗教传统中提高和促进世俗主义合法性的过程,而不是简单地假设世俗主义的价值是不证自明的,或者是所有社群都会欣然接受的。世俗主义与宗教、文化和伦理的结构之间这种协商的结果是不能预测的,将依据涉及到的各种因素而有所不同。这些结果本身也是争论的主题,也是演进的,但是关键的是,这个过程不会自然发生,需要谨慎地发起并促进。社会活动者和舆论领袖可以采用多种策略和范式扩大世俗与宗教之间的公民理性的空间,使这一过程合法化,并且在解决公众关注的问题时使用它。

国家对所有宗教保持中立,并不妨碍国家在鼓励社群内部和不同社群之间围绕世俗主义及其他普遍关注的问题展开对话发挥作用。为了有效地发挥这种作用,国家应该逐步提升对世俗主义的理解和实践,把公民权放在优先的位置上,而不是极易被一些精英人士以社群的名义而滥用和操纵的"集体身份"这样的模糊概念。一个相关的问题是,国家需要强调个人权利的话语,也就是要明确坚持宗教自由或宗教言论自由的原则属于公民个人。这并不意味着集体的或社群的权利及其关心的问题就没有了空间,而是应该允许其通过社群个体成员这样的中介来发展。因此,国家不应该接受来自一些自封的宗教或文化社群代表的主张,还口口声称这是来自社群的真实声音。详细地说明个人的与集体的身份和权利这些复杂的问题是不可能的,除了强调一下二者之间的协同作用和互相依赖,借此正是个人做出了抉择和行动,但是她或他总是在社群的框架下这样做的。国家政策和实践的这些指南的目标是,提供并确保公民理性范围内的世俗主义在少数民族、不同社群、男人和女人都正在获得权利的印度社会所急需的基础。

我希望强调的另一个结论涉及到在各种宗教框架内世俗主义合法化的需要。我的确认为印度世俗主义尽管存在种种缺陷,但能够为国家沿着上述线索执行世俗主义提供空间和灵活性。如前面提到的,国家有责任保护公民的权利和利益,这要求国家促进并鼓励公民参与关于改革的讨论、参与改革的过程,而不是强力推行它自己的关于改革应该是什么样的观点(Bilgrami 1999,380—417;Chatterjee 1999,345—379)。国家在这里的作用是,在公民个人和不同社群之中就世俗主义、多元主义、立宪主义和人权的价值观念促成尽可能广泛的共识。这是否会以及在多大程度上,会破坏国家对待宗教的中立态度,都将是讨论的主题,也是有分歧的主题(Bilgrami 1999,411)。这是我之前提到的,国家既要保持其中立的态度,又要担负起保护公民个人在其社群内的权利的责任,为了平衡这二者,世俗主义要随着环境的变化而变化。但是这些原则及其调整也需要通过社群的内部话语使之合法化,为了这个目的,不同社群和国家应该总结本土传统和历史经验。印度世俗主义的合法性和可持续性,从某种程度上需要敲打一下印度公民和印度社群的意识,包括对前殖民时期的相关概念以及各种历史经历的回忆。如果情况的确如此,问题是今天能否以及如何那样做,由于殖民者入侵了印度次大陆的几乎所有地区,现在这些资源中的一部分已经被阻断了。在一个彻底被改变的世界里,以欧洲为中心的主权、世俗主义和权力关系这些概念所塑造的世界里,传统的印度价值观和体系是否相关并且有效？

　　困难的一个方面是，对这些思想的回忆以及前殖民历史中的体系和关系的意义，都被欧洲观念里的什么是历史以及如何解释这样的透镜过滤了；另一个方面是，从这些回忆中浮现出来的执行一些政策的可能性，都被以欧洲的理解为基础组织和运行的当今世界抑制了。随着时间的推移在建构立宪主义的过程中，为了实现历史经历的连续性，正如第三章所讨论的，印度人需要与他们的前殖民历史重新连接起来，就好像殖民主义及其后果从来都没有发生过一样。但是，既然殖民主义及其后果的确发生过，这里的挑战是，以印度人的想象力来看待也许已经发生的一切并采取行动，寻求方法，尽可能从最积极的角度了解他们自己的历史。这一过程的性质和操作，我称之为"挽救无法挽救的，想象无法想象的"（An-na'im 2006, chap.2）。

　　我不是建议印度人应该努力找回一段"想象中的"前殖民黄金时期完整而完美的世俗主义的历史，相反，我提倡的是他们应该努力把他们"记忆"中的（如今也许依旧以某种方式存在着）主权、世俗主义和权力的本土概念和体系加以澄清、调整和利用。印度人应该能够设法找回、复兴并发展这些观念和体系，不管他们能否根据欧洲中心论的历史学和认识论来验证并确认他们的记忆及其关联性和实效性。然而，我所建议的挽救工程强调对那段历史经历进行批判性的审查，而不是盲目而感性地对那些观念和体系的回忆下定论。这一挽救工程也应该包括调整"主权、世俗主义、责任"这些历史观念以适应当今的现实，想象一下它们是如何演化的，就好像它们从未被殖民入侵打断过。

　　明显的变化总是会随时间的过去而出现，持续不断斗争的成功与失败，个人和社群的日常生活中发生作用的、互动的各种因素和力量，共同构筑了这些变化的基础。但这并不意味着没有必要质疑，这些概念性假设和为了使世俗主义在印度社群中合法化所需的文化变迁的走向。的确，如前文所建议的，根据社群及其领导不断增加的智慧，为了加速或重新调整变化的方向，对世俗主义的重新界定也许是有必要的。重新界定的初步建议也许应该被提出、评估、接受或拒绝，并且在实践中尝试；也许有效，也许无效。当已有的假设和行动方向由于某种原因不够有效时，这也许会显得特别有价值。为此目的，反殖民民族主义的历史，以及甘地、卡拉姆·阿札（Maulana Abul Kalam Aza）这些人物的遗产，他们的观点可被解释为对宗教和世俗主义的同时认同，不分孰轻孰重，这些都是"挽救无法挽救的，想象无法想象的"这一工程所使用的丰富资源。

还有一个提议，即印度社会应该规范它自己的世俗主义的定义，认清宗教的作用，而不是继续让"宗教在公共生活或政治中不起作用"这样的谬论大行其道。至少印度世俗主义已妥协的一个结构性原因，也许就是宗教在公共生活和政治生活中的角色在宪法中没有规范，继而容易被滥用。但是修改宪法，重新界定世俗主义的范围，这样的立法改革应该谨慎进行，应该以最具包容性的方式以公民理性为基础。

这类建议将使印度世俗主义的合法性在多元的基础上得以重新阐释。受协商机制制约的、以这种形式嵌入国家和社会的世俗主义，也许剔除了世俗主义反宗教的或者西方强加的消极含义。作为一项社会工程以及社会理性的基础，而不仅仅是或主要是一项国家工程，世俗主义也将被重新界定。当世俗主义以这种方式被理解和实践的时候，它将会成功地保护人们的权利，反映人们的呼声，也将尊重任何个人和团体、不同性别的人、各种社群（民族的、语言的，或者宗教的）、信仰者和非信仰者，以及信仰者和非信仰者的不同观点。根据上面提到的建议，我们还需设想一种印度世俗主义的模式，是由伊斯兰教世俗主义、印度教世俗主义、锡克教世俗主义、基督教世俗主义等构成的。在这种模式里，每一种以及所有这些情景化的世俗主义会使宗教和国家的宪法分离合法化，反过来国家也会规范宗教在公共生活中的作用。这一范式可以振兴印度世俗主义，丰富不同社群的宗教生活，与此同时带来不同信仰之间更加和谐的关系。

第五章 土耳其：威权世俗主义的矛盾

第一次世界大战的结束标志着奥斯曼帝国的崩溃及其领土的急剧缩减。穆斯塔法·凯末尔（Mustafa Kemal）很快成功领导了一场反对旧奥斯曼政府残余势力的革命，1922年成立了一个新的共和国。国家迅速发起了一系列改革，目的是通过对国家的世俗化和西方化，以及对宗教的作用和宗教机构的限制和控制，彻底改变土耳其的政治和社会。凯末尔领导的政党——人民共和党（CHP）统治着土耳其，直到20世纪中期多党制开始显露端倪。一系列军事政变或行动（1960年、1971年、1980年和1997年），在某种程度上讲，大多是在军队视其对政府世俗性的威胁下发动的，导致了土耳其的威权型民主的产生。反对的声音，尤其是那些宗教团体或民族团体的声音被掩盖了。然而，最近一些事件，比如支持伊斯兰教的世俗性政党——正义与发展党（AKP）参加选举，以及争取欧盟的完全成员国资格，这也许是改进民主统治、保护土耳其社会各阶层人权方面的迹象。但是，这种积极的势头是否会持续下去，我们还将拭目以待。

下文对土耳其相关问题的讨论仅限于某些方面，特别是提出的与伊斯兰教、国家和社会相关理论方面，不做综合研究。目的是澄清和阐明国家强加的世俗主义（我称之为威权世俗主义）所引发的种种矛盾，不太关注在普通民众中提升这一原则的合法化。根据先前提到的主要观点，当专制政权努力以政教分离的形式促进世俗主义却不能或不愿意关注宗教与政治的联系的时候，问题就会出现。本章将这样来分析土耳其的情况，但我并不是说此种情况仅适用于土耳其，而是阐明一个早已存在的问题。威权世俗主义是该地区几个世纪以来的一大特点，从复兴党在伊拉克和叙利亚的独裁统治、埃及纳赛尔统治时期的阿拉伯民族主义运动，到布尔吉巴（Bourguiba）统治突尼斯时期采取的法国模式、民族解放阵线党（FLN）

对阿尔及利亚时期的统治。

以土耳其为例讨论这个问题，并不意味着我们不致力于在该国大众文化中提升世俗主义，也不意味着伊斯兰教和政治的联系完全取决于国家世俗主义。的确，土耳其漫长而丰富的奥斯曼历史可被视作一个例证，一方面，它说明世俗主义如何调停伊斯兰教与国家相分离；另一方面它也说明世俗主义如何把伊斯兰教和政治联系起来。这一过程的演进是通过习惯法以及18世纪以来在欧洲影响下制定的国家法实现的。奥斯曼体系的特点是国家世俗权力是强大而专制的，国家统治着由各种宗教和民族社群组成的享有不同程度自治的高度多元化的人口。与此同时，伊斯兰教宗教权威和全国少数民族的领导，以及他们的政治权力对苏丹哈里发及其官员的专制统治来说，是一种阻力。土耳其共和国的革命之后，国家体制的专制特点还是保留了下来，在世俗主义和土耳其国家主义的名义下，宗教权威和少数民族领导的作用被官方抑制了。而且，世俗主义的协商，在截然不同的环境下，一直延续到了共和国时期，并且在20世纪90年代末、21世纪初呈现出明显的建构性参与态势，这一点我将在后文中简要介绍。

土耳其的伊斯兰教认同植根于它的文化、传统和大多数人的宗教情结之中，而国家的世俗性则扎根于宪法。正如我在本章后面将要简要介绍的一样，任何被认为是对基马尔主义的共和国世俗主义构成的威胁，都遭受到了来自国家权威（包括军事）的敌意。但显而易见的是，有关伊斯兰教在公共生活中的作用方面，强烈的张力是持久的。本章的基本问题是共和国的专制主义是否成功实现了其世俗宪政治理的既定目标，及其代价是什么。根据已提出的理论，我的观点是承认并规范伊斯兰教在公共领域的作用，对化解威权世俗主义的矛盾是至关重要的。也就是说，在我看来，由于国家没有重视伊斯兰教在公共生活中的合法作用，伊斯兰教与国家相分离的理想目标被摧毁了。

为了探讨通过专制权力尝试推行世俗主义而造成的种种矛盾，我首先关注的是现行制度的历史根源。比较实用的奥斯曼制度充满了活力，向我们展示了伊斯兰教社会在内部变化和外界因素做出回应的过程中是如何演进的。从帝国跨入共和国的过程中，通过土耳其国父阿塔图尔克（Ataturk）的改革以及之后的发展，世俗主义、多元主义和公民权这些思想观念发生了调适，既有连续性也有变化。但是，本章第二部分将要强调的真正的或者被感知到的困境,也许会导致其最终转变为本书提出的更连贯的世俗主义。尽管结果还将拭目以待,但是共同担忧的政治恶性循环似乎可以通过各种内外因素以及发展而得到调适,正如最新发展所显示的。我在结论部分将强调这个问题,但是,这一过程的结果对整个穆斯林世界的世俗主义的前景有着重要的意义。

一 实用的奥斯曼世俗主义

奥斯曼帝国起初只是安纳托利亚西北部的一个公国,11世纪从渐趋衰弱的塞尔柱帝国独立之后迅速扩张。1453年奥斯曼人从拜占庭帝国手中接管了君士坦丁堡,重新命名为伊斯坦布尔,将其定为他们的新首都,从1516年到1517年又先后征服了叙利亚、埃及和阿拉伯半岛西部。16世纪奥斯曼帝国在军事和政治方面达到了顶点。苏丹木拉四世(1623—1640年在位)时期开始受到新兴西方强国的挑战。欧洲国家靠着他们先进的技术,使奥斯曼帝国在欧洲和印度洋地区遭受了军事失败,这被视为土耳其偏离古代世界秩序(nizam-i alem)的结果。努力寻找帝国衰落原因的奥斯曼知识分子把注意力放在了他们认为的文化和宗教衰退、偏离传统和道德腐化这些方面。在伊斯兰教历史上,这是一个熟悉的主题,例如在尼扎姆·莫尔克(Nizam al-Mulk)(卒于1092年)的著作中就可以看到(Hourani,1991,209)。许多17世纪的评论家认为寻找解决奥斯曼军队和国家衰弱的方法在于"回归古代法"(Kanun-u kadim),以及极具伊斯兰教和土耳其文化特色的传统习俗(Ipsirli,2001,220),并从这个角度出发提出了国家和教育方面的改革措施(Kafi,1989)。然而到了18世纪初,重回黄金时代的呼声被建立一种"新秩序"(nizam-i cedid)的呼声取代了。奥斯曼帝国没有继续关注内部事务,而是开始首次仔细审视西方文化和西方文明,向一些重要的欧洲国家的首都派遣大使,让他们报告当地的发展情况(Unat 1968)。尽管这两种改革运动的取向不一样,但都可看作是对同样的、潜在的、适应环境变化的需要而做出的回应。

因此,近现代穆斯林有关宗教应发挥的作用和适用范围的讨论,在奥斯曼帝国的历史上也可以看到。比如,根据坎提布·雪拉比(Katib Celebi)的专著《真理的平衡》(*The Balance of Truth*),1656年围绕着神学、道德、神秘主义、法律等问题展开了一些最具分裂性的辩论。在他们那个时代和当时的背景下，那些辩论可看作是意志自由与对伊斯兰教法进行严格解释这二者相对抗的一种反映。在埃芬迪（Sheikhulislam Ebussuud Efendi）的带领下，一些乌莱玛认为在一些宗教限制的范围内根据伊斯兰教法唱歌、跳舞、吸烟、喝咖啡、握手、鞠躬致敬、奉献基金、通过提供宗教教育和服务收取钱财，这些都是允许的。首先在穆罕默德·埃芬迪（Birgili Mehmet Efendi），随后在卡迪札德（Qadizade）的带领下，另一些乌莱玛却认为在伊斯兰教里这些完全是不合法的。此外，有时候这样的分歧在民主商议之中还引发了冲突，对于这样的冲突苏丹的保安部队也很难控制（Celebi 1957）。

传统上奥斯曼社会被分为统治精英（askeriyye）及其臣民（raiyye）（Yediyildiz 2001，491—558）。统治精英为国家效力，免征赋税，又由四个亚群体组成：（1）宫廷贵族（苏丹王室）；（2）武士精英（seyfiyye）；（3）受雇于帝国的学者，其中一部分是乌莱玛；（4）书吏或官僚精英（kalemiyye）。在社会上的其他人之中还有各种各样的（有时候是重叠的）亚群体，包括苏非教团；国家机构以外的乌莱玛，包括那些从事慈善活动的人（awqaf）；工匠和艺术家；以及非穆斯林群体。这些社会团体存在于国家等级制度之外，具有不同程度的自治权。重要的是我们要看到这些亚群体往往是互相联系和交叉的，他们之中有时候也会出现一些常见的冲突。纵观奥斯曼历史，国家不断尝试把这些群体融入到它的权力结构之内，并通过今天称之为"制衡"的原则来协调他们的关系。

形成鲜明对比的是，乌莱玛认为他们自己是一个学者群体，他们向普通民众施行道德权威，甚至对统治者精英阶层施加这种影响。乌莱玛也包括那些受雇于国家的乌莱玛，他们不仅试图从国家那里得到自主权，而且还要求对国家行使权威，因为他们认为自己代表着真主的话语和伊斯兰教法。然而，他们这种宗教权威优越性的论断经常受到统治精英的质疑，他们也试图维护他们的世俗权力及其超过乌莱玛的优越性。这些有关权力和权威的针锋相对的观点在苏丹与谢赫（sheikhulislam，乌莱玛的首领，通常被视为与大维齐尔地位相同，而大维齐尔是地位最高的国家"公务"官员）的制衡中有所反映。谢赫受王室任命，但是奥斯曼王室的登基反过来又依赖于谢赫颁布的法特瓦（教令）。苏丹任命、罢免谢赫，而谢赫有时候通过法特瓦罢免苏丹,由此可以看出这两种权威之间的张力。但是在颁布这种法特瓦时,谢赫充当的是宫廷政变的角色,而不是他自己的独立主动权(Uzuncarsili,1984,192;Dursun,1989,329)。

但是,应该强调的是,伊斯兰教并不是奥斯曼帝国唯一的宗教,在其版图内的有些地区穆斯林也仅仅是一个少数群体。不同地区以及整个帝国的宗教构成随时间的变化而各不相同,其是对不同因素和发展作出的反应(Yediyildiz 2001,518—520)。尽管此处不可能讨论那些人口统计数字,但重要的是,我们的目的是简要回顾奥斯曼帝国如何通过不同宗教社群的自治体系处理这种宗教多样性(Ortayli,1986,997)。

个人的地位和权利是以他们的米利特(Millet,奥斯曼帝国内的宗教团体)为基础的,最大的权利给予了逊尼派穆斯林;非逊尼派穆斯林只享有较低的地位。从一种较正式的观点来看,奥斯曼臣民中所有的基督教徒和犹太教徒,这些有经人的地位和权利应该由希米制度控制。他们被允许在规定的限制条件内信仰他们的宗教,但一般来说不得参军入伍、骑马或携带武器、担任高级官员,或者在公共政治生活中表现积极。这些社群的成员被要求在穿着上有所区别、缴纳一种特殊的宗教税(jizya),并且居住在隔离区内,特别是在城市里更要如此。然而,在现实中这些条例并未得到严格执行。有些只是在大使和总督这些重要而敏感的职位的人之中执行,也免去了宗教税和服饰的要求(Eryilmaz 1990;Gulsoy 1999;Krikorian 1978)。

基督教徒和犹太教徒社群还受到一些象征性的限制,比如禁止在穆斯林地区或居住区公开举行宗教仪式,以表示希米人社群及其成员的劣势地位。然而,奥斯曼帝国的一些管理措施,比如把一些基督徒和犹太教徒社群从其他省份重新安置到伊斯坦布尔,限制他们居住在某些社区,这些措施的动机主要出自国家的经济利益或者是社会环境的考虑。强制性移民有时候也是一种针对个人或集体的惩罚(Kenanoglu,2004,325;Ucok 1986,574—579)。着装要求和可见的身份特征也是奥斯曼阶级、职业、民族宗教隔离政策的一部分,就其本身而言不限于希米人身份(Mardin 2001,90—91)。

每一个希米人社群的内部和外部关系主要由他们自己的领袖来管理,受制于奥斯曼帝国的最高司法权。根据宗教和教派这些社群被隔离,这样格里高里亚美尼亚人、新教徒和天主教徒被视为不同的宗教社群,他们生活在不同的社区,有他们自己的教堂和学校,处在各自的法律管辖区内(Ortayli 1986, 997)。在米利特体系之下,希腊正教享有最高级别的自治和声望,伊斯坦布尔的宗主教区是全国所有希腊正教社群的宗教、司法和金融总部。宗主教区的议会委员会由大主教和高级神职人员组成,控制着宗教和世俗事务,包括审查所有用希腊语书写的任何学科的书籍。亚美尼亚宗主教区在管理其社区内的宗教、行政和司法事务方面也享有高度的自治,尽管其声望弱于希腊正教。

在奥斯曼米利特体系中,犹太人是重要的一部分,特别是从匈牙利(1376年)和法国(1394年),以及15世纪从西班牙和意大利几次移民以后,犹太人的数量逐渐增加了(Ortayli, 1986, 1001)。但是犹太人没有像基督徒那样的牧师层级结构,直到1835年伊斯坦布尔大拉比(rabbi,犹太教律法专家)的代表角色才被正式承认。虽然奥斯曼帝国的整个犹太人社群被认为是一个单一的米利特,但是犹太人自己根据他们先前的起源和文化从属关系,把他们自己划分为不同的社群(kahals),分别和奥斯曼帝国保持着联系。每个社群负责收税,然后按规定的比例向奥斯曼财政部上交,承担社群活动所需开支,管理犹太食品,惩罚犯罪者。每一个当地的犹太人社区都有自己的犹太教堂、拉比、教师、学校、医院和公墓,许多也有称作贝特·丁(Bet–Din)的宗教法庭,由社区选举的拉比掌管(Shaw, 1991, 48—61)。

1. 奥斯曼的法律制度

奥斯曼的法律制度是去中心化的、多样的、动态的,这与当地人们的宗教、民族和文化多样性相适应。以先前的伊斯兰帝国的法律传统为基础,奥斯曼人形成了一种动态的法律制度。它由三部分构成:(1)伊斯兰教法(Shari'a);(2)卡农(Qanun);(3)适用于非穆斯林米利特的少数族群法律制度。奥斯曼帝国遵守的伊斯兰教法的原则主要来自伊斯兰法学中的哈乃斐学派。尽管当地的法官通常被允许遵守伊斯兰法学的其他学派,但是国家官方采纳哈乃斐学派,使其在整个奥斯曼帝国境内极具影响力,包括传统上采纳伊斯兰法学其他学派的地区。即使在哈乃斐学派的司法管辖权内,法官仍有余地接受其他学派的观点,或者将案件转交给另一教法学派的法官（Aydin，2001，459—464；Imber 2002，218—220）。

法庭是在伊斯坦布尔中央政府管理之下的官方机构，它任命所有的法官，并为他们支付薪酬，同时还保证其裁决的贯彻和实施。中央政府和法官的这种关系可以让政府官员判断法官被授权执行伊斯兰教法原则时的地域管辖权和对事管辖权。因此，那些法官的决断得到国家强制力的正式认可和支持。法庭还能签署当事双方达成一致由仲裁者或调停者做出的裁决（sulh），之后法庭正式记录在案，由国家官员强制执行。法官执行伊斯兰教法原则而作出的裁定通常是最终的且有约束力的，但不接受判决的一方可申请苏丹法庭（divan）作为最终上诉法庭来再次审理该案。

卡农是作为最高统治者（wali-il-amr）的苏丹颁布的法律，通常来源于习惯，因此因全国地域不同而不同。苏丹的这种立法权威大概是由伊斯兰教法本身赋予的，以管理伊斯兰教法的原则没有涵盖的事务，比如国家机构的结构、伊斯兰教法未作要求的课税、某些惩罚。卡农法律的期限应该是有限制的，通常在颁布该法律的苏丹去世或被罢免时失效，除非新苏丹重新颁布。据报道第一部卡农是由奥斯曼帝国的缔造者奥斯曼一世（Osman Ghazi）制定的，当时是为了在布尔萨（Bursa）推行一种被称作巴吉（baj）的市场税，他的后代一直延续了这种法律（Aydin 2001，440）。卡农的主体慢慢随时间而有所发展，苏丹们保留了其前辈的传统，苏丹穆罕默德二世执政期间首次将其系统化了，之后是苏丹苏莱曼二世，他因致力于将这种法律主体达到连贯和一致而被誉为卡农尼（Inalcik，2000；Aziz Efendi，1985；Muezzinzade，1962）。

奥斯曼法律体系的第三部分是根据每一个非穆斯林宗教社群的权威而制定的司法和执法体系，前文有所提及。这样，那些社群的成员从出生、结婚、离婚到去世都会遵照其社群的宗教法和习惯法，这种宗教法和习惯法还管理着其他各种法律事务，包括经济和社会关系。一个教堂社区可能首先宣判一位违法者入狱，然后再移交给奥斯曼当局去执行判决。但是，在刑法和希米人社群管辖权之外的其他事务方面，奥斯曼帝国的伊斯兰教法和卡农具有高于一切的管辖权。国家法庭通常受伊斯兰教法管辖，有权处理穆斯林团体的纠纷，除此以外，希米人社群的成员如果期望得到一个比从他们自己的权威那里更好的结果，他们有时候也愿意去国家法庭。比如，基督教徒和犹太教徒妇女更容易从伊斯兰教法法庭获得离婚判决，然后将该判决带回她们的社区去执行,而不是直接从她们的社区权威那里确保这一结果(Cicek,2001,31—48)。

尽管与同时期的世界其他地区相比,在奥斯曼帝国境内非穆斯林社群的法律自治是强有力的,也是广泛的,但也受到一系列重要因素的限制。苏丹有权任命或罢免米利特的宗教领导和社群领导,以确保在位的社群权威对奥斯曼统治者的忠诚(或者至少不会叛变)。个人有权向伊斯兰教法法庭申诉,即使实际上没有去行使,这种可能性对少数派教会或犹太教法庭的权力构成了一种制约。那些社群里的个人如果觉得他们自己的领导侵犯了他们的合法权利,行使这种权利为他们提供了申诉的机会,但值得注意的是,那将由伊斯兰君主及其官员来自由裁定。

奥斯曼人将卡农与伊斯兰教法一起使用,这反映了作为法律制定者的国家权力机关的悠久传统,可追溯至前伊斯兰土耳其文化,一些历史学家认为这是土耳其现代世俗主义的基础(Fleischer,1986;Inalcik 2000,27—48)。此处不可能讨论前现代时期伊斯兰传统的合理性及其是否已经达到或者能够达到预期目标。我们的目的仅仅是要说明,长期以来持续而系统地使用卡农(法律体系)是因为伊斯兰教法没有涵盖国家管理中不可或缺的某些领域。这些领域为国家政策留下了空间,可依据社会变化的需要由国家官员作出决断而不受伊斯兰教法方法论的限制。此外,当国家官员决定是否采纳伊斯兰教法的时候,整个过程都是政治的和世俗的,而不是宗教的。

历史学家们争论伊斯兰教法和卡农是否构成了两种截然不同的法律类型:一个是宗教的;而另一个则是世俗的。主张卡农是独立的、世俗的历史学家认为它是土耳其人独创的,这为土耳其在20世纪向世俗主义过渡提供了一种历史解释。但其他历史学家则认为卡农一直都是伊斯兰教法律传统的一部分,从一开始就经伊斯兰教法学者授权和设计。他们还注意到奥斯曼人他们自己并不认为伊斯兰教法和卡农之间有任何冲突。尽管卡农是由苏丹颁布的,但卡农的文本通常是由苏丹的私人秘书起草的,他们可能是精通伊斯兰教法的乌莱玛与苏丹和其他权威人士,特别是谢赫协商后制定的(Aydin,2001,441)。乌莱玛也接受卡农的文本,他们视其为政治权威不可缺失的基础,是实施伊斯兰教法的一个先决条件(Inalcik,2000,44)。

鉴于后殖民国家领土的本质发生了显著的变化，就像前文强调的一样，通过讨论现代语境中伊斯兰教法和卡农的关系，我会得出一个不同的结论。从我的观点来看，所有通过国家机构实施的法律或立法都是世俗的，即使来源于伊斯兰教法或者以伊斯兰教法原则为基础。既然同时实施不同学者对伊斯兰教法的不同解释是不可能的，因为各种学派之间以及学派内部存在着严重分歧，通过国家机构来实施必然是在各种针锋相对的观点之中有所选择。此外，不管实施什么样的伊斯兰教法原则，实际上都是通过国家政治意志执行的，而不是通过伊斯兰教法原则本身的功效。奥斯曼国家任命法官，这些法官应该贯彻哈乃斐学派的主张，而实际上在某些场合其他学派的观点也是允许的。国家还为法官支付薪酬，确定法官司法权的范围，以及执行法官的判决，这一事实确保了相关的伊斯兰教法原则通过国家政治意志得以实施。不管卡农是否独立于伊斯兰教法，这都是确定无疑的。

2. 衰退与变革

随着奥斯曼帝国经济和文化基础的逐渐变化，上文简要介绍的传统奥斯曼法律体系开始面临严重的挑战。例如，到16世纪末17世纪初时为止，以货币为基础的经济和税收体系取代了先前的实物税收体系（Akdag, 1963; Griswold, 1983; Faroqhi e tal. 1994, 413—471）。另一显著的社会经济变化是，越来越多的农民脱离了农业生活，移民至城市地区（Faroqhi, 1995, 91—113; Faroqhi, et al. 1994, 435—438）。因此，17—18世纪奥斯曼帝国的结构和组织也开始逐渐变化，经历了重大的改革。比如，维齐尔这一官职脱离了宫廷，开始负责苏丹不能直接控制的国家日常事务。这一变化标志着传统王朝专制主义的结束，一种更加独立的、以新型的专门的官僚化的国家机构和制度为特点的行政体系形成了（Findley, 1980, 49—58）。

在此期间，乌莱玛阶层的社会结构和体系也发生了显著的变化。城市人口的增长意味着乌莱玛数量的增加，他们之中的许多高层人士都来自商人阶层。许多家庭开始将其孩子送进宗教学校（madrasas），不仅仅是为了学习，而是为了获得将来作为国家精英乌莱玛的一部分被国家雇用的资格。到17世纪后半叶时为止，这一不断壮大的精英阶层开始展现出牢固的特权阶层特质，他们的职位可以世袭，并且独占着宗教捐赠（Abou El-Haj 1988，17—30）。然而，随着奥斯曼国家的现代性的不断增长，乌莱玛精英在政府内所起的作用及其重要性逐渐开始衰落了。传统上乌莱玛在行政、政治和思想方面所起的作用及其职位逐渐被世俗官僚取代了（Findley 1980，61—66）。

19世纪米利特体系开始消解了，原因主要来自西方强权的压力。西方强国已超过了衰弱的奥斯曼帝国，在技术、军事和经济方面取得了支配地位。被称作"投降协议"的一系列条约为欧洲列国赢得了在奥斯曼帝国进行商业贸易时的一些经济和外交特权，同时他们以"保护"为名，获得了更大的控制和影响希米人社群的权利。根据这些条约，某些希米人团体享有一些特权，这影响了许多人，他们改变了自己的宗教信仰；比如，为了享有与法国签订的条约中规定的对天主教徒的优待，亚美尼亚人和东正教基督徒有时候改信罗马天主教。这在各种宗教和教会团体之中引起了激烈的竞争，致使奥斯曼帝国颁布命令，禁止非穆斯林改变其宗教信仰。希米人群体通过与西方国家结盟并与他们做生意，在经济上比以前强大了很多。这支新生力量开始以民族主义运动的形式为自己争取权利，这些运动不仅很快在希米人社群中广泛展开，而且还传播到了诸如阿拉伯人和阿尔巴尼亚人这样的穆斯林民族团体中。

随着社会经济、政治和人口方面的变化，奥斯曼帝国的经济和军事力量开始衰退，人们普遍认为改革势在必行。奥斯曼帝国军事、政府、法律或经济制度方面的每一个实际问题或者每一个被认识到的问题，都被视为造成帝国军事失败的原因，从而成为改革运动的推动力。尽管欧洲列强被视为对伊斯兰教和帝国构成了威胁，但是奥斯曼人认为，为了克服这种威胁，他们需要接受科学和技术进步的成果，这也正是西方国家强大的源泉。整个帝国缺乏统一的法律标准，这在过去被看作是适宜而灵活的，此时却对贸易和经济的发展造成了障碍，而军事投降又使得西方列强开始侵犯奥斯曼国家主权。接踵而来的是一场内部辩论，一部分人接受对帝国生存有必要的西方模式的法律体系；另一部分人则认为这一立场背离了伊斯兰和土耳其传统。赞同法律改革是有必要的一些人认为，可以通过以伊斯兰教法和奥斯曼文化为基础的渐进过程来进行改革。

面对内外双重压力，奥斯曼帝国进行了一场轰轰烈烈的法律改革，这场改革开始于19世纪中期，一直持续到20世纪20年代共和国成立之时。在这一过程中，第一步毫无疑问是被称为坦齐马特（Tanzimat）的改革，即1839年颁布了被称为古尔哈尼的敕令。首次正式宣布苏丹的非穆斯林和穆斯林臣民在法律面前一律平等，尽管特别指出伊斯兰教法是帝国的法律（Kucuk 1986，1007—1024）。欧洲列强要求进行更多的改革，于是1856年又颁布了奥斯曼改革诏书，废除了向希米人征收的人头税（jizya），禁止歧视或贬低希米人社群及其成员，非穆斯林可以服兵役，并重申其平等地位。此外，该诏书并未参照任何伊斯兰教原则。但这些改革严重制约了非穆斯林社群中宗教精英的权力，导致了宗教和民族阵线的不断异化和分化，而不是以同一国家的平等公民把民众团结起来。

在这一改革过程中，另一关键环节是《民法典》（Mejelle）的颁布——对伊斯兰教法首次编纂，将伊斯兰教法律原则与西方法律组织体系相结合。由学者、法官和政治领导组成的委员会起草的这些规范于1869年至1876年相继被制定成法律。它们首先是伊斯兰教法普遍原则的法律汇编，然后制定了有关交易（包括销售和合同）的法律原则（mu'amalat）。《民法典》的重点放在了商法上，大概是因为随着资本主义的兴起，以及与欧洲国家经济关系的不断增长，这正是法律需要规范化和法典化的领域。除此以外，1876年颁布的第一部奥斯曼宪法规定了法律面前平等的现代原则的各个方面，以及基于宗教的非歧视原则。这些原则在之后的奥斯曼时代通过后续的宪法发展得到了巩固，1923年以后在共和国时期又得到了进一步巩固。

教育系统的改革也相应展开了。在传统的奥斯曼社会，宗教学校（madrasas）实际操控着教育，其毕业生不仅在乌莱玛精英之中是高层官员，即使在军事和官僚精英之中也一样。不断增多的世俗学校及其毕业生开始对这一体系以及控制着这一体系的乌莱玛构成了挑战。法律的不断复杂化和专业化同样导致了在传统体系之外大量法律教育机构的诞生（Aydin 2001，458）。另外，奥斯曼人也力图改革传统体制本身，于1914年开办了一个现代的学校（Dar'ul-Hilafeti'l-Aliyye Medreseleri）。法律改革扩展至设立专门法庭，比如1864年设立了经济法庭。效仿欧洲模式，首次引进了由法官小组构成的新型法庭，同一时期还设立了上诉法庭。司法部于1868年成立，行使司法领域专有权。

尽管其目的是在司法部的领导下力求执法规范化和集权化，但现实却是奥斯曼帝国内各种法庭数目激增。结果是出现了伊斯兰教沙利亚法庭、非穆斯林法庭、专门法庭、陪审员法庭、外国列强依据条约设立的领事法庭等。奥斯曼帝国也曾尝试统一这些法庭体系，比如，关闭被认为是侵犯奥斯曼主权的领事法庭，取缔非穆斯林的独立法庭，所有涉及个人身份的案件都交由伊斯兰教法法庭体系管辖，但是这些举措遭遇到了来自内外两方面的巨大阻力（Aydin，2001，485—486）。

1876年奥斯曼帝国的第一部宪法颁布之后，人们开始讨论世俗主义的作用。有关这些讨论的详细内容已超出本书的范围，但关注一下这些讨论的背景是必要的，包括不同群体和几代改革者针锋相对的观点和利益。背景包括这一事实，即1789年以后奥斯曼帝国开始派遣年轻人去法国留学，由此促生了一个西化的官僚阶层。那些年轻人回国后成为一个独特的政治家群体，他们是坦齐马特（Tanzimat）改革（包括新的教育体制）的设计者（Zurcher，2004；Weismann and Zachs，2005）。第一代在奥斯曼帝国境内接受西式教育的奥斯曼人接受坦齐马特改革的时候，这些受教育的一代人却被该体制边缘化了，在官僚机构中谋不到职位。因此，奥斯曼的年轻人开始严厉批评坦齐马特改革的思想，并将其精力转向相关方面，比如发表对国家的以公民社会为基础的评论——例如通过《时代评论》（1860年创办的奥斯曼帝国的第一份私有报纸）发表言论。这些年轻人结合对平等和公正的新理解，也开始重新评估伊斯兰教法的法学方法。与坦齐马特官僚主义形成鲜明对比的是，这些奥斯曼年轻人接受了他们的奥斯曼和伊斯兰身份，但也声称要比同一时期受过最好教育的巴夏（Pasha，对昔日土耳其高级官员的尊称，置于姓名后）更加进步。

在这一背景下，青年土耳其党（the Young Turks）的重要思想家齐亚·青勇（Ziya Gokalp）致力于为奥斯曼帝国发展一种世俗模式，他基于这样一种观点，即将伊斯兰教传统和土耳其传统中最好的方面与西方的现代性相结合。作为一位社会学家，他力图把西方社会学和伊斯兰教法学（fiqh）以一种他称之为"法律的社会根源之科学"（ictimai usul-u fikih）的新原则结合起来，社会学家和乌莱玛共同合作使伊斯兰教法现代化（Gokalp，1959，196—199；Heyd，1950，87—88）。大维齐尔（Grand Vizier）、社会思想家和政治学家反对齐亚·青勇的折中主义，呼吁通过内部机制使伊斯兰教法学现代化。另一位现代派学者伊斯梅尔·哈克（Ismail Hakki）也提倡通过内在复兴使伊斯兰教法学现代化（Berkes，1964，349—360，490—495）。

奥斯曼帝国最后几十年的这些发展被人们以不同的方式解读。一种观点认为，其导致了法律及司法制度的碎片化，不能满足奥斯曼社会的需要。大规模接受欧洲的规范和法律结构也遭到了一些人的批评，因为他们没有考虑到奥斯曼社会的文化结构这并未达到预期效果。除此以外，这一观点认为，西方法律模式的拼凑整合破坏了先前奥斯曼体系的法律统一性，可以说，通过对西方法律模式的日趋依赖，"为日后全盘接受它做好了准备"（Aydin，2001，484）。反对的观点认为，尽管奥斯曼的改革努力并未整合出一个连贯而统一的法律体系，但是可视其为法律改革的逐步尝试，也是通过对伊斯兰和西方法律传统和文化的综合，以复兴伊斯兰教法和奥斯曼法律体系为目的的一种尝试。之后的奥斯曼立宪主义运动和多元主义运动都受到了欧洲列强的要求及其示范的强烈影响，但这些运动仍以伊斯兰原则为基础。一些现代的土耳其历史学家和社会学家认为，这些努力原本可以最终形成一个真正具有伊斯兰教特点的现代法律体系。但是，该观点认为，由于青年土耳其党向西方化的世俗性法律和文化的革命性转变，这一过程突然终止了（Tanpinar，1985；Ulken，1979；Mardin，1962 and 1989）。在我看来，这两种立场都有一定的道理，但从我的观点来看这些讨论的确都是沿着我在本书中提出的相似的分析和评价展开的。

二 理想的共和国世俗主义

1922 年 8 月，穆斯塔法·凯末尔军队的胜利标志着土耳其解放战争的结束以及共和国的诞生。在凯末尔的领导下，新生的共和国开始了一系列迅速而彻底的改革，目的是把土耳其转变为一个现代的世俗国家。效仿法国的世俗性（laicite）模式，凯末尔主义者力图把宗教的作用严格限制在公共领域之外的私人信仰体系之内。这种新思想通过 1922—1935 年颁布的一系列法律和政策得到了实施。主要的改革包括废除哈里发，关闭宗教学校，以及 1924 年废除宗教法庭。次年，政权废除了苏非派别，禁止男子戴土耳其毡帽，不准女子戴面纱，规定格列高利历（现行公历）为唯一官方日历。1926 年一部以瑞士模式为基础的新民事法典被采纳，从而中断了与伊斯兰教法的联系，同时也引进了民事婚姻和离婚法。1928 年国家被宣布为是世俗的，伊斯兰教不再是国家的官方宗教，一套新的拉丁化的土耳其字母被启用。1935 年星期日被定为每周法定假日（Jacoby，2004，80）。

然而，凯末尔式的世俗主义的目的是使国家控制宗教，而不是简单地使其退出公共领域。朝着那个方向迈进的重要一步是通过一些措施控制乌莱玛和苏非派别，如教育统一法的颁布使得所有宗教学校被关闭，教育部掌管所有教育。乌莱玛被禁止穿戴其传统的长袍（包括毡帽和缠头），也不允许他们使用诸如阿里木（alim）和谢赫（sheikh）这些隐含着伊斯兰宗教权威的头衔。1928 年开始采用罗马字母，禁止教授阿拉伯文和波斯文，这使得在文化和知识方面，与奥斯曼的过去和现代穆斯林世界的联系都发生了断裂（Berkes，1964，477）。

这些举措意味着乌莱玛在社会上不再发挥重要的作用。他们所专长的和代表的知识被视为历史的遗留物，是国家引领土耳其社会进入现代化的阻力。他们依靠其传统知识和教育所获得的就业机会仅限于清真寺以及其他宗教机构。由于那些机构也受国家控制和资助，乌莱玛的独立性实际上是受压制的。这个古老的知识阶层被一个新阶层取代了，这个新阶层力图打断与过去的联系，创建一个具有新的世俗文化的国家。比如，土耳其历史研究所阐释土耳其历史，而土耳其语言研究所则改造土耳其的语言（Lewis，2002）。

凯末尔主义者相信现代化的、西化的土耳其是为了国家的最大利益，因此他们的目标是教育民众，并且带领他们——必要时甚至强迫他们——步入一个世俗的现代社会。凯末尔在解放战争中的胜利使他被誉为全体国民的"救世主"和"国父"，如此具有魅力和地位继而使民众认为他是永远正确、慈爱，正义而威严显赫的。对凯末尔主义改革的任何质疑、批评或异议曾经（现在也是）被认为是对国家的背叛。国家采取的以现代文明为特点的任何措施或政策都必须尽快执行，仅在很少情况下才需要或值得进行进一步的审议或调整。首先是国家机构尝试实施这些政策，然后是知识分子和新闻工作者在其后追溯性地建立理论基础。由于担心政治立场或者批判性思考有可能会阻碍这些新改革，这就意味着，从任何意识形态或其他角度提出反对或质疑的任何人，都必须保持沉默或者被迫流亡。

新生的共和国面临的最具争议的问题之一就是废除哈里发。尽管土耳其大国民议会（GNA）于1922年废除了苏丹，但最终还是保留了哈里发的职位，并任命一位奥斯曼王室成员为新哈里发。许多人，包括一些重要的土耳其民族主义者，如齐亚·青勇在内，都支持将苏丹和哈里发相分离，主张哈里发在国家政治中不发挥作用。相反，新哈里发被视为全球穆斯林社团（Umma）的精神领袖——实质上，相当于穆斯林的教皇。支持者认为，这种方法实际上加强了哈里发的权力，因为以穆斯林统一体的新纪元为基础，哈里发的权力将跨越国界，但是土耳其国家会因其为哈里发的保护者而从中受益（Gokalp, 1922a, 1—6; Gokalp, 1922b, 1—5）。

还有一些人，包括穆斯塔法·凯末尔本人，认为哈里发的继续存在仅仅是对新建立的共和国的国家主权构成了威胁的历史遗留物（Alpkaya, 1998, 199）。这些人怀疑哈里发是国际宗教领袖的这种观点，认为这是对哈里发这一职位和概念的再创造。而对于持有该观点的这些人来说，哈里发不是真正的伊斯兰教机构，而仅仅是旧苏丹政府的"装饰"。他们既不接受从伊斯兰教意义上来重新定义哈里发的可能性，也不相信这种重新定义是可取的，因为这是新共和国无力去实现的无任何意义的一个梦想（Nadi, 1955, 38—40）。

那些试图废除哈里发，意欲通过宗教和政治讨论证明其观点的人与我们这里讨论的目的相关。司法部长赛义德·拜伊（Seyyid Bey）出版了小册子，并在会议大厅发表演讲。他认为《古兰经》和逊奈都未曾包含任何有关哈里发的细节，这就证明该职位不是宗教的，而是世俗的和政治的。赛义德·拜伊注意到，《古兰经》中只有两点涉及适当的政府制度：协商（meshverret）和服从权威（ulu'l emr）。因此伊斯兰教并不坚持任何某种特定的政府形式，遵循这些原则的任何形式的政府都有可能是合法的。所以，不仅伊斯兰教法对议会政府毫无阻碍，而且在现代它是唯一合法实现伊斯兰教协商的要求和法治的政府形式。以他的观点来看，哈里发传统的高于一切的权威（Wilaya al'Amma）意味着以代理契约（aqd-i

Wakalet）为基础的对公共事务的责任，借此哈里发充当了国家的代理，他的权力直接来自国家的意志和选择。根据赛义德·拜伊的观点，按照伊斯兰教法不是通过全体穆斯林乌玛社团（Umma）自由选择而产生的任何哈里发都是非法的。因此他得出结论，在第四任哈里发阿里去世之后不再有合法的哈里发，因为从那以后哈里发开始以武力接任，而不是乌玛的自由意志（Seyyid Bey, 1923, 27—28）。尽管这些提案都被土耳其大国民议会（GNA）通过了，但是一些议员表示出对宗教仅关涉"来世"之事的强烈关注，他们认为宗教往往会影响政治。一些议员甚至更进一步，认为伊斯兰教不同于基督教，不可能与世俗事务相分离，如同宗教在欧洲国家的情况一样（Alpkaya, 1998, 231）。

毫无疑问的是，这些早期的议会辩论从一开始就影响了凯末尔主义改革的合法性。但改革开始之后，国家使那些改革毋庸置疑，对现代政权永恒而不朽的基础的阿塔图尔克（Ataturk）或凯末尔主义六项原则（共和主义、民族主义、民粹主义、国家主义、世俗主义和革命主义）的批评都构成犯罪。所有知识分子都被要求公开赞成这些原则所表述的国家官方意识形态，这也是中学和大学各系、部必修课程的内容，研究领域也不例外。学生被要求重复接受这些课程，吸收阿塔图尔克原则，维护他的革命遗产。有关政权世俗主义的任何讨论都必须从再次确认坚持阿塔图尔克原则是土耳其最好的模式开始讲起，这一模式是毋庸置疑的，也是不能改变的。

由于这些约束、局限和法律限制，在土耳其自由公开讨论政权世俗主义及其问题是很难的。因此，对现行做法不满的表达无书面记录。比较清楚的是，绝大多数土耳其民众显然支持世俗的统治体系。公众的抱怨主要聚焦在政府专制而严格的做法以及人权侵犯，而不是挑战世俗体制本身。奥斯曼时代晚期（19世纪末20世纪初）人们有关宗教和政治的讨论的深度和广度给一些土耳其历史学家留下了深刻的印象，而对20世纪和今天的这些浅薄话语他们深表失望（Mahcupyan, 2005）。但人们不愿参与类似的重申土耳其世俗主义的讨论，更谈不上去质疑共和国奠基者的设想和目标或者以坚持共和原则为名义的现今的土耳其国家政策。

三 真实的或感知到的困境

正如前面指出的，自从20世纪20年代向共和国世俗主义过渡以来，有关土耳其经历的广泛讨论已超出了本书的范围。但我将思考这个问题，即凯末尔主义的共和权威体制是否成功实现了其宣布的目标，及其代价是什么。这一部分要讨论的各种具体问题，也许有助于澄清伊斯兰教与国家相分离的困境，前提是承认和规范伊斯兰教在政治方面所发挥的作用。这一观点的出发点是，土耳其共和国试图抑制或控制伊斯兰教的作用，而不是在民主和宪法的框架下规范和调节这一作用，如第三章所提出的那样。但是土耳其国家需要抑制或控制伊斯兰教的社会作用，其基础本身在于认识到了宗教强有力的影响。正如稍后我要强调的，土耳其的世俗政治党派以及国家都必须接受伊斯兰教发挥政治作用的现实。

虽然在1928年任何提及伊斯兰教是国家宗教的信息都被删除了，1937年对1924年宪法修订时也重申了共和党的世俗主义观点，但是当1946年恢复多党政治时，执政党人民共和党（CHP）不得不面对伊斯兰政治现实。人民共和党不得不修正其对伊斯兰教的漠视，当时其领导人意识到他们的新兴竞争对手民主党正在吸引宗教保守派。议会里的一些人民共和党成员也感觉到世俗主义改革走得太远了，在青年社会化的过程中出现了一个道德伦理的真空（Mardin，2001，120—122）。为了应对这一状况，人民共和党在学校里重新开设宗教教育选修课，开办学校培训伊玛目和传教士，在安卡拉大学创办了神学院。然而与此同时，执政党在刑法中增加了第163条，惩罚"反对世俗性国家的宗教宣传"（Zurcher，1998，339）。就民主党而言，它继续宣称坚持世俗主义是国家的基本原则，但它同时寻找获得伊斯兰组织的政治支持，如由赛义德·努尔西（Bediuzzaman Said Nursi）领导伊斯兰教组织努尔盖玛提（Nur Cemaati）。1960年的军事政变标志着这种联盟的结束，可能是因为军队将领认为赛义德·努尔西妄图在土耳其建立一个神权国家（Mardin，2001，122—123）。因此也许应当思考一下军队在促进和维持世俗主义所起的政治作用，它排除了国家实行伊斯兰政治的任何可能性。

1. 军队的作用

土耳其武装部队（TSK）也许是凯末尔世俗主义最坚定的支持者，也是贯彻其原则最有效的执行者。凯末尔主义者不仅通过军队获得了权力，而且成立了他们的政党，即人民共和党（CHP），该党操纵着土耳其的政治直到一党制结束时，它利用军队推行现代化、西化和世俗主义这些具体的思想。它还利用义务兵役制向遍及全国的年轻人灌输凯末尔主义思想，这些年轻人许多都是有生以来第一次离开他们的家乡。招募的新兵入伍后接受有关历史、政府和宗教方面的思想培训，也接受有关地理、数学和文化方面的教育。军队也参与"巩固村庄"工程，士兵充当人力修建学校、水渠和清真寺，也满足村庄的农业需求。完工之后，军队指挥官给村庄赠送一面旗子和一个阿塔图尔克（Ataturk）的塑像，象征着村民和现代主义政权之间通过军队建立了持久的关系（Sen, 1997, 19—27）。

利用军队服务，凯末尔主义政府的政治和思想目标塑造了土耳其军队看待自身的方式，即主要是保护国家免受任何可感知的内部威胁，如政治伊斯兰主义、宗派主义，或者库尔德民族主义，而不是抵御外部侵略的国防力量（Cizre, 1999, 57—79）。这支政治化的军事力量在一系列实际的或潜在的阻碍国家宪法发展的军事政变中都有所反映。1961年宪法由当时掌权的军事政权颁布，由此形成了国家安全委员会（MGK）。该委员会的作用理应仅限于向政府提出建议，在国家安全事务中提供支持和协调。事实上，国家安全委员会为军队提供了一个与政治官员共享国家权力的平台。伴随着每一次政变（1971年和1980年），国家安全委员会变成了一个越发强大、拥有越来越多自治权的政治实体，牢牢地被军队控制着。通过强调和加强国家安全委员会的作用，1982年宪法以保护国家安全的名义严格限制公众讨论某些政治和社会问题（Bayramoglu, 2004, 59—118; Insel, 1997, 15—18）。

军队充当的凯末尔世俗主义护卫者的角色通过1997年2月28日的一系列事件得到了淋漓尽致的表现。当时军队通过国家安全委员会迫使总理吉梅丁·埃尔巴坎（Necmettin Erbakan）及其伊斯兰繁荣党党首（Islamist Welfare Party）辞职。这一干涉是基于一个月之前通过的一则条例，"危急"时刻国家安全委员会可以从议会制政府获得控制权，而对"危急"

时刻的界定则很宽泛，不仅包括战争和自然灾害，而且包括内部社会运动（Insel, 1997, 16）。除了在 1997 年 2 月底迫使政府改组，国家安全委员会还要求采取更强硬的措施反对伊斯兰运动，强化对宗教慈善机构和学校的控制。2 月 28 日的军事干预吸引了土耳其媒体和公众的大力支持，他们普遍指责繁荣党发动政变。显而易见地证实了这一观点，即土耳其的现代都市阶级都认为军队是抵御伊斯兰教原教旨主义的世俗主义的护卫者。因此，极具讽刺意义的是，控制军队干涉国家民主政治的压力不是人们通常认为的来自西化的土耳其世俗精英。相反，对国家安全委员会的约束是作为国家推行的近期宪法改革的一部分被提出的，目的是为国家加入欧盟铺平道路，本章最后一部分将作概述。确切预测军队领导对其权力的这些新限制将如何回应，尤其是如果面对的是他们认为的是对世俗现状构成了威胁，还为时过早。但同样明显的是，世俗主义在土耳其已根深蒂固，不需要依靠军队的保护也可以了。就我此处的目的而言，土耳其威权世俗主义的矛盾之处在于，军队的政治作用已经削弱了世俗主义，而不是保护或者推进它。民众认为军队是世俗主义的护卫者，这又弱化了世俗主义的合法性，违背了其宪法民主政府的基础。

2. 国家对宗教和宗教教育的控制

为了维持牢牢控制宗教的国家政策，共和国延续了许多奥斯曼时期的做法，承认、支持和控制宗教机构和宗教惯例，对穆斯林和非穆斯林都一样。国家发行的公民身份证上一般要求每一个公民明确自己属于四大宗教社群中的哪一个，四大宗教社群是官方依据 1923 年洛桑协议认定的，分别是：穆斯林、亚美尼亚东正教基督徒、希腊东正教基督徒和犹太教徒。需要注意的是，土耳其寻求欧盟的会员国身份似乎迫使这一政策在改变。2004 年 6 月 25 日通过的欧洲反对种族主义和不容忍委员会（the European Commission Against Racism and Intolerance）有关土耳其的第三份报告建议土耳其政府去除身份证上的宗教归属，依据洛桑条约保护宗教少数群体的权利。

土耳其大多数穆斯林都是逊尼派，尽管也有少量的什叶派和为数不少的估计达 500 万到 1200 万的阿拉维（Alevi）少数派。此处特别提到这种巨大差别，因为这凸显了对待宗教的政治敏感性以及官方和民众截然不同的态度。政府并不把阿拉维人当做一个单独的宗教群体来对待，尽管大多数逊尼派人都持有此种观点。虽然土耳其还存在着其他宗教群体，包括各种基督教教派、巴哈伊教和雅兹迪教（Yezidis），但是他们都不被官方认可，在他们的身份证上通常都被列为"穆斯林"。土耳其法律对苏非派别和苏非道堂是禁止的，但是该禁令并未严格执行，许多依旧活跃并广泛传播。此外，只有政府可以指定礼拜场所，宗教活动仅在指定区域内进行。

依据宪法第 136 条成立了宗教事务部（Diyanet），总体任务是"依据具体法律履行其职责，遵照世俗主义之原则，去除所有政治观点和思想，致力于民族团结和统一"。该部门负责规范和管理土耳其大约 75,000 座注册清真寺及其伊玛目，这些伊玛目被认为是公务员。该部门的政策和活动通常反映逊尼派穆斯林的教义，在经济上没有支持阿拉维（Alevi）或什叶派清真寺或伊玛目，但是这些社群往往自己通过私人资金自由行事。另一政府机构是基金会总理事会（Vakiflar Genel Mudurlugu），管理穆斯林的各种慈善基金会，也包括非穆斯林宗教团体、基督教会、犹太教会的一些活动，以及宗教财产（Yilmaz, 2005; Kucukcan, 2003, 501—504）。设立这些机构是土耳其国家控制全国穆斯林宗教生活的主要方法。

凯末尔世俗主义的另一内在矛盾存在于宗教教育领域。从一开始，凯末尔主义国家完全控制了全国的宗教教育，将其置于教育部的掌控之中。国家从乌莱玛手中拿走了宗教教育权，目的是利用现代中央集权化的国家教育体系创造一批具有世俗身份和道德思想的新国民（Aksit, 1991, 161）。人民共和党（CHP）一党执政期间，国家提供的宗教教育机会非常有限。但随着多党民主的兴起，新政体设立了伊玛目和传教士学校，20 世纪 70 年代，这些学校被重新命名为伊玛目和传教士学校（IPHS），经过调整允许其毕业生与世俗高中的毕业生拥有同等资格，可以继续接受大学教育。这些学校数量显著增加，在 20 世纪 70 年代包括伊斯兰社会和平运动党（MSP）在内的联合政府执政时期，这类学校的注册数量直线上升。1980 年军事政变之后，这些学校的数量增长渐缓，但是这些学校的土耳其伊斯兰主义者的利益呼声引起了世俗主义者的怀疑。

发生在 1997 年 2 月的军事干涉，导致了教育体制的改革，从而使伊玛目和传教士学校（IPHS）对许多学生不再具有吸引力。1997 年 8 月颁布的一条法律规定所有学生接受八年义务世俗教育，命令在国家的监管和控制下开展中小学"宗教文化和道德教育"。该法律允许未成年学生在取得其法定代理人同意的情况下，接受其他形式的宗教教育。宗教教育的内容受国家严格控制，并以逊尼派穆斯林教义为基础。许多逊尼派土耳其人批评这种做法不合适，同时也遭到了非逊尼派穆斯林的反对，因为这忽略了他们的宗教信仰。根据1923年的洛桑条约（该条约构成了共和国时代国家独立的基础），官方认定的宗教少数群体的成员经要求可免除这种伊斯兰宗教教育。根据法律未经官方认定的宗教群体则不可免除，尽管实际上往往是被免除的。

八年的中小学教育结束以后，学生可以继续接受世俗高中的教育或者伊玛目和传教士学校的教育。伊玛目和传教士学校被列入职业教育，尽管允许这些学校的毕业生上大学，但1997年立法规定，如果他们报考的大学专业与宗教无关，其入学考试成绩则自动减分。虽然一些父母仍将其子女送入伊玛目和传教士学校接受更广泛的宗教教育——其目的不是让他们成为伊玛目或宗教官员——但是这些学生面临的大学录取时的不利形势阻碍了这类学校的招生。另外，许多伊玛目和传教士学校提供的奖学金和免费食宿对贫困学生和保守家庭的女孩子仍然很有吸引力，保守家庭不愿意将其女儿送去世俗高中读书。

伊玛目和传教士学校的未来，以及宗教教育定位中存在的宽泛问题，在土耳其产生了大量争议。有人认为伊玛目和传教士学校的主要作用是教授宗教，而不是培训宗教专门人才，他们呼吁取消这些学校的学生在大学入学考试时给他们减分的这种不利的做法。但是，2004年正义与发展党（AKP）政府尝试要兑现其竞选时修改法律的承诺，却遭到了媒体和学术界的强烈批评，结果被国家总统否决了。世俗主义者通常支持限制伊玛目和传教士学校培训宗教职员这一职能的政策。这种办法使国家牢牢控制了所有的宗教教育及其相关的职业发展，因为国家首先在国立学校培养伊玛目和宗教教师这样的宗教职员，然后清真寺和学校雇用这些毕业生，他们是从世俗国家领取薪酬的公务员（Cakir, Bozan, and Talu, 2004）。

还有一种办法是在普通高中开设宗教选修课，缩小伊玛目和传教士学校（IPHS）与世俗学校的差距。可是，这又引发了一系列问题，不仅涉及这些课程的内容，而且学生上这些"选修"课程还有可能加重他们的负担。此外，宗教保守人士担忧世俗高中开设宗教课程有可能进一步削弱伊玛目和传教士学校的招生，而世俗主义者忧虑这些课程会把世俗学校变成新的伊玛目和传教士学校。最后一种办法的倡导者认为世俗政府没有义务在任何场所提供宗教教育，所有的宗教教育都应该私有化。但也有人对宗教教育完全私有化的观点持怀疑的态度，因为他们担心这会给伊斯兰原教旨主义者提供过多的自由，他们会利用这些机会招募学生，宣扬他们自己的观点。

当然，我们不可能或者也不合适在这里评价或衡量这些及其他有关宗教教育的问题。我仅仅是关注这些观点的多样性以及各种观点如何展现出社会内部和宗教与国家之关系中存在的潜在张力。本书论点的关键在于，如何保障宪法和人权的框架，如何在调适和调解有关公共政策的这些不可避免的分歧的过程中促进公民理性。正如前面强调的，我关注的是在当地的环境中通过公民理性确保调解这些问题的空间。

3. 头巾禁令

在土耳其威权世俗主义的所有矛盾之中，妇女戴头巾的问题是20世纪90年代和21世纪初最具争议性和代表性的。世俗主义者和伊斯兰主义者在2007年4月至8月阿卜杜拉·居尔（Abdullah Gul）竞选总统这一事件中的对峙，清楚地说明了女性头巾问题的象征意义。凯末尔主义者的人民共和党和军队强烈反对居尔竞选总统，他们说居尔的妻子戴着头巾，这让他们越发不能相信居尔能坚持宪法所规定的世俗主义。我们在这里既不可能也没有必要讨论头巾问题的方方面面，及其在土耳其和欧洲的最新进展。相反，我将强调作为世俗国家的土耳其正面临的困境和最新发展，也就是说，如何处理伊斯兰主义者不断增长的政治权力问题，同时还不用借助权威的手段来继续抑制这一运动。

公共场合遮掩头部的大部分妇女，都戴着一种城市和农村中低阶层妇女使用的传统头巾，自从共和国成立以来一直如此，并未遭到政府的反对或公众的议论。但一种新的盖头，类似于20世纪80年代以来穆斯林世界采用的那一种，开始与土耳其其他地方伊斯兰运动的兴起联系在了一起。与传统的土耳其头巾相比较，这一种头巾完全遮盖妇女的脖子和肩膀。土耳其妇女遮掩头部的原因很多，包括风俗、谦逊、宗教仪式，抑或是政治立场的标志。对于我们的目的而言，问题是国家是否能够调节这种显而易见的困境,在尊重戴头巾的个人选择和宗教自由的同时,也能规范宗教的政治作用。

  从20世纪80年代早期开始,学生被要求和公务员一样,必须遵守相同的着装规范。尽管这一规范会阻止女子穿牛仔服或迷你裙去学校,但是实际上却禁止了戴头巾。该规范修改后允许校方训斥"穿着过时"的学生(Official Gazette,1987)。当时执政的祖国党(ANAP)修改了条例,允许出于宗教原因遮掩头部的女子上大学,这一举措遭到了总统凯南·埃夫伦(Kenan Evren)的挑战,他是1980年军事政变的领导。这一案例送交到了立宪法院,立宪法院认为该法案有违宪法。法院后来认为另一条更笼统的法律是符合宪法的。这一条法律允许大学里的着装自由,却明确把作为"宗教标志"的头巾排除在外。其在"公共领域"是不被允许的,包括大学校园。对法律的这种解读遭到了许多人的批评,在实践中被束之高阁(Tuna,2006)。

  事实上,对头巾的限制逐渐缓和了,公众基本上不去讨论这个问题。但1997年军事干涉发生之时,这个问题被当作一个理由来反对伊斯兰繁荣党(RP),该党被迫下台。1998年立宪法院决定取消伊斯兰繁荣党为政治党派时,提出了"头巾"这个无关的问题,说它们应该在大学里被禁止。尽管这样的陈述本不应该具有法律效力的,因为它与法庭处理的问题没有联系,但官方借此阻止学生戴头巾去报名上课,或者甚至包括进入大学的校园或建筑物内(Tuna,2006)。

  头巾禁令迅速扩展到适用于更多情况中。高等教育委员会禁止在大学宿舍戴头巾,戴头巾的妇女不准进入大学里的建筑物,即使是来客也不可以。头巾在高中也是禁止的,包括伊玛目和传教士学校(IPHS)。伊玛目和传教士学校由国家创办,所以通常他们属于国家雇员。有一位妇女戴的是假发而不是头巾,还有一位妇女她正在接受癌症治疗,于是用围巾遮掩她光秃的头,但她们都被开除了教学职位(Tuna,2006)。1999年,伊斯兰美德党(Islamist Virtue Party)的米尔维·卡瓦克希(Merve Kavakci)被选为议员,她试图戴着头巾参加宣誓就职仪式。世俗民主左翼党(The Secular Democratic Left Party)的愤怒抗议迫使她没有宣誓就离去了。卡瓦克希后来被剥夺了职位,原因是之前她未说明她还是一位美国公民,伊斯兰美德党(VP)被禁,原因是它是反世俗主义活动的中心(Oktem,

2002)。

此外，教师、行政人员，甚至法官对头巾禁令的任何抗议，或者对其合法性的任何质疑，都遭遇了来自国家权力机关的压制。拒绝执行禁令的大学雇员因无关指控被解雇，对禁令的合法性或者解雇雇员的这类案件有所质疑的法官都被从这些案件中调离，有时被调任到其他法院。同时，积极支持该禁令的法官被指派到处理这类案件的法院（Tuna，2006）。裁定该禁令没有法律基础或者雇员无理由被解雇的法官往往面临政府的报复，发现自己受到了调查或被调离。有时候调查内容还包括审查法官的社会生活和家庭。比如，一位法官收到了一封调查信，说他收听宗教录音材料，在其私人住宅在不同的房间招待男客人和女客人，他的妻子遮掩头部。在其他案件中，公务员因涉嫌"伊斯兰主义者"或从事"反国家"活动而被解雇或不受提拔（Mazlumder，2004）。2002年随着支持伊斯兰教的正义与发展党（AKP）的当选，有关头巾的辩论转变成了一场议案危机。2002年11月，大国民议会的主席阿林克（Bulent Arinc）的妻子在一次官方外交仪式上戴着头巾，这引发了新闻界和政府的强烈反应。总统塞泽尔（Sezer）是一位坚定的凯末尔主义者，几天后他发表了演说，他说戴头巾是个人的选择，私下里是允许的。然而，他强调说土耳其社会的统治靠的是法律，而不是宗教和风俗习惯，并且引用了立宪法院之前的叙述：头巾是"宗教标志"，在"公共领域"应该被禁止。

不管这类问题的意义如何，或者不同人立场的有效性或合理性如何，有关头巾的这种激烈而高度公开的争议反映了人们对世俗国家与宗教之关系的更深层次的迷惑和矛盾。土耳其的世俗主义者视"头巾"为反对土耳其世俗政府的一种政治宣言，其仅仅是伊斯兰原教旨主义的冰山一角。一些最坚决的反对者，如在20世纪80年代首次制定这项禁令的凯南·埃夫伦（Kenan Evren）。他们把土耳其政治伊斯兰复兴追溯至伊朗这样的国家，伊斯兰复兴的标志就是戴伊斯兰式头巾的妇女的数量剧增，他们指责这些国家设法向土耳其输出伊斯兰教法。但是该事件的持续发展清楚表明，相当数量的土耳其公民对争议内容一直持坚定而根深蒂固的立场。同时，很明显，民众反对扩大禁令的范围，这对2002年支持伊斯兰教的正义与发展党（AKP）的获选起到了一定作用。可是，对这个问题正义与发展党（AKP）也得缓慢而谨慎行事，以免引来世俗派权势集团和军队的敌对反应。比如，2005年3月土耳其议会通过了一项"大赦"法，赦免2000年以来被大学开除的240,000女子，这就越过了之前由总统塞泽尔（Sezer）签署的该法条之否决权（Al-Jazeera）。如果该禁令原本就没有法律基础，那么为什么还需要一项"大赦"法呢？

头巾禁令的批评者和支持者都声称土耳其宪法在这个问题上支持他们的立场。禁令的批评者，包括正义与发展党（AKP），认为该禁令侵犯了妇女的宗教自由以及教育和就业机会均等的原则。包括立宪法院院长穆斯塔法·布明（Mustafa Bumin）在内的禁令的支持者，则认为修改法律以允许妇女在大学或行政部门戴头巾是违反宪法的，如果解除该禁令则需要修改宪法（《土耳其新闻评论》2005）。如果从字面或狭隘地理解土耳其宪法中的有关条文，那么后一种观点似乎得到了支持。土耳其宪法第24条并未提及"宗教自由"本身，但是提到了"宗教信仰和信念……的自由……礼拜、宗教仪式和典礼可自由进行，只要不违反第14条条款"。这里没有明确提到展示"宗教标志"的自由，而这正是引起头巾问题的原因。

应该说，妇女坚信头巾是一种宗教要求，依照第24条这作为一种"宗教信念"应该受到保护，但土耳其的所有宗教自由都是有限制的。第24条明确提到第14条是对宗教自由的一种限制，而第14条则规定："宪法赋予的任何权利和自由的践行，都不得破坏国家领土和民族不可分割的完整性，不得危及土耳其共和国以人权为基础的民主和世俗制度。"正是"危及民主和世俗制度"这样模糊的语言被成功地用来支持该禁令，尽管没有任何法律或法规明确禁止头巾本身。此外，正是限制宗教自由的第24条却声明："任何人不得以任何方式利用或滥用宗教或宗教自由，或被宗教视为神圣的东西，以达到施加个人或政治影响的目的。"支持该禁令的人认为，既然戴头巾是政治伊斯兰的一个标志，如果对此许可，那么将是导致世俗土耳其滑向"以宗教教义为基础的国家法律制度"的第一步。因此，戴头巾是对宗教的一种利用或滥用，根据第24条必须加以禁止。由反对头巾禁令引发的关于宪法的其他争议，例如教育权（第42条）、工作权（第49条）和妇女平等权（第10条），也是根据第14条由于关涉到对"世俗制度"构成了危险而受到广泛的限制。到目前为止在土耳其立宪法院，以这些其他条款为基础的讨论都是无效的。

如前面提到的,土耳其要求加入欧盟,这会从总体上改善这个国家的人权状况,这也许不假,但对头巾问题这似乎并没有带来一个令人满意的解决。在关于土耳其的报告书中,欧洲人权法庭一致认为土耳其禁止戴头巾并未违反欧洲人权公约第9条(思想和信仰自由);第8条(尊重个人和家庭生活的权利)、第10条(言论自由)、第14条(禁止歧视),以及公约第9条和协议1号第2条(教育权),并未提出单独的问题。法庭认为该禁令主要是为了追求保护其他人的权利和自由以及公共秩序的立法目标。

有关头巾讨论的主要问题一直是如何区别"公共领域"和"私人领域",而正是在"公共领域"立宪法院声明头巾是必须禁止的。根据法院的意见,既然公共领域应该是世俗的和中立的,为所有人提供同样的保护和同样的服务,那么就不应该允许社会工作者携带表明其信仰或态度的宗教或思想标志。显而易见这种区分至关重要,既然必须坚持国家的宗教和思想中立,那么实际困难就在于对这些术语进行界定,并在贯彻这些原则的过程中维持其一致性。比如,一些土耳其评论家已经注意到,在校园里对学生或老师佩戴阿塔图尔克(Ataturk)像章或其他徽章都不禁止,也不做调查,而这些明显是思想标志(Insel, 2002)。对宗教和思想标志这种不平等对待引发了一个问题,即国家是否真正做到了中立。如果其理念是,国家的中立要求其确保公民在官员手中得到同样的对待,那么允许官员佩戴与政治组织人民共和党(CHP)相联系的阿塔图尔克像章这种思想标志,就有违此要求,这和允许妇女戴头巾一样。

由于对"公共领域"和"私人领域"不能给出清晰而权威的界定,这也增加了将该禁令扩展至其他地方的武断和不公平的风险。比如,2003年11月在法庭上曾有一位法官命令一位戴头巾的女被告摘去头巾,说她"无权在公共场所——法庭戴头巾"。另有一个例子,图兹拉(Tuzla)的一位法官让一女员工离开法庭,除非她摘去头巾,而当时那位女员工正为戴头巾遭解雇的事发起诉讼。也有报道称,在国家医疗机构妇女因戴头巾而被拒绝治疗(Tuna, 2006)。甚至连公共交通工具都有可能被认为是"公共场所",妇女戴头巾也有可能被禁止(Sellars, 2004)。

土耳其的一些舆论领袖和学者已经建议,缓解头巾禁令的一种方法就是区别公共服务提供者和公共服务接受者。这一提议赞同的主流观点是,提供公共服务的国家应该保持其中立，平等对待所有公民。因此，公共服务提供者不得携带任何表明其思想意识或宗教信仰的标志，这是理所当然的。然而，相比较而言作为公共服务接受者的公民应确保其宗教信仰、思想观点的自由，因此他们有权携带表明其信仰和意识形态的标志。根据此提议，大学生是公共服务接受者，应该允许其选择戴或不戴头巾，而大学教师则是公共服务提供者，就不应该佩戴任何有关意识形态或宗教的标志。同样，病人是公共服务接受者，不管其外在形象如何都应该有权接受医疗服务，而医生则是公共服务提供者（Insel, 2004）。这一提议在短期内当然可以缩小禁令适用的范围，甚至在大学的公共场所允许学生和其他公民戴头巾或其他标志，但是不能解决毕业之后所发生的问题。作为公共服务接受者的一位女大学生可允许其遮掩头部，但是如果她在同一所大学谋职，那么她则转变为公共服务提供者，代表着国家，因此必须摘掉头巾。

完全支持取消禁令的人认为所有公民，包括受雇于国家并充当公共服务提供者的那些人，宪法都赋予其佩戴宗教和意识形态标志的权利。根据这一提议，政府对所有公共服务接受者的中立和公平与公共服务提供者的"善意"相结合（Insel, 2004）。因此一位大学教师如果选择戴头巾的话，则应该是被允许的，学生应该相信，她的善意和职业诚信将确保她不会歧视佩戴世俗或宗教标志的学生。该提议面临的问题则包括，它是否适用于所有情形的所有宗教或意识形态标志，还是具体问题具体分析以评估偏见带来的风险及其结果。另一问题是，没有可靠的保障也不去追究责任，就期望人们信任那些权威高过他们的人，这是否合理或现实。

不管赞同哪一种观点，潜在的问题是，如何确保国家及其代表的中立或善意。对公共服务的提供者和接受者在公共场所佩戴某种标志都加以禁止，通过隐藏宗教或意识形态的差异，仅仅消除了一种"外在"的对潜在偏见的担忧。但这并未消除这些偏见，也不能保证一旦公共服务提供者察觉到（或者甚至怀疑）服务接受者的这些差异，他们将不会有歧视。问题在于国家保持中立的真正含义，以及在实践中如何确保其履行。我认为，答案就在于，正如第三章所讨论的，在宪法主义、公民权和人权的框架内，对这些困境进行不断的调解，而不是对军队、宗教和头巾所发挥的作用这些问题进行分类治理。从这个角度来看，上面概述的讨论可视作公民理性发挥作用的一个例证，不管在任何时间我们对其结果有任何看法，只要能保持这一过程的完整性和动态性即可。对公民理性的这个实例做出一些思考，但不冒昧评判其结果，这也许是有帮助的。

妇女的着装风格负载着政治意义，这一事实反映出土耳其在调适宗教与国家之间的平衡过程中面临着更大的困境。虽然从理论上来说所有的宗教和意识形态标志在公共领域是可以被禁止的，而对头巾的高度关注却意味着严重剥夺了妇女教育和工作的权利。头巾禁令已使成千上万的妇女失去了教育和工作的机会。国家掌控着教育，戴头巾而又支付不起到国外受教育的女孩子和妇女失去了接受高等教育的所有机会，因为头巾禁令同样适用于伊玛目和传教士学校以及神学院。戴头巾的妇女还发现她们的就业领域非常有限，因为即使她们不是国家雇员，只要是需要出现在"公共领域"的工作，禁令实际上都把她们拒之于门外了。比如，土耳其律师协会曾对三位女律师在安卡拉法院大楼内戴头巾发起过调查（Hurriyet, 2003）。

这种矛盾的状况也说明，即使在世俗主义制度确立几十年之后，妇女的权利依旧很脆弱。尽管国家权威在积极推进全国的世俗化和现代化，但是土耳其社会仍然是高度保守的，特别是就女性的作用而论。很有可能，这种保守的观点在伊斯兰党派的支持者中更普遍（Carkoglu and Toprak, 2000）。但我也很清楚，教育和经济发展在推进各项人权方面，包括妇女的平等权和人格尊严权方面，能够发挥关键的作用。禁令限制了妇女受教育和就业的机会，尤其是那些来自保守或下层社会背景的妇女，她们更有可能戴头巾，因此它可能适得其反。世俗主义者不是鼓励支持戴头巾的妇女去接受教育，从而确保她们的就业和经济独立，相反他们却正在破坏着他们所声称的确保所有公民更大的自由和社会发展的目标。

我认为，世俗主义的目的和理念是加强宗教多元主义和个人选择是否遵守伊斯兰戒律的自由。在国家立法中庄严载入宗教义务，迫使妇女把自己遮掩起来，从而剥夺了她们对真主的个人责任的基本原则，这是错误的。但同样错误的是，国家给妇女制造困难，削弱她们在坚持宗教信仰与失去受教育的权利、失去就业机会和个人自由之间进行的选择。这种观点并不是说，国家干预是对妇女或男人，就此而言的选择自由的唯一或主要限制，因为来自家庭或团体的压力甚至有可能更具压迫性和抑制性。对个人权利和自由的其他侵害必须通过适当途径加以避免,包括伊斯兰改革和大众教育方案,正如我之前提出的。世俗主义是在国家的宗教中立与宗教的公共作用之间做出的一种调适,就立法目标以及宗教和国家的基本原则而言,认清这一点是极为重要的。

四 伊斯兰政治的挑战和前景

2007年4月阿卜杜拉·居尔竞选土耳其总统所引发的危机,引人注目地显示了关于头巾讨论的特殊意义和军队发挥作用带来的问题,正如下文将要提到的。我回顾有关头巾问题的各种立场及其影响的目的是要强调,世俗主义是通过公民理性及其保障措施进行的一个调适的过程,正如之前所解释的。显而易见的是,不可能确切预见这一过程的结果,特别是对于某一特定事件,就像有关居尔的争议,或者是就一个特定的时间框架而言。通过对某种观点所谓的合理性或合法性的公开辩论和论争,期望最好的政策浮出水面,这是合理的。我要提出的问题是有关调适的过程,这不仅要关系到是什么构成了好政策以及如何实施,而且当政策实施时明显不如理论上听起来那么好的时候,该如何适应和改变政策。另外,这种调适不单纯是某一特定国家内部的事情。在这一方面,土耳其国家和社会明显受到了欧洲的影响,从19世纪的奥斯曼改革,到20世纪的共和政治,再到21世纪初争取成为欧盟成员国的行动。伊斯兰政党执政把土耳其带入了欧盟,这也许有助于推动凯末尔威权世俗主义与立宪主义和人权保护的调和。有必要回顾一下这些最新发展的背景和前提条件,然后再总结反思在土耳其世俗主义框架内伊斯兰政治出现的可能性。

仅凭土耳其的人口统计资料就足以说明,我所说的重要性就在于宗教与政治的密切联系。穆斯林占土耳其人口的97%,包括相当数量的阿拉维(Alevi)少数派和人口更少的什叶少数派。但官方给出的数字是99%,因为土耳其政府包括了那些宗教信仰未被国家认可的公民,比如新教基督徒和巴哈伊教徒。尽管土耳其的大多数穆斯林称自己为虔诚的信徒,但是他们依旧支持世俗性国家,在世俗性国家宗教的作用归属于私人生活。与此同时,21.2%的人声称支持以伊斯兰教法为基础的宗教性国家,尽管与其真实的意思并不一致(Carkoglu and Toprak, 2000)。因此,比较清楚的是，一方面，尽管对冠以凯末尔主义名义的专制主义的做法强烈不满，但世俗主义在土耳其被牢固地确立了，任何主要的政党或团体都不公开反对（Ahmad，2003，182）。另一方面，在各种针锋相对的观点中，世俗主义的内涵和外延仍然是有争议的。相应的矛盾在那些支持加强伊斯兰教法以促进正义之理想并抵抗道德堕落和经济腐败的人中也可以看到，但是对于该目标意味着什么以及在实践中如何去实现，他们并不赞同（White，2002，201—226）。

伊斯兰政治的兴起开始于20世纪70年代一个被称之为民族观察（the National View）与国家秩序党（the National Order Party）的运动，国家秩序党由科尼亚市（Konya）议会成员于1970年创立。国家秩序党（MNP）很快被立宪法院解散，理由是它违反了共和国政教分离原则。而它的继承者1973年成立的米利塞拉门特党（the Milli Sellamet Partisi）在1980年军事政变之后也被取缔了，然后是繁荣党（RP）取而代之。繁荣党在感觉被20世纪80年代和90年代的经济变化抛在后面的人中，吸引了一批追随者。尽管土耳其与欧盟达成了关税同盟，并且在苏联领地也出现了新的市场，这给一部分土耳其人带来了巨大的财富，但是还有一些人则深受这些发展之苦。私有化和通货膨胀伤害了受教育程度低的人和中下阶层，农村向城市的移民潮使失业问题更加严重，也使贫富差距愈发明显。

在这种经济和社会环境下，繁荣党强调公平、正义、消除贫困，在城市地区吸引了越来越多的追随者，远远超越了其原有的安纳托利亚中部的农村基础。随着繁荣党领导人频频在媒体露面及其公众知名度的提高，伊斯兰领导人的胡子和头巾备受争议——这对一些土耳其人来说是伊斯兰身份的象征，而对另一些人来说则是政治挑衅并对世俗现状构成了威胁。接着发生了一场"标志之战"，世俗的土耳其人形成了一个对立面，以此强调他们对凯末尔主义的认同。西式女装被宣传为"现代的"或"标准的"。1994年当倡导伊斯兰主义的伊斯兰繁荣党赢得当地政府和市政府的选举时，印有阿塔图尔克（Ataturk）肖像的海报、贴纸、贺卡和别针突然间风靡一时。这些象征着政治和意识形态认同的标志变成了张力和论争的一个主要根源（Navaro‐Yasin，2002，229—258）。

土耳其最新的政治发展表明了世俗主义者和伊斯兰主义者之间这种持

续张力，而公众的观点似乎更偏向于一种折中，而不是宗教与政治的完全分离。皮尤论坛（Pew Forum）一项关于宗教和公众生活的研究指出，对于伊斯兰教在公众生活中应该发挥的作用而言，土耳其人持有对立、"强烈但矛盾的感情"。不足为奇的是，公民们似乎也正在选择一个更加自由、更加富强的土耳其。

在2006年6月的一份调查中，40%的土耳其人说他们认为民主在他们的国家可能会成功，低于2005年（48%）和2003年（50%）。约有一半的人（47%）认为近些年来宗教在国家政治生活中发挥作用的势头有所增长。认为宗教将更重要的人们之中，50%的人说其发展对国家不利；39%的人说对国家有利。但大部分土耳其人都说伊斯兰教是他们身份的核心部分。多数土耳其人（43%）首先认定他们是穆斯林，而不是以国籍划分，另有27%的人认为他们既是穆斯林也是土耳其人。（Ruby, 2007）

最新发展的政治背景包括，2007年4月世俗主义者竭力阻止正义与发展党（AKP）候选人阿卜杜拉·居尔（Abdullah Gul）在阿赫迈特·内吉代特·塞泽尔（Ahmet Necdet Sezer）任期结束时竞选总统。世俗主义者反对居尔的伊斯兰教根源和言论，说他的妻子戴头巾，这表明将会出现一个伊斯兰教国家，把伊斯兰教法强加给这个国家。正义与发展党有可能会控制议会和总统之职，这引起了世俗主义军队发起的大型抗议和威胁。议会里的反对党成员联合抵制总统选举，因此否认正义与发展党达到了选举居尔的法定人数。面对这样的反对，居尔最终退出了选举，塞泽尔继续担任总统，尽管其任期已满。总理雷杰普·塔伊普·埃尔多安（Recep Tayyip Erdogan）呼吁尽快举行议会选举，希望通过政治权力壮大他的力量。2007年7月正义与发展党（AKP）在选举中大获全胜，赢得了普选的47%，尽管由于联合反对党失去了几个实际席位。然后总理再次提议居尔为正义与发展党（AKP）的总统候选人，这一次居尔于2007年8月28日当选为总统。

我很清楚，土耳其的斗争发生在两种世俗主义观点之间，一个是倡导集权主义的；另一个可能更民主一些，而不是神权政治倡导者与世俗主义拥护者之间的斗争。2007年4月人民共和党（CHP）和军队发起了抵抗，试图调整局势，不顾一切地捍卫世俗国家，反对正义与发展党建立伊斯兰国家，执行伊斯兰教法的秘密策划。但2007年7月的大选结果却表明人民并不相信这一指控。正义与发展党也似乎已经取得了成功，因为它承诺要使土耳其加入欧盟，显著改善经济状况，依据欧盟标准提供全民医保，在整个安纳托利亚修建现代化道路。

考虑到作为执政党的正义与发展党（AKP）5年内温和的政治取向，及其希望土耳其加入欧盟的强烈诉求，世俗主义者的担忧似乎是多余的。与此同时，随着正义与发展党获得的权力越来越多，它必须谨慎，它的亲伊斯兰政策不至于危害到世俗国家和公民理性的空间。正义与发展党最大的力量也许在于其成功清除了被界定为现代的、世俗的土耳其的权威政治模式。特别是，正义与发展党通过开放经济政策刺激了经济的快速增长。尽管最新的冲突表现为伊斯兰教与世俗主义之间的对立，但是人们对自由和经济繁荣的诉求不应该被低估。正义与发展党最近的获胜很可能是人们对土耳其的民主和经济未来的一次公投，而不关乎国家的伊斯兰状况。

因此，一方面，如果通过军队的介入取消人民的民主选择，这将是国家的灾难。同样，如果新近得到强化的正义与发展党证明其对手对他们所承诺的世俗国家的担忧是有道理的，这也将是有害的。另一方面，如果正义与发展党能够继续向宗教界开放政治空间，同时还能坚决保持伊斯兰教与国家的分离，并且不断加强人权、立宪制度和公民权的原则，那会直面反动派的担忧，把土耳其建立成一个本书讨论的观点的模型。即使在最近的对抗中，自从20世纪90年代末以来的政治发展可以让人看到令人鼓舞的迹象，争论双方之间的相互包容与和解在日益增长。正义与发展党也许就是土耳其一个可行的和解模型，到目前为止，它是一个在世俗国家和体系内运行的官方世俗政党，似乎也真正致力于维护立宪制度和全体公民的人权，同时也保持着亲伊斯兰教的立场，这让它清楚而公开地把其成员有关公共政策问题的宗教信仰用作一个政治行动指南。这是一个相对较新的发展，双方对此都有明确而有理由的担忧。土耳其世俗主义者也许认为正义与发展党外显的世俗主义和其总体上公开的宗教特点是一妙招，隐藏了他们对世俗主义的真正憎恶和他们要废除世俗国家的意图。世俗主义者担心一旦伊斯兰教主义者获得了足够的权力，这一世俗的面具将会被摘掉，建立一个伊斯兰国家执行伊斯兰教法统治的真正意图就会显现（Kosebalaban 2005）。

另外，持宗教主张的穆斯林把国家军事政变的历史和取缔政治党派的禁令与伊斯兰教联系了起来，他们担心他们参与政治的资格也许会突然终结。他们关心的是，他们的伊斯兰取向会被军队或法庭当作一种借口，将他们从公众论坛驱逐出去。欧盟各成员国也不确定是否有可能吸纳一个穆斯林国家，欧盟也许会支持镇压与伊斯兰教相关的政党或思想，这种恐惧加剧了穆斯林的那些担忧。他们指出欧盟法庭支持头巾禁令的决定就是一个例子。

从本书提出的世俗国家的角度来看，土耳其的历史需要澄清潜在的张力与矛盾。凯末尔主义者的世俗主义观点在土耳其仍占据着主导地位，其基础是国家完全控制宗教。它规范宗教教育和宗教习俗，控制清真寺的资产，把伊玛目列入政府发薪名单，规定人们的着装，特别是妇女在学校和工作场所的着装。以我来看，这种模式从根本上来说是有问题的，因为它以世俗主义的名义试图控制和操纵伊斯兰教在公共政策和政治方面的作用，同时还否决视伊斯兰教为生活的一股基本力量的公民依据自己的信仰来生活的权利。这种模式从本质上来说也是自相矛盾的，因为如果不违反人权就不可能控制宗教和宗教机构。换句话说，这种模式必然会削弱立宪制度和人权，但却打着坚持这些原则的旗号。

支持现状的那些人极力指出土耳其政治中的这种断裂是世俗主义与伊斯兰原教旨主义二者力量之间的一种冲突，尽管具有不同背景和意识形态的人们都提倡改变，主张民主，伊斯兰政治家和思想解放的世俗主义左翼分子还结成联盟呼吁更大的自由。对现状的捍卫者倾向于把他们的对手视为伊斯兰教主义者，而他们自己则是世俗主义的守护者，提出了伊斯兰原教旨主义和实施伊斯兰教法的威胁，企图恐吓和迷惑国家的公民，使他们屈从于威权主义。正如前面提到的，国家安全委员会（the National Security Council）长期以来一直认为对国家构成首要威胁的就是，土耳其政府有可能落入强制实施伊斯兰教法的人之手，因此他们要保证对宪法权利的限制，尤其是与宗教自由相关的权利（Jacoby, 2004, 150）。我认为，出于政治目的对伊斯兰教法的这种担忧被过分夸大了，因为在土耳其根本就没有一个多数群体或政党威胁到，或者质疑土耳其国家的世俗性。囊括各个方面的全国广泛的共识显然是赞成一种宗教友好型的世俗民主，类似于欧洲和北美的普遍现象。

我们还需要考虑到欧洲对土耳其的影响，这塑造了 20 世纪 20 年代凯末尔主义者的共和世俗主义观念，也影响到了 21 世纪初它的转型。一方面，大多数人倾向于建立真正的和可持续的宪政民主以及对人权的尊重，对此明显的反映是，他们强烈希望加入欧盟，这被视为可防止陷入凯末尔式的或者军队的威权主义。另一方面，反对土耳其加入欧盟的那些人一般都反对民主改革，反对改变现状（Selcuk，2000）。但是正如前面提到的欧洲人权法庭有关头巾问题所作出的决定，欧洲的作用现在可能与一个世纪以前一样，是模糊而矛盾的。欧洲的矛盾也体现在它认为土耳其是一个穆斯林国家，尽管几十年来土耳其政府和军队通过严厉而专制的手段使国家世俗化和西化，其人民已疏远了伊斯兰文化。但许多欧洲人反对土耳其加入欧盟，因为他们认为如果接纳了土耳其，欧洲将会丧失文化同质性（Howe，2000，1—10）。

土耳其目前的世俗主义模式正在引起大部分人持续而广泛的不满。通过对宗教习俗、宗教教育和宗教自由的控制，这种世俗主义模式得以存在。像阿拉维（Alevi）和什叶派这些少数派宗教的观点被压制了。选择积极从事宗教活动的人们被逐出了公共生活，他们也被剥夺了教育和就业的基本权利。但是，温和的、亲伊斯兰教的正义与发展党（AKP）最近参选，以及向欧盟成员国的迈进，这些都表明大部分土耳其人在支持世俗政府的同时，都渴望以一种更加温和而民主的方式获得宗教自由，这种方式将会使他们自由地把伊斯兰教和他们的穆斯林身份与他们的公共生活和个人生活结合在一起。展望把伊斯兰政治的积极观点融入土耳其人对世俗主义的理解和实践的前景，最新的发展是鼓舞人心的。这并不容易，它肯定不是所有问题的最终的解决方案。相反，我认为这种新趋势是在各种针锋相对的观点之中，向着调适公共政策和立法迈进的积极的一步。在土耳其，伊斯兰政治可能是必要的，以便使相当数量的公民，不论是从整体上还是个人，获得接近公民理性的一种公平的过程，对此前面的章节已有所讨论。因此，在结尾部分，我将简要回顾这一积极的发展趋势，以及土耳其将如何强化世俗主义，而不是使世俗主义削弱或受到威胁。

辩论双方都倾向于强调他们自己对其对手的意图的理解，贬低对方关心的问题,说其是毫无根据的或过分夸大的,对于本文的目的而言,裁定这一有争议的政治问题既不可能也没有必要。相反,我特别要强调的是,这个国家的最新发展向双方表明,他们曾视为两个极端的调适,不仅是可能的而且是可取的。即使伊斯兰主义者仅仅是出于权宜之计而承诺采用一种世俗民主的政府形式,但是在世俗体系内运行也将确实改变该党自身,其成员对世俗制度的优点将逐步形成一种更务实的观点。如果正义与发展党(AKP)或者别的伊斯兰政治派别的领导能够认真对待其选民关心的核心问题,那么他们将会意识到,世俗主义并不一定意味着会把伊斯兰教完全排除在政治之外,事实上世俗国家要比"伊斯兰"国家能让他们的政治信仰走得更远。反之,如果人民共和党(CHP)和其他世俗主义者能够继续维护宪法,并通过民主的程序争夺权力,那么他们将逐步认识到处理这些问题时协商在统一国家意志中的好处。

在土耳其政治话语中,伊斯兰教的当前作用,尽管还非常有限,但它也能使世俗国家意识到在一个世俗社会里不同类型的观点还是有空间的,包括宗教信仰人士提出的观点。因此,土耳其的世俗主义也许会有所改变,将变得不那么专制和教条,给宗教和宗教机构以更大的自由,创造包容不同声音的空间。土耳其力争在世俗主义、人权、伊斯兰教,以及宪法规定的全体公民的权利之间达成平衡,这不仅对土耳其自身很重要,而且把这一讨论传播至整个穆斯林世界也将发挥重要作用。如果土耳其能够证明世俗政权仍可为宗教话语和人权留有空间,那么它将有助于在世界各地的穆斯林中恢复"世俗"这一术语。同样,如果土耳其能够证明,它在维持世俗政府和维护所有人的宪法权利的同时,也允许听到伊斯兰政治呼声,那么它将再次向全世界的世俗主义者证明伊斯兰教在政治话语中拥有一席之地。

最后,我要强调,作为此讨论中诸多观点和理解的一个案例,土耳其受到了我的密切关注和解读。比如,2007年7、8月我在印度尼西亚待了4个星期,为这本书的写作做准备。土耳其的案例被讨论该书的人和5座城市新书发行会上的广大读者提了出来,同时在各种讨论会、公开讲座和媒体采访中也多有讨论。颇为自相矛盾的是,阿卜杜拉·居尔的候选危机被认为是对类似于土耳其的积极倡导者所持有的共同忧虑的一种证明:印度尼西亚伊斯兰主义者引用此种情况来证明世俗主义对宗教一直固有的一种敌意；但是世俗主义者也引用同样的事件为其辩护，他们反对伊斯兰教在政治中发挥作用。我试图向各方说明，我提倡对国家和政治进行区分，借此规范伊斯兰教和政治不可避免的相关性，进而确保伊斯兰教和国家在机制上相分离，而目前这些发展情况正说明了我的观点。我另外要解释的是，土耳其世俗主义持续不断的危机也支持了我的观点，即应该调节伊斯兰教、国家和政治之间的关系，并且经常调整伊斯兰教法在公共生活中的作用，而不是强加上一种绝对化的解决方法。然而，我需要说明的是，与我的观点针锋相对的大部分讨论都是他们对我的观点自我理解的表达，并不是我真正的意图。反常的是，在世界的另一头，印度尼西亚的穆斯林正以他们自己的国家和社会的历史体验，以及他们对土耳其所发生的一切形成的固有的解释，表达着他们的立场。

第六章 印度尼西亚：多样性现实和多元主义前景

本章要讨论的是印度尼西亚动态的多样性和多元化，我们最好还是先简要回顾一下这个国家的近代历史和社会背景。现在的印度尼西亚国家是与荷兰殖民主义相斗争的结果。尽管在印尼群岛各个地方早就有当地人反抗殖民统治的情况，但是对荷兰统治的大规模反抗，最初发生在1917年伊斯兰联盟崛起之时。然而到20世纪20年代末，这一大众政治运动以意识形态和政治的分歧而告终，主动权转移至民族主义者手中，他们是印度尼西亚思想的创始人。1927年印尼民族党（PNI）成立，苏卡诺（Sukarno）是倡导印尼统一、独立，国家与宗教相分离的领军人物。但从1930年前后一直到20世纪50年代中期，伴随着另一股政治活动浪潮，穆斯林政党和运动再度出现，所以1945年8月17日（"二战"时日本投降三天之后）苏卡诺和穆罕默德·阿塔（Muhammad Atta）宣布独立之时，穆斯林政党也是新印尼联合政府的组成部分（Lapidus，2002，666—668）。但是荷兰直到1950年才承认印尼独立，直到1963年还控制着今天的西巴布亚（West Papua）。根据1950年宪法，苏卡诺被选为总统，但在1955年第一次全国大选前后，由于各政治党派之间的分歧，很难建立一个稳定的政府。

考虑到我们的目的，我们应该注意有关伊斯兰教和国家对立的观点。民族主义领导人支持以国家五项基本原则（Pancasila）为基础，即一神论、人道主义、国家统一、协商一致的代议民主和社会公正，建立一个世俗国家，而一些穆斯林团体则呼吁建立一个伊斯兰国家。还有一些人则寻求一种折中的立场，他们建议宪法序言部分应该申明国家有责任在穆斯林中实施伊斯兰教法（Shari'a）（又被称为七字条款）。在第一部宪法中，即 1945 年的《雅加达宪章》，占据优势地位的民族主义者肯定了国家五项基本原则，否决了一些穆斯林期望的条款。但直到现在，这个问题仍然存有争议（Salim and Azra, 2003, 1）。此外，诸多因素综合在一起，其中包括开始于 1958 年的苏门答腊岛、苏拉威西岛、西爪哇岛及其他诸岛的起义以失败告终。立宪会议未能在新宪法上取得一致，从而使苏卡诺在 1959 年单方面恢复了 1945 年临时宪法，这给他提供了非常宽泛的总统权力。他后来利用这些权力把一个威权政体强加在了他称之为的"指导式民主"之上。他还与亚洲共产主义国家以及印尼共产党（PKI）走得很近，这与他"冷战"时期拒绝与它们为盟的早期外交政策形成了鲜明对照。

1965 年 10 月印尼共产党试图发起军事政变时，苏哈托（Suharto）少将控制了雅加达。政变失败之后，暴动席卷了整个印尼，成千上万的所谓的共产党员及其支持者被杀害。1967 年 3 月，临时人民协商会议（MPRS）提名苏哈托担任总统，苏卡诺被软禁，直至 1970 年他去世。

在总统苏哈托所称的"新秩序"下，他将经济恢复和发展确立为其执政的主要目标，1968 年人民议会（People's Assembly）正式选举他为总统，任期 5 年。之后在 1973 年、1978 年、1983 年、1988 年、1993 年和 1998 年他又被选举连任，每届 5 年。但由于各种经济因素，包括 1997 年亚洲金融危机以及石油、天然气和其他输出商品价格下降，他被迫于 1998 年，也就是人民协商会议（MPR）第 7 次选举他担任总统之后 3 个月辞职（Lapidus, 2002, 674）。1999 年 6 月印尼继 1955 年之后首次举行了全国的、省级的和省级之下的自由选举。苏哈托退位之后的改革时代，民主化进程得到了加强，包括区域自治计划和 2004 年首次总统直选。尽管今天不同宗教和民族团体之间的关系大体上是和谐的，但是在一些地区严重的宗派矛盾和暴力仍是问题。

本章的前提是，多样性和多元主义是两个不同概念。多样性关涉到宗教、民族和其他形式的人口多样化和差异性，而多元主义是一种价值体系、态度、制度和过程，它可以把多样性转化为可持续的社会凝聚力、政治稳定和经济发展。多样性的现象是任何地方全人类社会的一个永恒的特征，它展现出不同的形式并随时间的变化而动态发展。换句话说，多样性是事实或经验，而多元主义是一种意识形态和体系，它以一种积极的价值观接受了多样性，并在各种差异之中不断促进协商和调整，但不希求永久地结束任何一种或所有的差异。比如，在宗教或信仰问题上，差异的存在是每一个社会的永恒特征；多元主义是一种方向或体制，其基础是在协调不同宗教和信仰群体间关系的过程中，真诚地接受这种经验事实，而不是渴望使他们融为一体或者消除其中的任何一个。人类总是可以选择坚持多元主义的思想，致力于在不同信仰群体之间进行协商和调解。回顾一下我之前强调的人类能动性所发挥的重要作用，正是人民，而不是诸如"国家"或"民族"这些抽象的概念，塑造并影响了他们自己的差异，从而实现了真正和可持续的多元主义。同样，人们也许不能接受并调解他们的差异性，或者也不能实现多元主义，但这种失败并不是最终的或决定性的。既然每一次失败在未来都有可能带来新的成功，问题应该是人们应该做些什么，以实现永恒的差异性的现实向可持续的多元主义的转化。

从这一术语的各个角度来讲，印尼也许是当今世界最具多样性的国家之一。就实践民族国家模式的可能性而言，群岛的地理和多样性也许依旧是目前最主要的挑战。如前所述，这种模式是有问题的，因为它通常意味着强加上一种人为的一致性，目的是达到一种理想的统一，其基础往往是统治精英或人口当中主导群体的取向。这有可能发生在所谓的世俗国家或宗教国家当中，有时甚至还打着多元主义的幌子，这正是本章关心的问题。印尼是一个统一的国家，20世纪20年代晚期一批争取把印尼从荷兰殖民统治下独立出来的领导人，创制了这一思想，他们声明要把17,000多个岛屿统一为一个单一而凝聚的国家。岛上的居民属于许许多多的种族和民族群体，他们讲各种各样的语言，认同各种各样的宗教和文化传统。但我们此处仅仅关心的是，与常态的制度体系的宗教多元主义相关的宗教多样性，并且是从伊斯兰的观点来看的。

有好几种理论都讨论了伊斯兰教如何传入努珊塔拉（Nusantara）（今天的印尼）、各种传入路线以及伊斯兰化过程的各种动因，认为伊斯兰教传入印尼或者直接来自南阿拉伯半岛，或者由印度传入，或者是通过专门的传教士，或者是通过苏非大师（Azra, 2004, 2—19）。出于我们此处特定目的，各种学术观点可以得到调和。可以接受的是，与来自阿拉伯、波斯和印度的穆斯林的早期有限的接触也许可以追溯至8世纪，而大规模持续而系统的伊斯兰化则晚得多。根据一些学者的研究，最晚到18或19世纪（Mudzhar, 2003, 4—9）。比较一致的看法似乎是，伊斯兰化的过程是以和平的方式发生的，尽管也有一些穆斯林统治者使用暴力使周边民族皈依伊斯兰教的例子。与伊斯兰世界中心地区和阿拉伯人的移民地区，特别是来自也门哈德拉毛省和也门其他地区的紧密的贸易关系，也推进了这一过程。但是，就其本质而言，伊斯兰化的过程既不相同也不全面，因为这取决于地理位置、时间范围和环境，诸如原有的文化和宗教传统的性质和韧性。比如说，与具有隔绝的乡民文化的内陆地区民众相比较而言，具有海洋文化和大都市生活方式的沿海地区民众，则更易接受伊斯兰教。

推进14世纪大规模皈依伊斯兰教的因素很多，其中包括同一时期印度教王国如满者伯夷（Majapahit）、室利佛逝（Sriwijaya）和巽他（Sunda）的衰落，以及伊斯兰王国如亚齐特别行政区（Aceh Darussalam）、马拉卡（Malaka）、淡目（Demak）、井里汶（Cirebon）和特尔纳特（Ternate）的崛起（Azra, 2002, 18—19）。这一过程不仅是渐进的，而且是同步的，接受这一观点是合理的，因为群岛上的大多数伊斯兰教传教士，尤其是爪哇的九大苏非圣人（wali songo），很乐意去适应原有的信仰和宗教活动，而不是一味地坚持先知的唯一性。在许多情况下，据说穆斯林传教士通过宣称伊斯兰教有优越的超自然力量，吸引了很多人皈依伊斯兰教（Azra, 2002, 21）。正如在穆斯林世界的其他地方一样，"净化"信仰，远离"非伊斯兰教的迷信"，也是印尼改革运动的目标，例如19世纪上半叶的帕特里运动（Padri movement）就深受罕百里（Hanbali）学派的瓦哈比（Wahhabi）神学思想的影响，也受到了更晚一些的1912年兴起的穆罕默迪亚（Muhammadiyah）运动的影响（Mudzhar, 2003, 10—14）。

还需注意的是，其他一些因素，如分散的领土形势、多样性的人口、与远方民族进行贸易的依赖，也许都有助于群岛上的居民在传统上易于接受外来文化的影响。伊斯兰教很好地顺应了这些因素，适应了当地的传统、规范和制度，只要是被认为与伊斯兰教的基本原则相一致即可。这种方法在传统上也被先知本人的逊奈所接受，第一代穆斯林最初在向伊拉克、波斯、埃及和北非扩张过程中，也系统地运用了这种方法。在印度尼西亚（Nusantara）运用这一方法时，穆斯林学者在其决策和审议过程中，已能自由运用习惯法（当地的风俗习惯、社会习俗，或者宗教仪式，特别是与司法或法律约束相关的内容）。正如每个社区的习惯法都随时间而变化一样，伊斯兰教的适应性及其渐进的融入过程也相同。据说在当地的伊斯兰社区，习惯法（adat）和伊斯兰教法（Shari'a）都被视为可实施的法律体系（Lukito，1998，27—49；Lukito 2003）。但似乎合理的看法是，伊斯兰教融入信徒的日常生活，以及他们的社会文化制度和政治关系之中。从最彻底的伊斯兰化到名义上的伊斯兰教这样广泛的角度来讲，这更容易理解。这一观点似乎被普遍接受了，对我们此处的目的来说也很充分。尽管在具体的社区，推动伊斯兰化的各种因素的明确作用还有待于进一步考察。

就宗教多样性而言，很难把许多印尼人划分为属于某一种特定的宗教，更不用说对该宗教统一的理解和践行了。因此，断言这个国家现在拥有世界上最多的穆斯林人口是无益的，因为印尼的穆斯林对伊斯兰教的理解和践行大不相同，世界其他地区的一些穆斯林也许认为他们有些人信奉的并非伊斯兰教。与此同时，就当地人对伊斯兰教的理解（传统上一直是多元的和开放包容的）而言，绝大多数人的身份确实是穆斯林。另一事实是，一种更加严格的伊斯兰教的"瓦哈比"观点，试图向先前比较宽容的观念和做法发起挑战，并施加一种人为的宗教统一性，这已成为一种趋势。

就本书的总体观点而言，我在本章关注的是，在现实多样性有可能转变为真正的、可持续的多元化过程中，伊斯兰内部话语所发挥的作用。换句话说，我仅关注这个国家的伊斯兰话语，虽然也受到了其他内外因素的影响，但我并不讨论民族、语言，或其他形式的多样性。我要提出的问题是，如何实现多元化并使之持续发展，而不仅仅是中立地分析其在印尼这样的环境下的失败或局限。我提出的积极的方法当然涉及民族国家的模式问题，即：追求多元化的意义何在，以及在什么样的框架下进行？

正如之前章节中对印度和土耳其的讨论，下文对印尼的讨论，目的也仅仅是说明前面提出的一般化理论的相关方面，而不是就此问题的详尽或全面的论证。即使要明确提到相关问题，我明白也可从有益的角度来探讨。我们记住了这些重要提示之后，再来看看下文的安排：前两个小节介绍相关问题的历史概况和人口分布情况，以展示印尼的宗教多样性。这两方面共同构成了现在要讨论的有关伊斯兰教、国家和社会之间关系的环境和背景。在我就本书提出的一般化理论和框架，对印尼目前的状况做出总结评价之前,还将强调各省以及中心地区精英分子的相关言论。

一 当前辩论的背景和环境

应该牢记,我们所关心的内在主题是,印尼是否应该成为一个伊斯兰国家,并把伊斯兰教法(Shari'a)作为积极的立法和官方政策来执行,还是应该成为一个宗教中立的国家,在穆斯林社区尊重和促进穆斯林的权利,使他们根据其宗教信仰和文化来生活。就本书的主题而言,第一种选择是不合逻辑的,也是站不住脚的;第二种选择恰恰是世俗主义的目的之所在,正如前文讨论过的,伊斯兰教与国家相分离,同时也规范了伊斯兰教与政治之间的关系。从这个角度来说,有关后殖民时期国家执行伊斯兰教法的法律效力的讨论,下文综述将聚焦于其前身及最新发展方面。在综述部分,我将不再讨论前殖民时期和殖民统治时期国家是否执行了伊斯兰教法,因为严格来说,这与本书的主题没有关联。正如一开始就注意到的,在当今的伊斯兰社会,伊斯兰教、国家和政治之间的关系,现在完全处在一种截然不同的国家和行政背景下运行。也就是说,国家是被全球经济和政治体系所塑造的,而已非前殖民时期盛行的那种类型。

我们现在围绕国家执行伊斯兰教法展开的讨论的前提,可以追溯至19世纪的伊斯兰抵抗运动,但是这一问题不能与当时整个印度尼西亚联系在一起,因为在20世纪20年代末之前,有关印尼这一联合体的观念还不存在。还应注意的是,在荷兰殖民统治下该联合体也不存在。然而,在穆斯林的意识中,这个新近的"国家化"阶段与早期的地区运动和经历有联系,这使得提倡建立伊斯兰国家的人们,能够援引那些历史模型以支持他们现在的观点。从这个意义上来说,从荷兰殖民统治时期印度尼西亚伊斯兰化的早期阶段,到为争取独立建立一个统一的印尼而进行斗争,到独立后乃至现在,存在着一种历史连贯性。当1945年宣布独立以后,印尼的伊斯兰化的问题完全变了,因为国内环境和国际环境已完全不同。但是简要回顾一下独立之前有关伊斯兰教法讨论的背景,可能会有帮助。

有关1945年"独立时刻"之结果的讨论,一直延续至独立以后,为分裂分子的活动提供了部分理由,诸如1948—1962年西爪哇岛试图建立所谓的伊斯兰国家,以及南苏拉威西省(South Sulawesi)和亚齐省

（Aceh）也有类似情况发生。在1955年大选之后的国民代表大会上，依据1950年临时宪法，伊斯兰主义者向国家五项基本原则（Pancasila）模式发起了另一挑战。由于双方都未取得使其提案通过的三分之二的多数投票，1959年7月5日苏卡诺总统下令解散国民代表大会，国家又恢复了1945年宪法。或许苏卡诺此举另有动机，因为1945年宪法赋予总统极大的权力，对政府机关的制约也是模糊的（Mudzhar，2003）。但问题是，国民代表大会的搁浅为他提供了机会，他便削弱了印尼宪政民主。假借着苏卡诺开创的"指导式民主"，苏哈托确立了其后来三十年的独裁统治，在此期间其影响愈发强烈。

此处另一值得注意的相关进展是，伊斯兰改革的思想已开始在哈斯比·阿什·石迪尔克（Hasbi Ash Shiddieqy）和哈扎伊林（Hazairin）这些印尼学者中涌现，这两位学者均于1975年去世。石迪尔克（Shiddieqy）在20世纪40年代初提出了"印尼伊斯兰教法学"的概念，但当时他的思想并未引起印尼知识分子的关注。在之后的30年里石迪尔克（Shiddieqy）继续发展这一观点，他强调有必要淡化各种传统伊斯兰教法学，因为它未能体现印尼穆斯林社会的特质。他提倡建立一个印尼伊斯兰教法学，以基本的伊斯兰教法的本源和方法论为基础，但植根于当地社会的具体价值观。1951年，哈扎伊林（Hazairin）首先提出确立一个能够反映印尼历史特点并对社会需求有所回应的伊斯兰教法学派（madhhab），而不是仅仅依赖于在大多数印尼人中很盛行的传统沙菲仪教法学派的主张。这两位学者都强调了印尼习惯法体系，但哈扎伊林（Hazairin）倡导依据当地条件复兴沙菲仪教法学派，而石迪尔克（Shiddieqy）则呼吁以所有伊斯兰法学学派为源泉，制定印尼伊斯兰教法学。这两种观点也说明伊斯兰教法（Shari'a）和习惯法（adat）在印尼人的心目中是共存与相依的。这些观点及其理论基础继续在一些国家政策中有所反映，比如《伊斯兰法院法典》（1989）的颁布，1991年的总统令要求编撰伊斯兰教法，以及建立所谓的伊斯兰银行体系。

总体上来说，促进习惯法和伊斯兰教法之间对话的努力得到了广泛而一致的支持，伊斯兰学者们大力推进对伊斯兰教法的解释，以期有利于调和这两大体系。这一观点还有助于我们理解学者们为比较这些体系而付诸的种种努力，他们或出于政治动机，或对于一些教义上的一致性的吹毛求疵（Lukito，2003；Lukito 1998）。但在这些问题上，政治因素的作用不应被视为无关紧要或者不合理的，因为这些因素会在基本的层面上，以这种或那种方式影响这种关系，即使在没有明确认可的时候也一样。比如，这一点可以得到证明的是，伊斯兰教法的编撰的发展，以及在新秩序时期运用伊斯兰教法原则所建立的印尼伊斯兰银行及其他银行。一部分印尼人对这一过程持有极大的怀疑态度，他们认为这破坏了《雅加达宪章》。尤其是，对此持反对观点的那些人视其为国家对伊斯兰教法原则的支持，如前所述，与1945年被否决的支持穆斯林的条例是一样的。其他人则怀疑地看待这样的观点，他们认为印尼是在国家五项基本原则的指引下建国的，这是不容置疑的。但问题是，国家的这一立国基础是否受到了挑战。

1998年随着"新秩序"（Orde Baru）政权的垮台，有关《雅加达宪章》以及伊斯兰教法在国家中所起作用的争论，再次浮出水面。大致来讲，当时有两种伊斯兰运动卷入了这场国家实施伊斯兰教法的大讨论之中。支持国家大力实施伊斯兰教法的有印尼伊斯兰传播委员会（DDII），印尼伊斯兰世界团结委员会（KISDI），印尼战士理事会（MMI），伊斯兰防卫阵线（FPI），圣战军（Laska Jihad），印尼真主党（HTI）等。反对的主要有穆罕默迪亚（Muhammadiyah），伊斯兰教士联合会，以及一些伊斯兰非政府组织，如巴拉马迪纳（Paramadina），伊斯兰自由网（Jaringan Islam Liberal）等。然而，1999年地方自治政策引发的结构性变化，使得形势愈发复杂了，地方自治政策授权社区在当地或其区域范围内执行相关伊斯兰教法法则，而不用顾及国家政府的立场（Salim，2003，222—228）。反对建立伊斯兰国家的人们对这些举措持怀疑态度，他们担心国家支持这些活动，也许会把"七字条款"的复兴推向高潮，"七字条款"声明国家应该有"责任在穆斯林中实施伊斯兰教法"，这一条在1945年《雅加达宪章》中被删去了。这些担忧也许为时过早或者言过其实，因为实施伊斯兰教法的一些近期举措，也是通过以国家五项基本原则（Pancasila）为基础的国家实施的，而不是力图将之转变为一个伊斯兰国家。但是除了对渐进地实行伊斯兰主义策略的担忧以外，对一些基本问题的困惑也使人们忧心忡忡：伊斯兰国家以及实施伊斯兰教法究竟意味着什么？对于所有印尼公民而言带来的结果又是什么？正如我在此书前面已经建议的，在本章后面也将简要讨论的，任何实施伊斯兰教法的努力都是有问题的，因为这意味着把统治者对伊斯兰教法的观点强加于穆斯林和非穆斯林之上。

这种持续的争议增加了问题的复杂性。一方面，那些支持性的政策，比如采纳穆斯林家庭法以及设立伊斯兰银行体系，被视为国家责任的必要补充，以此规范穆斯林的相关事务，而对穆斯林来说，这些事务都与宗教信仰相关。另一方面，对反对这些措施的人而言，该问题的确涉及国家以政策的形式公开支持以促进某些伊斯兰教法原则为目的的项目，却又声称国家并不优待伊斯兰教或穆斯林，这又作何解释？在某些人看来涉及穆斯林家庭法或伊斯兰银行体系的，是伊斯兰教法原则的必要系统组织，也可适用于国家法院，但出于同样的原因，其他人对此持有异议：国家法院究竟为何执行宗教法？与此同时穆斯林也被说服接受了"新秩序"（Orde Baru）政策（比如计划生育政策），有些人认为这是有违伊斯兰教法的，当然这种张力无论是在实践过程中，还是在理论方面都愈发深入了。对于一些人来说，对国家原则最初的排斥可通过一条伊斯兰基本原则得以克服，即"不能完全实现的，也不应该完全放弃"。但是这一原则也要求，至少伊斯兰国家的一些具体目标应该通过坚持国家五项基本原则的现代国家得以实现。正如后文将简要解释的，建国时期的伊斯兰主义者及其后继者，容忍了《雅加达宪章》（修正案）和国家五项基本原则，但他们并未放弃他们自己的目标。的确，如今的伊斯兰主义者正试图改变国家以适应他们自己的模式，这也许是真的，正如他们在伊朗和苏丹所做的，以及在其他地方正试图要做的。

在第一部分的结尾，我们应该记得，本研究的基本前提是，尽管伊斯兰教法对任何地方的穆斯林都具有约束力，但对其遵守则往往是自愿的，属于个人信仰问题。这里所讨论的问题是，这种义务究竟是通过国家强制权威来执行，还是国家应该对所有宗教都保持中立，正是为了确保和保护所有公民按照自己的宗教和信仰来生活的权利和能力。我所提倡的观点是，印尼宗教多样性的现实（即使在穆斯林中也一样）强化了国家对宗教保持中立，通过下文的简要回顾，对此可见一斑。

二　印尼群岛宗教多样性的现实

尽管今天的印尼不是一个宗教国家，但国家建立之时，宗教却是一个重要因素。1945 年国家成立之时的建国五项原则，是对真主、人道主义、印尼统一的民族主义、协商民主和社会正义的信仰。1945 年宪法第 29 条第 1 款规定"国家应当以对独一真主的信仰为基础"。然而，尽管第 29 条第 2 款规定"国家确保所有人的信仰自由，每个人可选择他／她自己的宗教或信仰"，但是这种宗教信仰自由仅限于六种官方认可的宗教：伊斯兰教、天主教、基督新教、印度教、佛教和儒教（Departmen Agama Republik Indonesia, 1998, 105）。对于这一部分所强调的人口宗教多样性的问题方面，连同印尼宗教信仰自由的模糊性和不确定性的其他方面，尤其令人困惑。

根据 2003 年印尼中央统计局公布的人口普查结果，1.77 亿印尼人是穆斯林，2300 万印尼人被认定为其他公认的宗教的信徒（天主教、基督新教、印度教、儒教和佛教）（Departmen Agama Republik Indonesia, 2005）。居住在偏远地区的印尼人也信仰所谓的本土宗教，这些宗教早在现今官方所认可的任何一种宗教传入之前就已经存在了。这些本土宗教往往与其他"太平洋中南诸岛宗教"有一些相似的模式和概念（Fox, 1995）。为了融合这些偏远社群，官方称之为"与世隔绝的人们"，印尼在社会福利部之下成立了一个专门机构，迄今为止该机构已确认全国有 919,570 人属于这些社群（Direktorat, 2005）。从以下简短的例子可以看出，印尼本土宗教与官方宗教都信仰真主以及类似的规范和模式，但它们与官方分类不相符。印尼伊斯兰教也公开反对绝对的或简单的分类方法。

1. 本土宗教

西爪哇的巴兑人（Badui）是一个约有 6000 人的社群，他们生活在万丹省（Banten Province）的一些小定居点里。巴兑人声称他们是西爪哇的原著民，他们信仰一个拥有无限权能的神（Batara Tunggal），他无处不在，也许会化身为一个聪明而智慧的人。巴兑人也有几处圣地以及与祖先相关的巨石遗址。其中一处被认为是宇宙的中心。巴兑人遵守一套其祖先形成的规范和规则，他们的祖先赋予其社群保护世界中心的福祉。因此他们需要确保"大山不得被破坏，河谷不能遭到毁坏，禁忌不能被亵渎，祖训不能改变，长的不能变短，短的也不能加长"（Garna, 1998, 76—77）。

在东爪哇普洛莫火山（Bromo Mountain）附近约 5 万人口的登格尔人（Tengger people）构成了唯一的爪哇人社群，他们仍然保留着直接从满者伯夷（Majapahit）印度教王国的湿婆教派（Sivaism）流传下来的非伊斯兰教的祭司传统。他们的宗教仪式包括在普洛莫火山山顶上摆设祭品以纪念祖先，为依旧活跃的火山精灵提供食物和动物祭品（Hefner，1998，78）。由于与巴厘岛人保持着密切联系，登格尔人逐渐接受这样的观念，即他们的宗教与巴厘岛印度教密切相关（Hefner，1989，265—266）。

北苏门答腊（North Sumatra）的巴塔克多巴人（Batak Toba people）人数约 6000，他们信奉马利姆教（Parmalim），这个宗教是传统巴塔克教的现代形式。他们信仰神，举行一年一度的盛宴，以此表达对神的感恩。与其他本土宗教一样，马利姆教义强调保护自然的重要性，比如砍树就有种树的义务。居住在苏门答腊西部的明打威群岛（Mentawai Archipelago）的西比路岛（Siberut）岛民（暂未获得人口数据）认为万事万物——人、动物、植物和其他事物——都有灵魂。由于非人实体是人类的社会伙伴，他们必须同意为人所用。与非人实体为人所用的本性不相符的行为是禁止的，若不遵守这些禁忌，则会使物侵犯人（Schefold，1998，72）。达雅克人（Dayak）是一个有着 405 支亚族群、人口约 60 万的大族群，他们是印尼第三大岛加里曼丹岛（Kalimantan）的原住民。他们信仰神灵，崇拜祖先，强调保护自然的义务。他们认为他们必须侍奉三个强大的神灵：创造万事万物的最高神；地球的护卫神及其祖先。

中苏拉威西省（Central Sulawesi）的瓦纳人（the Wana）的宗教依旧保留其古老的形式，但已经接受了新的现在官方宗教的一些元素，比如使用穆斯林祈祷所用的阿拉伯语句。印尼的国家宗教政策也对年轻的瓦纳人施加压力，使他们改信官方认可的宗教。如印尼其他地方的情况一样，居住在内地的人们皈依了基督教，而沿海地区的人们则与伊斯兰教有联系。出于这些压力，瓦纳人接受了官方认可的宗教的一些习俗和饮食禁忌，但是他们根据古老传统和宗教认同，调整了某些元素（Atkinson，1998，88—89）。

居住在东印尼的一个珊瑚礁岛屿的松巴岛（Sumba）的一些族群，总人数约 50 万，他们保留了其祖先的宗教，成功抵制了皈依基督教或伊斯兰教的外部压力。他们的宗教包括信仰亡灵、圣地、祖传遗物以及可以与无形世界交流的器物。祭司对着印尼手鼓吟唱一些重要的符咒，鼓的灵魂随着祭司的声音传至"上面的世界"。最高神灵从不被直接召唤，而是通过一系列中介来与人沟通。每一个边界或关口——村子的大门、屋子的台阶、祖先墓地的石基——都有一对精灵来护卫，一男一女。人们必须给这对精灵起个名字。当祈祷的人踏上想象中的通往不幸之源的旅程时，还必须抚慰这对精灵（Hoskins 1998，90）。

阿斯马特人（the Asmat）是一个人口约65000人的族群，他们生活在东印尼的巴布亚（Papua）省，他们认为生与死紧密地联系在一起。尽管人人都要死是普遍接受的，但是阿斯马特人并不认为死亡会因为自然原因而降临。不管一个人是死于年老、疾病还是意外，总是被认为是敌对者所为，他们使用超自然的力量削弱这个人的身体和灵魂，直到他渐渐死去。他们认为若不替受害者报仇，他们的灵魂会给活着的人带来不幸（Jay，1998，96—97）。

显而易见，这种信仰体系对维护这些社群内部的安宁以及与他人的关系方面是有问题的，对国家发挥维护社会治安的作用构成了挑战或破坏。正如本章前面提到的，积极接受社群内部及社群之间差异的这种多元主义，必须包括对调节或规范相互竞争的权利或利益方法的关注。在此情况下，这些问题可视为宗教自由、社会安宁和政治稳定方面的问题。由于维护治安、保护人们的生命和财产对社会生活来说是必要的，所以它们都应该优先于宗教信仰或文化习俗，比如阿斯马特人复仇的习俗。但是还需注意的是，国家并不是一个中立的仲裁者。以国家的名义行事的那些人有他们自己的利益和偏见，即使他们的行动是出于促进公共利益的意图，但这往往又不太可能。印尼这个国家没有认识到本土宗教和新兴教派的多样性，在实践中它避开了困难，认为人们都信仰一个至上神。这种对至上神信仰的推测，也是建国五项原则之一，还被录入了印尼共和国人民协商会议法令（Tap MPR RI No. IV/MPR/1978）。这条法令虽然已被人民协商会议2003法令废除了，但是歧视性的做法依旧延续下来。在行政方面，被认为存在于官方认可宗教范围之外的印尼人，是不受宗教部管理的。相反，那些部落社区的管理隶属于教育文化部（现在是国家教育部）。该部对未认可宗教的控制，是通过大约246个组织进行的。这些宗教中有一些已经被瓦解了，或者根本就没有组织了。许多还被禁止了，比如卡入魂教

(Karuhun)，1982年已被西爪哇省的司法部长宣布为不合法的。一些本土宗教或新兴教派被确定为现代协会组织。卡入魂教宗教的信徒成立了自己的协会（PACKU），但是一些本土宗教既没有被国家教育部组织起来，也不为某一协会所代表。国家这些混乱的政策引起严重的后果。包括强迫本土宗教的信徒选择一种官方认可的宗教，以便于记录在身份证上（Saidi，2004，197—346）。

此外，由于他们自己的有关婚礼和葬礼的宗教仪式是不合法的，所以他们必须按照某一种官方认可的宗教履行这些仪式。如果某一本土宗教的信徒想要结婚，并且为了达到结婚的目的而选择成为一位穆斯林，他必须去宗教事务办公室。如果他选择作为其他任何一种官方认可的宗教的信徒而结婚的话，他必须去民政办公室。因此，他的婚姻法律地位和后果，将受其所选择认同的宗教所适用的法律来控制，尽管这也许与他自己的宗教信条根本就不相符。除此以外，国家并不认可部落宗教是独特而独立的。相反，国家一直向其信徒施加压力，让他们融入某一种官方认可的宗教，尤其是印度教。加里曼丹（Kalimantan）地区恩加朱（Ngaju）人的卡哈瑞甘（Kaharingan）教，托拉贾（Toraja）的阿鲁克塔（Alukta）教，巴塔克（Batak）的派尔博古（Pelbegu）教，以及布吉人（Bugis）的特瓦尼（Towani）教似乎都是如此（Fox，1995，522）。

政府为了最大程度上监控这些本土宗教，并预见一些新兴教派的出现，在司法部长办公室之下成立了一个称之为社会教派和信仰监控协调委员会的机构（Departmen Agama Republik Indonesia，1998，110—112）。除了监控一些已有的融合性习俗以外，该机构还迫害那些被宗教权威认为是离经叛道的或异端的新兴教派或正在出现的教派。比如，社会教派和信仰监控协调委员会成功地将艾哈迈迪亚（Ahmadiyya）教派送上法庭，并宣判其为伊斯兰教异端，1989年司法部长对这一宗教团体颁布了禁令。同样，其他被视为异端教派的团体也被禁止了（Aqsha，van der Meij，and Meuleman，1995，443—464）。本土宗教的信徒也遭受着伊斯兰教和基督教传教活动的侵扰。比如，前文提到的，登格尔人（Tengger people）自从20世纪30年代以来一直承受着来自当地乌莱玛（Ulama）的压力，特别是来自伊斯兰教士联合会（Nahdlatul Ulama）的压力，令其改变一些传统的宗教习俗。登格尔人还被迫净化其本土的印度教信仰，皈依官方认可的印度教帕瑞萨达（Parisada）支派。相似的情况是，基督教传教士一直努力使尼亚斯人（the Nias）、巴塔克族昂科拉人（the Batak Angkola）、北苏门答腊的多巴人（the Toba）、南苏拉威西的托拉贾（Toraja）的洒丹人（the Sa'dan）改变信仰（Hefner 1989, 247—265）。

2. 融合的伊斯兰教

随着伊斯兰教渐进而和平地传遍东南亚，伊斯兰教逐渐适应并吸收当地已有的一些文化要素（Madjid, 2000, 2—10）。由于印尼地域不同，伊斯兰教与当地文化和宗教的相互影响也是不同的，对这个问题还没有可靠资料。但是，一些主要的伊斯兰组织，如伊斯兰教士联合会（Nahdlatul Ulama）、穆罕默迪亚（Muhammadiyah）、伊斯兰联合会（Persatuan Islam）的成员有可能被视为正统穆斯林拥有多少人口的统计指标。比如，伊斯兰教士联合会声称在全印尼其成员有3500万，而穆罕默迪亚则有2000万。还有一些小型的但值得关注的穆斯林组织，比如伊尔萨（al-Irsyad），印尼穆斯林（Muslimin Indonesia），印尼真主党（Hizbut Tahrir），印尼战士理事会（Majelis Mujahadin），等等。这些各种各样组织的存在，本身就证实了这一事实，即被确认为正统穆斯林的那些人对其意义，并未达成共识。我们还有理由认为，这些各种各样的伊斯兰组织的成员仍然保留着他们的一些前伊斯兰文化或宗教价值观和宗教组织，下面的例子就是证明。

居住在西努沙登卡拉省龙目岛（Lombok Island）上的萨萨克人（Sasak），虽然已经正式改信伊斯兰教，但是他们保留了他们的万物有灵论的宗教教义。他们的伊斯兰教观念与正统伊斯兰教观点有区别（Budiwanti, 2000, 33）。信仰伊斯兰教的萨萨克人每天礼拜3次，而正统的穆斯林每天礼拜5次，还有其他差异。根据他们的观点，他们的宗教以萨萨克人接受的宇宙观为基础，这也是一种以人生分为三阶段（出生、活着、死亡）为基础的世界观，并不仅仅是日常礼拜次数的差异。在他们的信仰体系里，祖先非常重要，往往与每一种宗教仪式都相关。比如，信仰伊斯兰教的萨萨克人以死去的人和活着的人的名义交纳伊斯兰课税（zakat），他们庆祝许多宗教仪式，既有伊斯兰教的也有非伊斯兰教的。许多萨萨克人似乎并不觉得有义务要礼拜5次，或者在斋月里封斋，因为那些宗教义务仅限于宗教人士，这些宗教人士在萨萨克人社群里享有非常高的地位（Budiwanti, 2000, 159）。

南苏拉威西地区布卢昆巴县（Bulukumba）的安玛图瓦（Amma Towa）社群，有他们自己的践行伊斯兰教义的方式。他们诵读伊斯兰教清真言，表白自己的宗教信仰。男子按照伊斯兰教的要求行割礼，但他们之中的大部分人并不认为必须每天礼拜 5 次。他们还认为去麦加朝觐的义务，可通过给村子宰杀两头牛并提供 1 吨大米来完成。对安玛图瓦人来说，遵循社群祖先流传下来的有重要启示的基本教义，要比《古兰经》和伊斯兰教先知的逊奈更重要。祖先传下来的启示——他们认为这是代代相传的，规范其对神、人和自然的行为的圣神教义胜过社群强制实施。任何违背这些原则或规矩的人都将被处以死刑或从当地驱除出去（GATRA Weekly, 2003, 52—55）。

西爪哇的塔斯克马拉亚（Tasikmalaya）的卡姆葡格纳嘎（Kampung Naga）人认为他们自己是穆斯林，却认为只需要在星期五礼拜 5 次。他们还认为他们在祖勒赫介（Dzul - Hijjah 即伊历十二月）第 10 天举行的哈吉特（Hajat Sasih）仪式是履行去麦加朝觐的义务的方式。和其他部落社群一样，卡姆葡格纳嘎人非常崇拜其祖先，并为此举行仪式（Sunda Net, 2005）。

柯甲文人（Kejawen）保留着他们古老的当地传统，但并未被划入落后的或封闭的民族。比如，在苏丹日惹（Sultanate Ngayogyakarta）庆祝先知诞辰的活动包括清洁马来剑（keris）之类武器的仪式。在印尼该地区古代印度教、佛教和万物有灵传统的元素都已融入伊斯兰教信仰。对于一些柯甲文人来说，精神品质远比遵守伊斯兰教法规定的仪式更有意义（Mulder, 2001, 2, 5）。爪哇人的古典文学包含着印度教、佛教神秘主义的一些东西，也有伊斯兰教苏非思想，如万有单一论的思想。这一苏非原则也代表着万物与真主的同一，这一点促进了国王是真主在人世间的代表的理念（Simuh, 2002, 141, 156, 157）。在皮影戏表演中，伊斯兰文化和本土文化也和谐地融会在一起，例如瓦扬库立（Wayang Kulit）的故事，其被九大圣徒利用故事的形式在爪哇传播、宣传伊斯兰教，另外，印度神话《摩诃婆罗多》和《罗摩衍那》在这里也流传很广。

印尼丰富的宗教多样性，很难在如此有限的篇幅里总结清楚。然而，出于我们此处的目的，应该强调的是，近些年来以强制同化为占主导地位的宗教政策，也许正在破坏着宗教共存和相互影响的传统。在萨萨克人的伊斯兰教、安玛图瓦（Ammatowa Kajang）和卡姆葡格纳嘎（Kampung Naga）人的伊斯兰教里，伊斯兰教和印度教的协同融会，正受到"净化"伊斯兰教力量的威胁——国家官方支持并得到国际和当地伊斯兰教组织资助的力量（Budiwanti，2000，285—305）。这些趋势，以及当地社群的抵制，构成了印尼有关建立一个伊斯兰国家以及国家实施伊斯兰教法的广泛讨论的一部分。

针对前面宗教多样性的讨论，我认为值得注意的是，国家实施伊斯兰教法的呼声，有时候被认为是印尼绝对多数人有效的民主选择。这一呼声是伪造的，因为民主就是大多数人来统治。但前提条件是，少数人的权利，即使是一个人的，也要得到尊重。此外，这一呼声是绝对化的、误导性的，因为印尼穆斯林有着显著的多样性，包括那些呼吁建立伊斯兰国家的穆斯林。在独立以来的所有大选中，几个伊斯兰政党互相竞争，反对所谓的世俗政党。但是，显而易见的是，每一次伊斯兰政党获得的投票的合并比例，远远低于全国穆斯林总人口中穆斯林的比例（88%）。根据一位印尼学者的研究，参加1955年大选的六个伊斯兰政党总共获得了45%的选票。他们之中的单一最高得票率是玛斯友美党（Masyumi），得票率是20%，其与世俗政党印尼民族主义政党相持平。参加1971年大选的四个伊斯兰政党，总共获得了全民选票的20%。1977年大选同样是四个伊斯兰政党，它们联合起来组成了建设团结党（PPP），但仍然仅获得了全民选票的27.5%。建设团结党之后获得的选票分别是1982年的26%，1987年的15%，1997年的22%（Mudzhar，2003，20—21）。1999年大选环境很特别（苏哈托总统辞职之后），48个政党参选，如果为了确定双方获得选票的总比例而区分哪些是世俗政党哪些是伊斯兰政党，这就更难了（Mudzhar，2003，21—31）。但是，仍然可以得出的一个合理的结论是，1999年的大选，也包括2004年的大选，支持了这一观点，即各个伊斯兰政党互相竞争，他们获得的总选票的合并比例远远低于总人口中穆斯林的比例。

三 来自各省的观点

为了理解印尼不同地区有关伊斯兰教、国家和社会的问题的讨论，我请求设在日惹市（Yogyakarta）的伊斯兰与社会研究所（LKiS，以下简称为研究所）在七个地方组织了一系列专题小组讨论会。鉴于印尼人口构成多样而复杂，研究所的调研程序也许不足以代表全国的讨论。甚至在专题小组讨论会召开的层次和地点方面，这一过程的许多方面本能够以不同的方式来进行。为了提高参与的有效性，他们的讨论使用了印尼语，但结果却用英语传达给我，这就增加了曲解或误传的风险。尽管如此，就我有限的目的而言，即"仔细聆听"有关本书论点和分析的见解、批评和建议，这一过程还是成功而有帮助的。这样的评价主要来自我对研究所的信心，也相信他们有能力与当地合适的伙伴合作，完成一系列可靠而富有成效的专题小组讨论会（FGD），也能保证当地重要参与者的有效参与，并且能对全过程进行准确汇报。

　　研究所是一个非政府组织（NGO）。起初它的活动仅限于在来自传统背景的穆斯林学生中开展小组讨论。自从20世纪80年代以来，这个团队已经组织了一些非正式会议，讨论与新秩序（the New Order）权威主义相关的各种问题，特别是权威主义操纵伊斯兰教充当其政治合法性来源的这种发展趋势，他们还探讨了推进民主价值观的方法。1993年9月该团队正式组建为一个非政府组织，致力于推进民主价值观，通过公开讨论、出版书籍和每周简报以及公共政策宣传的其他策略，传播宽容而富有改革精神的伊斯兰思想。比如，从1997年到2003年，研究所开展了一个培训项目，在爪哇、亚齐（Aceh）、马塔兰（Mataram）和孟加锡（Makassar）的各地许多传统的伊斯兰寄宿学校里，从伊斯兰创新的角度，宣传人权价值观。该组织还举办了一个"变革与宽容穆斯林协会开拓项目"，测试该研究所开发的一些社会变革策略的实用性和可持续性，并为将来的应用构建一个可行的模型。该组织的使命、方法、公信度与广泛的草根组织和团队网络接触并合作的能力，领导和职员的敬业精神和阶级性，及其以往骄人的成就，所有这一切都使其成为实施我头脑中已有的这一目标和过程的最佳选择。

　　为了让本研究中所有专题小组讨论会的参与者都能尽可能自由地交换意见而不用担心有外人在场，我同意不参加所有这些专题小组讨论会的直接活动或商议。我的任务仅限于给研究所提供一份简洁的文件，说明总研究的理念和方法及其主题和问题，他们将其翻译成印尼语，并提前告知每场专题小组讨论会的所有参与者。2004年6月我在日惹(Yogyakarta)访问时,还与研究所负责在当地实施讨论的职员交换了会议总方案和总目标的意见。我们对地点的选择达成了共识,反映出我们对此项研究的主要问题和主题有良好的共识和经验。议程、参与者的选择、后勤安排、每场会议中的讨论主题都留给了研究所,他们与每一地点的当地合伙人协同决断。总体上这一过程与此项研究的理念和目标完全一致,因为研究所与我有着相似的思想价值取向,我们都致力于保护人权、以人为本的发展和社会公正。最初在1994年我的专著《走向伊斯兰教改革》印尼语版本出版,全国发行了几千册,该组织由此了解了我对伊斯兰改革的观点以及我提出的可持续社会转型的方法,并且基本赞同。对我来说,就上面列出的任务、方法和成果而言,我完全相信该组织就我所关注的这类问题高质量开展社会调查的能力。

按照约定,2004年8—10月研究所在选定的七个地点组织并开展了专题小组讨论会(FGD),现总结如下。研究所所长加杜尔·毛拉(M. Jadul Maula)组织了所有会议,该组织的宣传和网络项目专员鲁特夫·拉曼(Lutfi Rahman)协助挑选了参与者和后勤安排。在所有七次会议中加杜尔·毛拉还是讨论的主持人,从而提高了反馈的持续性和可比性。专题小组讨论会召开的时间和地点分别是:8月3日西爪哇的塔斯克马拉亚(Tasikmalaya);8月15日中爪哇的古突士(Kudus);8月23日东爪哇的缧水(Pamekasan);9月7日南婆罗州(Borneo)的马辰(Banjarmasin);9月21日苏门答腊(Sumatra)的班达亚齐(Banda Aceh);10月7日西努沙登卡拉(West Nusa Tenggara)的马塔兰(Mataram);最后是10月13日西苏门答腊的巴东(Padang)。每次会议平均有15人参加(总计一百多人),讨论问题约4—6个小时,并形成他们自己的总结。来自研究所的主持人和工作人员准备了一份总报告和每场专题小组讨论会的详细报告,这些报告先用印尼语写成,记录力求最准确,之后又用英语写成。我又请印尼语和英语都很流利的同事审阅了这两个版本,以确保翻译的准确性和全面性。

根据研究所的报告,这些讨论会按计划进展得很顺利,但也存在一些问题和局限。比如,一些受邀参加者在最后一刻却取消了发言安排,考虑到操作标准,另外找人替换的话时间又不容许。某一团队或组织的当地名人或发言人突然来访，为了不影响讨论过程的可信度，最好不让这样的人在场，但这会招致不让别人发言的指责或受到审查，所以又很难让这样的人离开。由于这些因素，一些小组精确的均衡性和代表性往往不是组织者所期望的。组织者确保女性有效参加的努力并不成功，因为其中第五次讨论会仅有一两位女性，另一次讨论会有三位女性，第七次讨论会有四位女性。总体上来说，参加所有这些专题小组讨论会的人的情况如下：25%来自伊斯兰教组织，如伊斯兰教士联合会（Nahdlatul Ulama）、穆罕默迪亚（Muhammadiyah）、印尼战士理事会（Majelis Mujahidin）、印尼真主党（Hizbut Tahrir Indonesia）和波西斯（Persis）；20%来自当地大学的学术研究界；10%是传统的伊斯兰寄宿学校里的乌莱玛（Ulama）；13%是当地非政府组织积极分子；10%来自伊斯兰政党，如福利正义党（PKS，Welfare Justice Party）、星月党（PBB, Star and Crescent Party）和民族觉醒党（PKB, National Awakening Party）；7%是基督教神职人员；7%是公务员和民选立法机构成员；8%是其他当地人士，如社会或文化积极分子和大学生领导。

每场专题小组讨论会的基本形式和程序如下：讨论会的当地组织者和研究所指派的主持人介绍了讨论会的性质、程序和目标之后，所有参加者向小组做自我介绍。按照每场讨论会的详细报告所述，这些初始介绍与即将讨论的当地热点问题相关，而不是围绕雅加达及其他城市中心展开的抽象问题或讨论。开场白之后，主持人更加详细地介绍讨论主题，回顾事先发给所有参加者的有关基本理念的文件和涉及的术语参照表。然后所有参加者畅所欲言，发表他们的观点，讲述他们的经历，并且互相回应。在整个讨论过程中，主持人不断澄清问题、提出问题并鼓励参加者做必要或适当的发言。每场讨论结束之前，他对讨论进行回顾，并总结各种观点和结论。然后再鼓励所有参加者对主持人的回顾和总结进行澄清或回应。全过程的详细记录由研究所保留在日惹（Yogyakarta），我保留了一份大篇幅的英文报告，并附有讨论会主持人加杜尔·毛拉的反思和总结。

这些讨论应放在印尼国家全面实施伊斯兰教法（Shari'a）却屡遭失败的背景下来理解，正如本章第一部分所概述的。倡导全面实施伊斯兰教法的人，现在试图通过苏哈托政权垮台以后1999年颁布的区域自治政策，至少达到了他们的一部分目标。区域自治政策使当地政府有权通过地方规定，对不同社群的愿望做出回应。但是，各省区的群众对这些举措的反应是不同的，并随时间而改变。对不同社群和团体来说，任何特定问题都有着不同的意义，这取决于历史因素、社会经济状况、思想倾向和政治利益。结果往往是不可预见的，有时候又是意想不到的或令人吃惊的。要求执行伊斯兰教法的当地委员会的经历，说明其成员互相不认识。当他们在其他城镇开展"对比"研究的时候，他们往往对其他人的经验很失望。他们的结论是，他们自己的经验一定是"最可信的"，也不管其局限性何在。

在七个地点召开的专题小组讨论会，似乎很好地证明了这一分析和评价，折射出同一地方不同团体对伊斯兰教、社会和国家有着截然不同的体验。比如，塔斯克马拉亚（Tasikmalaya）当地政府自我定位该镇是一个彻底的伊斯兰社区，那里也有许多传统的伊斯兰寄宿学校（pesantrens），基于这样的假设，当地政府颁布了一些地方法规，但是当地的人们以及宗教学校团体的反应却明显是不满和抵制。亚齐人（Acehnese）对他们强烈的伊斯兰教认同引以为豪，这源自伊斯兰教初次传入该岛，及其后来与中东和南亚伊斯兰社区密切的人口、宗教、文化和经济联系，从而赢得了"麦加走廊"（Serambi Mekkah）的昵称。但是他们不仅抵制当地政府强推伊斯兰教法，而且表达了他们对该原则本身的矛盾心态。在马塔兰（Mataram），印度教徒至少占一半的人口，当地实施伊斯兰教法已经引发了较激烈的紧张局势。

参加在因悠久的伊斯兰认同历史而著称的小镇——古突士（Kudus）召开的专题小组讨论会的成员，为我们提供了一组非常深刻而有启发意义的评论，这也许有助于澄清我们对实施伊斯兰教法的看法。主持人注意到，参加者似乎把 Shari'a 首字母的 S 大小写不同是区别对待的。S 小写时他们认为既指伊斯兰法学（fiqh）也指国家行政立法（qanun）。这一特点总结如下：

第一，Shari'a 的 S 大写时，被用来指真主对人类全部的详细指导。这种形式的伊斯兰教法沙里亚被认为是永恒而普遍的，其来源于真主的征兆（ayat），这在物质世界和《古兰经》里都有所传达。

第二，Shari'a 里的 s 小写时，指教法学（fiqh，斐格海），这是人类立法过程（tashri'）的结果，或者是伊智提哈德（ijtihad，伊斯兰学者根据伊斯兰教法学的传统方法做出的司法推理)的结果。这一过程的结果,不管被认为是多么有效,多么具有约束力,往往都仅仅是理论性的推测,这必然是临时而短暂的。尽管斐格海的意图是要规范人们的行为,但是每个人往往都有在一系列选项中做出选择的自由,不用担心招致惩罚。

第三,行政法规(Qanun,卡农)是国家机关立法的结果,这意味着这往往是通过国家机关强制实施的处罚违犯者的政治决定。为了保证立法过程有序而有效,应该以伊智提哈德(司法推理)为基础,这既反映了宗教司法,也体现了社会关照,是全体公民通过公众讨论包容性参与的结果。

专题小组讨论会上表达的这些观点,应该被视为两种极端观点之间的交集部分,而不是严格的非此即彼。任何诸如"温和的"或"极端的"这样的分类,都有可能是误导的,但可使用相对宽泛的术语,只要是不被理解为严格的或绝对的分类即可。从两种极端的观点来看,有可能识别出这样的观点,即把伊斯兰教法理解为真主对全人类的标准和普遍原则,应该为了人类的最大利益来推行,正如先知及其同伴(sahaba)的例子。持有这种观点的人认为,国家可被用作争取伊斯兰教法进行立法并实施的工具,但没有必要必须建立一个伊斯兰国家。伊斯兰教法可在国民共和的框架内逐渐实施。另一观点是伊斯兰教是真主的宗教,必须全面实施,包括社会的、经济的、政治的所有体系,不能在世俗的和伊斯兰教的体系之间做出妥协或让步。如果可能的话,世俗体系应该立即被伊斯兰教体系所取代,只要是穆斯林能够获得的途径都可使用,包括暴力武装斗争。但是如果穆斯林不够强大,他们应该准备着寻求建立他们自己独立的伊斯兰体系,如果必要的话,可以通过地下运动展开。第三种观点拒绝接受这样的观点,即实施伊斯兰教法会改善政府和行政部门目前腐败的压迫体制。这种观点认为倡导实施伊斯兰教法纯粹是为了推进一种道德主张,这遮蔽了体现在对全人类的爱心和正义的原则的伊斯兰教的本真。因此努力的方向,应该是替换现有的压迫体系和结构,而不是推行伊斯兰教法。

多场专题小组讨论会的一些参加者都认为,宗教应该是信仰者的私人事务,不应该通过国家来强制执行,这也是全体国民的共同目标,一视同仁,没有歧视。但还有一些人持一种"变革性"的观点,他们认为伊斯兰教包含着道德的社会宗教的原则,往往与现有社会体系和政治体系有着辩证的互动，而不仅仅是一种标准或者是永恒不变的社会政治体系。作为道德准则，伊斯兰教可以影响人们的意识。这种变革性的态度批判了这一事实，即现有国家或政治体系采取公众议程的方式，不能公平地代表全体公民的愿望，因为已被大资本利益所操控。

有关公民权的问题方面，我们可以找到类似的一系列观点。一些参加讨论的人甚至不能理解这一观念，因为他们的出发点是，全面实施伊斯兰教法是真主的即时命令，而不是与"现代国家"相关，他们视现代国家为世俗主义的幌子。从这个观点来看，他们把全人类仅仅划分为两个团体，即信徒和非信徒。相比之下，其他参加讨论的人则清楚公民权的思想，并努力使之付诸实际行动。

世俗主义，不管是一个概念还是一种运行体系，几乎所有参加这七场专题小组讨论会的人都认为这是西方社会设计的要控制宗教的一种构想和经验。从穆斯林的体验来看，世俗主义被理解为殖民主义及其余波强加的东西。从这个角度来看，参加讨论的人似乎并不理解本书为重新定义世俗主义而付诸的努力，因此以他们各自的方式排斥它。持有"极端的"或"温和的"观点的那些人，都拒绝努力去重新定义这一概念或者"世俗主义"这一术语，也不从他们的立场给出原因。其他一些人似乎愿意接受被重新定义的"世俗主义"这一概念，但认为这很难让大多数穆斯林接受。一些人能够从原则上接受新定义，他们也承认新定义已被穆斯林接受，但他们还是更喜欢使用其替换术语，如"宗教和国家共生"或者"改革的伊斯兰教法"。此外，一些参加讨论的人把"重新定义"的路径看作是在穆斯林中推进改革的错误策略的切入口。相反，他们提出了其他目标，比如授权给公民社会（masyarakat Madani），他们认为穆斯林对此会更愿意接受。

四　中心话语

除了我之前对"国民"（nation）这一难以捉摸概念的保留意见以外，特别是在印尼这样的国家，我一直在犹豫称这一部分为"国民话语"，因为这个术语所指的范围也许比实际情况更广。与此同时，这一部分论述的目的，是审视并提出作为一个整体的这个国家要面临的根本问题的解决方案,因此所有印尼人都应该能接受,而不仅仅是在雅加达以及其他城市或文化中心参加讨论的人和观众。称之为"中心话语"也许还是会遭到反对,但我在此使用它,目的是要指明一个比地方话语更广的范围,同时也意识到这一词语并不包括每一个观点。

印尼国家的历史说明伊斯兰教、国家和社会之间的关系一直是立法者、政治家、知识分子和改革家关注的焦点,范围从政治取向一直跨越到意识形态取向。究竟在什么样的程度上,讨论社会各种力量和印尼市民社会,这是一个比较复杂的问题。在印尼,与其他国家一样,持有各种有时候是相互冲突的观点和目标的知识精英,往往声称他们代表国民或者整个国家发言。一些思想运动,诸如努尔霍利什·马吉德(Nurcholish Madjid)后期的运动,或者伊斯兰教士联合会这样的伊斯兰组织发起的那些运动,具有相对宽泛的市民社会参与度。这些及其他社会运动和个体知识分子,在这二者之间,我的意思是,这些举措中的任何一项不一定代表多元的印尼社会所持有的广泛的共识。更确切地说,目的是展现各种关于国家的性质及其与伊斯兰教和社会的关系的观点和立场的一个样本,这些观点和立场已在更广泛的层面上得以表达,或者力图覆盖并影响全国的印尼人。

在后殖民时期的背景下,讨论伊斯兰教、国家和社会的关系时,伊斯兰教在印尼独立斗争中所发挥的作用已经是一个关键因素。与其他地方的反殖民运动一样,有关印尼独立,也存在着各种针锋相对的民族主义的解读。在调动民族主义意识的过程中,1911年成立的伊斯兰团体(Syarikat Islam)就利用了伊斯兰教,使其充当一种至关重要的、发挥统合作用的结构(Mudzhar,2003,15—16)。1922年全体荷兰印度国民大会(the National Congress of All Netherlands India)提出西印度群岛民族主义的概念时,一些领导人如奥马尔·赛伊德·佐格罗阿米诺多(Omar Said Tjokroaminoto)和穆罕默德·纳席尔(Mohammad Natsir),都努力把这种突然涌现的民族主义定性为本质上是伊斯兰教的民族主义,使其具有了合法性。相比之下,"世俗民族主义者",如苏卡诺和苏拓马(Sutoma),都把民族主义定位为在宗教方面是中性的词语。从20世纪20年代末开始,后者的观点大行其道。但前者的思想,即呼吁建立一个伊斯兰国家,也没有完全褪去。

正如前面解释过的,国家应该"将伊斯兰教法适用于其信徒"这样的条款从雅加达宪章和国家五项基本原则（Pancasila）中删去，这样的争论一直在持续，贯穿着印尼国家后殖民政治的历史。伊斯兰对国家五项基本原则模式构成的挑战，以及国家权力机关以民主的代价换取其权力的巩固，这既是一个关键问题，也是焦点之所在。比如，卡托苏维里约（S. M. Kartosuwirjo）对国家五项基本原则模式发起了强烈挑战，其运动从1948年一直持续到1962年，目的是在西爪哇建立一个独立的伊斯兰国家。其他宗教分裂主义运动，如发生在南苏拉威西和亚齐省的运动，也动用了伊斯兰教和建立伊斯兰国家的思想，将其作为他们的思想目标和政治目标。另外，1955年大选之后伊斯兰对国家五项基本原则模式的挑战以失败告终，苏卡诺使国家重新启用1945年宪法，废止了1950年临时宪法，选举就是在这样的庇护下进行的。有关伊斯兰和国家的争论破坏了宪法民主的某些方面，不仅是在印尼历史的早期阶段，而且延续至后来，从"新秩序"（Orde Baru）时期一直到现在。

在独立的历史时刻，法律本身就是一个目标和相互角逐的竞技场，深陷于新国家认同和伊斯兰教在其中发挥作用的争论之中。差别对待本土印尼人和欧洲人的殖民法庭体系在独立时被废除了，但是当印尼从一个殖民国家过渡为一个主权国家的时候，法律内容并无太大变化，许多还是殖民体系的法律（Lukito, 2003, 17）。独立初期，印尼的领导人力图通过法律的统一强化国家的统一。这一需要体现在了建立一个全国性的法律体系的努力中，同时解散习惯法法庭。然而，建立一个统一的法律体系是困难的，因为多元化是印尼社会的特点。这样，在后殖民国家早期，与殖民时期一样，不同类型的法律适用于不同的阶层，殖民法律与宗教和传统信仰交织在一起，倡导习惯法的人仍在实行殖民法。的确，不仅仅是在爪哇，法律的集中化和一体化往往导致暴力冲突（Lukito, 2003, 19—20）。

多元主义者和统一主义者对传统习惯法是有分歧的，而世俗民族主义者和穆斯林民族主义者对伊斯兰法也有分歧（Lukito, 2003, 18—19）。统一主义者认为习惯法是倒退的、反现代的，他们主张反映印尼统一的一体化法律体系，认为这是印尼现代化的一个必要条件。多元主义者则认为习惯法是印尼身份和民族自豪的体现，他们指出，与多元的社会环境相适应的多元的法律体系更加真实地反映了印尼社会的状况（Lukito, 2003, 22）。与习惯法形成鲜明对比的是，伊斯兰法律并不受法律并轨的影响，因为它在国家层面上是有效的，而不仅仅是在地方层面上（Lukito，2003，25）。

但这并不意味着伊斯兰法律就不受独立之后社会发展的影响；在伊斯兰教领域存在着国家干预和国家管理的特殊模式。国家的这些举措往往以隐性方式指向一个关键问题，即谁有权代表伊斯兰教，以及该权力是在什么基础上构建起来的。1946年，宗教法庭受宗教部管辖。1948年，法令又规定宗教法庭与普通法庭合并，穆斯林当事人的案件如果需要依据伊斯兰法律作出判决，将由穆斯林法官来处理。印尼政府从未使这一法律生效，宗教法庭与以前一样继续运转。但是这一政策反映了政府要让伊斯兰法庭从属于普通法庭的立场（Lukito，2003，25）。此外，司法部和民事法庭的大多数法官和行政人员，在对法律的理解方面，完全不同于伊斯兰法庭的法官。司法部的法律工作者和民事法庭的法官大多毕业于荷兰法律学校，他们对法律的理解是西方化的，而那些在伊斯兰法庭工作的人则在传统伊斯兰法律机构接受培训，这些机构受伊斯兰教法学传统的沙菲仪教法学派的学校管辖，法律知识很有限（Lukito，2003，26）。法官以安拉的名义宣誓"忠实于维护并运用体现国家基础和意识形态的国家五项基本原则，以及1945年宪法"（Hooker and Lindsey，2003，42）。司法判决常常要参照国家五项基本原则，这关系到执行国家政策的问题。

由于国家控制着宗教法庭，国家也就介入了也许应该被认为是私人领域的区域。科莫比拉斯（Kompilasi）即"在宗教司法机构司法权限内法官处理提交案件的适用法律指南"，在印尼就变成了具有约束力的法律（Hooker and Lindsey，2003，46）。于是家庭法事务被视为"可实施的国家民法"，从政府的角度来看，科莫比拉斯（Kompilasi）现在具有"伊斯兰教义的效力和地位"（Hooker and Lindsey，2003，46）。根据一些学者的观点，由于政府介入了宗教领域，"在印尼伊斯兰教这一宗教——至少在与法律体系相关的范围内——几乎完全是国家行政控制的对象。终极权威就在那里，毫不隐藏。在实践层面，在科莫比拉斯（Kompilasi）里面伊斯兰教法沙里亚现在彻底被'改革'了，确实被碎片化了"（Hooker and Lindsey 2003，50）。

与独立之后的时代里，国家行动和计划同步进行的运动，如穆罕默迪亚运动和伊斯兰教士联合会运动，反映了伊斯兰教在神学领域和教义领域的重要发展,这将会在印尼社会广泛流行。前一运动,城市商人紧跟其后,强调净化伊斯兰教,去除所有混杂;后一运动则在农村人口中立足,强调传统的伊斯兰习俗与融汇的伊斯兰习俗的合并。如前所述,哈斯比·阿什·石迪尔克(Hasbi Ash Shiddieqy)和哈扎伊林(Hazairin)这样的学者提出了改革框架,阐明了重新界定后的伊斯兰教的角色。比如,石迪尔克(Hasbi Ash Shiddieqy)在其20世纪40年代的著作中呼吁形成一个与传统伊斯兰教法学相对的专门的印尼伊斯兰教法学,应该是以基本的伊斯兰教法的内容和方法为基础,但植根于当地社区的特定价值观。如前所述,1951年哈扎伊林(Hazairin)提出创立一支新的伊斯兰教法学派(madhhab),植根于印尼历史,对印尼人的需求要敏感,代替印尼人主要遵循的传统沙斐仪教法学派。这两位学者都以他们各自不同的方式,强调了以适应印尼文化和社会的、重新改造过的伊斯兰教的形式,复兴习惯法。20世纪70年代和80年代还见证了一系列伊斯兰改革运动,对宗教与国家的关系提出了不同的立场。

  在印尼后殖民时期的政治历史的不同阶段,对伊斯兰教角色的不断调整,以及对伊斯兰—国家—社会这一制衡综合体的重新审视,都源自许多交织在一起的因素。各种伊斯兰组织并不都是反对国家及其政策的;但他们确实在其政策、政治和思想立场方面迥然不同。呼吁宗教与国家绝对无条件相分离的运动,也都强调伊斯兰教要在公民社会中实现同步的复兴。我们在关注这些复杂的发展动态的同时,也可以看到人们试图剖析国家行为和非国家行为之间辩证关系的努力。一方面,各种政权或政府竭力对非国家运动和举措作出回应,将后者的思想融入国家政策。比如,石迪尔克(Hasbi Ash Shiddieqy)和哈扎伊林(Hazairin)的思想以及他们的理论基础在各种国家政策中都有所反映,比如1989年伊斯兰法庭法典的颁布,就编纂伊斯兰教法律而颁布的1991年总统令。国家本身在机构伊斯兰化的过程中也发挥着更加积极的作用,也许这是对伊斯兰运动不断增长的合法性做出的回应。另一方面,非政府运动——复兴主义者的或者现代主义者的,最终或许要寻求国家权力——都对国家政策提出了批评并作出回应,同时也提出了他们对伊斯兰教的理解,寻求社群支持。在后殖民时期的印尼,这种对立既塑造了伊斯兰教、政治和国家之间的关系,也被其所塑造。

独立后伊斯兰知性主义在一些伊斯兰学生组织的一些积极分子之中相对兴盛一些，比如1947年成立的伊斯兰大学生联合会（HMI）（Effendy，1995，105）。这些积极分子中的年轻人，有德杰汉·艾芬迪（Djohan Effendy），曼舒尔·哈米德（Manshur Hamid），艾哈迈德·瓦黑比（Ahmad Wahib）和达瓦穆·拉哈尔德杰（Dawam Rahardjo）。他们重申了几个重要主张，并将其统合为一个新的有关伊斯兰教和国家的关系的宗教政治观点（Effendy，1995，106）。第一，以他们的观点来看，并无明显证据表明《古兰经》和逊奈要求穆斯林建立伊斯兰国家。第二，他们承认伊斯兰教不包含一套社会政治原则或思想。第三，既然伊斯兰教被视为是永恒的、全世界的，那么穆斯林对它的理解就不应该局限于某一特定时间或特定地点的某种正式的法律观念。第四，他们强烈认为唯有安拉拥有绝对真理，因此人类绝不可能把握伊斯兰教的实相（Effendy，1995，106—107）。

印尼20世纪50年代的伊斯兰改革，不仅意味着远离之前的宗教礼仪形式，而且试图使政治和经济机构伊斯兰化，包括呼吁建立伊斯兰国家和执行雅加达宪章。1965年这种形势达到了最高点，军事组织和穆斯林组织攻击印尼共产党员，他们中的一些人称这些行动为吉哈德（jihad），要把印尼从那些他们认为是世俗主义者和无神论者的人那里夺回来（Hefner，1995，35）。由于随后的政治伊斯兰教的限制，依据对政府的支持情况，穆斯林分裂了，就其本身而言他们对宗教政治化还是存有疑虑的。由于当时的政治环境，使得围绕这些问题开展全民动员很困难，一些领导人就将注意力转移至社会和教育改革方面。一些学者，如努尔霍利什·马吉德（Nurcholish Madjid），达瓦穆·拉哈尔德杰（Dawam Rahardjo），德杰汉·艾芬迪（Djohan Effendy）和阿卜杜拉曼·瓦黑德（Abdurrahman Wahid），认为这些改革是多元化伊斯兰教的焦点，反对建立伊斯兰国家的思想（Hefner，1995，37）。

在苏哈托的统治下，新秩序政权拒绝恢复玛斯友美党（Masyumi）的政治地位。玛斯友美党的领导人也被阻止以任何形式参与政治，他们曾在苏卡诺的旧秩序时期支持建立伊斯兰国家，反对雅加达宪章。新秩序政权与两个政党结成了联盟，这两个政党与苏哈托领导的执政党——专业集团党（Golongan Karya）保持着密切联系。伊斯兰党派组建了建设团结党（PPP），民族主义者和基督徒党派组建了印尼民主党（Partai Demokrasi

Indonesia）。新秩序期间，莫什塔尔·库苏马特马德杰（Mochtar Kusumaatmadja）呼吁有选择性地统一法律，"与人民的文化和精神生活最密切相关的领域应该不被干扰，而在受现代需求的社会交往调节的其他中性领域，政府可能会受益于舶来的法制观念"（Lukito，2003，24）。这一模式导致法律充当了现代化的工具，实际上在新秩序政体下，也是政府进行社会控制的一种工具。多元群体输了，而国家主义的讨论聚集了力量，习惯法开始隐退（Lukito，2003，24）。

1965年9月之后不久，苏哈托当权政变之后，穆斯林政治党派发现他们被边缘化了，苏哈托削弱了他们的影响力。在处理这种局势的过程中，穆斯林领袖分裂为两派。他们同意不直接向国家发起挑战，而是向社会发出呼吁。然而，在长期政治目标方面，他们存有分歧。一派是玛斯友美党（Masyumi），外界将其界定为现代派。还包括穆罕默德·纳席尔（Mohammad Natsir）和安瓦尔·哈乔诺（Anwar Harjono）。他们认为宣教本身很重要，他们还认为寻求大众支持是至关重要的，因为他们有可能会成为国家的俘虏（Hefner，2002，142）。穆斯林商业阶层的衰败意味着这一派将其努力转向了城市贫困阶层和中低阶层，这也是一个教育水平较低的社会阶层。

另一派由年轻的现代主义者、穆斯林学生和青年人组织构成，这些组织与努尔霍利什·马吉德（Nurcholish Madjid），达瓦穆·拉哈尔德杰（Dawam Rahardjo），阿斯瓦比·马哈辛（Aswab Mahasin）和穆纳威尔·斯加德扎里（Munawir Sjadzali）的"复兴运动"有联系。这些人年轻而又受过良好教育，有着无党派的背景，他们怀疑"伊斯兰国家的神话"，他们反对"国家权力是推进穆斯林利益的最好方法的论断"（Hefner，2002，143）。与年长一派所主张的恢复四大哈里发时期伊斯兰教黄金时代的观点形成鲜明对比的是，这些年轻的现代主义者关注印尼历史的独特性及其民族宗教多元化的特点，他们不赞同把理想化的阿拉伯文化与伊斯兰教本身混为一谈（Hefner，2002，143）。他们非常熟悉民主和人权的话语。他们反对建立一个控制政治和文化的中央集权国家，他们倡导"建立一个穆斯林'公民社会'，能与国家权力相制衡，并促进多元、参与和社会正义的公共文化"（Hefner，2002，144）。

作为一种思想运动，伊斯兰改革运动深入探索伊斯兰教在国家和社会方面所发挥的作用的问题。努尔霍利什·马吉德运动倡导更新神学。他认为印尼穆斯林不能区分先验价值和现世价值。以他的观点来看，印尼穆斯林往往颠倒了这两种价值：先验价值被理解为现世的，反之亦然。因此，"伊斯兰教被认为是等同于传统价值；伊斯兰主义类似于传统主义"（Effendy, 1995, 108）。马吉德建议穆斯林应该自然地按其本原理解这个世界及其世俗事务。如果以神圣的或先验的方式来看待这个世界及其物体，有可能会被认为与伊斯兰教一神论的观念发生神学上的矛盾（Effendy, 1995, 108）。马吉德认为伊斯兰国家、伊斯兰政党以及某一种伊斯兰思想，都没有任何神圣之处，这意味着穆斯林应该能够按照他们的理解使这些世俗问题"世俗化"或者"非神圣化"。针对于此，他提出"对伊斯兰教说是，对伊斯兰党派说不"的口号（Effendy, 1995, 108—109）。

穆纳维（Munawir Sjadzal）发起的宗教政治运动开始于20世纪70年代，也积极推进伊斯兰教新政治手段的发展。从这个方面来讲，政治伊斯兰的本质价值被认为是正义、协商和平等。这一理解也与青年穆斯林知识分子和积极分子越来越多地接触到现代教育和经济发展相一致（Effendy, 1995, 116—117）。新运动的参加者对年长精英们所界定的政治伊斯兰教的总体战略、战术和目标提出了质疑。他们之中许多人甚至直接挑战作为意识形态的伊斯兰教的概念，以及国家有可能是伊斯兰教的一种延伸（或组成部分）的思想（Effendy, 1995, 104）。

20世纪70年代末和80年代初见证了印尼伊斯兰教预料之外的复兴，年轻的印尼人探寻着公共参与的新形式。当时苏哈托政权关闭了社会、政治讨论和联系的其他场所。穆斯林社团设法绕开了国家机关并影响了公共政策。国家对宗教的管理——具体来说就是国家对仅有的五大宗教的识别——导致了融合的伊斯兰教传统的衰退，许多穆斯林接受了一种更虔诚的伊斯兰教（Hefner, 2002, 145—146）。在宗教部的支持下，穆斯林社会展开了一次文化和宗教复兴，包括增加清真寺的数量，改善伊斯兰教育机构，以及扭转旧秩序政府统治时期伊斯兰教政治化而导致的宗教虔诚的衰退（Hefner, 1995, 37）。具有讽刺意味的是，新秩序国家独裁的本性使得当时的伊斯兰教积极分子把民主、多元和公民社会的价值观都统一在了他们对伊斯兰教的解释之中。

不管是出于什么原因，穆斯林开始努力深化他们对伊斯兰教的理解，他们参加各种讨论会和公共论坛，特别是由巴拉马迪纳基金会（Paramadina Foundation）组织的讨论，努尔霍利什·马吉德出席的讨论。在这些论坛上，还有一些校园小组讨论，包括哈伦·那苏迪安（Harun Nasution）在内的许多学者向他们的学生介绍了西方和中东地区的现代思想（Hooker, 2004, 233）。20世纪80年代初，伊斯兰教士联合会加入到了青年现代主义这一派。尽管伊斯兰教士联合会有传统主义的取向，但是他们承认将其组织文化民主化和多元化是重要的。因此，公民穆斯林政治在现代主义者和传统主义者的圈子里都在发展，聚焦于建立的不是一个伊斯兰国家，而是具有正义、自由和包容的伊斯兰价值观的穆斯林公民社会（Hefner, 2002, 144—145）。1990年，在苏哈托的支持下和总统优素福·哈比比（B. J. Habibie）的领导下，印尼穆斯林知识分子联合会（ICMI）成立了。这一组织的成员多种多样，据猜测国家对印尼穆斯林知识分子联合会进行了政治操控（Hooker, 2004, 234）。

20世纪80年代，苏哈托政府对伊斯兰社团的许多利益采取了一种政治和解的态度，这影响了印尼伊斯兰教和国家之间的关系。这样的和解包括颁布教育法令，其中一个条款是，每一所国立学校必须向其学生开设宗教课程；设立宗教司法部并编纂伊斯兰法律；设立一个机构管理伊斯兰慈善团体；允许女学生在国立学校戴面纱。

有关宗教法庭的争论一直持续到了20世纪80年代，"表明在这个国家存有反对伊斯兰教的地位的偏见"（Lukito, 2003, 27）。对伊斯兰法庭的性质和影响的评价是有冲突的（Hooker and Lindsey, 2003, 56）。许多穆斯林赞同伊斯兰法律在印尼立法过程中是重要的，但并不取决于伊斯兰法庭的存在。伊斯兰法律也可适用于普通法庭。另一些人则认为伊斯兰法庭必不可少，世俗律师不能干预神法。（Lukito, 2003, 27）。

根据1989年第7号法令，所有宗教法庭被授以统一的名称，宗教法庭的审判权扩充至涵盖穆斯林家庭事务的方方面面，即结婚、离婚、断绝关系、继承、遗赠、赠与、瓦克夫（waqf）。在这样的法令之下，宗教法庭与民事法庭拥有同样的地位："只要它们继续满足任何现代法庭的需要，与印尼其他司法机关相比，它们的地位就不能被低估。"（Lukito, 2003, 28）但是，非穆斯林和国家主义团体则强烈反对这一法令，因为这是在试图恢复从1945年的雅加达宪章里删去的有关伊斯兰教法的条款——这是一种建立伊斯兰国家的非法途径。

20世纪90年代初,苏哈托开始求助于伊斯兰教,这说明他意识到了伊斯兰教复兴的力量和青年穆斯林民主化的呼声。他的一些举措既受保守穆斯林的欢迎,也受民主穆斯林的欢迎,许多人都成为他的支持者。1997年一些高层现代主义者甚至也支持苏哈托,公然抨击在野党是世俗的和反伊斯兰教的,说他们认为表面上反对苏哈托,实际上就是反对印尼,因为二者都是穆斯林的。这些现代主义者也强调了国家主义,而不是公民伊斯兰教（Hefner,2002,147）。

苏哈托政权垮台之后的时期里,有关伊斯兰教、国家和社会的关系以及伊斯兰教在新印尼发挥的作用这样的许多老问题又重新出现了。许多伊斯兰党派,包括建设团结党（PPP）和星月党（PBB）在内,参加了1999年大选。在人民协商会议（MPR）的年度会议上,这些党派提出了雅加达宪章的问题。在修订1945年宪法的讨论中,他们试图重新颁布那条使国家向其民众实施伊斯兰教法的著名条款,但是他们的努力以失败告终,因为人民协商会议的所有其他派系拒绝接受。

后苏哈托时期,印尼的许多宗教都要求正式实施伊斯兰教法。除了亚齐省以外,亚齐省拥有特殊的自治权,包括实施伊斯兰教法的权利,诸如南苏拉威西这样的省份及其他许多省份都表明了他们不断增长的实施伊斯兰教法的愿望。改革的时代也为强硬派伊斯兰运动的发展提供了机会,如拉斯卡尔圣战（Laskar Jihad）,伊斯兰防卫阵线（Front Pembela Islam）,印尼真主党（Hizbut Tahrir Indonesia）,印尼圣战者联合会（Kongres Mujahidin Indonesia）。这些团体要求在印尼实施伊斯兰教法,许多都倾向于使用暴力表达他们发挥"道德警察"作用的渴望。

在苏哈托下台之后政治和社会自由化的新时代里,改革运动聚焦于善治和民主的重要性。非政府组织和穆斯林公民社会组织激增,先前的地下穆斯林组织开始公开活动。这一公开活动导致了大量图书、文章、电视讨论和公共讲座的出现。2001年出现了有关"自由派伊斯兰"的讨论,主题包括关于"它的意义、它对当代伊斯兰教宣传的贡献、它与印尼的相关度、它在穆斯林个人生活中的位置"（Hooker,2004,235）。这些讨论通过各种媒体传到了社会上,包括互联网邮件和一本称之为《印尼自由派伊斯兰教的面孔》的书中。这些发展预示着一个充满活力的公民社会的出现，伊斯兰教在国家和社会中的作用引发了争议。正如马吉德所说，许多印尼穆斯林意识到"对其他社区作出概括是错误的，寻求与有相似思想的人们或同样致力于人类更美好生活的人们合作势在必行"（1994，76）。像自由伊斯兰网络（Liberal Islam Network）这样的公民社会组织已积极致力于推进一种多元而自由的伊斯兰教，尽管他们也面临着来自各种声音的批评。

显而易见的是，在印尼，伊斯兰教、国家和社会之间的关系依旧是有争议的，往往成为其他社会和政治问题的象征或为其服务。加入讨论的各个团体似乎更加关注反对他们认为的或理解的他们假定的领导人的立场，而不是澄清他们自己的立场。换言之，有关伊斯兰教法在国家中发挥的作用方面，与他们所提出的相比，这些团体更了解他们所反对的。还比较清楚的是，尽管伊斯兰教从未成为一种国家宗教，但是伊斯兰话语已经影响了国家政策，并被其影响。困难在于识别伊斯兰话语的影响力的确切性质和内涵，因为即使在同一团体内部对于这些问题也存在着深刻的矛盾。有关伊斯兰教和伊斯兰教法的论述已经很多了，但是还是要说明一下这些问题意味着什么，以及其如何具体地影响国家政策和立法。比如，政府允许在亚齐省实施伊斯兰教法，这是自治权的一部分（2000年第18号法令）。但是这并不能带来一致的政策，因为亚齐的领导人对实施伊斯兰教的意义看法并不一致。与此同时，自从苏哈托下台之后，国家五项基本原则的公信度急剧下滑，伊斯兰教政党在印尼国家发挥更大作用的大门已经敞开（Hooker and Lindsey, 2003, 33, 34）。印尼人中广泛存在的矛盾心理，严重影响着全国的和平生存和发展，也许是因为对绝对答案的幻想，即伊斯兰教与国家，或者完全分离，或者完全融合。

在对本书整体的观点和分析作出更多反思之前，我们认为关注这种持久矛盾的严重影响是有帮助的，对此的简要说明可参照公民身份的影响。有关现代印尼的公民身份的讨论，首先不可避免地与现代国家的思想有联系，其次与国家五项基本原则有联系，因为这规定了专属印尼国家的基本框架。并非所有的伊斯兰团体都完全绝对反对现代国家这一观念本身。但是，呼吁建立伊斯兰国家的人和提倡伊斯兰与国家保持更大程度分离的人，他们之间最重要的区别在于，倡导建立伊斯兰国家目的是要明确国家本身就是一种宗教工具，但是自从雅加达宪章颁布以来，这种主张遭到了其他伊斯兰改革与复兴运动和被称之为世俗主义者的抵制。国家五项基本原则能否充分反映印尼社会的特点并满足其需要，伊斯兰教主义者和民族主义者对此也有分歧。这些不同立场直接关系到公民身份的问题。

正如本章前面部分概述的，自从印尼独立以来，有关公民身份和国家五项基本原则的争论重新浮出水面。比如，1955年第一次大选之后，在国会年度会议上尤为突出，苏卡诺对该问题采取的无结果的解决方法，使之回到了更早的1945年宪法。20世纪90年代末苏哈托政权垮台之后，该问题再次成为讨论的主题，这次是来自各种社会力量的更广泛的参与。在这种周期性讨论的各个阶段，伊斯兰改革派知识分子既强调国家世俗的特点，也在某种程度上强调现代概念中国家的特点，这是公民身份的一个条件。比如，穆纳维（Munawir Sjadzal）认为国家现在的这种形式和结构就是最好的可能的模式，因此认为这就应该是印尼穆斯林的最终目标。以他的观点来看，作为"宗教国家"的印尼正逐步在发展，在国家这个意义上，它关注宗教价值的履行和发展，没有必要必须变为一个"神权"国家，从本质上来讲，某些正式的宗教组织是"神权"国家的基础（Effendy，1995，115，116）。在此我还要回顾一些公共知识分子的强烈观点，如晚年的努尔霍利什·马吉德，他坚决批评建立伊斯兰国家的想法。他强调了包容和多元的价值观，并指明了印尼历史上这些价值观明确的前例，尽管不是以现代概念的形式表述出来的，这对所有宗教来说都是新颖的。对他而言，伊斯兰教往往"能适应其信徒的任何文化的环境，何时何地都一样"（1994，70）。

还有一种观点认为，在几个重要方面，国家五项基本原则是一种强大而可行的框架，以世俗和非宗教为基础规定了印尼人的公民身份；它体现并促进社会和宗教的多元与包容，所有这些有助于一种具有包容性的公民意识的民族精神的形成。比如，马吉德认为"国家五项基本原则是一种也是唯一的意识形态，在国家、政治和社团的层面上指引着印尼人民的行动"（1994，59）。他指出印尼前副总统亚当·马立克（Adam Malik）就认为国家五项基本原则在精神领域就相当于先知制定的"麦地那宪章"，是以社会和宗教多元主义为基础的一个国家准则（64）。

国家五项基本原则模式是公民身份的一种框架，这也遭到了批评。理由有几个，比如它的包容性的程度，它的合法性获得的方法。苏卡诺及其同僚制定了国家五项基本原则，是世俗国家主义与伊斯兰国家之间的一种过渡，但只有经过了进一步的"伊斯兰化"之后才被接受。比如，第一条原则"信仰神"改为"信仰独一至上的真主"；第三条原本是"民族主义"，改为了"印尼统一"，因为民族主义与伊斯兰教的普救主义不一致，因而受到了挑战；第四条"通过人民代表审议的智慧指导下的民主"，指的是"通过审议的智慧"，被认为是先知穆罕默德的智慧（Madjid，1994，57）。因此甚至连苏卡诺这样的世俗民族主义者都为国家五项基本原则从伊斯兰教那里寻求合法性，但是这种寻求也是在规定国家结构的原则之内进行的，而不是在国家的范围之外。

然而，在其所强调的对独一至上真主的信仰方面，国家五项基本原则限制了公民身份和归属感的无神论的理论基础。此外，在识别仅有的五大宗教的过程中，国家五项基本原则试图在高度多元化的印尼人认同之中，强加一种人为的、狭隘的统一，迫使大约四百多个民族和语言群体被纳入五种宗教之内。这明显侵犯了印尼人平等的公民权，他们希望按照不同的形式被识别。此处还应该注意的是，国家五项基本原则模式本身就是通过强制的、非民主的国家批准和执行的——比如，1983年苏哈托政权颁布法令，国家五项基本原则是所有政治党派的基础。这种负面联系，必然导致后苏哈托时代国家五项基本原则模式的合法性的削弱。

有些人通过一个伊斯兰基本原理，即"不能完全获得的，也不应该完全抛弃"，克服了人们最初对国家五项基本原则和公民身份的抵制。但这一原理也假定，伊斯兰国家的一些目标或目的也可通过国家五项基本原则国家本身来实现。从这个角度来看，再次提出《雅加达宪章》未收录的有关伊斯兰教法的条款的提案，这是在宣称：印尼人的身份本质上就是穆斯林，印尼的历史本质上就是"伊斯兰教的"。这样，现代国家的公民身份被纳入了一个更具支配性的理念之中，即一种特有的伊斯兰身份。尽管倡导这一观点的人总是强调伊斯兰教法仅适用于穆斯林公民，但是近来苏丹和尼日利亚这些国家的经历清楚地表明，在全球的背景下在一个现代国家里这是不切实际的，同时必然对非穆斯林公民构成歧视。就本书总的论点和分析来说，问题是国家的伊斯兰特性对公民身份而言究竟意味着什么。正如我们之前已经看到的，特别是在第二章，穆斯林对这一模糊概念的意义不能达成共识。国家实施伊斯兰教法的任何一种定义，对穆斯林和非穆斯林来说，都是有问题的，第三章对此已有述及。

然而，同样清楚的是，从本章前面回顾的各省的讨论可知，大多数印尼穆斯林认为"世俗主义"这个词是令人讨厌的，因为它与欧洲殖民主义和当今的西方强权有着负面联系。正如我在本书已讨论过的，世俗主义应该被定义为，国家对所有宗教都是中立的，是调控宗教的政治作用的一种结构，而不是将宗教从公共领域驱逐出去的一种手段。我下面将对本章呈现的信息和论述如何支持这一观点进行总结。

五 错误的二分法和不必要的困境

本章的主要结论是，有关印尼伊斯兰教、国家和社会之间的关系的讨论，将会产生错误的二分法，并带来不必要的困境。误导人们去设想在伊斯兰国家和世俗国家之间存在着尖锐的对立。因为从概念上来讲，国家就是一种世俗的政治机构，尤其在伊斯兰社会目前的背景下。但是正如从一开始就强调的，世俗主义并不意味着把伊斯兰教驱逐出公共生活，或者将其作用降至纯粹的私人领域。通过国家和伊斯兰教制度性的分离，并对伊斯兰教的政治作用进行调控，就可以实现一种适宜的平衡。因此，穆斯林可以把一些伊斯兰教法原则变为公共政策，或者制定成法律，条件是要依据公民理性，并保障宪法和人权，这对穆斯林和非穆斯林都是必要的。如果采取这样的方法，那么就没有必要在实施伊斯兰教法的伊斯兰国家和完全拒斥伊斯兰教法的世俗国家之间作出选择了。如前所述，伊斯兰国家实施伊斯兰教法这一观点是基于一个虚妄的声明，因为国家实施的任何一条伊斯兰教法原则，都仅代表统治精英的观点，并成为国家的政治意愿，而不是穆斯林的宗教法条。相反，在公共政策和立法中完全排除宗教的世俗国家也是基于一个虚妄的声明，因为伊斯兰教，或者就此而言的任何宗教，不可能与政治相分离。我在此之所以重申贯穿本书的已详细论述的这个观点，是为了将之运用到印尼这一个案中，而不是要全面总结它的所有要素。

此处有必要注意的是，不管是从印尼社会的历史发展状况还是当代发展状况来看，都不可能把宗教和风俗习惯分开，因为人们不是以这种抽象的分析范畴体验生活的。如前所述，荷兰有关法律的殖民政策，就反映出在不同背景下习惯法（adat）和伊斯兰教法（Shari'a）之间有不同的安排，这说明当地文化、政治突发事件以及殖民统治的长期目标之间存在着某种契合。但是，如果世俗主义被视为一种共存、宽容和多元文化传统，那么印尼社会的实际情况一定会与本书所界定的世俗主义是一致的了。即使我们承认，荷兰殖民统治提倡世俗主义或许更多是为了他们自己的目的，而不是为了印尼民众，情况也的确如此。在印尼社群的历史上，世俗国家的孕育是前殖民时期和殖民时期的一种经验事实，尽管不是以一种连贯一致的社会思想表述或表达的。这段历史，我认为支持了本章的观点，促进了人口多样性的事实，并以思想的形式将之转变为一种多元主义的积极主张。尽管印尼社群在过去的确是多元的，但是这种实际情况应该被固化为一种与后殖民时期国家特性相一致的明确的国家思想。

独立前时期有关世俗主义的讨论及其后来发展的遗留问题，以两个派别，即所谓的世俗民族主义者（或者宗教中立民族主义者）与伊斯兰民族主义者，有关伊斯兰教与民族主义的关系的辩论的形式展现出来。讨论通过民族主义斗争从要求设立印尼人议会的时期一直持续到准备独立时。如前所述，这一讨论的一个关键时刻，也的确是现代印尼国家的奠基时刻，这就是从国家五项基本原则中删去了国家必须向其穆斯林公民实施伊斯兰教法的条款。如果不删除的话，印尼就不可能作为一个独立统一的国家存在，也不可能享受到独立之后任何层面上的政治稳定和经济发展。但是，在1959年协商会议解散之前和新秩序（Orde Baru）时期，这一讨论在协商会议上一直在持续。前面对各省的和中央的话语的回顾，清楚地表明印尼世俗主义的特性以及伊斯兰教的立场依旧争议很大，并持续到了今天。在我看来，这既是有益的，也是必要的，应该持续到未来。挑战是如何以建设性的方法引导并促进这一过程，而不是把时间和精力浪费在徒劳地追求幻想中的伊斯兰国家，或者徒劳地追求一种敌视宗教、排斥宗教的世俗主义观念。

独立时，国家五项基本原则界定了世俗主义以及国家和宗教相分离的原则。在这里要注意到，国家五项基本原则并没有囊括"世俗主义"一词，或者绝对地呼吁政教分离，或者坚持认为国家不应该有宗教。相反，这些需求可通过这一事实获得，即国家五项基本原则抑制了选择某一种宗教作为国家特许的宗教，并作出承诺构建一个平等而多元的社会。然而，通过官方对五大宗教的识别，印尼国家限制并构建了公民能够拥有的宗教身份的范围。作为印尼国家基础的国家五项基本原则的主要观点，明确指定了信徒的位置，就是国家承认的5种宗教中的任何一种，但对不信仰的人来说是没必要的。这种方式在公民身份模式中包括了世俗的信教者，但对不信教者来说，是没有空间的。正如马吉德观察到的，印尼国家五项基本原则作为国家和社群层面的框架在运行，"印尼人可以，实际上是被鼓励着，宣称他们的世界观就是宗教所表达的世界观"（1994，59）。

有关世俗主义及其在印尼国家和社会发挥的作用的讨论，早些时候就受到了苏卡诺有关国家与宗教关系的观点的影响，他的这种观点在其文章以及穆罕默德·纳席尔（Mohammad Natsir）对他的文章发表的一篇评论中都有所表达，穆罕默德·纳席尔倡导伊斯兰教应该在印尼国家发挥更大的作用。在一篇题目可译为"土耳其为什么把宗教与国家分开"的文章里，苏卡诺赞许地引用阿塔图尔克（Ataturk）的话，"我从国家解放了伊斯兰教，因为我希望伊斯兰教成为一个强大的宗教；我从伊斯兰教解放了国家，我因为我希望国家成为一个强大的机构"（1965a，406）。在解释这段话的时候，苏卡诺认为：当宗教独立于国家的时候，它就会自立；宗教利益和国家利益是不一样的；如果国家和宗教混合在一起，宗教权威作决策时会剥夺国家的自由。比如，他认为阿塔图尔克已强调了经济理性的价值，这与控制着土耳其社会的保守宿命的神学形成了鲜明对比。土耳其人根深蒂固的宗教宿命论观念导致了人们对生活消极的看法，因为它认为现状是真主的意志，而不是人类作为或不作为的结果。苏卡诺也认为阿塔图尔克反对反发展运动。其相信苦行僧或苏非导致了土耳其贫困的经济现状、消极的心态，以及人们表现出的积极性的缺乏。对苏卡诺而言，这些情况都偏离了伊斯兰教义的根本原则。

在题目"我还不够有动力"的一篇文章里，苏卡诺回应了对他的第一篇文章（1965b）的批评。他再次强调国家与宗教相分离。他认为如果某一种宗教构成了社会体系的基础，那么民主就会无效，因为它会破坏穆斯林和非穆斯林之间的团结，后者会反对实施伊斯兰教法。苏卡诺也很担忧，如果人口中的不同阶层对国家权力持有不同见解的话，印尼社会不同群体成员之间会发生冲突（450，452）。他还提出，穆斯林应该通过民主体系中的国会机构寻求利益。在他看来，穆斯林代表可以通过制定条例的方式推行伊斯兰价值观,而不用在伊斯兰国家的框架下实现这些任务。如果国家使伊斯兰教正式化了,那么人们就不会主动地要求遵守伊斯兰教法法则,但是如果伊斯兰教的精神融入了国家生活,那么穆斯林的愿望就会自动被接纳(452—453)。

穆罕默德·纳席尔(Mohammad Natsir)在几篇文章中都批评了苏卡诺的观点,如下所述。纳席尔在一篇文章中说苏卡诺受到了土耳其模式的迷惑,并质疑苏卡诺的观点,即乌莱玛一般都认为在印尼国家和宗教的融合是缺乏的(1973a, 434)。纳席尔在另一篇文章中强调,代表的选举,如总统或哈里发,最重要的条件就是,候选人领会并遵守《古兰经》和逊奈所规定的统治者的行为规则、权力和职责(1973b, 437)。他还质疑苏卡诺的观点,即国家与宗教相分离没有问题,只要国会成员在其日常生活中拥护并接受宗教价值观,其结果就是他们的决定将会反映他们的宗教精神。根据纳席尔观点,伊斯兰教并不仅仅是需要国家调整的一种外在因素;相反,国家本身应该就是执行宗教规则的一种工具。他坚持认为在解决问题方面国会只能发挥有限的作用;国会的职责是执法,而不是制定法律原则,因为法律原则是不变的;国会决议本身受政治环境的影响。在承认民主是一种良好体制的同时,纳席尔认为它也有可能导致他所说的"政党统治"(partai - cratie)或"朋党统治"(kliek - cratie),这会使民主政府的意图和理念一败涂地。

我在这里提到这一讨论,不仅代表着两种针锋相对的观点——我称之为错误的二分法和不必要的困境——而且为了突出一种方法,调和努尔霍利什·马吉德和穆罕默德·纳席尔这些穆斯林知识分子提出的这种极端的观点。1965年苏哈托当权以后,政府的一些举措使得穆斯林群体的作用边缘化了,印尼伊斯兰教现代化的问题越显重要。尤其是,当时的形势提出了伊斯兰教现代化是否需要"世俗化"的问题(Hefner, 1995, 36)。马吉德这样的伊斯兰世俗主义者呼吁"复兴"伊斯兰教,他们认为伊斯兰教政治化破坏了人们的虔诚,"把世俗的偏见与神圣的信仰混为一谈"。他们还认为,既然经文中没有一处表明穆斯林必须建立伊斯兰国家,世俗的目标就不应该与神圣的目标混为一谈,穆斯林应该接受印尼的多元主义现实(Hefner, 1995, 36)。

在我看来,与纳席尔的眼界相比,努尔霍利什·马吉德提出的框架是一个不错的伊斯兰教的选择。马吉德还提出了放宽伊斯兰教义的一些要素，如世俗化、思想自由、进步的思想和开放的态度（1998）。正如他所界定的，世俗化是区别先验价值和现世价值的能力。这种世俗化也是为了让人们去理解：人类是真主在世间的副摄政（vice‐regents）；他们被赋予了自己做出选择和决定的自由，与此同时，在真主面前他们必须为他们的行为承担责任。

确实，努尔霍利什·马吉德及其同伴被指控试图把伊斯兰教转变为一种"个人精神伦理体系"（Hefner, 1995, 36）。比如，穆斯林学者、前印尼宗教事务部部长拉斯基迪（H. M. Rasjidi）认为，马吉德的世俗化的想法与西方世俗化密不可分（1972, 14）。相反，马吉德及其同伴则"反对宗教个人化的世俗主义的思想，支持被理解为将错误地神圣化的东西去神圣化的世俗化"（Hefner, 1995, 36）。但是他们的反对者则坚持认为，伊斯兰教是一种"整体生活方式"，提供了法律和社会应该如何被组织的标准；因此，世俗化意味着放弃伊斯兰教全部的社会和伦理要求（Hefner, 1995, 37）。

对世俗主义的反对也许至少一部分是对这一术语本身的厌恶，这个词与殖民统治及其对宗教反感的内涵有着联系。苏哈托政权垮台以后，讨论仍朝着新的方向在发展，超出了国家五项基本原则的框架，涉及各种问题，如各级区域的自治，新秩序（Orde Baru）时期被抑制呼声的各种政治、社会和文化团体的出现。一方面，伊斯兰自由网（Jaringan Islam Liberal）和席尔拉（Syir'ah）杂志这样的团体都试图提出并发展一种更具包容性和自我批评的、包含着世俗主义价值的伊斯兰话语。另一方面，还有来自哈托诺·艾哈迈德·斋兹（Hartono Ahmad Jaiz）和萨比利（Sabili）杂志的声音，他们呼吁以更狭窄和更排外的方式解读伊斯兰教和伊斯兰教法，这与以多元主义和立宪主义为框架的世俗国家格格不入。

然而，讨论中各不相同的观点不能仅仅被缩减至对"世俗主义"一词的反对或赞成。相反，有关伊斯兰教与国家的关系，从完全融合到完全分离这两个极端之间，人们有着各种各样的观点，也许这本身就说明，在印尼人们对世俗主义的理解就是多样化的。在最后的分析中，至关重要的就是，要让讨论本身富有活力和建设性。如果以某种消除了讨论和适应的可能性的方式，使伊斯兰国家模式或世俗国家模式被实现的话，对整个印尼来说，都会问题重重。这种消极趋势的例子，可以在印尼独立后的历史中找到，包括最近所谓的法特瓦（fatwas，教令），就把多元主义和世俗主义这样的概念打上了反伊斯兰的标签。建设性的讨论必须消除具有煽动性的指责，聚焦于实质性的、相互尊重的言论。

第七章　结语:沙里亚的未来议定

本书中所提出的理论框架,为现在和未来穆斯林和非穆斯林当中就沙里亚作用的协商和调解,提供了标准的和制度性的参数和保障。通过协商和调解,我意图强调在伊斯兰和政治相联系的现实内部,在如何获得国家宗教中立性的问题上,不存在直接的和持续的解决方法。我提出的世俗国家的观念,为许多穆斯林感觉反感的世俗主义和世俗国家的概念提供了一种可选择的视角。与把伊斯兰贬谪到纯粹私人领域的宗教和世俗主义之间绝然的二分的做法不同,我提倡通过把伊斯兰从国家中分离出来,以及规定宗教在政治中地位的方式来平衡这二者。这个观点把伊斯兰社会中世俗领域的历史连续性与这些传统的改革和适应性结合起来,从而为社会的发展提供了可能性。我尤其认为世俗国家观念作为在公共生活中协商伊斯兰教的合法地位的必要媒介,并没有任何方面是"非伊斯兰的"。《古兰经》强调作为个人和社团的穆斯林,但并没有提到国家的概念,更不用说为它规定特定的形式。很明显《古兰经》并没有规定政府的特定形式。然而,正如早期穆斯林领导者对一些政治组织形式的承认,明显对于保护和平和组织社团事务是必要的。这种观点能够从一种伊斯兰视角获得支持和合法性,因为它对任何地方的社会生活是必要的。

但是,无论穆斯林设计的服务于这些重要目标的国家是什么样子的,其必然是一种人为的构建,本质上是世俗的而非伊斯兰的。政府体制将通过国家机构来支配也是同样的道理。未来沙里亚的问题是如何设计一种国家或政府体制,其本性上是世俗的,能够为作为个体和社团的穆斯林的沙里亚(伊斯兰教法)目的提供最好的服务,而且,既然穆斯林总是在地方的、国家的、地区的和全球的层面上与其他团体共存和合作,非穆斯林关心他们与穆斯林所共同拥有的国家和政府。事实上,不同的人类共同体当中的相互依存和合作在《古兰经》中有明确的规定（49：13）。我将稍后为本书的读者阐述这个观点的含义。

我的目的是证实本书所界定的世俗国家，比起错误地和适得其反地宣称所谓的伊斯兰国家，或主张把沙里亚作为国家法律来实施的观点，更符合于沙里亚的本性和伊斯兰社会的历史。这个世俗国家的观点既没使伊斯兰非政治化，也没有使伊斯兰降低到私人的范围。我的目的是反对普遍历史和未来的专断想象力，主张"开明西方"引导所有人类步向世界的世俗化，在其国家的世俗主义是合乎逻辑的结果。在我提出的世俗主义的观念中，在公共领域当中宗教的影响对于这种协商是开放的，并取决于所有公民包括信仰者和不信仰者主观能动性的自由运用。

作为一个穆斯林，我需要一个世俗国家以便依照沙里亚，以便我能出自我的真正信念和自由选择去生活。就个人的以及在社团中与其他穆斯林的关系而言，这是成为一个穆斯林的唯一有效和合法的方式。信仰伊斯兰教或其他宗教，逻辑上要求有不信仰的可能性。如果信仰是被强迫的，那么这个信仰就没有任何价值。如果我不能做到不信仰某种宗教，那么我将不能信仰某种宗教。当规定伊斯兰和政治的持久联系时，支持伊斯兰和国家之间制度性的分离，将是现在和未来发挥沙里亚积极作用的必要条件。

在这个最后章节，为了沙里亚的未来，我将讨论和进一步详细描述这个拟议框架的一些方面，包括我所强调的基于一种过程模式的协调的世俗主义和公共生活中宗教的复兴。我也将检验世俗主义和世俗化之间的区别，并说明它如何与我所关注的沙里亚未来，而不是与它的历史相关。既然这种为了沙里亚积极角色的建议牵涉多类别的读者和多层面的话语，我将以这个框架的范围和方法的某些方面作为阐述的开端。

本著作的主要读者是各地的穆斯林，但是这类读者的观点既不是完全统一的，也不是静态的。穆斯林当中的知识分子和技术人员，他们在他们的社会中倾向于成为统治精英和舆论制造者。由于受到欧洲模式教育体制的深刻影响，使得他们懂得哲学思想和术语，而这些则是那些受传统伊斯兰教法学派（madrasas）熏陶的宗教学者所不了解的。因此，即使这本书主要是写给穆斯林的，但穆斯林群体仍将是一种多样性的和动态的群体。具有讽刺意味的是，西方媒体和一些学者倾向于持一种"东方主义的"伊斯兰和穆斯林的观点，这种观点基于一种沙里亚的传统解释和中世纪学者的狭隘观点之上。相反地，持自由主义观点的，受西方教育影响的穆斯林，被假定为其思想不具正统性和他们的价值不能代表"真正的"伊斯兰。用这种主观色彩浓厚的方法，西方媒体和主流观点呼吁穆斯林"现代化"，坚持宪政主义和人权的普世价值。然而这么做的那些人，则因为他们太"西方化"和"不是一个够资格的穆斯林"，而在西方公共话语中被剔除，这个观点也被传统保守的穆斯林所分享。我在这本书中所做争论的一部分，是主张一种从伊斯兰的角度，穆斯林能够在他们自己的权利中获得自由，无需满足无论是西方的或是保守的伊斯兰话语当中，他们应该如何成为一个"够资格的穆斯林"的先入为主的观念。

鉴于国家观念和公民理性的关键性角色的观点，如果没有考虑到非穆斯林的利益，那么沙里亚的未来就不会得到保障；非穆斯林也必须被包含进我所意欲的读者中，尽管与穆斯林有着不同的方式。关注于特定的读者将意味着选择一定的争论方法和选择性的术语和概念，以引起所意欲读者的共鸣。既然没有哪个读者能够独立于其他人而生存，我的争论方式以及术语和概念的选择，也应该为非穆斯林所领悟。问题被读者具有多样性的事实所复杂化，术语和概念或许对于不同的读者有着不同的含意。我在这本书中所使用的一些术语和概念，像"沙里亚"、"世俗主义"和"公民权"，在任何读者群体中都将引起一系列的含义和相关联系。

我的主要目标是劝说穆斯林支持和推动我所提出的伊斯兰、国家和政治这种动态关系的观念。我意图通过这本书从一种伊斯兰的角度支持这些命题，正如在第一章所解释的。由于这个命题应该成为一个共同关注的问题，因为它影响到人的尊严和社会公正，我也呼吁非穆斯林参与到与公正政策和国家法律相关问题的讨论中来。穆斯林也应该被鼓励参与讨论其他宗教社团与公共政策和国家法律相关的问题。这种涉及所有相关宗教传统的讨论，当然应该按照礼仪、相互尊重和谨慎的要求来进行。他们也应该定位于公共政策和法律问题的讨论，避免宗教教义和宗教礼仪方面问题的争论。这些标准或许常常对于支持实践是困难的，但是关于规矩、方式，以及内部讨论和各宗教间对话的限定条件等方面的合意，将随着时间的推移而逐渐发展。

这种内含方法的一部分是从更广泛的相对观点考虑观念和争论，包括西方政治和法律的理论和经验，以及本书中所提出的公民理性的各个方面。这里的观点是,不仅包括非穆斯林在内的人们以一种伊斯兰话语关注公共政策是一种权宜之计,而且它是整个伊斯兰历史上常用到的方法,而且应该是在未来发展中继续用到的方式。按照我的观点,确定纯粹的"伊斯兰"论点,排除其他所谓的非伊斯兰论点是既不可能,也不可取的,仿佛两种话语形式能够孤立地或彼此分隔地获得发展。伊斯兰教被惊人的传播维持了一千余年,部分原因是穆斯林适应地方环境,并采纳先前存在的社会政治制度和文化实践方面能力的结果。早期伊斯兰社会的哲学、法学基础和政治机构,是自7世纪以来,经历了9个世纪,一直通过与犹太教、基督教、希腊、印度、波斯和罗马传统的积极交往过程中所发展起来的。而且,在接下来的几个世纪,当伊斯兰教扩延到中亚和东南亚,以及非洲撒哈拉以南时,伊斯兰话语持续采纳、改编和协商各地早已存在的宗教和文化传统。

从16世纪开始截至目前,这个过程一直在持续。这个阶段对于我在这本书中所做出的争论尤为重要,因为欧洲殖民主义的持续和多种形式的影响及西方霸权普遍凌驾于整个伊斯兰社会和社团之上。正如我在第一章和第三章所讨论的,以及在印度、土耳其和印度尼西亚的个案中所举例说明的,欧洲国家模式和法律实证主义观念的采纳,要求世俗主义、宪政主义、人权与公民权观念和原则的结合。这并不意味着完全和无条件地接受西方的所有事物,但是伊斯兰社会既不是铁板一块的又不是例外的。例如,印度穆斯林,比起尼日利亚或塞内加尔的穆斯林,很可能与他们的印度教的邻居有着更多的共同点。我并不是主张现有的穆斯林彼此之间是毫无关系的,或者不同宗教团体之间不存在差异性。我的观点是穆斯林和他们的社会不会仅仅因为他们的宗教信仰,而表明其是优越的或低劣的。这种常态的平衡状态和伊斯兰社会的特性,也与本书中所使用的一些术语和观点相关,与西方经验中它们的相对物有关。

各地世俗国家的观念,总是深深植根于特定历史,并受具体环境的影响。今天每种被普遍接受为世俗的西方体系,都是从各自的历史经验中所逐渐形成的,并受具体条件的深刻影响。通过研究美国、英国、意大利、法国、瑞典、西班牙或其他西方欧洲经验,我们发现对于这些国家的历史和环境条件来说,各个国家的世俗国家观念是独特的和具体的。在这些体系当中无论发现什么共同特征,事后看来,其是比较分析的产物,并不是被审慎地运用以产生特定结果的先入为主模式的一致性的结果。实际上,这些国家中的每种世俗主义的含义和内涵是存在差异的,且随着时间的推移而发生改变,有时在同一个国家的不同地区也是不同的。正如在美国关于对在学校祈祷和在公共场所展示宗教符号的持续争论,以及法国和德国关于宗教教育的长期争论所证明的。在不同的西方社会当中,世俗主义有着不同的含义,甚至在同一个国家的不同部分或不同时间也是不同的。

这些反思适用于其他核心概念和术语,我已经把它们结合进我这本书的讨论中,例如"宪政主义"、"公民社会"、"公民理性"。在所有这些以及其他相关观念中,这里存在着一种植根于不同社会环境的本地规范与从各地经验中推知的一种普遍标准之间的辩证关系。这里不存在构成宪政主义、公民权、公民社会和公民理性必须意味着什么的抽象的普遍同意的蓝图。对于基于实际经验反思之上的这些以及相关观念,无论我们能做出何种概括。世界上没有哪个社会或地区有权力能为他人权威地界定这些概念,尽管所有社会能够或可以从其他社会的经验中获得这种知识,即使是这种学习并没有被意识到或没有被承认。权力的平衡状态和资源上的差异,在目前仍然有利于西方对非西方社会的影响,这或许使得人们对理解人类社会的自治权和独立性的现实更加困难。这一点或许当我们在人类历史的更长范围考虑时则显得更清晰,或者其也能在我们反感他人的强制性灌输,而习惯于接受他人以友好和尊重的方式对我们的观点和行为施以影响的日常经验中被了解。

在这种情况下,在伊斯兰背景下关于世俗国家、宪政主义、民主等方面的任何相关观点,不应该被贬为易于误解的和站不住脚的"西方"对抗"非西方"的观念和制度。在世界的任何地方,这些讨论是目前在全球的环境条件中,在类似条件下获得人的尊严、社会公正的共同愿景。不考虑那些概念的内部或外部来源,这里也存在着一个普遍多样的不同宗教和文化共同体,彼此交流观念和经验的悠久历史。而精英人物或空想家或许主张一种"他们"和"我们"彼此之间的一种根本区别。在整个古代、中世纪直至殖民地和后殖民地时期,不同文明之间总是有一种深刻的对话和交流。现在乃至将来仍存在一些坚持主张他们—我们两分法的人;事实上,对峙和敌意往往产生相同的反应。

关注于这种我们—他们二分法的极端立场,只能导致一种毫无意义的相互暴力和破坏。替代专注于认为观念和制度是西方的狭隘理由，或忽略这些观念和制度被引介到伊斯兰社会中的不平等的历史，我审慎地选择，以寻求调解冲突以及宪政主义、人权观念和制度的文化合法性。而这种由我所强调的诸如宪政主义、人权和世俗主义的观念和制度，对于各地所有人所希冀的自治权的实现是必要的（An-Na'im 2006）。穆斯林未来的最大挑战，并不是处理与西方人生活在一起的问题，而是处理我们自己生活的问题，以及保证所有人的尊严和福利的问题。按照我的观点，各地人们所遇到的情况是如此深刻和多层面，跨越了宗教、文化、哲学和意识形态的界线，以至于我们总是能够发现相互合作和服务的证据，以及由"他者"所带来的凌辱和伤害的证据。我们这里的目的是要说明，那些认为观念、话语和制度的来源或传统完全决定它们在所有语境中的含义或影响的观点是有问题的。

尽管由殖民主义所强加的不平等和各种暴虐行为，西方被非西方的民众在许多方面所理解、接受、抵制和重复。正如印度社会学家阿希斯·南迪（Ashis Nandy）所解释的，在殖民地时期的印度，文化交融的一种模式是把西方定位为印度社会传统当中内部讨论的一个方面。从这个角度，西方的角色被构建为"根据非西方国家痛苦的经历为非西方国家赋予观念"。这种西方受害者观念的构建，与那些谋求对西方国家"师夷长技以制夷"的主张者所运用的策略完全不同，其是由被殖民化了的印度人所做出的另一种符合逻辑的联姻（Nandy, 1983, Xiii）。西方确认的那个"受害者"不仅应该被看作受害者，而且他们自身也把自己看成是受害者的这种可选择的构建。非西方社会不能简单地被看作与西方相关的"他者"。他们按照他们自己的术语来定义自身，尽管西方国家很可能是那种定义当中的一个元素，"印度不是非西方，它是印度"（Nandy, 1983, 73）。后殖民时期的社会已经有了他们自己的对于通常称为西方制度和观念的理解和体验。这些理论中的许多偏离了人们已接受的学术知识的范式，可以被看作对西方的一种隐式批评。这一点既不是消弭那种异议，也不是无批判地接受或拒绝西方知识，而是培养一种不同观点之间有创造力的和多产的论战。实际上，世俗主义、宪政主义和人权等观念和制度，已经成为非西方社会后殖民历史的一个重要部分，并已经受到充满活力的和正在进行的评估和辩论，不管西方社会对于这些观念做了什么或没有做什么。

除了肯定非西方社会把任何他们发现有益的观念和制度据为己有的能动性，我反对来自于这些社会当中那些可能被称为一种文化/意识形态反击的观点。这个维度反映了一种对于部分伊斯兰改革者的忧虑，他们发展了一种完全现代性的反西方模式，持这种想法的穆斯林相信这种反西方模式是一种完全伊斯兰的框架，以与西方模式相匹配。似乎对我来说，这种模式的结果导致对伊斯兰持一种有限和静态的理解，以及现代性发展的不充分模式。

这种担忧于西方影响而寻求否认其任何价值的思想，也反映了他们对西方某种痴迷的矛盾心理。这正是伊朗学者博鲁杰迪（Boroujerdi）所称呼的"颠倒的东方主义"和"本土文化保护主义"（1996，10，14，19）。"颠倒的东方主义是'东方'学者和政治精英所使用的话语以要求、夺回，并最终适合于他们的'真实的'和'可信的'身份。"这种'自我认识'几乎是一成不变地呈现为一种对欧洲东方学叙事的一种反学问（11—12）。具有讽刺意味的是，"颠倒的东方主义"与它所寻求挑战的西方的东方学者的话语分享着共同的基础性假设。它自身是殖民主义的产物，在把西方确立为参照点从而界定自身时，"颠倒的东方主义"定制了西方，露出"迷恋于起支配作用的他者（西方国家）的迹象……即使是在他们新近获得了作为演说者、作者和行动者的能力，东方学者继续被西方的听众、版本和读者多种因素所决定。"（12—13）东方主义和颠倒的东方主义之间的关键性区别，是后者"更关注代表它自己的国内选民而不是关注于理解和支配外来的他者"。颠倒的东方主义在伊斯兰话语中寻求胁迫和控制穆斯林，而不是通过对抗西方的东方主义使穆斯林获得自由。

正如我所看到的，挑战在于超越这种逻辑的对立，即痴迷于它所寻求反对的东西，以超越西方和非西方的二分法，达到一种前摄的逻辑（proactive logic）。从这个观点，我将自由讨论我所发现的与我的主张相关的观点、制度和话语，而不会因为它们是基于西方基础之上的，而避免使用它们。在最后的分析中，在这本书中所主张的所有方面的前提，是我相信人类团结的可能性，以对我们共同的人类在面对生命和生活中的危险和风险时，所表现出来的脆弱性做出反应。在我们目前的互通的和全球化的世界，我们不能低估所有社会和文明之间团结和对话的强有力的可能性，其能够有助于进一步相互理解彼此的差异和共性。

一 伊斯兰、国家和社会

对于伊斯兰教法的未来，我的核心命题依赖于伊斯兰和国家的分离，以及与之伴随的伊斯兰和政治之间有机关系的培育和监管。按照我的观点，任何社会的人们在坚持他们的宗教信仰、义务和关注点时忽视他们的政治选择和决定，这既不可能也不可取。比起把宗教理性裹挟进无常的政治领域来说，承认宗教的角色，使其作为一种引导政治决定的合法来源，是更健康和更实际的。我坚信，挑战一种相对于宗教观念而言的，纯粹和抽象的世俗观念的优越性也是有必要的，在那里后者被假定为一种具有更少争论的有效形式。对于世界上现存的宗教模式而言，我所主张的世俗主义的模式在价值契合方面显得更少。这也是基于人们日常生活中所感受到的不能被整齐划一地分成世俗的（非宗教的）和宗教类别的原因。我这里的主要观点正好被阿希斯·南迪在反对把宗教从政治中排除出去的世俗主义观点中的主张所支持：

> 如果你重视致力于民主，从长远来看你不能阻止人们全身投入于政治中，因为没有哪个人能按照世俗主义理论要求的方式，始终如一地划分一个人的宗教和政治自我。其在心理上并不是可行的。这里没有经验性的证据——精神病学、心理分析学或心理学——证明一个健康的、正常的人能够持续忍受一种分裂的社会和道德自我。在关键性的瞬间，他或她不得不把他的或她的最深的信仰带进公共生活中去，以减少认知失调。（2006，103—104）

这就是为什么我一方面在伊斯兰和国家之间做出区别，另一方面在伊斯兰和政治之间做出区别，以坚决主张在第一种关系中制度性的分离和第二种关系中支持持续的联通性。保证伊斯兰和国家的制度性分离对于确认和鼓励伊斯兰和政治之间的相互作用是必要的。实际上，正如我在其他地方所讨论的，世俗主义和宗教各自以基本的和深刻的方法要求彼此

(An–Na'im 2005)。这种相互依赖的一些方面在如下的讨论中将被突出。

一方面,宗教的内部改变对于宗教传统的延续和宗教经验的合法性是关键的。今天每一种被信仰者理所当然认为正统的宗教诚命在刚开始的时候,都被其他宗教的正统教义视为一种异端邪说,并很可能其将继续被一些信徒视为异端。宗教和国家的分离,对于保证这种改变能够发生的法律和政治空间是必要的。

一个不能赋予民众自由信仰和表达权利的世俗国家,在任何宗教教义上都不可能有任何发展的余地,在宗教社团内部和彼此之间也无和平的可能性。世俗国家对于阻止一种排他主义和独裁的宗教团体对全体居民中任何人的根本利益的威胁,也获得了有效的可能性。我之所以谈到可能性,是因为世俗国家自身不会获得这些目标。如果没有信仰者的主观能动性,一种宗教传统的内部改变和复兴将不会发生;没有公民的积极参与,将不会防止宗教专制主义在实践中的成型和出现。但是世俗国家对于这些可能性的出现和保持畅通是必要的。

另一方面,如果是为了达到自己的目的,世俗主义的要求和范围需要受到某种规范性的限制,这是在由不同成分构成的社会当中实现政治多元化的保证。换句话说,世俗主义能够把不同的信仰团体统一成一个政治共同体,正是因为它所做出的道德主张被限制,因此不可能成为公民间严重分歧的源头。也就是说,世俗国家是一种协调不同公民当中道德差异的必要框架,而并不是为了裁定和解决这种差异。因而,世俗主义不能通过它自身为信仰者证明它自身组成部分的合理性,像宪政主义、人权和公民权。实际上,为在这本书中我尽力所强调的世俗主义自身的原则寻求一种宗教理由或许是必要的。因为这些教义的道德基础和它们的制度性表达,信仰者可能需要参照他们自己的宗教诫命。我并不是说这个对于各地所有的信仰者总是必要的,但是我确信保持至少对于穆斯林开放的这种可能性是必要的。

这种宗教和世俗主义的共生关系,可以被概括为如下方式。世俗主义需要宗教为政治共同体提供一种被广泛接受的道德来源,以及帮助满足和培育这个共同体内部信仰者的需要。宗教需要世俗主义去调停享有同样政治空间的不同宗教团体的关系(或者宗教,或者反宗教或非宗教)。换句话说,世俗国家在规定宗教公共角色上不可缺少的功能,需要获得对于信仰者来说的宗教合法性，这种做法在现实中是不可能的，除非宗教的传统理解能够获得变革性的重新解释。然而，为了实现这一目标，我们需要捍卫世俗主义、宪政主义、人权和公民权。

这并不是建议或暗示全体居民中多数派的宗教信条应该被强加于少数者之上，或强加于宗教社团内部持不同政见者之上，除非通过公民理性使他们自己能够自由和自愿地接受。这种对多数派的权利和权力的限制，就是我所谈到的作为对世俗主义、宪政主义、人权和公民权的捍卫。这些观念和制度或许在许多方面是重叠的，但是它们中的每一个在它自己的权利和目的方面是根本的，不能从另外的观念或制度中获得，正如在第三章中所讨论的。例如，大多数人统治的民主原则通过国家机构实行，但并不意味着一个特定的政治多数派被允许占据国家机构以排除国家中的其他政治力量。这是在第三章国家和政治之间所做的区别的基本点。而且，所有人的同意不能超越任何单个公民的人权，即使在实践中那些权利没有被宣称。这就是为什么基本权利应该被保证以反对宪法修正案，即使是做出修正案的行为其被整个全体居民所同意。

在这里需要强调的是，我所提议的并不是主张要去完成或者意图去做。这种提议并不是为沙里亚的特定原则应该如何在特定社会或伊斯兰社会中被重新系统地阐述，而主张一种纲领性的模式。我确实相信伊斯兰改革对于穆斯林当中所提议的模式的合法性和连续性是必要的。我个人相信特定的改革方法，但是我并不坚持把它作为一种提议框架的先决条件，以及把它视为能够充分接受任何能够获得理想目标的改革方法。远离于主张规定沙里亚含义的原则应该是什么，我仅仅寻求获得某种环境，在这种环境中我能够展示我的伊斯兰改革的观点，讨论受到公民理性捍卫的由其他人所阐述的观点。

我也并不是主张一劳永逸地解决关于民主、世俗主义和宪政主义以及相关问题长久以来的争论。我确实主张一种世俗主义的重新思考，特别是为了使在公共生活中伊斯兰的角色能被更好地接受。但是那个决不是主张结论性解决公共政策问题的争论，像堕胎或在公立学校中的宗教教育。例如，在印度的例子中，我并没有建议国家或法院应该一劳永逸地通过一种特定方式，重新解释特定的沙里亚原则，以重新界定穆斯林个人身份法的范围。更准确地说，我的目标是通过协商获得一种方法，进而提供一种框架以寻求穆斯林个人身份法或家庭法的合法性需要与尊重人权和妇女充分享有平等公民权之间的平衡。

本质上，我提议的框架是为一种正在进行的过程，寻求建立一种稳定的和合法的理论框架和制度性结构。在那里沙里亚的概念及其与宪政主义、世俗主义以及民主治理的相互关系，能够在不同社会当中的各种对话者之间进行协商和讨论。在所有西方或非西方的社会当中，宪政主义、民主和国家、宗教和政治之间的关系，是特定历史条件和环境影响的产物，其基于各国社会和历史环境的情况而不同，并通过特定的文化合法性规范来巩固。这里所提议的模式结合了伊斯兰和政治之间关系的规则与伊斯兰和国家的分离，作为协调沙里亚与公正政策和法律关联性的必要中介。在这个通过公民理性而逐渐和尝试性地建立共识的过程中，个人和群体的不同结合或许同意某个问题，但是不同意另一个问题。在任何特定问题上建立共识的努力可能失败，也可能成功，但是没有什么事情是永恒的和结论性的。在任何时间点上的任何问题的实质性结果无论发生什么，作为一种基于所有公民自愿和自由参与基础上的公民推理过程的产物，将被付诸实施，并能够得到改变，为了这个过程能够持续和繁荣，当务之急不应该是以伊斯兰的名义强制施加任何伊斯兰教法的特定观点，因为其将会抑制自由讨论和争论。

对于信奉一个伊斯兰国家应通过国家机构实施伊斯兰教法主张的穆斯林来说，他们的自由选择和信仰表白将会是什么样的？这种主张所提议的框架剥夺了他们按照自己宗教义务生活的权利吗？当进入公民理性的领域时这些穆斯林被要求放弃或至少暂停这种信仰了吗？这一点很清楚，这些穆斯林当然可以在他们自己的私人生活中完全自由地遵守沙里亚原则，只要这样做没有侵犯他人的权利。问题在于一些穆斯林主张强加他们的宗教信仰于他人，一种权利的主张侵犯了他人的权利。这点是我在这本书的不同部分，强烈地从一种伊斯兰观点寻求挑战的核心主张。我现在将尽力概括我的这个核心主张。

在最基本的层面上，伊斯兰和国家的分离对于任何信仰的可能性，以及随着时间的推移对于它的合法性和价值是必要的。正如在这本书中所界定的，一个世俗国家通过保护我的不信仰的自由，对于保护我信仰的自由是必要的。这是信仰具有意义的唯一方式。一些穆斯林主张国家机构有宗教权利和义务去实施伊斯兰法的观点必须被强有力地阻止，因为它构成了一种对所有公民信仰伊斯兰或别的宗教权利的完全否认。自相矛盾的是，一些穆斯林相信通过国家机构实施伊斯兰教法的义务，否认了他们自己把握和主张那种观点的权利。即使是那些相信一个伊斯兰国家应该实施伊斯兰教法（沙里亚）的人，也需要有主张和倡导这种观点的自由，如果他们达到他们的目标后，这种主张的自由将被失去。因为控制国家机构的个别穆斯林将决定沙里亚的含义是什么，以及如何去执行它。

简而言之，一旦沙里亚被作为一种传统教法模式的沙里亚而实施，它对所有公民的约束力将基于这种事实，即公民理性的范围将丧失，因为不同对话者之间的谈话、讨论和协商将不会在平等的基础上发生。公民理性的本质是各种理由的重要性不能从它们的合理性中被隔离。各种理由的合理性必须依照对所有人适用和可获得的原则来框定。公民理性也要求承认方法与结果一样重要，但是当沙里亚原则的全部意义简化为仅仅是一些对真主的意愿和诫命的遵从时，所有其他有活力的意义将被压制。的确，人们不会同意各种理论和它们的合理性，但是，此种认知上的差异将超越了公民之间的辩论和争论，如果这些差异被展示为一种个人宗教的先验的和绝对论的主张时。一位主张收取利息是非法的，因为此类行为在伊斯兰教法里是被禁止的穆斯林，或许他能够展示一些通用的政策方法，以支持其他公民无需经过基于穆斯林宗教信仰之上的判断，而能够讨论、接受或拒绝的论点。但是如果宗教诫命自身是判断任何事物是否具有合法性的依据，那么这里将没有与其他公民讨论的余地。同时，一个穆斯林公民将不会有完全的自由，以出自于真正的宗教信念而选择遵循这种宗教禁令。他们毋宁说是被迫去服从国家强制性的权威。

这里强调的一点是，任何主张建立一个伊斯兰国家或者国家实施伊斯兰教法（沙里亚）的主张，事实上是一种错误的主张。正如在第一章和第二章所讨论的，要求一个伊斯兰国家去实施沙里亚的观点是一种危险的错觉：国家是一个政治机构，其不能成为伊斯兰的。在穆斯林当中，从来没有对在此种背景下的"伊斯兰"意味着什么达成过一致意见。没有哪个国家曾经被穆斯林承认为这种设想的有效范例。在当前的现代背景中，伊斯兰国家的观念固有地与宪政主义的前提不一致，在实践中是不可行的。没有哪个国家能够成功运用穆斯林所认可的全部沙里亚原则。在这里，我之所以强调这一点是力图主张过去任何"实验"的失败，像巴基斯坦或苏丹所做的，仅仅是低劣执行的结果，其并不是伊斯兰国家自身模式的缺陷。历史现实是，从未有一个真正的伊斯兰国家被创立，无论是从麦地那第一任哈里发艾布·伯克尔建立的社团，还是今天的伊朗、沙特阿拉伯和其他主张建立伊斯兰国家的政体。这个事实，是因为这种意图建立的伊斯兰国家的观念自身的不连贯性和实现它的不可能性导致的，而不能简单地归因于在未来有可能被修正的尝试上的失误。

从一种历史的角度来看，先知时代的麦地那乌玛社团制度当然是穆斯林在自治、透明度和问责制方面，应该努力获得某种价值的一种激励模式。但是那种经历不应该作为一种在先知去世之后，穆斯林能够复制的伊斯兰国家的一种范例来讨论。除非这里存在着另一位先知（穆斯林不能接受这种可能性），伊斯兰历史上第一个政府制度或国家不能在任何地方被复制。因为在伊斯兰历史上的其他时期，国家总是一种政治性的，而不是宗教性的。当然，它并不符合于这里所界定的世俗国家模式。正如在第二章所描述的，伊斯兰社会的历史发展中通常有着某种宗教和政治权威的分化。统治者寻求伊斯兰学者的支持，宗教领袖使统治者的政治权威具有合法化。但是如果宗教领袖被认为与国家的关系过于密切的话，他们则不能够提供那种合法性。换句话说，从历史上来说，国家和宗教制度之间的这种不同，对于双方来说在实践中的维持是必要的但又是困难的。这样两种相冲突情感的并存，意味着伊斯兰历史上的大多数政权处于这种两极模式之间。他们从来没有按照先知的理想模式获得伊斯兰和国家的完全重合。然而，他们总是主张或寻求更靠近它，而不是到它的对立面，即宗教和政治权威之间完全的分离。为了澄清和调停这种历史矛盾，我在这本书中主张的是在国家和政治之间做出区别，以便使伊斯兰宗教权威从国家的机构中被分离出来，而其又在社会的政治生活中具有合法的积极性。

反之，在社会共同体中协调伊斯兰和沙里亚的角色当中，国家自身不偏袒于任何特定观点，这一点对于上面所描述框架的成功是急需的，这就是我前面提到的把国家的宗教中立性作为一个目标，原因仅仅是因为对于人类来说完全中立性的获得是不可能的。这里也应该注意到，既然国家和它的机构功能的发挥并不是依赖于所有人的共同努力，任何以国家名义所付诸的行动，事实上都是控制和操纵国家相关机构官员的行为。这种现实仅仅强调所有国家机构和行动者在社会宗教教义和实践问题上迫切需要保持中立性。国家不应该干涉公民理性过程，无论是支持一个世俗的或一个宗教的根据，除非维护宪法和其他自由与公平讨论所需要的保护。也就是说，国家机构的角色应该被限制于按照已建立的宪法和司法标准和程序，保护公民推理和裁定争端。

既然，正如前面所注意到的，那些通过国家实施统治的人不能够实现完全的中立，因此，目标是通过多样的措施以确保政治和法律问责制，促进国家的中立性。国家的这个关键和微妙的角色，是在"国家"和"政治"之间做出区别很有必要，但维持起来又很困难的原因。正如前面所讨论的，这种区别的目的是去保护国家机构的延续性和完整性，诸如公民服务、教育和医疗体系。通过民选政府保护它们以免受操纵，特别是当它享有强有力的政治支持时。事实是在任何社会当中，当不同的政治行动者努力获得更大权力，为国家机构和政治进程的正常运行确认它的至关重要性的时候，这种区别将不会成为一种永久不变的界线。既然它不能被信任去对抗政治行动者，国家和政治之间的区别要求宪政主义、人权和公民权作为公民推理所必需的框架正常运行，正如第三章所讨论的。

依据异端邪说与宗教生活的真实性和复兴的关系，保护分歧和差异的可能性的价值能够被理解。很明显，许多异端简单地消亡，但是没有哪个所谓的正统思想在其开始之时不是被视为异端的。从这个角度，每种宗教社团应该保护其成员当中"异端邪说"和辩论的心理、社会和政治上的可能性，因为其是在那个社会内部信仰和实践的诚实和真实性的最好的指示器。信仰者必须总是在他们宗教社团内部保持完全自愿地或通过他们完全自由的选择离开——在一种强迫性的宗教信仰或实践中，不存在任何人类或宗教价值。

上面所勾勒的所有原则和过程的目的，是为了保护和促进穆斯林契合于伊斯兰教法沙里亚所要求的自由和诚实，其是彻底成为一个穆斯林的唯一的方式。从我的角度，世俗主义，宪政主义、人权和相关观念和制度，能够全部被用来为诚实地忠诚于沙里亚和真正遵从其诚命提供服务。这就是当我说为了成为一个穆斯林，我需要一个世俗国家时，我所表达的意思。我既不是建议伊斯兰教法天然地与宪政主义、人权或民主不兼容，也不是提倡它从属于这些原则。在我看来，把这个问题看成是伊斯兰教法与宪政主义、人权或民主相对立是适得其反的。一方面，正如我在前面和其他著作中所讨论的，这些原则的合法性依据文化、宗教和哲学信条或个人的定位而变化。对于穆斯林来说，那个将很可能包括相信这些原则与沙里亚的兼容性，从而将它们作为伊斯兰的规范体系的一部分，其是解释和解读实践的长期和复杂过程的产物。但是如果所有这些是真实的，它可能会被质问，为什么是我反对伊斯兰教法作为国家法律和政策的实施？

对于这个问题我至少在两个层面作出反应。在第一个层面，很明显在穆斯林当中对于伊斯兰教法缺乏一种统一的和稳定的理解，从而以便被国家来实施。这种情况是真实的，即使是在同一个逊尼派或什叶派教法学派内部，更不用说在整个不同的教法学派和教义学派共存的穆斯林社会当中。在这个层面也应该强调由于每种对伊斯兰教法的理解，即使在穆斯林当中是普遍的，其也是一种人为的解释，没有任何东西应该以沙里亚或伊斯兰的名义被作为国家法律来实施；在另一个层面上，因为沙里亚总是人对神圣来源解释的产物，任何这种神圣来源的解释反映了那些正在解释它的人的人类局限性，尽管他们通过努力试图影响的来源具有神圣性。从这个角度，沙里亚将总是对其的重新解释和嬗变保持开放，以便对不同时间和地方的伊斯兰社团的改变做出适时反应。

在过去3个世纪的时间里，伊斯兰文明的逐渐衰落和随后欧洲殖民权力的统治，使得伊斯兰教法沙里亚在穆斯林当中显得日益僵化、武断化和平凡化。具有讽刺意味的是，穆斯林和其他人常常把伊斯兰社会的落后和欠发达，归咎于沙里亚和伊斯兰，这种观点是不精确的和徒劳的。既然沙里亚和伊斯兰并不是能够发挥作用的独立实体，伊斯兰社会的衰落应该是穆斯林做某些事情或失败于做某些事的结果。责备沙里亚或伊斯兰并不是富有成效的，因为这样做将会转换改变穆斯林远离抽象观念的责任和能力。如果问题是沙里亚自身的问题，那么我们不得不等待沙里亚去解决它，但是如果问题的存在是因为穆斯林纠正他们对沙里亚理解错误的失败，那么在实践中改变这种做法则是穆斯林的责任。

从这个观点，我建议重新解释历史上对沙里亚解释的一些特定方面，也就是，男性对妇女的监护权（qawama），穆斯林超越非穆斯林的统治权（dhimma）和暴力激进的吉哈德（jihad）。即使这些沙里亚原则并没有被颁布为国家法律和政策，它们对穆斯林的道德和情感的影响，将严重削弱宪政主义、人权和公民权的风气。鉴于沙里亚对于穆斯林来说所具有的社会和道德权威，这些原则很可能转换成对妇女和非穆斯林的歧视，在国家的支持或缺乏支持下，使这种歧视合法化。即使是国家官员通过国家机器的强权和惩戒权，阻止对妇女和非穆斯林的歧视，这种干涉很可能被视为一种对沙里亚的侵犯。而且，国家反对歧视行为受到"民间"抵制的风险能够被国家官员引用，以证明他们未能采取行动的合理性。一般地说，关于性别、宗教关系以及政治暴力这些态度的持续，也能够激发个人按照他们对于沙里亚的个人观点行事。特别是当主张为了保护伊斯兰利益，反对一个"反宗教的"和"异教的"国家而采取行动时。

　　正如前面所提到的，这本书中所展示的世俗国家模式，并非取决于特定伊斯兰改革方法的接受，但是我确信不能否认改革的需要。我发现适合于获得必要程度改革的一种伊斯兰方法是由乌斯塔德·马哈茂德·穆罕默德·塔哈所提出的（Taha, 1987）。这本书并不是关于伊斯兰改革问题的讨论，改革的问题我在其他著作中已做过详细阐述（An-Na'im 1990）。但是注意到改革的主要前提和法学推理的方法（Ijtihad），或许是有帮助的。正如乌斯塔德·塔哈解释的，早期伊斯兰启示的和平传播和非歧视，体现于麦加时期（610—622）的《古兰经》中。但是当先知与少数受迫害的迁士于622年迁徙到麦地那时，《古兰经》不得不为正在浮现的宗教社团的各种具体需要做出规定，乌玛社团不得不在一种极端冷酷和激烈的环境中为生存而斗争。在这种情况下，传统沙里亚当中男性对妇女的监护权（qawama）、穆斯林凌驾于非穆斯林之上的统治权（dhimma）和暴力激进的吉哈德（jihad），很明显是服务于当时的社会和经济现实，伊斯兰教的启示并非用于人类普遍不可知的未来，既然伊斯兰教法中的原则是由早期穆斯林法学家运用他们自己的解释方法发展形成的，并不是由诸如《古兰经》和先知的"逊奈"所规定，不同的结论能够通过运用新的解释方法而被得出。我相信，相比较于一些现代穆斯林学者不考虑经文降示的特定背景，而对经文做出随意和武断的选择，上述分析则为《古兰经》和"逊奈"的解释，提供了一种一致的和系统的方法。但是既然这种或其他伊斯兰改革的途径，必须在当代伊斯兰社会的具体背景中被运用，这种形势的简要澄清在这里或许是有帮助的。无论未来的伊斯兰教法沙里亚可能是什么，它必须获得发展，以摆脱它的最近的和当前的窘境。

二 殖民的转化和后殖民的抑制

正如本书前面所讨论的，在伊斯兰历史上通过国家实施沙里亚的提法极具误导性，因为从我们对后殖民时期的这些制度理解，国家和法律的观念有着非常不同的含义，伊斯兰历史上最初3个世纪期间，沙里亚的不同方面，例如法理学（fiqh，斐格海）、古兰学、圣训学和教义学（kalam，凯拉姆），是由游离于国家框架之外的具有独立性的学者（乌莱玛）来完成的。既然这些领域构成统治者和官员教育的主要内容和方法，沙里亚原则势必影响司法机关。但是在法律体系由国家颁布的现代意义上，沙里亚不能够由国家来实施，仅仅是因为国家缺乏颁布沙里亚的权威。这种权威属于乌莱玛，他们享有着穆斯林社团的信任。伊斯兰历史上的帝国既没有现代国家所具有的中央集权的政治权力，又没有意图提供广泛司法管理的机关。

因此，那些认为既然伊斯兰国家从殖民统治者手里已经获得政治独立，作为穆斯林已经习惯了的沙里亚的法律和公共政策角色，应该被重新颁布的说法是不正确的。因为一方面，伊斯兰社会和国家结构的急剧改变，返回到前殖民主义时期是不可能的。所有的穆斯林现在都生活于民族国家的状态下，其特征是"一种由国家工作人员所掌控的中央集权和官僚主义的有组织的行政和法律秩序，有约束力的权力管辖着其领域内的司法、领土以及对军事力量的垄断使用"（Gill，2003，2—3）。另一方面，游离于国家政权之外的独立学者对沙里亚所做出的发展，与由穆斯林继承于殖民地统治时期的欧洲国家模式的，由中央集权的国家统一实施的法典和规则相抵牾。正如前面所讨论的，沙里亚作为国家法律的实施与其本性是相矛盾的，教法制定规则要求一些观点的抉择要优于其他观点，然而这种抉择是每个穆斯林宗教信仰方面的权利和义务。这就是为什么沙里亚的创始学者反对他们的观点由国家所采纳，不主张沙里亚规则对穆斯林的所有问题上做出详尽无遗的规定。（Weiss，1998，120—122）

伊斯兰早期学者的这种传统做法是真正地虔奉宗教，表现了知识分子的正直，它在伊斯兰帝国高度分散的状态下，为地方法律实践提供了有价值的灵活性。但是，当把它置于现代法律体系从比较的角度考虑时，出现的明显问题是如何以及通过哪个人，才能够合理和合法化解决地教法学派和学者当中在沙里亚观点上的分歧，以便决定由国家法院和其他权威所运用的法律是什么？一方面，这里的基本困境能够被后面的论述所解释；另一方面，这里最低程度的确定性，在任何社会国家法律的确定和实施方面显得极为重要。在现代国家当中，国家法律的本性和角色也要求大量的行动者和复杂要素的相互作用，其不可能由一种伊斯兰宗教论据所包含，一种宗教理由对于穆斯林所遵行的沙里亚标准的约束力是关键的，然而鉴于穆斯林法学家当中观点的多样性，无论何种观点被选择作为法律去实施的国家是什么，必然被那个国家的穆斯林公民中的一部分人认为是一种无效的伊斯兰来源的解释。比起过去，在国家立法当中确实性和一致性的急切需要显得更加强烈，不仅是因为国家角色在国内和民族层面逐渐增长的复杂性，而且是因为所有民众和他们的国家在全球中的相互独立性。

颠覆殖民地时期所形成和发展起来的司法体系是不可能的，因为其有效替代了历史上沙里亚运行的制度性和方法论的条件（Hallaq，2004）。在殖民时期和独立以后，绝大部分伊斯兰国家通过世俗法庭运用欧洲法规处理民事和刑事事务时，沙里亚的影响逐渐局限于家庭法领域。但是即使在这个领域，国家继续规定沙里亚的相关范围，使其成为政府和司法机关法律和政治体系的一部分（Coulson，1964，218—225）。然而，一个在时间上更早的，在奥斯曼帝国时期得到发展的哈乃斐学派，最终在19世纪中叶该学派的教法被编纂成法典。这是沙里亚原则首次被编撰为法律，标志着一个到欧洲国家模式和司法管理机关的重要转型，以及在这些领域当中沙里亚角色传统方法的式微。奥斯曼帝国"有条件投降"欧洲权力的象征意义，在1924年废除哈里发时达到顶点，标志着不可逆转地接受欧洲国家模式和它的法律体系，其在后来的整个穆斯林世界盛行。

欧洲殖民主义不仅在它的规模和范围方面，而且在改变全球经济和贸易体系，以及殖民地社会的政治和法律制度方面取得惊人成功。对于我们的目的，这里的问题是这些新的现实对于穆斯林当中沙里亚的相关性和运用有什么影响。当然，这个问题并不是一个新问题。在昔日伊斯兰帝国统治时期，在这些新制度的发展与司法机关的日常管理需要依据沙里亚原则被合法化之间存在着紧张状态。其的自相矛盾要求国家尊重学者的自治权，因为这对于保证穆斯林学者使国家权威具有合法性是必要的。统治者的任务是被假定为保护和促进沙里亚，而不是主张或似乎要去创造或意图控制它（Imber，1997，25）。这种传统的紧张状态持续到现代时期，在其中沙里亚保持着信仰者社团的宗教法律，独立于国家的权威。而国家寻求获得沙里亚的合法化权力，以支持自己的政治权力。这种矛盾情感持续，因为穆斯林既不能否认沙里亚的宗教权威，也不情愿给予它完全控制他们生活的能力，因为它不能为全面、可行的现代法律制度提供所有实质性的和程序上的要求（Gerber，1999，29）。这些特性更有效地被欧洲殖民管理部门在19世纪后期整个穆斯林世界中所规定。而这种过程以不同的方式在伊斯兰社会当中展开，后期奥斯曼帝国的实践很可能有着最影响深远的重要性。

在19世纪时期，奥斯曼帝国对欧洲权力的让步为西方法典和司法管理体系的采纳确立了模式。奥斯曼帝国颁布法令以增强国家和保护伊斯兰的名义，证明这种改变是合理的，并强调需要去确保奥斯曼国民的平等，因此为欧洲国家模式和它的法律体系的采纳奠定了基础。奥斯曼麦吉拉法典（majallah）推广了大约10年（1867—1877），以哈乃斐教法学派的原则编撰合同和侵权行为规则，把欧洲形式和沙里亚内容结合起来。它也包括一些从教法根源学得出的规定而不是来自于哈乃斐学派的观点，进一步扩展在伊斯兰传统当中"可接受的"选择性的可能。"抉择"（takhayur）的原则在沙里亚当中已经在理论上被接受，正如在前面所注意到的，但是在实践中并没有以普遍适用的立法形式来运作，通过国家机构来运用它，麦吉拉法典为随后更广泛的改革打开了方便之门，尽管它初始的有限目的。

这些改革有着自相矛盾的结果，通过形式上的抉择，转变了沙里亚原则的性质和角色，使得沙里亚原则整个主体更加可供使用和更容易接近于判决和政策制定，以便它们能够被结合进现代立法。沙里亚原则开始被起草和颁布为以欧洲法律结构和观念为前提的成文法。这样做的方式经常是通过对来自于一个教法学派的部分教法原则与源自于另外一个教法学派的基本原则和观点的糅合而实现的，而没有考虑到方法论的基础或任何教法学派概念的一致性。自相矛盾的另一个方面是伊斯兰和欧洲法律传统逐渐出现的综合，也暴露了在现代背景下直接和系统运用传统沙里亚原则的不可能性。

这些法律和政治结果的发展，被欧洲殖民主义的重要影响所强化，表现于全球化过程中西方在普通教育和国家官员、商业巨头和重要的社会和经济行动者专业培训的影响。教育制度方面的改变不仅消解了传统的伊斯兰教育，而且引进了一系列世俗的学科，这些趋向于在穆斯林年青人当中造就了一种有不同的世界观的专家队伍。而且，在识字率极低的伊斯兰社会，穆斯林学者在智力方面的垄断，随着民众识字率的迅速增长，以及在世俗学科、艺术方面不断增长的高等教育被急剧侵蚀。因而不仅沙里亚学者失去了他们在沙里亚神圣来源知识方面的历史垄断权，而且这些来源的传统解释不再被普通穆斯林看作神圣的或无可非议的。特别是在法律教育方面，穆斯林世界的第一代律师和法理学家在欧洲和北美大学接受高等教育，然后返回伊斯兰国家教授学生或担任司法机关的官员。

一般地说，所有伊斯兰社会所进行的欧洲模式国家的建立，作为基于相同模式基础之上的一种全球体系的一部分，急剧改变着整个穆斯林世界的政治、经济和社会关系。在独立以后，通过在国内保持这些模式和在国外与西方国家的各种交流，伊斯兰社会逐渐成为世界共同体当中负有国家和国际义务的成员，但在社会发展和政治稳定性层面有着明显的差异。今天所有的伊斯兰社会生活于国家宪法体制下（包括没有书面宪法的国家，例如沙特和其他的海湾国家），以及要求尊重最低限度的平等权和对所有公民的非歧视原则的法律体系当中。即使是在国家宪法和法律体系不能明确承认和有效规定这些义务的地方。最小限度的实际承诺被当前国际关系的现实所保证。这些改变是不可逆转的，尽管在实践中它们的含义没有被充分发展或遵行。

这种现代化过程的另一个方面，是不同伊斯兰社会当中沙里亚角色的僵化和歪曲，其缘于由殖民管理者为了他们的管理方便，而构建的身份和传统的静态构成。具有讽刺意味的是，这种殖民地遗产被一直延续，作为国家在独立以后的逻辑而被加强，为沙里亚的完整性和活力带来了破坏性的后果。例如在印度，殖民地时期对印度法和穆斯林法的编撰，其给予复杂和相互独立的传统体系某些方面的特权，在持续发展的社会和经济关系的环境之外，冻结了妇女身份的某些方面（Agnes，1999，42）。个人身份法的建立合并了宗教和习惯，进而产生了法律虚构，即印度教徒和穆斯林法律源自于宗教经典，以及印度教徒和穆斯林是"遵循统一法律的同质社团"（Agnes, 1999, 43）。在土耳其，共和国的历史显示了另外一种僵化的沙里亚模式，即通过国家控制伊斯兰，以便把它排除在政治和公共领域之外。在1922年和1935年间通过一系列法律制度的执行，凯末尔世俗主义的模式控制和规定了土耳其人生活当中伊斯兰的所有公共事务方面，进而划定私人领域的界线，以作为其宗教信仰和实践方面的范围。

综上所述，无论国家何时实施沙里亚，结果往往使沙里亚变成为一组高度选择性的原则，其完全与它们合法的方法论来源相隔离。以这种方式使得伊斯兰教法变得更刻板，沙里亚变成了宗教身份的具体化象征和政治权威的一个争论地带。除了被用于政治操控，沙里亚的这种被国家的占用，使国家自身被裹挟进那些主张通过国家机构强制实施沙里亚的倡导者的主要目标中去。无论他们成功与否，这种追求使得沙里亚在所有民众当中成为专制和独裁统治的象征。同时，沙里亚所具有的创造性和使人们获得自由的可能性，被国家机构的官僚主义惰性所阻碍和羁绊。

三　恢复沙里亚的解放角色

对于穆斯林来说，沙里亚应该作为一种解放和自我实现的来源被了解和实践，而不应成为一种限制和严酷惩罚的沉重负担。从沙里亚的角度，没有哪种作为与不作为是有效的，除非它是完全自愿的，强制性的顺从没有任何宗教价值。从这个角度，我认为所提出的理论框架对于恢复和确保沙里亚的解放角色是必要的。在所提出模式的两个支柱中，一个是伊斯兰和国家的制度性分离；另一个是伊斯兰公共角色与政治角色的调整。正如从刚开始就强调的，这种框架并不排除通过国家机构对一些沙里亚原则的使用，但前提是其由民众没有参照自己的宗教信仰，而能自由讨论以接受或拒绝的公民理性所支持。而且，与所有公共政策的制定或立法一样，通过国家制度操作的一些可能被相信是沙里亚原则的事情，必须从属于宪法和人权保护。要清楚的一点是，所有公民自由地遵循他们自己的宗教或哲学信念，但是这种信念不能侵犯他人权利。如果穆斯林或其他宗教信仰者希望利用国家机构，以实施任何他们相信由他们的宗教所规定的原则或规则，他们必须表明它与宪法和人权原则相一致，并通过公民理性来说服其他公民。

伊斯兰政治角色的这种制度性分离和调整的结合，对于保护沙里亚免受统治者的操控是必要的。进而使它能够在伊斯兰社会的公共生活中，发挥一种更强大和更合法的角色。从一开始就发端和运行于国家体制框架之外，沙里亚最好能以相同方式被恢复活力，与作为不能被强迫的，穆斯林自愿义务的真正和必要的本性相一致。沙里亚的价值能够为社会中存在的政治压迫、经济剥削和社会不公正，提供一种强有力的、积极的评价和有效问责的基础，以及能够支持负责任的环保政策。无论伊斯兰国家的支持者寻求获得的社会福利是什么，其仅仅只有从公民社会内部，摆脱官僚主义国家机构的抑制和限制的情况下，必要的政策和策略被启动和维持时，才能够实现。

从沙里亚的未来推进这个愿景，它对于理解和尽力改正许多穆斯林的严重担忧也是必要的，即认为所提出的模式将必然导致社会自身的世俗化和减弱伊斯兰在公共生活中的角色。按照我的观点，这种担忧被严重夸大了。因为信仰者将通过政治过程以及在社会关系中，总会发现表达他们信念的方式。正如前面所讨论的，任何宗教信仰和宗教虔诚在社会当中的衰落，不能通过国家机关的强制或诱导而得到恢复。相反，牵涉于宗教信仰和实践事务当中的国家，将因为滋养伪善而深受损害，而伪善在《古兰经》中被反复谴责。通过在社会中巩固宗教歧视，以及在公共管理当中介绍含糊的和主观的要素，它也破坏了国家的功效和合法性。

在当代伊斯兰社会当中，坚持伊斯兰公共角色的合理性或目的性也许是有帮助的。术语"沙里亚"常被用于公共话语中，似乎它与伊斯兰自身同义，成为穆斯林在个人的宗教情感方面，以及在社会、政治和法律制度方面的全部义务。事实上，沙里亚仅仅是一个人成为穆斯林的门和通道，并不是人类知识和伊斯兰生活的全部，因此，比起沙里亚来说，伊斯兰教的内涵更广泛。尽管了解和遵行沙里亚的诫命，是穆斯林日常生活中实现伊斯兰作为一神教（tawhid）原则的方式。任何沙里亚的观念必然和总是源自于人们对《古兰经》和"逊奈"的解释也应该被强调，反映了可能犯错的人类能够领悟和寻求去遵守他们自己的特定历史背景的局限

第七章 结语：沙里亚的未来议定

性。对于作为一个穆斯林的我来说，很明显沙里亚的观念不能够在任何时候总是完美的或永恒代表神圣的诫命，原因在于人的理解力和经验总是具有局限性的。然而，同样清晰的是，人类的理解力和经验是《古兰经》和先知的"逊奈"能够在我们的生活中被展示的唯一方式，这对于我们的态度和行为有着变革性的影响。

民众很有可能对一些穆斯林在宗教信念和虔诚度下降的意义上，焦虑于他们社会的世俗化，但是这并不能成为国家干涉个人和社团宗教生活的理由。对这种情况最好的反应必须是在自愿的公民社会的层面上，而不是通过国家机构得到解决。期待国家提升宗教信仰和宗教虔诚，是假定管理不同机构的公务员和官僚至少分享着我们希望去推进的信仰，如果不是，它们能够激励其他人达到更高层次的虔诚。如果以宗教信仰和虔诚标准等主观因素作为任命和晋升官僚职位的标准，伪善和腐化就成为一种不可避免的结果。负责促进广大公众宗教或道德的国家官僚体制的情况也大抵如此。

具有讽刺性的是，主张建立伊斯兰国家的典型学者，像巴基斯坦的毛杜迪（Abu A'la‐Maududi）和埃及的赛义德·库特布（Sayyid Qutb），倡导一种像苏联一样的极权主义国家模式，其被设想为以执政党的意志改变我们的社会（Maududi, 1980; Shepherd, 1986）。伊斯兰国家观念的根本缺陷，是宗教或道德权威调用的逻辑性能够非常容易被颠倒，以至于用宗教权威替代了起调节作用的政治权力。通过现代国家机构强有力的作用，宗教自身变得从属于权力。把为了政治权力目的而利用宗教与善意利用宗教的举措区别开来也是不可能的。正如我所讨论的，我所界定的国家是一个非道德的机构，不具有或体现它自己的自主性道德。道德判断和责任心应归因于人，而不是抽象的制度。主张国家伊斯兰化仅仅只会使操控国家机器的人摆脱他们对自己行动负责的义务。

通过对伊斯兰和其他社会经验相比较的反思中，很容易看到宗教的公共角色在不同行动者当中不断被协商和重复协商。然而，因为这个过程深受周围环境的影响，在任何社会政治生活当中，宗教的角色应该按照它自己的认识论的、政治的和文化术语来理解。使用诸如"世俗主义"和"世俗化"的词汇，以对宗教公共角色的不同方面做出区分也许是有帮助的。但是这种词汇不能替代每种情况就其本身而言的深刻的语境分析。这里只是不存在分离宗教和国家的通用的世俗主义定义，或弱化宗教在公共生活当中角色的通用的世俗化界定，每种社会经验中总是有那么一两种对于这个社会和其的宗教来说是特有的，不能被移植或运用于其他社会当中。尤其因为我们这里讨论的目的，伊斯兰和国家的分离需要伊斯兰的公共角色在每个社会当中，按照它自己的语境进行积极和合法的协商。因此我主张的世俗国家的模式在事实上是一种启动提升伊斯兰在公共生活中的地位的话语。但是正如我反复强调的，为了保证公民理性在确立公共政策和立法当中的地位，这个协商的过程是从属于宪法和人权保护的。宗教和国家分离的一种最小限度的世俗主义，是一种协商的、更丰富的和更深刻的世俗主义的前提，其实质将包括宗教话语，在它的历史环境条件中，其将必然对于每一个社会来说是特有的。

在最后的分析中，我提出，国家能够服务于一个为了社会公正、和平、美德和德行的伊斯兰的理想，通过公民的话语和政治生活的组织，启动和促进这些伊斯兰理想的实现。所提出的国家宗教中立性实际上要求沙里亚自身的未来发展。正如在前面所强调的，公议（ijma'）是沙里亚的最基础的来源和法学方法。正是通过穆斯林数代人的公议，我们才能逐渐接受《古兰经》的经文准确无误地表现神圣启示，正如先知在一千四百年前所接受的一样。作为一种先知言行或认可的正确无误的"逊奈"的真实性，也是通过公议被建立起来的。无论各个穆斯林群体所接受的沙里亚是什么，其是凭借他们的公议所建立的，这仅仅是因为这里没有权威的教法学家或其他个人和群体有权威建立任何沙里亚的原则。如果国家官员和官僚体制被允许去控制或操纵穆斯林当中的争论和辩论，穆斯林当中公议的重要功能，将完全被恶化和歪曲。正如前面所提到的，既然每种正统都是以一种异端作为开始的，我们必须保护异端的可能性，以便确保沙里亚的未来发展和关联性。我们压制的每种异端，都使我们可能错失一种未来穆斯林希望建立的，作为他们正统伊斯兰一部分的观念或原则的可能性。我表明，没有哪个人有权力控制其他人去信仰或不信仰某种宗教。对于作为穆斯林的我来说，如果有一些穆斯林被允许以一种所谓伊斯兰国家的名义，为我强制规定什么能够或不能够作为我的宗教经验和实践，那么我相信伊斯兰教法将不会有任何未来。对于国家来说,存在着很多合法性功能,像保持和平,裁定争端,提供必要的服务,但是它的权威不能也不应该扩展到决定什么是或什么不是伊斯兰教法沙里亚。

附录:阿拉伯世界人权:
一个地区性的视角

阿布杜拉·艾赫迈德·安那伊姆

此文对阿拉伯世界人权运动的回顾和评价,是为更有效地保护人权提供一种多样性的策略。正如下面将要解释的,要解决国家在界定和实行人权标准方面的困境,将强调公民社会的角色。然而,因为国家和公民社会的彼此影响,这种关系应该放在地方的、地区的和全球的背景下来理解:面对人权保护主张的挑战,在世界的任何地方是如何促进这个过程的积极方面的?并与这种动态关系中的消极方面作斗争,或最大限度地减少这些消极方面。在所有分析和行动的层面,我们应该寻求把对特定人权问题的反应,与人权保护过程中长期面对的破坏人权的持续根源和结构因素的解决结合起来,这个结合仅能通过特定的社会分工来实现,因此有必要按照共同认可的框架,协同地方的、地区的和国际的行动者一起行动。

一 阿拉伯人权运动概略

下述对于阿拉伯世界人权发展的讨论,主要是以阿拉伯联盟的成员国地区为据,因为除此之外,没有其他更合适的标准供选择。阿拉伯世界是一个有着巨大差异和广泛多样性的地区,如巴林和卡塔尔,每个国家的人口尚不足一百万人口,而在埃及则有6千2百万人口。在阿拉伯联盟的成员中,有一些是世界上最贫穷的国家,如毛里塔尼亚、索马里和苏丹,而有的则属于最富有的国家,如科威特、卡塔尔和阿拉伯联合酋长国。群体内部的每个成员国之间,也存在着民族和文化多样性。苏丹虽属于阿盟成员国,但阿拉伯与非洲国家身份的问题是这个国家数十年内战的根源之一。① 在阿拉伯地区的不同部分，在对伊斯兰教的理解和实践上也存在巨大差别。从突尼斯到沙特阿拉伯，从索马里到叙利亚和伊拉克。逊尼派伊斯兰教在所有会员国占主导地位，除巴林什叶派占多数。什叶派也是黎巴嫩、沙特阿拉伯和叙利亚的一支重要力量。还应指出的是，基督徒构成埃及、黎巴嫩、巴勒斯坦和苏丹人口的重要比例。② 同时，近代历史上该地区的特点很多是相似的，如当前的政治制度、社会状况，等等。举例来说，约旦、黎巴嫩和叙利亚是奥斯曼帝国的一部分，直到其第一次世界大战后解体。阿尔及利亚受法国殖民统治达130多年，直到1962年独立。苏丹从19世纪20年代直到1885年属于埃及殖民地，并在1898年至1956年与英国成为伙伴关系。这个苏丹殖民地化第二个时期的大部分时间，被称作为"盎格鲁——埃及共管"时期。埃及自身也被英国占领，成为"保护地"。阿拉伯半岛的海湾地区，在不同时期经历了奥斯曼帝国和英国的占领。历史上这些特点有着的重要的后果，不仅对国家的初始结构，而且对国家的政治制度、行政管理体制、国家/公民社会关系有着重要影响，一直延续至今。

无论是在政府、政府之间，还是在"公民社会"的层面上，对阿拉伯世界人权保护认真和系统的关注，可追溯到20世纪70年代，原因在于：首先，在此时，联合国开始努力鼓励政府批准1966年《经济、社会和文化权利国际公约》和《公民权利和政治权利国际公约》这两个国际性的人权公约；其次，1977年这两个公约的实施，清楚表明人权成为国际关注的重要内容，因此激励了各国政府在国家宪法中，或通过批准国际条约来履行保护人权的义务；最后，最重要的是到20世纪70年代，阿拉伯社会内部逐渐意识到，民主和人权保护对于他们自己内部利益最大化的作用。1967年阿以战争中阿拉伯国家的失败，清楚表明声称或承诺给予国家自由、发展和社会公正优先于真正的民主和尊重法律规则的完全失败。换句话说，对于精英群体和广大市民来说，解放和发展的好处，只能通过民主化和保护人权来实现。虽然我首要关注的是非政府组织的活动，然而我对该地区人权运动发展的回顾，首先着眼于政府和阿拉伯联盟的活

---

① 参见弗朗西斯登《视觉的战争：苏丹身份的冲突》(1995)
② 参见戴维·巴雷特《世界基督教百科全书》(2001)

动，因为这是认识该运动的框架。

1. 政府的行动

阿拉伯世界政府对人权的关注，开端于叙利亚和突尼斯1969年批准了《经济、社会和文化权利国际公约》和《公民权利和政治权利国际公约》，随后利比亚在1970年，伊拉克在1971年分别批准了该公约。直到1999年，当阿尔及利亚、埃及、约旦、科威特、黎巴嫩、摩洛哥、索马里、苏丹和也门批准以后，签署该公约的阿拉伯国家达到13个。11个阿拉伯国家批准了《消除对妇女一切形式歧视公约》（1979），包括阿尔及利亚、吉布提、埃及、伊拉克、约旦、科威特、黎巴嫩、利比亚、摩洛哥、突尼斯和也门。1984年的《禁止酷刑及其他残酷、非人道或有辱人格的待遇或处罚公约》（以下简称《禁止酷刑公约》）被11个阿拉伯国家批准，包括阿尔及利亚、巴林、埃及、约旦、科威特、利比亚、摩洛哥、沙特阿拉伯、索马里、突尼斯和也门，苏丹已经签署但尚未批准这一条约。另外，至少有三分之一的阿拉伯国家至今没有批准这些基本人权条约。此外，即使那些已批准这些公约的国家，仍继续对国际监督和责任要求表现出抵制。大部分签署《消除对妇女一切形式歧视公约》的国家，对一些关键性的规定持保留态度。大部分批准《禁止酷刑公约》的阿拉伯国家，并没有接受公约规定的第20、21和22条款下的检查机制。一些阿拉伯国家也对公约的一些重要规定持保留态度，如沙特对第30款提出保留。

政府在人权运动方面另一种类型的发展是"政府的非政府组织"的建立，这种组织服务于政府的政治和公共关系目标，包括应对国际社会对其人权状况的批评。伊拉克在1970年建立了"伊拉克人权组织"，以促进与阿拉伯复兴社会党的革命意识形态一致的人权观点。1975年的埃及，由与已故总统萨达特关系密切的相关人员建立了"埃及人权组织"。在突尼斯，当政府与"突尼斯人权联盟"（一个独立的非政府组织）之间的紧张局势逐渐上升时，当局在1987年5月支持建立另外一个组织，被称为"突尼斯人权和公共自由协会"。同样地，利比亚允许建立"利比亚人权委员会"，以应对国际社会对其的人权指责。苏丹政府禁止"苏丹人权组织"（一个独立的非政府组织），并以同样命名的组织取代它。一些阿拉伯政府在已存在的政府部门设立"人权局",任命"人权部长",或成立人权组织或理事会。例如1990年4月,摩洛哥通过皇家法令成立"人权咨询委员会",并任命了人权部长。在突尼斯,1991年1月成立了为总统提供咨询的委员会,其为国家在人权事务方面的政策提供咨询。除了这些机构,突尼斯外交部、内政部、司法部、社会事务部和各部门都有自己的特定人权机构。在阿尔及利亚,除了在司法部有一个所谓的人权办公室,1991年6月,一个人权部门被设立,随着"国家人权监测"的专门机构建立之后,这个部门在1992年7月被撤销。埃及对人权的制度化的政府关注,采取了在外交部设立一个人权署和在总检察长处设立一个办公室的形式,以接收和调查国内各种人权侵害的控诉。黎巴嫩政府建立了宪法委员会,以确保立法符合宪法原则和议会人权委员会的意见。阿曼也任命了一名人权顾问,巴林、科威特和也门也在立法或咨询委员会设立了人权机构。

2. 阿拉伯联盟

成立于1945年的阿拉伯联盟,在1968年之前它没有表现出对人权的任何关注,过了25年之后,直到1994年9月通过了《阿拉伯人权宪章》,以回应联合国大会1965年12月20日的第2081号决议,并呼吁会员国和区域组织把1968年定为"人权年",以纪念《世界人权宣言》颁布二十周年。1966年12月12日,阿拉伯联盟理事会通过2259决议,1967年3月18日通过了第2304号决议,成立了法律委员会和常设人权委员会。鉴于这两个委员会的工作情况,阿盟理事会采纳了1968年9月3日的第2443号决议,建立了常设机关阿拉伯人权委员会。联盟秘书处于1968年12月在贝鲁特召开了第一次阿拉伯人权会议。除了谴责以色列的决议之外,还宣布与巴勒斯坦人民休戚相关,呼吁在地区和国际层面,阿拉伯国家在保护人权方面进行合作,以敦促世界人权宣言的执行。并建议建立国家层面上的人权委员会,以与联盟常驻阿拉伯人权委员会进行合作。

通过1969年9月11号颁布的一个决议,阿拉伯联盟会议赋予常设机关阿拉伯人权委员会以下功能:(1)支持在人权领域内阿拉伯国家的联合行动;(2)努力保护个人权利,并强调对阿拉伯人权问题的关注;(3)促进阿拉伯人的人权意识和人权保护的需要,提高他们对人权保护必要性的认识。为此,委员会提请在地区和国际层面采取一系列行动,包括研讨会的召开,阿拉伯人权日的庆典,国家人权委员会(组织)之间的合作,并为联盟成员国的人权活动提供咨询。在国际层面,委员会的活动包括对以色列侵犯人权事件作出文件编制,并依据国际人权规范做出分析,参加国际会议以及为该领域学术研究做准备。阿拉伯常设委员会1970年5月13日还采纳了一个建议,为此目的设立了一个专家委员会,开始为《阿拉伯人权宪章》做准备。该委员会从1971年4月至7月,为编写"阿拉伯国家公民权利宣言"的草案做准备,该草案由公民权利和政治权利以及与经济、社会和文化权利有关的31个条款组成。不过,委员会只收到9个阿拉伯国家的反应,态度从支持、保留到完全反对。因此,最终该草案被放弃,此事没有再被阿拉伯联盟理事会所考虑。就其本身而言,阿拉伯联盟要求对阿拉伯人权宪章草案做准备。初稿由常设法律委员会和常设人权委员会进行了检查,由联盟理事会做了考虑,决定于1983年3月31日提交各成员国对草案进行了讨论。然而,整个事件再次被推迟,等待由伊斯兰会议组织所制订的《伊斯兰人权和义务宣言》的采纳。后者的宣言最终于1990年8月在埃及开罗由伊斯兰会议部长级会议所采纳,被称为《开罗伊斯兰人权宣言》。

  这里另一个需要注意的阿拉伯地区有关人权的法案就是《阿拉伯世界人权》,其于1986年在意大利的锡拉库萨被起草,由9个阿拉伯国家的专家召开研讨会,并邀请国际刑法学高等研究机构参加。该草案完全符合,甚至扩展了已建立的国际人权标准。例如,锡拉库萨草案为酷刑设立了刑事罪责,而检控不能被任何限制的法令所禁止。限制各国政府有权宣布紧急状态的权利,并包括人们享有清洁和健康的环境权。除了医疗保健、社会保障、食品、住房、教育等权利,草案还详细规定了强有力的保障机制,通过建立一个阿拉伯人权委员会和法院以给予人权保障。不幸的是,该草案从来没有被阿拉伯联盟或任何国家政府认真考虑过。前述《阿拉伯人权宪章》的想法在20世纪90年代初被重要提起。1992年,依照阿拉伯各国政府的反应,阿盟法律和人权常设委员会审议和修改了草案。这两个委员会1993年2月批准了该草案,并呼吁在同年维也纳国际人权会议召开之前,联盟理事会能采纳宣言。然而,理事会推迟采纳以等待各成员国的进一步反应。1994年9月15日,该宪章最终被阿拉伯联盟理事会的第5437号的决议采纳。《阿拉伯人权宪章》自被阿盟采纳以来，没有一个阿拉伯国家批准它，即使其获得广泛的批准，它也不可能提高该地区的人权状况。与1966年的两个国际条约相比较，其在内容规定上相对缺乏。例如，宪章规定的公平审判标准，未达到由《公民权利和政治权利国际公约》规定的相关要求。该宪章还未能提供政治组织和政治参与的规定，而这是在阿拉伯世界人权事业中努力促进民主和保护权利的核心问题。宪章规定的模糊性和例外情况，为立法和其他破坏《阿拉伯人权宪章》的规定打开了方便之门。最后，该宪章在保证权利的运用机制方面也是软弱的，因为人权专家委员会的权力，仅限于检查各缔约国提交的报告。

3. 非政府人权组织[①]

严格意义上的非政府人权组织在阿拉伯地区最早可追溯到20世纪70年代初。应当指出的是，在这篇文章里我关注那些完全"专门地"关注于人权问题的非政府组织，并不意味着这种"专门"要么是容易实现的，要么是合乎要求的。相反，工会、专业协会和所有公民社会组织在各自职权范围内的各种保护和促进人权是非常重要的。但是所有非政府组织应该不断反省他们的努力是否完全符合人权原则。由于工会、专业协会等不可避免地会被看作是人权非政府组织的替代品，因此，为提高该地区的人权要求和保护，应为每个国家和整个地区的人权要求和主张，努力提高其"专业"能力。正如人们所预料的那样，第一个专业的非政府人权组织开始在这些阿拉伯国家享有相对的政治多元化特点，或者至少接受了公民社会的积极性。因此，"摩洛哥人权组织"成立于1972年，"突尼斯人权联盟"建立于1977年。在埃及，开罗和亚历山大"人权支持者学会"成立于1977年，并获得官方正式承认。"摩洛哥人权协会"成立于1979年，但没有获得官方承认，直到9年之后才被正式承认。人权组织建立发展的新阶段开始于20世纪80年代，并与"阿拉伯人权组织"（AOHR）相联系，这也与阿拉伯各国政府为了不同的政治原因，对不同程度的民主和政治改革的采纳相关。在伊拉克人权组织的建议下，"阿

[①] 以下回顾资料来自于：伊萨·什维：《非洲人权和阿拉伯家园》（1994）；伊曼·哈桑：《阿拉伯世界人权运动：埃及、黎巴嫩和突尼斯的个案研究》；艾哈迈德·塔比特，《阿拉伯世界人权运动：约旦，巴勒斯坦和也门的个案研究》（1999）。

拉伯人权组织"拟计划于 1971 年建立。这个观点被"阿拉伯律师协会"所采纳和发展，其在 1973 年成立了一个筹备委员会，以为地区组织起草一个区域组织章程，然而，因为关于拟建组织结构的争论，原定于 1974 年 2 月在贝鲁特召开的成立大会未能实现。1983 年 4 月，当一些阿拉伯知识分子聚集于突尼斯，讨论阿拉伯世界的民主危机时，这个想法被重新点燃，并认为民主危机的解决方案，不得不通过保护人权而得以实现。最终，在塞浦路斯的利马索尔召开了阿拉伯人权组织的成立大会，尽管阿拉伯人权组织已经从一开始就把该组织总秘书处设在开罗，埃及政府还是没有正式承认阿拉伯人权组织。埃及政府还拒绝让阿拉伯人权组织于 1986 年举行第一次大会，但 1993 年第三次会议允许在开罗召开。

"阿拉伯人权组织"宪章要求按照国际标准，努力保护所有人的人权，努力提高阿拉伯人民的权利意识，并配合这一领域工作的组织和协会。为了履行这一职责，1987 年，"阿拉伯人权组织"开始发表关于阿拉伯世界人权状况的年度报告，以及一系列的公告和研究杂志。此外，"阿拉伯人权组织"与"阿拉伯律师协会"和"突尼斯人权联盟"合作，在 1989 年建立阿拉伯人权研究所。在突尼斯实施各种人权教育和公共意识计划，并建立一个基于人类权利的文件和资源中心。然而，阿拉伯人权组织并没有为阿拉伯世界人权运动提供广泛且综合的战略，从而使非政府组织之间实现各自的独立和彼此协调。这种失败的最明显的例子是 1999 年 4 月阿拉伯人权会议在摩洛哥卡萨布兰卡的召开，是由开罗人权研究学会所倡议的，而不是在"阿拉伯人权组织"的主办下召开的。一方面，20世纪 80 年代中期，目睹了不同阿拉伯国家非政府人权组织在这个地区之外的活动，主要是阿拉伯行动主义者在西欧国家的出现。如成立于 1985 年的苏丹人权组织，从 1989 年苏丹军事政变以来，它主要从苏丹外发挥作用。另一方面，全国性的人权组织能够获得官方登记，并在他们各自国家发挥作用。这始于 20 世纪 80 年代后期，包括黎巴嫩、突尼斯、阿尔及利亚、摩洛哥、约旦和也门。在这里，特别应注意到巴勒斯坦人权非政府组织的工作，如"法律援助会"（Al - Haq）在 20 世纪 70 年代中期建立。此外，"专业性"的非政府人权组织显著的增长，可以在埃及被发现，在那里，出现了十多个非政府人权组织。按时间顺序排列，这些组织包括"人权法律研究和资源中心"（1989 年）、"开罗人权研究学会"（1993

年)、"埃及妇女问题研究中心"(1994年)、"法律援助中心"(1994年)、"埃及妇女权利中心"(1996年)、"世界人权土地中心"(1996年,关注于农民和农场工人,以及环境问题的权利)、"民主发展协会"(1996年)、"阿拉伯法官和律师独立中心"(1997年)、"囚犯人权中心"(1997年)以及"人权活动家保护地区计划"(1997年)。另一种类型的组织是"阿拉伯人权活动团体",其是一个人权活动家和学者的网络,首先建立于1997年,主要关注于阿尔及利亚的状况,并逐步扩大其影响于整个地区,直到2001因自身经营困难而终止。

埃及的情况凸显出的一些问题,需要引起注意。第一,埃及多数组织必须以建立民间企业或公司的名义而被建立,以避免由埃及法令关于公民社团的规定所带来的压力和限制;第二,自1993年以来,许多新的组织在数量上明显上升的原因,是基于那个时候埃及的人权活动分子对外国资金接受的事实。然而这种情况最终被埃及1999年公民组织法所限制。并授予社会事务部权力,防止任何组织没有给出合理的理由而接受国外资金。上述回顾清楚表明,阿拉伯世界人权非政府组织的成长和发展,大部分局限于北非地区,这里官方登记相对宽松。但是,这一地区人权非政府组织的有效性,由于政治、安全和操作上的因素,往往随时间而变化。在阿拉伯世界的亚洲地区,除了约旦、黎巴嫩和也门,世俗和传统的伊斯兰政府,严重制约了经济增长和非政府组织人权的发展。最后,特别要强调的是,该地区极不稳定的政治也促进了人权组织的发展。如前所述,有众多政治反对派实体,通常是在本国以外运行,这则需要狭义上的人权为他们的政治目标服务,而在他们政治活动的其他方面,则未能遵守人权原则。另外,一些国家政府热衷于"扶持"流亡国外的人权组织,如叙利亚支持的伊拉克人权委员会,伊拉克也同样支持叙利亚人权组织。然而,人们不能把流亡的人权非政府组织视为必然非法或无效的。例如,巴林组织(丹麦)和叙利亚的一个人权组织(巴黎)通常被观察员所接受为地区性有效和合法的非政府人权组织。

二 对阿拉伯人权运动的评估

阿拉伯人权运动的问题,体现于它无法扩大其在公民社会中的影响力,而仅影响于范围狭小的持自由主义观点的知识分子和活动家之中。为了减少它的政治孤立,人权运动必须在不损害人权普遍性的情况下,能够发展一种"话语",其要对地域文化和背景的特殊性给予适当考虑。例如,一个鲜明的地区人权话语,一方面,要强调国际人权标准与阿拉伯地区对伊斯兰教理解之间的关系;另一方面,这种流行的话语也应关注于地区的重大问题,如阿以冲突和海湾战争及其后果,同时关注于这个地区个人和群体的人权保护。还必须妥善处理阿尔及利亚、伊拉克、苏丹和也门所经历的危机,包括这些国家社会自身存在的受到国内战争或外部干涉的威胁。虽然其他内部和外部的问题可以被引用,对于阿拉伯人权运动成就的积极评价,以及对其失败根本原因的了解,将通过对该地区人权运动遭遇困难的现实评估而了解。这些困难可以概括为以下几个点,它们应该被看作是互动和相互依存的,而不是孤立的现象:

1. 阿拉伯非政府组织一直面临官方注册的问题和受到有组织的侵扰。这是持传统主义的伊斯兰各国政府,如海湾国家和沙特阿拉伯或所谓世俗政府如伊拉克,叙利亚和利比亚这些国家的现实情况。这还有待观察埃及政府是否会履行其宣布的,有意允许一些非政府人权组织的自由登记和合法经营。但依据该国过去的经验,将导致人们对政府允许真正专业的和独立的人权活动主义在该国的发展持怀疑态度。具有讽刺意味的是,巴勒斯坦权力机构在争取被以色列承认的斗争中,发现人权非政府组织如此有用,但又在"奥斯陆协议"的部分实施之后,反过来又反对同一个人权组织,视他们为一个多余的令人讨厌的赘物。而且,如"突尼斯人权联盟"的危机所示,所谓人权组织合法性只能是为更多没有被承认的非政府组织受到打击做借口。

2. 一般地说,因为殖民地的历史和当前阿拉伯地区作为一个整体遭受到的严重危机,使得地区和国际主张的人权概念上的困难尚未解决,这严重影响了阿拉伯人权运动。例如,人权运动有别于传统的政治行动,其依赖于它对政府的要求和呼吁民众支持的道德力量。这就是说,人权运动所呼吁的对象,就是首先有可能破坏这些权利的同一个权威主体,并寻求公众的支持。在世界上较发达国家和稳定的地区,对人权的道德诉求,被一个强有力的和活跃的公民社会所支持,民众知道他们自己的权利,并通过政治和法律行为而有效地组织,以保护它们。与此相反,阿拉伯世界后殖民国家的本性和动态，以及公民社会的软弱，使得他的政府忽视了对人权标准的道德诉求。在世界任何地方，除非该国家或地区的政治和法律制度能够实现由非政府组织和公民社会对国家提出的道德要求，否则人权运动不可能真正实现，并取得持久的成功。人权的真正保护需要一种长期发挥作用的政治和法律制度的产生和支持。然而，由于社会力量倾向于对他们的要求寻求迅速和具体的回应，他们将被更多直接的政治行动策略所吸引，而不是"投资"于长期的法律和人权保护规则的建立。另一种概念上的困难，尤其令阿拉伯人权运动担忧的是，如何处理伊斯兰主义者与其他激进团体的权利问题。这些群体寻求攫取政治权力，以控制民主化和人权保护，而不是真正去履行这些人权价值。一方面，原则性的做法要求坚持对这些团体及其成员的人权保护，不管他们的"推定意图"是否是一旦获得权力将否认民主和人权原则；另一方面，这种做法被视为"不切实际和天真的"，而不被国家安全力量所考虑。非政府组织作为该地区的人权运动的潜在支持者，从思想上反对伊斯兰激进分子，往往会把由地方政府所做的压制措施和激进分子的行动相比较，作出"两害取其轻"的做法。在阿拉伯世界这种持怀疑态度的观点，可以引用苏丹的例子来说明，在那里，"国家伊斯兰阵线"（NIF）扮演了一个"民主"政党的角色，甚至是一个联合政府的伙伴，直到1989年6月它通过军事政变夺取了政权。在获得国家机器之后，"国家伊斯兰阵线"废除了宪法，解散议会和所有其他政党、工会、专业协会，并禁止一切形式的政治反对活动。

3. 在阿拉伯社会中，对国际社会的不安全感和不信任，是地区民众接受人权文化所面临的主要障碍。这种情况出现的"心理"和物质根源，可以追溯到奥斯曼帝国和欧洲统治的几个世纪，以及西方霸权的后殖民时代。正如阿以冲突的发展状况所显示的，以及巴勒斯坦人民从1948年以来所遭遇的困境，而1948年也是《世界人权宣言》通过的一年。与这个背景相比较，目前的阿拉伯社会在国际的关系中，更倾向于"解释"最近的事件，如对利比亚（1989—1999年）和伊拉克（1992年至今）实施制裁的强迫接受。与精英分子和民众的观点相比较，国际社会对于1982年以色列入侵黎巴嫩的软弱和矛盾反应，这与其对1991年伊拉克对科威特的入侵和对伊拉克实行严厉制裁，在态度上截然不同。阿拉伯公众惊奇于两伊战争期间，西方对伊拉克的支持。尽管在那个时期，伊拉克蓄意并严重侵犯人权。相比之下，西方坚持所谓国际法对伊拉克实施制裁付出的代价，则使伊拉克人民处于饥寒交迫之中。在伊拉克被从科威特驱逐出来以来，摧毁了伊拉克整整一代孩子的前途。在这种情况下，从政治的、意识形态和思想的角度影响下的阿拉伯精英，被吸引到一个强烈的自我认同和对"西方"极度敌意的态势中。从这个角度来说，这些精英们不能看到，解决西方霸权主义和双重标准根本原因的最佳手段，也是国内民主化和人权保护问题本身的一部分。不明白阿拉伯各国政府和社会，也是在地区内反对宗教和民族霸权主义和双重标准问题的一部分。不幸的是，指出这些在阿拉伯社会关于"西方"和整个国际社会的立场不一致，仍不足以改变阿拉伯精英分子和政府的态度，其往往把地区人权主张等同于服务于西方列强的霸权目的。因此，阿拉伯人权倡导者往往成为"叛徒"的代名词，因为"西方"被看作是绝对和无条件地支持以色列和故意破坏伊拉克。与西方各国政府和社会相关的人权身份，是该地区人权组织宣传这些权利主张受到不信任的主要来源，这种不信任被阿拉伯非政府组织对西方国家政府和私人基金的依赖所加剧。

4. 与最近的政治和社会历史相关的更广泛问题，也往往会破坏国际人权标准和现代国际法的文化合法性。在这方面，人权运动可以被看作自19世纪初以来，与不同的"现代性"的各种问题长期斗争的最新阶段。此外，人权原则的内部哲学或文化根据的缺乏与对国际社会不安全感和不信任感的结合，似乎使该地区的精英对"西方他者"持一种对抗的姿态。这种态度导致在面对西方新殖民主义时，强调内部动员优于阿拉伯国家内部社会和政治变革的问题。这种复杂的文化困难被与现代国家相关的公民行动主义传统的缺乏或虚弱所加剧。[①]

5. 另一个体现"人权依赖症"的方面，是阿拉伯人权运动和国际非政府人权组织之间的关系。一方面，作为国际运动的一部分，阿拉伯运动反映了其目前的弱势，由于"冷战"结束后全球权力关系的转变。正如前面简要说明的，人权保护迄今主要是通过西方各国政府对阿拉伯国家和其他发展中国家的经济和政治压力而被保护，而不是通过发展中国家公民社会的内部活动而实现，正如在发达国家出现的情况那样。在这种情况

---

① 参见穆罕默德·伊尔·赛义德·塞迪《当前文化背景下的人权事业》，（1997）。

下，国际人权运动依赖于"冷战"中各西方政府的竞争的动力，施压于发展中国家的政府保护民众的人权。但是，由于目前全球权力关系的模糊性，降低了国际非政府组织在这方面影响西方政府外交政策的能力，这些政府已把支持人权要求，看作他们与发展中国家政治、安全和贸易关系的一部分想法而失去热情。此外，随着发展中国家人权侵犯行为模式和来源的改变，国际非政府组织影响力也随之减弱。那种认为只有国家（特定的国际性组织如联合国）是国际法的遵守者，如激进的伊斯兰团体和世界和地区性的跨国公司这类非国家行动者，可以不为活动承担责任，这种观点将被政府官员所利用，从而成为其侵犯人权的正当理由。国际人权法的法律约束力在"崩溃的国家"如索马里，或那些经历内战和内乱的国家，如阿尔及利亚和苏丹中被认为毫无意义。这些问题和相关因素导致国际和阿拉伯人权运动之间，以及在各方的不同层次内的严重分歧。诸如关于"人道主义干预"的合法性，实施经济制裁或在经济援助和军事支持项目中，以促进发展中国家的人权保护之名而"附带政治条件"。另一方面，基于西方的国际非政府人权组织和阿拉伯人权运动之间也缺乏协调与合作，并在相互冲突的优先概念而复杂化。国际人权组织只有依赖于本地和地区的非政府人权组织的合作，才能获取有关阿拉伯国家的人权侵犯的可靠信息，然而，国际非政府组织往往把重点放在发达国家，因为与发展中国家的政府相比，其在短期内施加压力更有效。如果不考虑提高地方非政府组织的能力和保护地方人权主张的"空间"，而只从阿拉伯国家当前情况的狭隘观点来理解，这种态度很容易把阿拉伯人权运动边缘化，将其置于长期依赖于国际非政府组织的窘境中。

6. 世界各地的人权活动家都必然牵涉到政治争议中，因为他们的目标需要改变各国政府的政策和实践。阿拉伯人权运动经受过度政治化是基于以下几个因素：首先，"阿拉伯人权组织"（AOHR）创始阶段持特定意识形态的团体在组织中占优势，这疏远了一定的以政治和哲学定位的群体，从而破坏了这个人权组织的信誉。由于这个意识形态团体的偏见和争论，加之外部的政治竞争和对抗的结果，往往反映于"阿拉伯人权组织"以及其他国家的非政府组织成员，如"突尼斯联盟"和"埃及人权组织"的行动中。对于某些问题认识的分歧，如关于如何解决类似伊拉克入侵科威特的重大危机的问题的争论，也体现在个别人权组织内和阿拉伯人权运动的领导者当中。另一个阿拉伯人权问题政治化的来源是在过去 20 年来，伊斯兰激进主义的强劲出现。除了对伊斯兰团体的民主原则和人权保护的真正责任的怀疑所带来的两难选择之外，已成为人权组织领导者的世俗阿拉伯知识分子的个人背景，不利于开启与伊斯兰团体领导的对话。然而，这些人权组织的领导人发现公然挑战伊斯兰团体是困难的，因为担心被打上"反伊斯兰"的烙印，尽管沙里亚原则和国际人权原则在诸如妇女权利、非穆斯林权利和穆斯林信仰自由之间存在明显的冲突。

三 结 语

上述对阿拉伯世界人权发展的分析和回顾，清楚地表明 20 世纪 80 年代中期以来阿拉伯人权运动的显著增长。这个回顾也突出了这种努力面对的困境和问题。因此，该地区人权保护的现状是错综复杂的，将来其以何种方式发展，取决于在现阶段何种策略被遵循。一方面，该地区已存在的 50 多个人权非政府组织，在人权监测和宣传、人权意识提高、人权教育和培训、人权学术研究、法律援助和审判领域、对人权受害者的康复等方面努力工作；另一方面，20 世纪 90 年代的特点是包括阿尔及利亚、埃及、约旦、苏丹、突尼斯和也门等国家在民主化和人权保障水平方面的减弱，而在早些时期这些国家有过良好的人权表现。在本地区大多数国家，仍存在着严重和系统性侵犯人权的事件，与已批准的人权公约仍有不相符合之处。最近一些政府采取限制言论和结社自由的措施，如约旦在 1998 年 7 月颁布的出版法令，埃及 1999 年的关于公民结社的第 153 号法令，其特别受关注是因为这个法令对当地非政府组织产生的消极影响。在我看来，这些事态发展并没有否定阿拉伯人权，尤其是依据他们所面对的困难和已取得的成就来看。上述章节中关于阿拉伯人权运动的问题和障碍，已经表明哪些事情是必须在短期或长期要做的。例如，关于第 1 点，我们可以呼吁人权非政府组织登记程序简化，从而结束对人权活动家的政治骚扰。从对地方和国际非政府组织之间的关系分析（第 5 点），人们能够"设想"一种提升这两种组织之间相互合作和彼此尊重，类似的建议可用于解决过度政治化（第 6 点）。其他类型的困境和挑战，则显然需要较长的时期和更广泛和复杂的策略行动，如地区不安全和对国际社会的不信任

(第 3 点), 或人权标准的文化合法性问题 (第 4 点)。但是，这种"建议"的排序不一定是合理的，因为这些困难是互动的和互相依赖的，缺一不可。我的这些建议和策略，也可以看作是一种简单和天真。

正如本文所简要介绍的，阿拉伯世界人权保护需要逐步减除"人权依赖综合症"，继续加强和促进国际合作。在促进各地保护人权方面，地方和全球公民社会具有至关重要的作用，但公民社会和其他行动者的目标，应该总是通过提高本土的人权保护，而降低"人权依赖"。相应地，国际合作的基础必须基于平等和相互尊重，尽管在权力关系中和西方霸权的现实中，有着明显的差别。很明显，我丝毫不反对国际人权保护，无论是通过其他国家的政府、政府间组织或国际非政府组织的努力。相反，我看到了在世界上任何地方人权保护力量急切需要的国际合作的所有恰当形式。由于人权的实际保护，只能通过有关国家机构实现，因此国际社会的关注和行动将始终是需要的。又因为国家是这些权利的主要违犯者，因而在保护人权方面其不能被信任。此外，与尊重人权的国家相比，威权国家的公民在保护这些权利方面必然处于不利情况，但我呼吁把国际社会做出的对人权损害反应的短期行为和逐步缩小人权依赖的长期计划结合起来。换句话说，国际人权保护的努力应该包括增强地方在这方面的能力，因为外部方法的强加既不是切实可行和稳定的，也不能被接受为人权保护的依据。幸运的是，人们已意识到把短期需要和长期努力结合起来的必要性，以促进地方人权保护的能力。

（原文载于《人权季刊》，2001 年第 3 期，第 701—732 页）

参考文献

Abd al – Raziq, Ali. 1925. al – lslam wa – usul al – hukm, bahth fi al – Khilafah wa al – hukumah fial – lslam (Islam and the Principles of Government). Cairo: Matbaat Misr.

Abou El Fadl, Khaled. 2001. Rebellion and Violence in Islamic Law. New York: Cambridge University Press.

Abou El – Haj, Rifat. 1988. "The Ottoman Nashiatname as a Discourse over 'Morality.'" In Abdeljelil Temimi, ed., Mélanges, Professeur Robert Mantran. Tunis: Zaghouan.

Afif, Shams Siraj. 1891. Tarikh – i – Firoz Shahi. Written by Shams Siraj Afif, completed by Ziauddin Barani (Persian text). Calcutta: Asia Book Society.

Agnes, Flavia. 1999. Law and Gender Inequality: The Politics of Women's Rights in India. New Delhi: Oxford University Press.

Ahmad, Aziz. 1970. "India and Pakistan." In P. M. Holt, Ann K. S. Lambton, and Bernard Lewis, eds. The Cambridge History of Islam, vol. 2, 97 – 119. Cambridge, Eng.: Cambridge University Press.

Ahmad, Feroz. 2003. Turkey: The Quest for Identity. New York: Oneworld.

Akdag, Mustafa. 1963. Celali Isyanlari (Celali Rebellion). Ankara: Ankara üniversitesi Dil ve Tarih – Cografya Fakültesi Basimevi.

Akiba, Okon. 2004. "Constitutional Government and the Future of Constitutionalism in Africa." In Okon Akiba, ed., Constitutionalism and Society in Africa, 3 – 22. Burlington, Vt.: Ashgate.

Aksit, Bahattin. 1991. "Islamic Education in Turkey: Medrese Reform in Late Ottoman Times and Imam Hatip Schools in the Republic." In Richard Tapper, ed., Islam in Modern Turkey, 145 – 170. London: I. B. Tauris.

Ali, Ausaf. 2000. "Contrast between Western and Islamic Political Theory: In Modern Muslim Thought." vol. 1. Karachi: Royal.

Ali, M. Athar. 1978. "Towards a Reinterpretation of the Mughal Empire." Journal of the Royal Asiatic Society of Great Britain and Ireland: 38 – 49.

Al – Jazeera. 2005. "Turkey Approves Headscarf Amnesty." Mar. 16, 2005. http://English. aljazeera. net/English/Archive/Archive? ArchiveID = 10376. Accessed Aug. 31, 2007.

Alpkaya Faruk. 1998. Türkiye Cumhuriyeti'nin Kurulusu: 1923—1924 (Foundation of the Turkish Republic 1923—1924). Istanbul: iletisim.

Al – Samar 'i Nu' man Abd al – Razid. 1968. Ahkam al – Murtad fial – Shari'a al – Islamyia (Rules Applicable to Apostates in Islamic Shari'a). Beirut: al – Dar al – Arabiya.

Anderson, Norman. 1976. Law Reform in the Muslim World. London: Athlone.

An – Na'im, Abdullahi Ahmed. 1986. "The Islamic Law of Apostasy and Its Modern Applicability: A Case from the Sudan." Religion 16: 197 – 223.

——1990. Toward an Islamic Reformation: Civil Liberties, Human Rights, and International Law. Syracuse, N. Y.: Syracuse University Press.

—— 1996. "Islamic Foundations of Religious Human Rights." In John Witte, Jr., and Johan D. van der Vyver, eds., Religious Human Rights in Global Perspectives: Religious Perspectives, 337 – 359. The Hague: Martinus Nijhoff.

——2001. "Human Rights in the Arab World: A Regional Perspective." Human Rights Quarterly 23 (3): 701 – 732.

——2003. "Introduction: Expanding Legal Protection of Human Rights in African Context." In Abdullahi Ahmed An – Na'im, ed., Human Rights under African Constitutions: Realizing the Promise for Ourselves, 1 – 28. Philadelphia: University of Pennsylvania Press.

——2005. "The Interdependence of Religion, Secularism, and Human Rights: Prospects for Islamic Societies." Common Knowledge 11 (1): 56 - 80.

——2006. African Constitutionalism and the Role of Islam. iladelphia: University of Pennsylvania Press.

An - Na'im, Abdullahi Ahmed, and Francis Deng. 1997. "Self - determination and Unity: The Case of Sudan." Law and Society 18: 199 - 223.

Ansari, Khizar Humayun. 1990. The Emergence of Socialist Thought among North Indian Muslims, 1917—1947. Lahore: Book Traders.

Aqsha, Darul, Dick van der Meij, and Hendrik Meuleman. 1995. Islam in Indonesia: A Survey of Events and Developments from 1988 to March 1993. Jakarta: INIS.

Aijomand. Said Amir. 1984. The Shadow of God and the Hidden Imam. Chicago: University of Chicago Press.

Asad, Muhammad. 1961. Principles of State and Government in Islam. Berkeley: University of California Press.

Associated Press. 2007. "Turkey's Prime Minister Warns against Interfering in Democracy." International Herald Tribune, Aug. 14. http://www.iht.com/articles/ap/2007/08/15/europe/EU - POL - Turkey - Presidency.php. Accessed Aug. 19, 2007.

Atkinson, Janet. 1998. "Wana: Engaging the Unseen." In James J. Fox, ed., Indonesian Heritage: Religion and Ritual, 88—89. Singapore: Archipelago.

Aydin, M. Akif. 2001. "The Ottoman Legal System." In Ekmeleddin ihsanoglu, ed., History of Ottoman State, Society, and Civilization, vol. 2, 431 - 489. Istanbul: IRCICA.

Ayoub, Mahmoud. 2004. "Dhimmah in Qur'an and Hadith." In Robert Hoyland, ed., Muslims and Others in Early Muslim Society, 25 - 35. Trowbridge, Eng.: Ashgate.

Aziz Efendi. 1985. Kanunname - i Sultani li - Aziz Efendi (Aziz Efendi's Book of Sultanic Laws and Regulations). Trans. Rhoads Murphey, ed. Sinasi

Tekin. Cambridge, Mass. : Harvard University Press.

Azra, Azyumardi. 2002. Jaringan Global dan Lokal Islam Nusantara (Global Network and Local Islam in Nusantara). Bandung: Mizan. ——2004. Jaringan Ulama Timur Tengah dan Kepulauan Nusantara Abad XVII & VIII1, Akar Pembaruan Islam Indonesia, Edisi Revisi (The Origins of Islamic Reformism in Southeast Asia, Networks of Malay—Indonesian and Middle Eastern [Ulama] in the Seventeenth and Eighteenth Centuries, rev. ed.). Jakarta: Kencana.

Baehr, Peter, Cees Flintermand, and Mignon Senders. 1999. Introduction. In Innovation and Inspiration: Fifty Years of the Universal Declaration of Human Rights, 1—6. Amsterdam: Royal Netherlands Academy of Arts and Sciences.

Bauer, Joanne, and Daniel Bell, eds. 1999. Human Rights in East Asia. New York: Cambridge University Press.

Bayly, C. A. 1985. "The Pre - History of Communalism? Religious Conflict in India, 1700—1860." Modern Asian Studies 19: 177—203.

Bayramoglu, Ali. 2004. "Asker ve Siyaset" (Army and Politics). In Ahmet insel, Ali Bayramoglu, and ömer Laciner, eds., Bir Zümre, Bir Parti: Türkiye'de Ordu (A Class, A Party: Army in Turkey). Istanbul: Birikim Yayinlari.

Berkes, Niyazi. 1964. The Development of Secularism in Turkey. Montreal: McGill University Press.

Berkey, Jonathan. 2004. "The Muhtasibs of Cairo under the Mamluks: Toward an Understanding of an Islamic Institution." In Michael Winter and Amalia Levanoni, eds., The Mamluks in Egyptian and Syrian Politics and Society, 245 - 276. Leiden: Brill.

Bhargava, Rajeev, ed. 1999. Secularism and Its Critics. New Delhi: Oxford University Press.

Bilgrami, Akeel. 1998. "Secularism, Nationalism, and Modernity." In Rajeev Bhargava, ed., Secularism and Its Critics, 380—417. New Delhi: Oxford University Press.

Boroujerdi, Mehrzad. 1996. Iranian Intellectuals and the West: The Tormented Triumph of Nativism. Syracuse, N. Y. : Syracuse University Press.

Bose, Sugata, and Ayesha Jalal. 1998. Modern South Asia: History, Culture, Political Economy. New York: Routledge.

Brass, Paul R. 1990. "The Politics of India since Independence. " In The New Cambridge History of India, vol. 1. Cambridge, Eng. : Cambridge University Press. ——. 2003. The Production of Hindu - Muslim Violence in Contemporary India. New Delhi: Oxford University Press.

Brems, Eva. 2001. Human Rights: Universality and Diversity. The Hague: Kluwer Law International.

Budiwanti, Erni. 2000. Islam Sasak: Wetu Telu versus Waktu Lima. Yogyakarta: LKiS.

Bunsha, Dionne. 2002. "The Facts from Godhra. " Frontline, Aug. 2. http: //www. frontlineonnet. com/fl1915/19150110. htm. Accessed July, 2005.

Bultjens, Ralph. 1986. "India: Religion, Political Legitimacy, and the Secular State. " Annals of the American Academy of Political and Social Science 483: 93 - 109.

çakir Ru $ en, Irfan Bozan, and Balkan Talu. 2004. Imam - Hatip Liseleri. Efsaneler ve Gerçekler (Imam - Preacher High Schools: Legends and Facts) . Istanbul: TESEV. Available at http: //www. tesev. org. tr/etkinIik/1 - 4. pdf.

çarkoglu, Ali, and Binnaz Toprak. 2000. Religion, Society, and Politics in Turkey. Istanbul: TESEV. Available at http: //www. tesev. org. tr/eng/project/TESEV_ search. pdf.

Case No. 1989/1, Judgment No. 1989/12, Constitutional Court of Turkey. Available at http: //www. anayasa. gov. tr/eskisite/KARARLAR/IPTALITIRAZ/Kl 989/K1989—12. htm.

Cassese, Antonio. 1995. Self - determination of Peoples: A Legal Reappraisal. Cambridge, Eng. : Cambridge University Press.

Chandra, Satish. 1997. Medieval India: From Sultanat to the Mughals. Part One: Delhi Sultanat (1206—1526) . New Delhi: Har - Anand.

Chatterjee, Partha. 1999. "Secularism and Toleration." In Rajeev Bhargava, ed., Secularism and Its Critics, 345 – 379. Delhi: Oxford University Press.

çiçek, Kemal. 2001. "Cemaat Mahkemesinden Kadi Mahkemesine Zimmilerin Yargi Tercihi." (The Judicial Preference of Dhimmis between the Community Courts and Qadi Courts) In Kemal Cicek, cd., pax Ottomana: Studies in Memoriam of Prof. Ncjat Göyünç, 31 – 50. Haarlem: SOTA/Ankara: Yeni Türkiye.

Cizre, ümit. 1999. "Türk Ordusunun Siyasi özerkligi" (The Anatomy of the Turkish Army's Political Autonomy). In Muktedirlerin Siyaseti: Merkez Sag – Ordu – Islamcilik (The Politics of the Empowered: Central Right – Army – Islamism), 57 – 79. Istanbul: iletisim.

Coulson, Noel J. 1957. "The State and the Individual in Islamic Law." International and Comparative Law Quarterly 6: 49—60.

——1964. A History of Islamic Law. Edinburgh: University of Edinburgh Press.

Crone, Patricia, and Martin Hinds. 1986. God's Caliph: Religious Authority in the First Centuries of Islam. London: Cambridge University Press.

Daftary, Farhad. 1990. The Ismai'ilis: Their History and Doctrines. New York: Cambridge University Press.

Daud, S. M., and H. Suresh. 1993. The People's Verdict. Bombay: Indian Human Rights Commission.

Deng, Francis M. 1995. War of Visions. Washington, D. C.: Brookings Institution.

Departemen Agama Republik Indonesia (Ministry of Religious Affairs of the Republic of Indonesia). 1998. Himpunan Peraturan Perundang – undangan Kehidupan Beragama seri E (Compilation of Laws about Religious Life, vol. E). Jakarta: Sekretariat Jenderal Departemen Agama.

——2005. Number of Population by Religion Year 2005. Available at http://www.depag.go.id/dt_penduduk.php. Accessed Apr. 17, 2005.

Dhavan, Rajeev. 1987. "Religious Freedom in India." American Journal of Comparative Law 35: 209 - 254.

——1999. "The Road to Xanadu: India's Quest for Secularism." In K. N. panikkar, The Concerned Indian's Guide to Communalism, 34 - 75. New Delhi: Viking.

Direktorat Pemberdayaan Komunitas Adat Terpencil, Direktorat Jenderal. Pemberdayaan Sosial Departemen Sosial Republik Indonesia (Directorate for the Empowerment of the Isolated Adat Communities, General Directorate for Social Empowerment, Department of Social Affairs of the Republic of Indonesia).

Pemetaan Sosial komunitas Adat Terpencil Nasional (Social Mapping of the Isolated Adat Communities Nationwide), http://www.katcenter.info/pemetaan/petannasional php? level + 1. Accessed Apr. 19, 2005.

Doi, A. Rahman I. 1981. Non - Muslims under the Shari'ah (Islamic Law). Lahore: Kazi.

Donner, Fred. 1981. The Early Islamic Conquests. Princeton, N. J.: Princeton University Press.

Drinan, Robert F. 2001. The Mobilization of Shame: A World View of Human Rights. New Haven, Conn.: Yale University Press.

Dursun, Davut. 1989. Osmanli Devletinde Siyasetve Din (Religion and Politics in the Ottoman State). Istanbul: isret Yayinlari.

Eaton, Richard M. 2000. "Temple Desecration and Indo - Muslim States." In David Gilmartin and Bruce B. Lawrence, eds., Beyond Turk and Hindu: Rethinking Religious Identities in Islamicate South Asia, 246 - 281. Gainesville: University Press of Florida.

Effendy, Bahtiar. 1995. "Islam and the State in Indonesia: Munawir Sjadzali and the Development of a New Theological Underpinning of Political Islam." Studia Islamika 2: 101 - 121.

Ephrat, Daphna. 2002. "Religious Leadership and Associations in the Public Sphere of Seljuk Baghdad." In M. Hoexter, S. Eisenstadt, and N. Levitzion, eds., The Public Sphere in Muslim Societies, 31 - 48. Albany: State University of New. York Press.

Eryilmaz, Bilal. 1990. Osmanli Devletinde Gayri Müslim Tebaanin Yönetimi (The Governance of the Non - Muslim Subjects in the Ottoman State). Istanbul: Risale Yay.

Faroqhi, Suraiya. 1995. "Politics and Socio - economic Change in the Ottoman Empire of the Later Sixteenth Century." In Metin Kunt and Christine Woodhead, eds., Suleyman the Magnificent and His Age: The Ottoman Empire in the Early Modern World, 91 - 113. London: Longman.

Faroqhi, Suraiya, Bruce McGowan, Donald Quataert, and Sevket Pamuk. 1994. An Economic and Social History of the Ottoman Empire, vol. 2. Cambridge, Eng.: Cambridge University Press.

Faruki, Kemal. 1971. The Evolution of Islamic Constitutional Theory and Practice from 610 to 1926. Karachi: National Publication House.

Fernandes, Leonor. 1987. "Mamluk Politics and Education: The Evidence from Two Fourteenth - Century Waqfiyya." Annals Islamiques 23: 104 - 105.

Findley, Carter Vaughn. 1980. Bureaucratic Reform in the Ottoman Empire: The Sublime Porte, 1789—1922. Princeton, N. J.: Princeton University Press.

Fleischer, Cornell. 1986. Bureaucrat and Intellectual in the Ottoman Empire: The Historian Mustafa Ali (1541—1600). Princeton, N. J.: Princeton University Press.

Fox, James J. 1995. "Southeast Asian Religions: Insular Cultures." In MirceaEliade, ed., Encyclopedia of Religion, vol. 13, 523 - 526. New York: Macmillan.

Franklin, D. and M. Baun, eds. 1995. Political Culture and Constitutionalism: A Comparative Approach. New York: M. E. Sharpe.

Frenkel Yehoshua. 1999. "Political and Social Aspects of Islamic Religious Endowments: Saladin in Cairo (1169 - 1173) and Jerusalem (1187 - 1193)." Bulletin of the School of Oriental and African Studies, University of London 62: 1 - 20.

Garna, Yudistra. 1998. "Badui: The Centre of the World." In James J. Fox, ed., Indonesian Heritage: Religion and Ritual, 76 - 77. Singapore: Archipelago.

GATRA Weekly. 2003. Laporan Khusus: "Pesan Suci Tuntunan Leluhur." (Special Report: "The Sacred Messages of the Ancestors.") Nov. 21 – Dec. 6, 52 – 55.

Gerber, Haim. 1999. Islamic Law and Culture 1600—1840. Leiden: Brill.

Ghazali, Abu Hamid Muhammad. 1968. Al – tibr al – Masbukfi Nasaih al – Muluk (The Minted Gold Filings in Admonishing Kings). Cairo: Maktbat al – Kulyat al – Azharia.

Gibb, H. A. R., and J. H. Kramers, eds. 1991. Shorter Encyclopaedia of Islam, 3d ed. Leiden: Brill.

Gill Graeme. 2003. The Nature and Development of theModern State. New York: Palgrave Macmillan.

Gökalp, Ziya. 1922a. "The Real Meaning of the Caliphate." Küçük Mecmua (Minor Magazine) 24 (Nov. 27): 1 – 6.

——1922b. "Functions of the Caliphate." KüçükMecmua (Minor Magazine) 26 (Dec. 11): 1 – 5.

——1959. Turkish Nationalism and Western Civilization: Selected Essays. Trans, and ed. Niyazi Berkes. New York: Columbia University Press.

Golwalkar, M. S. 1945. We or Our Nationhood Defined, 3d ed. Nagpur: Bharat.

Griswold, William J. 1983. Political Unrest and Rebellion in Anatolia 1000 – 1020/1591 – 1611. Berlin: Klaus Schwarz Verlag.

Guha, Ramachandra. 2005. "Arguments with Sen" [book review]. Economic and Political Weekly 40, no. 41 (Oct. 8): 4420 – 4425.

Gülsoy, Ufuk. 1999. Osmanli Gayrimüslimlerinin Askerlik Serüveni (The Military Role of Ottoman Non – Muslims). Istanbul: Simurg Yay.

Habermas, Jurgen. 1995. "Reconciliation through the Public Use of Reason: Remarks on John Rawls' Political Liberalism." Journal of Philosophy 92 (Mar.): 109 – 131.

Habib, Irfan. 2003. Introduction. In P. J. Marshall, ed., The Eighteenth Century in Indian History. Evolution or Revolution? New Delhi: Oxford University Press.

Haji, Amin. 1988. "Institutions of Justice in FatimidEgypt (358—567/ 969—1171) ." In Aziz Al‐Azmeh, ed., Islamic Law: Social and Historical Contexts, 198 - 214. New York: Routledge.

Hallaq, Wael B. 1984. "Was the Gate of Ijtihad Closed?" International Journal of Middle East Studies 16: 3—41.

——2004. "Can the Shari'a Be Restored?" In Yvonne Haddad and Barbara Freyer Stowasser, eds., Islamic Law and the Challenges of Modernity, 21 - 54. Walnut Creek, Calif. : Aita Mira.

Hamidullah, Muhammad. 1968. Muslim Conduct of State, rev. 5th ed. Lahore: Sh. M. Ashraf.

Hasan, Mushirul. 2002. Islam in the Subcontinent: Muslims in a Plural Society. New Delhi: Manohar.

Heater, Derek. 2004. A Brief History of Citizenship. Edinburgh: Edinburgh University Press.

Hefner, Robert W. 1989. Hindu Javanese: Tengger Tradition and Islam. Princeton, N. J. : Princeton University Press.

——1995. "Modernity and the Challenge of Pluralism: Some Indonesian Lessons." Studia Islamika 2: 21—45.

——1998. "Tengger, the Hindu Javanese." In James J. Fox, ed., Indonesian Heritage: Religion and Ritual, 78—79. Singapore: Archipelago.

——2002. "Varieties of Muslim Politics: Civil vs. Statist Islam." In Fu'ad Jabali and Jamhari Makruf, eds., Islam in Indonesia: Islamic Studies and Social Transformation, 36 - 151. Montreal: Indonesian‐Canada Higher Education Project.

Henkin, Louis. 1994. "A New Birth of Constitutionalism: Genetic Influences and Genetic Defects." In Michel Rosenfeld, ed., Constitutionalism, Identity, Differences, and Legitimacy, 39—53. Durham, N. C. : Duke University Press.

Heyd, Uriel. 1950. Foundations of Turkish Nationalism:The life and Teachings of Ziva Gökalp. London: Luzac.

Hodgson, Marshall G. S. 1974. The Venture of Islam: Conscience and History in a World Civilization, vols. 1 and 2. Chicago: University of Chicago Press.

Hoexter, Miriam. 2002. "The Waqf and the Public Sphere." In M. Hoexter, S. Eisenstadt, and N. Levitzion, eds., The Public Sphere in Muslim Societies, 119-138. Albany: State University of New York Press.

Hooker, M. B., and Tim Lindsey. 2003. "Public Faces of Shan ah in Contemporary Indonesia: Towards a National Madhhab." Studia Islamika 10: 23-64.

Hooker, Virginia. 2004. "Developing Islamic Arguments for Change through 'Liberal Islam'." In Virginia Hooker and Amin Saikal, eds., Islamic Perspectives on the New Millennium, 231-251. Singapore: ISEAS.

Hoskins, Janet. 1998. "Sumba: The Presence of the Marapu." In James J. Fox, ed., Indonesian Heritage: Religion and Ritual, 90—91. Singapore: Archipelago.

Hourani, Albert. 1991. A History of the Arab Peoples. Cambridge, Mass.: Belknap/Harvard University Press.

Howe, Marvine. 2000. Turkey: A Nation Divided over Islam's Revival. Boulder, Colo.: Westview.

Hürriyet. 2003. "Baro'dan Türbanli Avukat Sorusturmasi" (The Bar Prosecutes Lawyers with Headcovers), July 22. http://webarsiv.hurriyet.com.tr/2003/07/22/ 320160.asp. Accessed Aug. 31, 2007.

Ibn Qaym al-Jawzeyyah. 1985. Al-Turuq al-Hukmiah fi al-Siyyassah al-Shar'iyyah (Methods of Government in Islamic Politics). Cairo: Dar al-Madani.

Ibn Rushd (Averroes). n.d. Bidayat al-Mugjtahid (Primer on the Law and Wisdom), vol. 2. Cairo: Dar al-Fikr al-Arabic.

———2001. Fasl al-Maqa bayn al-Shar'a wa al-Hikmah min Itsal. Trans, by Charles E. Butterworth as The Book of the Decisive Treatise Determining the Connection between the law and Wisdom. Provo, Utah: Brigham Young University

Press.

Ibn Taymiyyah. 1983. Al‑ssivassah al‑shar'iyyah fi islah al‑Ra'i wa al‑Ra'iyyah (Islamic politics in Conducting the Affairs of the Ruler and the Ruled). Beirut: Dar al‑Afaqal‑Jadeedah.

Ilesanmi, Simeon O. 2001. "Constitutional Treatment of Religion and the Politics of Human Rights in Nigeria." African Affairs 100: 529‑554.

I, nber, Colin. 1997. Ebus‑Su'ud: The Islamic Legal Tradition. Stanford, Calif. : Stanford University Press.

——2002. The Ottoman Empire 1300—1650: The Structure of Power. New York: Palgrave Macmillan.

lnalcik, Halil. 2000. Osmanh'da Devlet, Hukuk, Adâlet (State, Law, and Justice in the Ottoman Empire). Istanbul: Eren.

lnsel, Ahmet. 1997. "MGK Hükümetleri ve Kesintisiz Darbe Rejimi" (MGK Governments and a Regime of Continuous Coups). Birikim Monthly 96 (Apr.): 15‑18.

——2002. "Kamu Alanina Hükmetme Savasi." (Hegemony War on the Public Sphere) Radikal2 Weekly, Dec. 1.

——2004. Interview with Ahmet insel, conducted by radio presenters Omer Madra and Evrim Altug, for Açik Gazete (Open Paper), Açik Site‑Açik Radio, July 14. Transcript available at http://www.acikradyo.com.tr/default.aspx?_mv=m&aid=7238.

Ipsirli, Mehmet. 2001. "Ottoman State Organization." In Ekmeleddin ihsanoglu, ed., History of Ottoman State, Society, and Civilization, vol. 1, 133‑284. Istanbul: IRCICA.

Irwin, Robert. 1986. The Middle East in the Middle Ages: The Early Mamluk Sultanate 1250‑1382. London: Croorn Helm.

Jackson, Sherman. 1995. "The Primacy of Domestic Politics: Ibn Bint al‑Aazz and the Establishment of Four Chief Judgeships in Mamluk Egypt." Journal of the American Oriental Society 115, no. 1 (Jan.‑Mar.): 52‑65.

Jacoby, Tim. 2004. Social Power and theTurkish State. London: Frank Cass.

Jafri, Syed H. M. 2000. The Origins and Early Development of Shi'a Islam. Oxford, Eng.: Oxford University Press.

Jay, Sian. 1998. "Asmat: Cycles of Revenge." In James J. Fox, ed., Indonesian Heritage: Religion and Ritual, 96 – 98. Singapore: Archipelago.

Jok, Jok Madut. 2001. War and Slavery in Sudan. Philadelphia: University of Pennsylvania Press.

Kafi, Hasan. 1989. Usulü'l – Hikem fi Nizami'l – Alem (The Roots of the Secrets about the Regulations of God in the Universe) (prepared for publication by M. ipsirli). Istanbul üniversitesi Edebiyat Fakültesi Tarih Ensitüsü Dergisi (TED) (Istanbul University Faculty of Letters, the Review of the Institute of History). Istanbul.

Katib çelebi. 1957. The Balance of Truth. Trans. C. L. Lewis. London: Allen and Unwin.

Kenanoglu, M. Macit. 2004. Osmanli Millet Sistemi: Mit ve Gerçek (Ottoman Millet System. The Myth and the Reality). Istanbul: Klasik.

Khadduri, Majid. 1955. War and Peace in the Law of Islam. Baltimore: Johns Hopkins University Press.

Khadduri, Majid. 1966. The Islamic Law of Nations: Shaybani's Siyar. Baltimore: Johns Hopkins University Press.

Khan, Iqtidar Alam. 1997. "Akbar's Personality Traits and World Outlook—A Critica Appraisal." In Irfan Habib, ed., Akbar and His India, 79 – 96. Delhi: Oxford University Press.

Khan, Maimul Ahsan. 2003. Human Rights in the Muslim World. Durham, N. C.: Carolina Academic Press.

Khan, M. Ifzal – ur – Rahman. 1995. "The Attitude of the Delhi Sultans Towards Non – Muslims: Some Observations." Islamic Culture 69, no. 2: 41—56.

Khilnani, Sunil. 1999. The Idea of India. New Delhi: Penguin.

Kister, M. J. 1986. "The Massacre of the Banii Qurayza: A Reexamination of a Tradition." Jerusalem Studies in Arabic and Islam 8: 61 – 96.

Kösebalaban, Hasan. 2005. "The Impact of Globalization on Islamic Political Identity The Case of Turkey. " World Affairs (June 22): 27 - 37.

Krikorian, Mesrob K. 1978. Armenians in the Service of the Ottoman Empire 1860—1908. London: Routledge and Kegan Paul.

Küçük, Ccvdct. 1986. " Ottoman Millet System and Tanzimat. " In Tanzimat'tan Cumhuriyet'e Türkiye Ansiklopedisi (The Encyclopedia of Turkey from Tanzimat to the Republic), vol. 4, 1007 - 1024. Istanbul: iletisim.

Küçükcan, Talip. 2003. "State, Islam, and Religious Liberty in Modern Turkey: Reconfiguration of Religion in the Public Sphere. " Brigham Young University Law Review: 475 - 507.

Lambton, Ann K. S. 1985. State and Government in Medieval Islam. Oxford, Eng. : Oxford University Press.

Lapidus, Ira M. 1967. Muslim Cities in the Later Middle Ages. Cambridge, Mass. : Harvar University Press.

—— 1975. "The Separation of State and Religion in the Development of Early Islamic Society. " International Journal of Middle East Studies 6: 363 - 385.

——1996. "State and Religion in Islamic Societies. " Past and Present 151 (May): 3 - 27.

——2002. A History of Islamic Societies, 2d ed. Cambridge, Eng. : Cambridge Univeisity Press.

Lev, Yaacov. 1988. " The Fatimid Imposition of Isma'ilism on Egypt (358—386/969— 996) . " Zeitschrift der Deutschen Morgenandischen Gesellschaft 138: 313—325.

——1991. State and Society in FatimidEgypt. Leiden: Brill.

Lewis, Geoffrey. 2002. The Turkish Language Reform: A Catastrophic Success. Oxford, Eng. : Oxford University Press.

Little, Donald P. 1986a. " The Historical and Historiographical Signficance of the Detention of Ibn Taymiyya. " In History and Historiography of the Mamluks. London: Variorum Reprints.

——1986b. "Religion under the Mamluks. " In History and Historiography of the Mamluks. London: Variorum Reprints.

Lukito Ratno. 1998. Pergumulan antara Hukum Islam dan Adat di Indonesia (The Struggle between Islamic and Customary Law in Indonesia). Jakarta: INIS.

——2003. "Law and Politics in Post – Independence Indonesia: A Case Study of Religious and Adat Courts." InArskal Salim and Azyumardi Azra, eds., Shan'a and Politics in Modern Indonesia, 17 – 32. Singapore: ISEAS.

Madan T. N. 1997. Modern Myths, Locked Minds: Secularism and Fundamentalism in India. New Delhi: Oxford University Press.

——2004. "Religions ofIndia: Plurality and Pluralism." In Jamal Malik and HelmutReifeld, eds., Religious Pluralism in South Asia and Europe. New Delhi: Oxford University Press.

Madelung, Wilfred. 1997. The Succession to Muhammad. Cambridge, Eng.: Cambridge University Press.

Madjid, Nurcholish. 1994. "Islamic Roots of Modern Pluralism, Indonesian Experience." Studia Islamika 1: 55—79.

——1998. "The Necessity of Renewing Islamic Thought." In Charles Kurzman, ed., Liberal Islam: A Source Book, 284—294. Oxford, Eng.: Oxford University Press.

——2000. "Islam in Indonesia: A Move from the Periphery to the Center." Kultur1: 1 – 16.

Mahgupyan, Etycn. 2005. "Laiklik ve Ilazimsizlik." (Laicism and Intolerance/Lack of Internalization) Zaman, June 20. http://www.zaman.com.tr/webapp – tr/ yazar. do? yazino = 184643. Accessed Aug. 31, 2007.

Makdisi, George. 1981. The Rise of Colleges: Institutions of Learning in Islam and the West. Edinburgh: Edinburgh University Press.

Mansingh, Surjit. 1991. "State and Religion in South Asia: Some Reflections." South Asia Journal 4, no. 3: 293 – 311.

Mardin, serif. 1962. The Genesis of Young Ottoman Thought: A Study in the Modernization of Turkish Political Ideas. Princeton, N. J.: Princeton University Press.

—— 1989. Religion and Social Change in Modern Turkey: The Case of

Bediuzaman Said Nursi. Albany: State University of New York Press.

——2001. Tiirkiye'de Din ve Siyaset Makaleler 3 (Religion and Politics in Turkey, Articles vol. 3), 8th ed. Istanbul: iletifim.

Maududi, Abul A la. 1979. Purdah and the Status of Woman in Islam. Trans, and ed. Al - Ash ari. Lahore: Islamic Publications.

—— 1980. Human Rights in Islam, 2d ed. Leicester, Eng. : Islamic Foundation.

Mazlumder. 2004. "Din özgürlügü ve 'Bize özgü' Laiklik" (Religious Freedom and Our Kind of Secularism), Aug. 1. http://www.mazlumder.org/ana.php? konu = makale6—id = 2096rlang = tr. Accessed Aug. 31, 2007.

McCarthy, Thomas. 1994. "Kantian Constructivism and Reconstructivism: Rawls and Habermas in Dialogue." Ethics 105 (Oct.): 44 - 63.

McHugh, J. T. 2002. Comparative Constitutional Traditions. New York: Peter Lang.

Mendelsohn, Oliver, and Marika Vicziany. 1998. The Untouchables: Subordination, Poverty, and the State in Modern India. Cambridge, Eng. : Cambridge University Press,

Mernissi, Fatima. 1991. Women in Islam: An Historical and Theological Enquiry. Trans. Mary J0 Lackland. Oxford, Eng. : Basil Blackwell.

Metcalf, Barbara D. 1985. "Nationalist Muslims in British India: The Case of Hakim Ajmal Khan." Modern Asian Studies 19: 1 - 28.

Metcalf, Barbara D. , and Thomas R. Metcalf. 2002. A Concise History of India. Cambridge, Eng. : Cambridge University Press.

Mitra, Subrata Kumar. 1991. "Desecularising the State: Religion and Politics in India after Independence." Comparative Studies in Society and History 33: 755 - 777.

Morony, Michael G. 2004. "Religious Communities in Late Sassanian and Early Muslim Iraq." In Robert Hoyland, ed. , Muslims and Others in Early Islamic Societies, 1 - 23. Trowbridge, Eng. : Ashgate.

Mudzhar, Mohammad Atho. 2003. Islam and Islamic Law in Indonesia: A Socio - Historical Approach. Jakarta: Office of Religious Research and Development and Training, Ministry of Religious Affairs.

Müezzinzade Manisali Ayn Ali Efendi. 1962. Osmanli Devleti Arazi Kanunlari:

Kanunname – i Al – i Osman (Ottoman State Land Law: Code of Ottoman State). Ed. Hadiye Tuncer. Ankara: Tarim Bakanligi.

Mujeeb, M. 1967. The Indian Muslims. Montreal: McGill University Press.

Mulder, Niels. 2001. Mistisme Jawa (Javanese Mysticism). Yogyakarta: LKIS.

Nadi, Yunus. 1955. Birinci Biiyuk Millet Meclisi (First Grand National Assembly). Istanbul: Scl Yayinlari.

Nandy, Ashis. 1983. The Intimate Enemy: Loss and Recovery of Self under Colonialism. Delhi: Oxford University Press.

——2006. TalkingIndia: Ashis Nandy in Conversation with Ramin Jahanbegloo New Delhi: Oxford University Press.

——2007. "Closing the Debate on Secularism: A Personal Statement." In Anuradha Dingwaney Needham and Rajeswari Sunder Rajan, eds., The Crisis of Secularism in India, 107 – 117. Durham, N. C.: Duke University Press.

Natsir, Muhammad. 1973a. "Persatuan Agama dengan Negara" (The Unity of Religion and State). In Capita Selecta, 429^ – 435. Jakarta: Bulan Bintang.

——1973b. "Mungkinkah Quran Mengatur Negara" (Is It Possible for the Qur'an to Rule the State?). In Capita Selecta, 447 – 450. Jakarta: Bulan Bintang.

Navaro – Yasin, Yeal. 2002. "The Identity Market: Merchandise, Islamism, Laïcité." In Deniz Kandiyoti and Ayse Saktanber, eds., Kültür Fragmanlari: Türkiye'de Gündelik Hayat (Culture Fragments: Daily Life in Turkey). Istanbul: Metis.

Needham, Anuradha Dingwaney, and Rajeswari Sunder Rajan. 2007. Introduction. In A. D. Needham and R. S. Rajan, eds., The Crisis of Secularism in India, 1 – 42. Durham, N. C.: Duke University Press.

Nehru, Jawaharlal. 1936. An Autobiography: With Musings on Recent Events in India. London: John Lane.

Newby, Gordon D. 2002. A Concise Encyclopedia of Islam. Oxford, Eng. : Oneworld.

Nielson, Jorgen. 1985. Secular Justice in an Islamic State: Mazalim under the Bahri Mamluks. 662/1264—789/1387. Leiden: Nederlands Historisch - Archaeologisch Istituut te Istanbul.

Nizami, Khaliq Ahmad. 1958. Salatin - i - Delhi Ke Mazhabi Rujnahat (Religious Orientation of the Rulers of the Delhi Sultanate) . Delhi: Nadwatul - Musannifin.

Official Gazette, Jan. 8, 1987 (19335) (removed by amendment, Dec. 18, 1989 [20386]).

öktem, Niyazi. 2002. "Religion in Turkey." Brigham Young Law Review: 371 - 403.

Ortayli, ilber. 1986. "Osmanli imparatorlugu'nda Millet" (Millet in the Ottoman Empire) . In Tanzimat'tan Cumhuriyet'e Türkiye Ansiklopedisi (The Encyclopedia of Turkey from Tanzimat to the Republic), vol. 4, 996 - 1000. Istanbul: ileti § im.

Panikkar, K. N. 1999. "Introduction: Defining the Nation as Hindu." In K. N.

Panikkar, ed. , The Concerned Indian's Guide to Communalism. New Delhi: Viking.

Parvin, Manoucher, and Maurie Sommer. 1980. "Dar al - Islam: The Evolution of Muslim Territoriality and Its Implications for Conflict Resolution in the Middle East. International Journal of Middle East Studies 11, no. 1 (February): 1 - 21.

Pennock, J. Roland, and John W. Chapman, eds. 1979. Constitutionalism. New York: New York University Press.

Petry, Carl. 1981. The Civilian Elite of Cairo in the Later Middle Ages. Princeton, N. J. : Princeton University Press.

Piscatori, James. 1986. Islam in a World of Nation - States. Cambridge, Eng. : Cambridge University Press.

Poggi, Gianfranco. 1990. The State: Its Nature, Development, and Prospects. Stanford, Calif.: Stanford University Press.

Prasad, Kamala, et al. 1994. Report of the Inquiry Commission. New Delhi: Citizens' Tribunal on Ayodhya.

Punwani, Jyoti. 2002. "The Carnage at Godhra." In Siddharth Varadarajan, ed., Gujarat, the Making of a Tragedy. New Delhi: Penguin.

Qureshi, I. H. 1970. "Muslim India Before the Mughals." In P. M. Holt, Ann K. S. Lambton, and Bernard Lewis, eds., The Cambridge History of Islam, vol. 2, 3 – 34. Cambridge, Eng.: Cambridge University Press.

Qureshi, M. Hashim. 1998. Introduction. In M. Hashim Qureshi, ed., Muslims in India since Independences Regional Perspective. New Delhi: Institute of Objective Studies.

Rahman, Shaikh Abdur. 1972. Punishment of Apostasy in Islam. Lahore: Institute of Islamic Culture.

Rasjidi, H. M. 1972. Koreksi terhadap Drs. Nurcholish Madjid tentang Sekularisasi (A Correction to Drs. Nurcholish Madjid on Secularism). Jakarta: Bulan Bintang.

Rawls, John. 2003. Political Liberalism, expanded ed. New York: Columbia University Press.

Ray, Rajat Kanta. 2003. The Felt Community: Commonalty and Mentality before the Emergence of Indian Nationalism. New Delhi: Oxford University Press.

Rizvi, S. A. A. 1970. "The Breakdown of Traditional Society." In P. M. Holt, Ann K. S. Lambton, and Bernard Lewis, eds., The Cambridge History of Islam, vol. 2, 67 – 96. Cambridge, Eng.: Cambridge University Press.

Rosenbaum, Alan S. 1988. Introduction. In Constitutionalism: The Philosophical Dimension, 1 – 6. Westport, Conn.: Greenwood

Ruby, Robert. 2007. "Can Secular Democracy Survive in Turkey?" Pew Forum on Religion 6— Public Life, Pew Research Center, May 4. http://pewresearch.org/pubs/4 O'can-secular-democracy-survive-in-turkey. Accessed Aug. 19, 2007.

Sabra, Adam. 2000. Poverty and Charity in Medieval Islam: Mamluk Egypt, 1250 – 1517. Cambridge, Eng. : Cambridge University Press.

Saeed, Abdullah, and Hassan Saeed. 2004. Freedom of Religion, Apostasy', and Islam. Burlington, VI. : Ashgate.

Safran, William. 1990. "The Influence of American Constitutionalism in Postwar Europe: The Bonn Republic Basic Law and the Constitution of the Fifth French Republic." in George Athan Billias, ed., American Constitutionalism Abroad, 91—109. Westport, Conn. : Greenwood.

Saidi, Anas, ed. 2004. Menekuk Agama, Membangun Tahta: Kebijakan Agama Orde Baru (To Fold Religion, to Build the Throne: The New Order Policies on Religions). Jakarta: Desentara.

Salim, Arskal. 2003. "Epilogue: Shar Va in Indonesia's Current Transition: An Update." In Arskal Salim and Azyumardi Azra, eds., Shan a and Politics in Modern Indonesia, 213 – 232. Singapore: ISEAS.

Salim, Arskal, and Azyumardi Azra. 2003. "Introduction: The State and Shari'a in the Perspective of Indonesian Legal Politics." In Arskal Salim and Azyumardi Azra, eds., Shan' a and Politics in Modern Indonesia, 1 – 16. Singapore: ISEAS.

Sanders, Paula. 1994. Ritual, Politics, and the City in Fatimid Cairo. Albany: State University of New York Press.

Savarkar, V. D. [1923] 1989. Hindutva—Who Is a Hindu? 6th ed. Bombay: Veer Savarkar Prakashan.

Schefold, Reimar. 1998. "Siberut: Souls in Fragile Harmony." In James J. Fox, ed. , Indonesian Heritage: Religion and Ritual, 72—73. Singapore: Archipelago.

Schimmel, Annemarie. 1980. Islam in the Indian Subcontinent. Leiden: Brill.

Selçuk, Sami. 2000. Longing for Democracy. Ankara: Yeni Tiirkiye.

Sellars, Serpil Karacan. 2004. "Tug – of – War Over Islamic Headscarf... in Türkiye." Panos London Online, Mar. 5. http: //www. panos. org. uk/newsfeatures/ featuredetails. asp? id = 1186. Accessed Aug. 31,

2007.

Sen, Amartya. 2005. The Argumentative Indian: Writings on Indian History, Culture, and Identity. New York: Farrar, Straus and Giroux.

Sen, Serdar. 1997. "Türkiye'yi Anlamak ya da Geçmisten Gelecege Silahli Kuvvetler" (Understanding Turkey or the Armed Forces from the Past to the Future). Birikim Monthly 96 (Apr.): 19–27.

Seyyid Bey. 1923. Hilafet ve Hakimiyet–i Milliye (The Caliphate and National Sovereignty). Ankara.

Shaw, Stanford J. 1991. Jews of the Ottoman Empire and the Turkish Republic. New York: New York University Press.

Shepard, William E. 1996. Sayyid Qutb and Islamic Activism: A Translation and Critical Analysis of Social Justice in Islam. Leiden: Brill.

Shoshan, Boaz. 1981. "Fatimid Grain Policy and the Post of the Muhtasib." International Journal of Middle East Studies 13: 181–189.

Simuh. 2002. Sufisme Jawa. Yogyakarta: Bentang.

Smith, D. E. 1999. "India as a Secular State." In Rajeev Bhargava, ed., Secularism and Its Critics. Delhi: Oxford University Press.

Sukarno. 1965a. "Apa Sebab Tiirki Memisah Agama dari Negara?" (Why Did Turkey Separate Religion from State?). In Dibawah Bendera Revolusi (Under the Banner of Revolution), 403—445. Jakarta: Panitya Penerbit Dibawah Bendera Revolusi.

——1965b. "SayaKurang Dinamis" (I Am Not Dynamic Enough). In Dibawah Bendera Revolusi (Under the Banner of Revolution), 447—455. Jakarta: Panitya Penerbit Dibawah Bendera Revolusi.

Sunda Net. 2005. http://www.sundanet.com/artikel.php?id = 249. Accessed Apr. 12, 2005.

Taha, Mahmoud Mohamed. 1987. The Second Message of Islam. Syracuse, N. Y.: Syracuse University Press.

Tanpinar, Ahmet Hamdi. 1985. Türk Edebiyati Tarihi: 19. Asir (History of Turkish Literature: The 19th Century). Istanbul: çaglayan Kitabevi.

Thakur, Ramesh. 1993. "Ayodhya and the Politics of Indian Secularism:

A Double – Standards Discourse." Asian Survey 33: 645 – 664.

Tuna, Husnu. 2006. "The Scope and the Consequences of the Ban on Head Scarf in Turkey." Lawyers Association, Report 3. Warsaw, OSCE Human Dimension Implementation Meeting, Oct. 2 – 13. http://www.osce.org/documents/odihr/2006/10/ 21317_ en. pdf. Accessed Aug. 31, 2007.

Tuikisli Press Review. 2005. "Buniin Voices Opposition to Lifting Ban on Head – scarves in StateInstitutions." http://www.byegm.goc.tr/yayinlarimiz/chr/ing2005/04/05x04x26.htm#%200. Accessed Aug. 31, 2007.

üçok, Coskun. 1986. "Law in the Ottoman State before Tanzimat." In Tanzimat'tan Cumhuriyet'e Tiirkiye Ansiklopedisi (The Encyclopedia of Turkey from Tanzimat to the Republic), vol. 2, 574 – 579. Istanbul: ileti § im.

Ulken, Hilmi Ziya. 1979. Türkiye'de çagdas Düsünce Tarihi (History of Modern Thought in Turkey). Istanbul: ülken Yayinlari.

Unat, Faik Resit. 1968. Osmanh Sefirleri ve Sefaretnameleri (Ottoman Ambassadors and Ambassador – Reports). Ankara: Türk Tarih Kurumu.

Upadhyaya, Prakash Chandra. 1992. "The Politics of Indian Secularism." Modern Asian Studies 26: 815 – 853.

Uzunçarsili, Ismail H. 1984. Osmanh Devletinin ilmiye Teskilàti (The Institution of Ulama in the Ottoman State). Ankara: Türk Tarih Kurumu.

Varshney, Ashutosh. 2002. Ethnic Conflict and Civic Life: Hindus and Muslims in India. New Haven, Conn. : Yale University Press.

Walker, Paul. 1997. "Fatimid Institutions of Learning." Journal of the American Research Center in Egypt 34: 197 – 200.

Weismann, Itzchak, and Fruma Zachs, eds. 2005. Ottoman Reform and Muslim Regeneration. London: I. B. Tauris.

Weiss, Bernard. 1998. The Spirit of Islamic Law. Athens, Ga. : University of Georgia Press.

White, Jenny. 2002. "The Dilemma of Islamism." In Deniz Kandiyoti and Ayse

Saktanber, eds., Kültür Fragmanlari: Türkiye'de Gündelik Hayat (Culture Fragments: Daily Life in Turkey). Istanbul: Metis.

Yediyilchz, Bahaeddin. 2001. "Ottoman Society." In Ekmeleddin ihsanoglu, ed., History of the Ottoman State, Society, and Civilisation, vol. 1, 491 – 557. Istanbul: IRCICA.

Yilrnaz, ihsan. 2005. "State, Law, Civil Society, and Islam in Contemporary Turkey." Muslim World 95 (July): 385 – 411.

Yusuf, Abu. 1963. Kitab al – kharaj (Book of al – kharaj Tax). Cairo: al – Matba'a al – Salafiyya.

Zaman, Muhammad Qasim. 1997. Religion and Politics under the Early c Abbasids: The Emergence of the Proto – Sunni Elite. Leiden: Brill.

Zürcher, Erik Jan. 1998. Modernle § en Türkiye'nin Tarihi (The History of Modernizing Turkey). Istanbul: iletisim.

——2004. Turkey: A Modern History. London: I. B. Tauris.

译者后记

近年来，随着社会的进步和公民理念的形成，民众的权利意识日渐浓厚，人权关注日益凸显。在各个国家内部，民众对国际人权文件和国内宪法所赋予人权的强调，已经成为制约政府权威主义的重要手段。在国际层面，人权话语也成为主权国家在国际交往中不可缺少的话语。伊斯兰人权思想理论的缘起和发展，是与以西方为主导的全球化过程交织在一起的。因此，伊斯兰法的当代发展，人权的普遍性和文化相对主义，以及伊斯兰与世俗化的关系问题，成为伊斯兰人权理论嬗变过程中的重要论题。西方学者对伊斯兰人权的表述，往往是站在西方的文化背景下来评判的，穆斯林学者则从自己的文化相对主义角度，对伊斯兰人权学说做出界定和阐述，并对西方人权标准和人权现实予以反驳。在这个过程中，穆斯林学者对伊斯兰人权理论的构建，成为对伊斯兰传统文化现代反思中的重要环节。一些穆斯林学者结合伊斯兰文化的深厚底蕴，以及伊斯兰国家发展的现实情况，运用人权话语和术语，对伊斯兰文化如何实现现代性进行反思。苏丹学者阿卜杜拉·艾赫迈德·安那伊姆就是这众多学者中的佼佼者。他既熟知伊斯兰传统文化和历史现实，也了解西方文化及其发展态势，从而能以一种更广阔的视阈，更客观和更务实的思路，构建了伊斯兰人权理论和伊斯兰社会发展的未来路径。因此，通过对安那伊姆这本著作的了解，可以帮助我们洞悉国外穆斯林知识分子对伊斯兰文化当代发展的理解和考虑。这对于客观公正了解伊斯兰文化的现代发展，加强中国与伊斯兰世界穆斯林学者的学术交流，促进国家交往，不无裨益。

这本书的翻译从举意、与作者沟通、与哈佛出版社联系、正式翻译、购买版权、寻找出版经费历时两年有余，其间经历的种种担心、苦闷、挫折、喜悦伴随着本书翻译的整个过程。译者在翻译过程中，不仅增长了对有关伊斯兰历史的了解，也学习到了不少书本之外的经验，这是个值得庆幸的事情。在本书的翻译和出版过程中，有幸获得了很多人的支持，在这里表示诚挚的谢意。感谢宁夏大学研究生院常务副院长冯秀芳教授对本项目的支持以及在资金方面给予的帮助；感谢中国社会科学出版社冯春凤女士前期为本译著购买版权，以及对本译著后期出版所做的精心编辑。感谢默默无闻的编辑对本书的校稿工作。感谢宁夏大学外国哲学硕士研究生陈阳在本书翻译过程中做出的辅助工作。

全书由吕耀军、韩永静和张红娟合作完成。序言、第一章和后记由吕耀军完成。第四章、第五章、第六章由韩永静完成。第二章、第三章、第七章、附录文章和参考文献部分由张红娟完成。吕耀军对全书做了校对、润色和统稿工作。

在翻译的过程中，由于学识有限，摆在读者面前的这个译著在专业用语、词句润色方面可能不够精确，难免有偏离、缺漏之处，恳请读者和学术界专家批评指正。

吕耀军于宁夏银川
2013 年 12 月 12 日